La francophonie en Acadie

Dynamiques sociales et langagières
Textes en hommage à Louise Péronnet

Ancrées dans le Nouvel-Ontario, les Éditions Prise de parole appuient les auteurs et les créateurs d'expression et de culture françaises au Canada, en privilégiant des œuvres de facture contemporaine.

La collection «Agora» publie des études en sciences humaines sur la francophonie, en privilégiant une perspective canadienne.

Éditions Prise de parole
C.P. 550, Sudbury (Ontario)
Canada P3E 4R2
www.prisedeparole.ca

Nous reconnaissons l'aide financière du gouvernement du Canada par l'entremise du Fon livre du Canada (FLC) et du programme Développement des communautés de langue offi de Patrimoine canadien, ainsi que du Conseil des Arts du Canada, pour nos activités d'éd La maison d'édition remercie le Conseil des Arts de l'Ontario et la Ville du Grand Sudbu leur appui financier.

 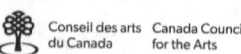

La francophonie en Acadie

Dynamiques sociales et langagières
Textes en hommage à Louise Péronnet

Sous la direction de Laurence Arrighi
et Matthieu LeBlanc

Collection Agora
Éditions Prise de parole
Sudbury 2014

Conception de la première de couverture : Olivier Lasser

Tous droits de traduction, de reproduction
et d'adaptation réservés pour tous pays.
Imprimé au Canada.
Copyright © Ottawa, 2014

Diffusion au Canada : Dimedia

Catalogage avant publication de Bibliothèque et Archives Canada
La francophonie en Acadie : dynamiques sociales et langagières : textes en hommage à Louise Péronnet / Laurence Arrighi et Matthieu LeBlanc (dir.).
(Agora) Publié en formats imprimé(s) et électronique(s).
ISBN 978-2-89423-928-5.– ISBN 978-2-89423-768-7 (pdf).–
ISBN 978-2-89744-000-8 (epub)
1. Français (Langue) – Aspect social – Provinces maritimes. 2. Sociolinguistique – Provinces maritimes.
I. Péronnet, Louise, 1939-, entité honorée II. Arrighi, Laurence, 1973-, éditeur intellectuel III. LeBlanc, Matthieu, 1969-, éditeur intellectuel IV. Collection : Collection Agora (Sudbury, Ont.)
P40.45.C3F73   2014   306.4409715   C2014-904901-3
                                                        C2014-904902-1

ISBN 978-2-89423-928-5 (Papier)
ISBN 978-2-89423-768-7 (PDF)
ISBN 978-2-89744-000-8 (ePub)

HOMMAGE À LOUISE PÉRONNET

J'ai fait la connaissance de Louise Péronnet à la fin des années 1960 lorsque j'étudiais au Collège Notre-Dame d'Acadie, à Moncton, mais notre véritable rencontre a eu lieu à la fin des années 1980, alors que Louise était directrice du Centre de recherche en linguistique appliquée (CRLA) de l'Université de Moncton. Le Centre a été inauguré en 1987, à la suite d'une contribution financière du Secrétariat d'État, et Louise a joué un rôle majeur dans son implantation. L'objectif du CRLA était de promouvoir les activités de recherche et de formation en sciences du langage, tout en favorisant les activités liées à l'aménagement du français en Acadie. Le Centre, regroupant des chercheurs des trois centres universitaires de l'Université de Moncton, avait également comme objectif de fournir un appui logistique et scientifique aux étudiantes et étudiants intéressés aux questions linguistiques[1]. Louise Péronnet allait tout mettre en œuvre pour que professeurs et étudiants (de linguistique ou d'autres disciplines) puissent profiter des ressources humaines et matérielles du Centre. C'est ainsi que Louise a développé bien des vocations et permis bien des rencontres. Notamment, lorsqu'elle y a accueilli Michel Francard, professeur

---

[1] L'Université de Moncton offre une formation en linguistique depuis le milieu des années 1970, et Louise a été alors l'un des fers de lance de cette formation, jouant un rôle fondamental dans la mise en place des études en linguistique à l'Université de Moncton et dans l'établissement d'une formation spécialisée en linguistique. C'est aussi elle qui a donné le premier cours de linguistique sur le parler acadien, en 1978.

de linguistique à l'Université catholique de Louvain et directeur du laboratoire VALIBEL (Variétés linguistiques du français en Belgique), elle l'a mis en contact avec des professeures, dont Lise Dubois et moi-même, rencontre qui nous a permis d'avancer dans nos recherches sur les représentations linguistiques et de nous inscrire dans le champ des études sur les représentations et la sécurité / l'insécurité linguistiques. Si je donne cet exemple, c'est pour dire combien Louise Péronnet a fait confiance aux jeunes professeures que nous étions; et cette confiance, elle l'a prodiguée à tous ceux qui s'intéressaient à la linguistique en Acadie. Très généreuse de son savoir, elle a toujours favorisé les rencontres entre chercheurs qui présentaient des affinités intellectuelles. Tout comme elle l'a fait pour les professeurs, elle a encouragé les étudiants à participer aux activités de recherche du CRLA et leur a offert un soutien matériel et intellectuel tout en respectant leur autonomie. Le CRLA était un lieu de discussion et d'effervescence, un lieu où se réunissaient spontanément des étudiantes, des étudiants et des membres du corps professoral pour échanger sur différents aspects de la langue, que ce soit la langue elle-même, sa dimension sociale ou sa dimension politique.

Dans ce contexte fructueux, il faut mentionner la venue à l'Université de Moncton de Françoise Gadet, linguiste de l'Université Paris Ouest Nanterre La Défense, qui a été professeure associée à cette institution et a permis à des professeurs et des étudiants de participer à des projets internationaux. C'est également Louise Péronnet qui est à l'origine de la venue à l'Université de Moncton de Monica Heller, qui y a fait de nombreux séjours et en est devenue une professeure associée très active; elle a su également intégrer des professeurs et des étudiants à des projets internationaux. Louise Péronnet a de plus invité Liliane Jagueneau et Pierre-Don Giancarli de l'Université de Poitiers, deux professeurs qui travaillent sur le français acadien, enseignent le sujet à Poitiers et font connaître cette variété de la langue en France. Patrice Brasseur de l'Université d'Avignon est lui aussi venu à l'Université de Moncton à plusieurs reprises pour y travailler avec Louise Péronnet, incitant du même coup des étudiants à travailler sur le français parlé en

Acadie (Laurence Arrighi et Anika Falkert, notamment) ou ailleurs au Canada (Claudine Moïse). David Sankoff du Centre de recherche en mathématiques de l'Université de Montréal et Raymond Mougeon de l'Université York sont également venus à l'Université de Moncton à l'invitation de Louise Péronnet. Dans le présent ouvrage, on peut voir que bien des chercheurs mentionnés ci-dessus ont eu à cœur de participer à ce volume en son honneur[2]. Elle a été particulièrement généreuse de son temps dans l'accueil d'étudiants tels que Marie-Ève Perrot, qui a écrit la première thèse sur le chiac, et Raphaëlle Wiesmath, qui a soutenu une thèse sur les aspects syntaxiques du français acadien. Toutes deux enseignent maintenant en Europe, la première à l'Université d'Orléans, la seconde à l'Institut de philologie romane de l'Université Louis-et-Maximilien de Munich, et contribuent à faire connaître la situation linguistique acadienne. Il n'est évidemment pas question de faire la liste complète des nombreux chercheurs reçus à l'Université de Moncton à l'invitation de Louise Péronnet, mais de dire à quel point, par ses nombreuses conférences au Canada et à l'étranger, et par son accueil attentif des professeurs et des étudiants (nationaux et internationaux), Louise Péronnet a été une excellente ambassadrice des études sur le français acadien.

Louise Péronnet a marqué le domaine des études linguistiques en Acadie. Avant les années 1970 – mis à part la thèse de Geneviève Massignon (1962) qui portait principalement sur le lexique, les travaux de William Geddes (1908) sur le français de la Baie des Chaleurs et ceux de Pascal Poirier sur le lexique (1928) –, peu d'études savantes avaient porté sur le français acadien, et encore moins avaient eu des retombées académiques et sociales comme en auraient celles de Louise Péronnet, qui allait publier près d'une centaine d'articles sur le sujet (voir la bibliographie établie ici par Laurence Arrighi). On lui attribue une cinquantaine de conférences en France, en Allemagne, aux États-Unis et au Canada, et elle a été à maintes reprises conférencière invitée dans divers colloques.

---

[2] Bien d'autres ont répondu présent pour le colloque d'où sont issus les textes proposés dans le présent volume. Bien d'autres encore qui l'auraient désiré n'ont pu participer.

Louise Péronnet a décrit le « français acadien traditionnel » dans un ouvrage intitulé *Le parler acadien du sud-est du Nouveau-Brunswick. Éléments grammaticaux et lexicaux*, publié chez Peter Lang en 1989. Cet ouvrage fournit une description détaillée de la langue acadienne et a inspiré de nombreuses recherches subséquentes. Cette description dans la lignée de la tradition des travaux de Geneviève Massignon[3] et de Pascal Poirier[4] a permis une reconnaissance du « parler acadien du sud-est du Nouveau-Brunswick » dans la francophonie. Ce processus de légitimation du français parlé en Acadie s'inscrivait dans les différents mouvements nationalistes au Canada français ayant comme objectif de légitimer le français régional et de l'autonomiser par rapport au français parlé en France ou au Québec. La description du « français traditionnel acadien » s'est réalisée en montrant sa filiation avec le français parlé par les premiers colons. Louise Péronnet a réalisé ce travail en s'appliquant à dresser les ressemblances entre le français des deux côtés de l'Atlantique, tout en relevant les différences entre le français parlé au Québec et celui parlé en Acadie. Vincent Lucci décrit ainsi le travail de Péronnet : « Suit une description historique et géolinguistique de chaque écart, qui permet de vérifier les hypothèses sur l'origine des parlers acadiens. Enfin une comparaison avec les parlers français du Québec montre l'originalité des parlers français d'Acadie sur le sol canadien[5] ». En plus de cet important ouvrage sur les éléments grammaticaux et lexicaux, Louise Péronnet a publié en 1998 un atlas linguistique du vocabulaire maritime[6] avec Rose Mary Babitch, Wladyslaw Cichocki et Patrice Brasseur, ses collaborateurs de longue date avec qui elle a entretenu des rapports soutenus et réguliers. Ses travaux sur le parler acadien allaient contribuer à faire connaître la langue acadienne un peu

---

[3] Geneviève Massignon, *Les parlers français d'Acadie. Enquête linguistique*, t. 1 et 2, Paris, Klincksieck, 1962.

[4] Voir Pascal Poirier, *Le glossaire acadien*, édition critique établie par Pierre M. Gérin, Moncton, Éditions d'Acadie / Centre d'études acadiennes, 1993.

[5] Vincent Lucci, quatrième de couverture du livre de Louise Péronnet, *Le parler acadien du sud-est du Nouveau-Brunswick. Éléments grammaticaux et lexicaux*, New York, Peter Lang, coll. « American University Studies », 1989.

[6] Louise Péronnet, Rose Mary Babitch, Wladyslaw Cichocki et Patrice Brasseur, *Atlas linguistique du vocabulaire maritime acadien*, Sainte-Foy, Presses de l'Université Laval, 1998.

partout. Elle a en outre travaillé dans des perspectives comparées, notamment avec Karin Flikeid et Vincent Lucci.

Si en facilitant bien des rencontres et des échanges, en éveillant bien des vocations (de fait en tant que professeure, Louise Péronnet a enseigné la linguistique à l'Université de Moncton pendant une trentaine d'années et laissé chez ses étudiants et étudiantes le souvenir d'une professeure enthousiaste, passionnée par la matière enseignée, engagée et disponible), Louise a été une excellente promotrice des études sur le français acadien, ce rôle-là, elle l'a aussi et surtout rempli par le biais de ses contributions personnelles à la recherche dans le domaine.

Louise Péronnet s'est également penchée sur la langue comme pratique sociale donnant accès à différentes ressources matérielles et symboliques. Elle ne s'est donc pas contentée de décrire le français parlé en Acadie, mais a également travaillé avec le ministère de l'Éducation et avec les enseignantes et enseignants des écoles de la province afin que le « français acadien » soit pris en compte dans les manuels scolaires et en classe. Elle a organisé en 1987 des journées d'études intitulées « L'école contribue-t-elle à maintenir la vitalité d'une langue minoritaire? » Elle a publié des articles révélant les avantages d'une grammaire de la variation. Mettre la variation au centre des méthodes pédagogiques s'inscrivait dans le droit fil des recherches sur le français dans les milieux périphériques et à l'intérieur des politiques linguistiques et des mesures prises pour aménager le français dans la province. En effet, Louise Péronnet s'est fortement investie dans les deux volets qui caractérisent le plus souvent l'aménagement linguistique, à savoir le statut de la langue et son aménagement.

Louise Péronnet s'est d'abord intéressée à l'établissement du statut du français, envisagé ici dans son sens large qui comprend, selon Jean-Claude Corbeil, trois phases : « l'analyse de la situation de départ, la définition des objectifs à atteindre et l'établissement d'une stratégie de passage de la situation de départ à la situation d'arrivée⁷». La mise sur pied du CRLA était déjà une démarche en ce sens. De plus, Mme Péronnet est souvent intervenue dans l'espace public pour tenter d'influer sur les représentations les plus couramment véhiculées sur le français acadien, souvent négatives, et c'est une des raisons qui explique son engagement auprès des écoles et son insistance pour que l'on tienne compte du français acadien dans l'enseignement des langues.

Mais c'est surtout dans le volet aménagement de la langue qu'elle s'est démarquée. Jean-Claude Corbeil, présent au colloque de 1990 sur l'aménagement linguistique de l'Acadie du Nouveau-Brunswick, propose les démarches suivantes pour aménager les « variétés » de français au Canada, programme que Louise Péronnet avait déjà amorcé :

> 1- Définir la relation de la variété acadienne avec les autres variétés du français, notamment avec le français québécois et avec le français français […] ;
> 2- Ensuite, instrumentaliser l'usage de la langue acadienne, c'est-à-dire créer et publier les instruments de référence dont les locuteurs ont besoin pour régler, au jour le jour, leurs problèmes de langue et, surtout, de vocabulaire⁸.

Mme Péronnet a décrit les dimensions morphosyntaxiques du français acadien en puisant dans l'histoire de la langue pour lui donner une place dans les français de la francophonie, pour le différencier des variétés québécoises, européennes et africaines, et pour le doter d'une certaine autonomie. Elle a en outre œuvré avec sa collègue Sylvia Kasparian à illustrer des usages contemporains de la langue française en Acadie. Les deux chercheures ont alors porté leur attention sur les pratiques linguistiques de jeunes professionnels instruits, afin de tenter de cerner une certaine norme d'usage locale et contemporaine.

---

[7] Jean-Claude Corbeil, « L'aménagement linguistique en Acadie du Nouveau-Brunswick », dans Catherine Phlipponneau (dir.), *Vers un aménagement linguistique de l'Acadie du Nouveau-Brunswick*, Moncton, Université de Moncton / Centre de recherche en linguistique appliquée, 1991, p. 22.

[8] Jean-Claude Corbeil, *op. cit.*, p. 27 et 28.

Louise a aussi fait partie de l'aventure que fut la mise en place et le maintien pendant plus de dix ans du Conseil pour l'aménagement du français au Nouveau-Brunswick (CAFNB). Hors de tout soutien institutionnel, elle a donné de son temps et beaucoup de son énergie au Conseil et a tenu, plusieurs années durant, les rênes d'un de ses sous-comités (variétés de langue).

Tout au long de sa carrière, elle a publié des contributions remarquables et remarquées. Pour ne donner que deux exemples à deux moments bien distincts, signalons un article paru en 1977 et intitulé *Le parler acadien*, qui continue d'être régulièrement cité, de même que celui publié en 1995 et ayant pour titre *Le français acadien*. Tous deux offrent des synthèses appréciables sur les dynamiques linguistiques et sociales en Acadie. Louise Péronnet a toujours eu à cœur de faire connaître le français acadien, d'où son implication dans le projet Franqus avec l'équipe de linguistes de l'Université de Sherbrooke ; ainsi, l'on peut désormais trouver dans le dictionnaire *Usito* une liste de termes acadiens qu'elle a décrits.

En définitive, je crois pouvoir affirmer que c'est grâce à Louise Péronnet si le français parlé en Acadie est (re)connu dans la francophonie internationale, et surtout dans les pays de langues romanes ; on lui doit ainsi d'avoir fait connaître un pan des études acadiennes à travers le monde. Elle a d'ailleurs publié en 1993 un important article intitulé « La situation du français en Acadie : de la survivance à la lutte ouverte » dans *Le français dans l'espace francophone*, ouvrage collectif qui rend compte des différentes situations de la francophonie mondiale. Cet article, quelque vingt ans après sa publication, s'avère un classique de la linguistique acadienne, une porte d'entrée pour bien des chercheurs novices dans le domaine. Même une fois sa retraite prise, Mme Péronnet a continué à s'intéresser aux enjeux linguistiques de la région, suivant par exemple des cours de micmac. Elle a continué de fréquenter l'Université de Moncton et l'on a pu souvent voir cette marcheuse et travailleuse infatigable venir passer des journées entières dans les archives du Centre d'études acadiennes.

C'est pour toutes ces raisons – son enseignement, le rayonnement de ses travaux, sa générosité humaine et intellectuelle, son engagement – que l'Université l'a nommée professeure émérite en études françaises en 2007 et que l'équipe du CRLA a voulu rendre hommage à Louise Péronnet en organisant un colloque en son honneur en septembre 2010.

Merci Louise!

Annette Boudreau

INTRODUCTION

Présentation

C'est en septembre 2010 que s'est tenu à Moncton le colloque international sur la situation du français en Acadie en hommage à Louise Péronnet. L'événement, organisé par le Centre de recherche en linguistique appliquée (CRLA) de l'Université de Moncton, s'inscrivait dans le prolongement des colloques organisés par le Centre en 1990 («Vers un aménagement linguistique de l'Acadie du Nouveau-Brunswick»), en 1994 («Les Acadiens et leur(s) langue(s) : quand le français est minoritaire») et en 2005 («Les variétés du français en Amérique du Nord»). Il avait comme objectifs spécifiques de dresser le bilan des recherches sur la situation linguistique en Acadie et d'interroger les enjeux de ces recherches sur les plans tant scientifique que social. Le colloque avait aussi pour vocation de rendre hommage à Louise Péronnet, à son travail de pionnière qui a inspiré bien des recherches sur les pratiques linguistiques en Acadie. En effet, consciente que langue et société sont inextricablement liées, Louise Péronnet a toujours abordé le français d'usage en Acadie sous des angles multiples. Ainsi a-t-elle traité des phénomènes linguistiques à la fois comme «objets» de description (afin de mieux connaître leurs origines, leurs dynamiques internes) et comme pratiques sociales (et donc intimement liées aux conditions sociales, politiques et économiques de leur production).

Pour l'événement, chercheurs et chercheuses ont été sélectionnés pour présenter des travaux abordant le français acadien sous ses multiples facettes : description du français, description des pratiques linguistiques, histoire du français et histoire des pratiques linguistiques, changements linguistiques et langue(s) en mouvance, contact des langues, idéologies et représentations linguistiques, langue(s) et construction identitaire, analyse du discours, langue(s) et productions culturelles (littérature, films, chansons), didactique des langues, méthodologies (quelles méthodes pour quels terrains?) et aménagement linguistique (politiques linguistiques).

À l'issue du colloque, qui a par ailleurs connu un franc succès, nous avons tenu à garder trace des études qui y avaient été présentées. Plusieurs participants ont alors accepté de retravailler leur texte de communication et de se soumettre à un long et strict processus d'évaluation afin de nous permettre de présenter leurs textes dans le présent collectif.

Quinze articles, fruits du travail de dix-huit chercheurs acadiens, canadiens et internationaux issus de diverses disciplines et représentant plusieurs générations, offrent ici un regard croisé sur la francophonie acadienne. Nous espérons avec ce volume – riche par la diversité des thématiques abordées, les approches théoriques convoquées et les regards disciplinaires nécessairement orientés – contribuer à l'éclairage des dynamiques sociales et linguistiques de cette francophonie originale qu'est la francophonie acadienne. Francophonie à laquelle, rappelons-le, notre collègue Louise Péronnet a voué sa longue carrière de chercheure.

Résumé des articles

Dans le premier article, rédigé par Michel Doucet, il est question des dispositions législatives qui encadrent l'aménagement linguistique du Nouveau-Brunswick, et de la problématique qu'elles posent par rapport à la conception généralement acceptée de la démocratie dans nos sociétés libérales. Il traite également de la relation que les droits linguistiques, qui reconnaissent l'existence d'une communauté linguistique minoritaire, entretiennent avec les droits fondamentaux « traditionnels », lesquels s'adressent plus précisément aux individus, avant d'aborder l'épineuse question de la judiciarisation tant décriée par certains.

Luc Léger, pour sa part, s'intéresse aux milieux de travail du secteur privé au Nouveau-Brunswick, milieux qui ne sont pas régis par une politique linguistique et où, le plus souvent, l'anglais domine comme langue de travail. À partir de données recueillies auprès des employés de deux centres d'appel néo-brunswickois, il s'interroge sur les incidences de cette situation de domination linguistique sur les employés des centres d'appel, d'une part, et sur les changements qui y sont souhaités par les francophones qui y travaillent, d'autre part.

En prenant appui sur l'œuvre publiée de Louise Péronnet, Françoise Gadet reprend des interrogations générales sur la notion de variété telle qu'elle est mise en œuvre par les linguistes et les sociolinguistes. Elle pose plus précisément la question de savoir s'il est satisfaisant de parler, à propos du français parlé en Acadie, de « variété » de français et conclut, avec prudence et précaution, qu'en Acadie comme dans beaucoup d'autres endroits, les éléments d'une définition en termes de variété sont trop fragiles pour être opératoires pour une description linguistique solide, même s'ils seront sans doute utiles pour rendre les pratiques pédagogiques plus efficaces et contribuer au développement métalinguistique des élèves.

Dans son article, Pierre-Don Giancarli nous présente les résultats d'une étude de corpus qui vise à mettre en relief et à expliquer deux différences tenues pour radicales entre la forme pronominale en québécois et celle en acadien, à savoir les types de procès autorisés et le choix d'auxiliaire. Alors que la première différence tient à ce que, en acadien, la bivalence verbale au sens large soit la condition suffisante, le québécois requiert en outre une agentivité minimale. De plus, les auxiliaires sélectionnés diffèrent dans la mesure où le québécois retient *être* tandis que l'acadien, *avoir*. Les variantes dans la sélection et la distribution des auxiliaires tout comme les choix de construction verbale sont parmi les variables les plus étudiées du français nord-américain. Louise Péronnet elle-même y a consacré des recherches (notamment avec Karin Flikeid[1]).

Julia Hennemann et Ingrid Neumann-Holzschuh proposent

---

[1] Louise Péronnet et Karin Flikeid, « N'est-ce pas vrai qu'il faut dire: *j'avons été*? Divergences régionales en acadien », *Le français moderne*, vol. 57, n°s 3 et 4, 1989, p. 219-242.

une analyse de l'emploi des particules *voir* et *-ti* dans deux variétés de français nord-américain, soit le français acadien, notamment tel qu'il est parlé en Nouvelle-Écosse, et le français louisianais. Elles montrent que si *voir* est fréquent en acadien en tant que particule de renforcement dans les phrases impératives et interrogatives, son emploi est plus restreint en Louisiane. La même remarque vaut pour la particule *-ti*, très répandue en Acadie dans les phrases interrogatives et exclamatives, mais moins fréquente en Louisiane.

À partir d'un corpus d'interactions enregistrées dans les émissions de la radio communautaire CIFA du sud-ouest de la Nouvelle-Écosse, Cristina Petraş s'interroge sur le rapport entre la politique linguistique du radiodiffuseur et les pratiques langagières des animateurs, invités et intervenants, cela à travers le phénomène de reformulation, notamment par traduction. De manière sous-jacente, l'article participe à éclairer le rapport que les locuteurs bilingues entretiennent avec les deux langues en contact. Concrètement, il montre qu'animateurs et interviewés se conforment à une convention visant à privilégier l'utilisation du français à la radio, ce qui correspond aux lignes directrices de la politique linguistique implicite de la radio en question, et que la traduction anglais-français, qui se manifeste surtout avec le vocabulaire technique, illustre le rapport fort complexe que le locuteur minoritaire entretient avec les deux langues en contact.

S'intéressant aux normes sociolinguistiques et de politesse dans les parlers acadiens du sud-est du Nouveau-Brunswick, Sylvia Kasparian et Pierre Gérin visent à illustrer et à interroger comment les Acadiens s'adressent à des personnes plus ou moins familières. En se fondant sur un corpus d'émissions radiophoniques et télévisées locales et sur un corpus de conversations entre professeurs et élèves dans les écoles secondaires et à l'Université de Moncton, les auteurs tentent de décrire l'utilisation des termes d'adresse dans les parlers acadiens du sud-est du Nouveau-Brunswick.

Dans sa contribution, Marie-Ève Perrot propose une analyse des représentations du chiac dans la presse acadienne contemporaine à partir de textes extraits de *L'Acadie Nouvelle*. Elle montre que si le chiac est perçu de façon consensuelle comme une variété distincte issue du contact intensif avec l'anglais, le foisonnement des désignants métalinguistiques et épilinguistiques révèle le flou de son statut dans la représentation des scripteurs ainsi que le caractère conflictuel des positionnements à son égard. Enfin, elle se penche sur la question de la résurgence du débat sur le chiac en 2009-2010, débat qui ne porte plus sur sa légitimité mais plutôt sur les limites à lui assigner.

Après avoir présenté l'enquête *Les langues et vous*, un projet d'enquêtes sociolinguistiques parallèles entre les langues d'oïl et l'acadien, Liliane Jagueneau montre que les points communs entre les deux situations sociolinguistiques en question sont suffisamment nets, en ce qui concerne les processus d'aménagement, pour que les enquêtes puissent être appliquées à l'acadien. Elle souligne cependant que les différences entre ces deux situations amènent à formuler des aménagements nécessaires dans l'application des mêmes enquêtes en milieu acadien. Liliane Jagueneau a déjà collaboré avec Louise Péronnet[2] précisément sur des questions reliées aux points communs et aux divergences entre terrain d'oïl et terrain acadien.

Dans leur article, Marianne Cormier et Anne Lowe s'intéressent au processus de francisation tel qu'il est pratiqué dans les écoles de langue française au Nouveau-Brunswick. De manière plus précise, elles examinent comment les écoles composent avec le fait que leurs élèves arrivent avec divers degrés de compétence langagière en français, certains d'entre eux n'étant pas même locuteurs du français. Elles proposent ensuite une analyse des quatre modèles de francisation mis en œuvre dans ces écoles pour en examiner l'efficacité. Pour conclure, elles montrent que des éléments autres que le modèle de gestion du programme de francisation peuvent avoir une influence sur l'apprentissage de la langue.

S'intéressant à la question de l'inclusion des minorités issues de l'immigration en provenance de la francophonie internationale au sein de la communauté acadienne néo-brunswickoise, Marie-Laure Tending propose une mise en regard de la situation de

---

[2] Louise Péronnet et Liliane Jagueneau, « Pour une nouvelle lecture du régionalisme dans la littérature », *Le français aujourd'hui*, n° 132, 2001, p. 23-28.

francophonie minoritaire de l'Acadie du Nouveau-Brunswick et des positionnements identitaires qu'un certain nombre de migrants originaires d'Afrique noire francophone sont susceptibles d'adopter dans cette situation. Elle prend particulièrement en considération les histoires langagières de ses témoins, histoires marquées par un contact de langues inégalitaires et des rapports particuliers construits face au français, langue dominante dans leurs sociétés d'origine mais dominée dans le cadre de leur contexte d'intégration.

Dans son article, Claudine Moïse présente les grandes lignes d'un projet transnational France-Acadie, *L'Acadie a dit*, initié par le Théâtre Jean Vilar de Montpellier autour d'une programmation artistique acadienne et d'un travail sur les variétés linguistiques et le plurilinguisme, projet mené avec la participation d'élèves et d'enseignants de collège et d'école secondaire. L'idée était de proposer un atelier d'écriture et de théâtre avec des artistes professionnels à une classe d'un collège du quartier de la Mosson (quartier périphérique et moins favorisé de la ville de Montpellier), conjointement à une classe d'une école secondaire de Moncton. L'auteure présente d'abord les objectifs et les questionnements sociolinguistiques, méthodologiques et éthiques du projet en question. Elle donne à voir ensuite le processus de création via plusieurs « registres », voire plusieurs langues, qui peut libérer des représentations minorisantes pour donner accès à un français standard.

En prenant pour exemple les communautés minoritaires acadiennes (principalement du Nouveau-Brunswick), Adeline Vasquez-Parra tente dans son article de singulariser certains des défis posés par la progression toujours plus insistante de l'immatérialité à l'heure de la mondialisation. Elle cherche notamment à appréhender les enjeux sociaux qui sous-tendent l'élaboration de sites Web en lien avec la culture acadienne. Son ambition est de regarder si le Web acadien fait aujourd'hui office d'espace social à une culture minoritaire et minorisée au Canada ou si, au contraire, il vient l'enfoncer dans un confinement folklorique l'éloignant de toute légitimité au sein de l'espace collectif.

La contribution d'Émilie Urbain envisage, dans un corpus de textes érudits ou de vulgarisation traitant de l'histoire de la langue française en Louisiane et en Acadie, les représentations et idéologies linguistiques circulant depuis les années 1960 à propos de ces variétés longtemps stigmatisées. Cette chercheure s'intéresse en particulier à la façon dont les glottonymes et la terminologie métalinguistique mobilisée dans ces travaux contribuent à la diffusion, l'évolution et la transformation de certains discours et argumentaires sur la langue et son histoire, qui sont le plus souvent l'occasion de prendre position sur la légitimité non pas de la langue en tant que telle, mais des locuteurs eux-mêmes.

Après un examen illustré et contextualisé du péritexte des trois principaux dictionnaires portant sur le français acadien – Poirier[3], Boudreau[4] et Cormier[5] –, Laurence Arrighi et Karine Gauvin montrent qu'en dépit de contextes de production fort différents et d'ambitions déclarées divergentes, les ouvrages mettent de l'avant un parler ancestral, demeuré fidèle à ses « vieilles » origines françaises. Ce péritexte, riche d'une dimension réflexive offerte par ces « faiseurs de dictionnaires », ouvre la voie pour saisir les enjeux sous-jacents à la production lexicographique d'une minorité linguistique. Les auteures montrent qu'en fin de compte, cette production témoigne d'une profonde déconnexion entre représentations proposées par le lexicographe et pratiques effectives, et atteste bien du fait que les travaux sur la langue d'un groupe – le discours savant sur la langue – gagnent à être envisagés comme des objets discursifs.

Remerciements

L'édition d'un collectif est un long cheminement. Nous tenons à remercier chaleureusement toutes celles et tous ceux qui ont contribué d'une manière ou d'une autre à l'existence de ce volume.

Aux tous débuts du processus, il y a l'équipe du Centre de recherche en linguistique appliquée: Annette Boudreau, alors

---

[3] Pascal Poirier, *Le glossaire acadien*, édition critique établie par Pierre M. Gérin, Moncton, Éditions d'Acadie / Centre d'études acadiennes, 1993 [1927].

[4] Éphrem Boudreau, *Glossaire du vieux parler acadien : mots et expressions recueillis à Rivière-Bourgeois, Cap-Breton*, Saint-Jean-sur-Richelieu, Éditions Lambda, 2009 [Montréal, Éditions du Fleuve, 1988].

[5] Yves Cormier, *Dictionnaire du français acadien*, Montréal, Fides, 1999.

directrice, Lise Landry, secrétaire, et aussi notre collègue Karine Gauvin, professeure de linguistique au Département d'études françaises. Elles ont été largement impliquées dans l'organisation scientifique et matérielle du colloque à l'origine de cet ouvrage.

Le Centre de recherche en linguistique appliquée et sa direction sont restés présents aux différentes étapes du projet, et c'est notamment grâce à des fonds alloués par le Centre que la présente publication a été rendue possible. En matière de soutien financier, nous tenons aussi à exprimer notre gratitude à la Faculté des études supérieures et de la recherche et à la Faculté des arts et des sciences sociales de l'Université de Moncton ainsi qu'à leur direction, à Lise Dubois, doyenne de la première, à Lisa Roy et Jean-François Thibault, respectivement doyenne et vice-doyen de la seconde. Leur aide nous a permis de nous assurer le soutien des réviseurs Dianne Landry et Nicolas Nicaise. Pour leur grande attention portée à la révision des textes mais aussi pour leur disponibilité et leur intérêt au processus, nous leur exprimons notre plus sincère gratitude.

Nous tenons encore à remercier tous ceux et celles qui ont soumis un texte ; merci de votre travail et de votre patience. Nous adressons par ailleurs notre reconnaissance à denise truax, qui a su nous accompagner tout au long du processus d'édition. Nous voulons pour terminer remercier nos collègues dont les noms figurent ci-dessous d'avoir accepté d'évaluer une première version des articles qui nous ont été soumis. Ils ont offert de leur temps et de leur connaissance, contributions sans lesquelles aucune publication savante n'est possible :

Sénamin Ozouf Amedegnato, Université de Calgary ; Mourad Ali-Khodja, Université de Moncton ; Julie Auger, Université de l'Indiana ; Chedly Belkhodja, Université de Moncton ; Marie Bernier, Université Laurentienne ; Annette Boudreau, Université de Moncton ; James Costa, École normale supérieure de Lyon ; Marie-Hélène Côté, Université d'Ottawa ; Michelle Daveluy, Université Laval ; Alexandre Duchêne, Université de Fribourg ; Jean-Michel Eloy, Université de Picardie Jules Verne ; Pierre Foucher, Université d'Ottawa ; Karine Gauvin, Université de

Moncton ; Sandrine Hallion, Université de Saint-Boniface ; Jacques Henry, Université de la Louisiane (Lafayette) ; Catherine Léger, Université de Victoria ; Mireille McLaughlin, Université d'Ottawa ; Johanne Melançon, Université Laurentienne ; Claudine Moïse, Université Stendhal-Grenoble 3 ; Terry Nadasdi, Université de l'Alberta ; Marie-Ève Perrot, Université d'Orléans ; Cristina Petraş, Université Alexandru Ioan Cuza de Iaşi ; Jean-Pierre Pichette, Université Sainte-Anne ; Annie Pilote, Université Laval ; Claude Poirier, Université Laval ; Wim Remysen, Université de Sherbrooke ; Serge Rousselle, Université de Moncton ; Sylvie Roy, Université de Calgary ; Carole Salmon, Université du Massachusetts (Lowell) ; André Thibault, Université Paris-Sorbonne (Paris IV) ; Christophe Traisnel, Université de Moncton ; Isabelle Violette, Université de Moncton

Laurence Arrighi
Matthieu LeBlanc
Université de Moncton, décembre 2013

LES DROITS LINGUISTIQUES, LA DÉMOCRATIE ET LA JUDICIARISATION

Michel Doucet
Université de Moncton
Observatoire international des droits linguistiques

Introduction

Toute discussion relative à la situation linguistique du Nouveau-Brunswick ne peut faire abstraction des dispositions constitutionnelles et législatives qui encadrent l'aménagement linguistique de la province. Il sera donc question, dans le présent texte, de l'objet de ces dispositions et de la problématique qu'elles posent par rapport à la conception généralement acceptée de la démocratie dans nos sociétés libérales. En outre, il sera question de la relation que les droits linguistiques, qui reconnaissent l'existence d'une communauté linguistique minoritaire, entretiennent avec les droits fondamentaux « traditionnels », qui eux s'adressent plus spécifiquement aux individus. Nous aborderons finalement la question épineuse de la « judiciarisation » tant décriée par certains.

1. Les droits fondamentaux et droits linguistiques : antinomie ou concordance ?

Les droits fondamentaux traditionnels tels que la liberté d'expression, la liberté de pensée et d'opinion et la liberté de religion, pour n'en nommer que quelques-uns, demeurent une référence incontournable dans nos sociétés démocratiques. Ils forment, en quelque sorte, l'ossature de nos démocraties. Nous avons donc souvent tendance à associer ces droits aux individus, puisqu'ils ont pour objet de défendre la dignité de la personne humaine.

Les droits linguistiques, pour leur part, ont pour caractéristique essentielle d'être reconnus non seulement aux individus, mais également à la communauté qui regroupe ces individus. En ce sens, ils entrent souvent en conflit avec les droits fondamentaux traditionnels. Prenons par exemple le débat sur la langue de l'affichage commercial. Analysée sous l'angle des droits fondamentaux traditionnels, cette question porte uniquement sur la liberté d'expression : le droit pour le commerçant d'afficher dans la langue de son choix. Or, pour la minorité linguistique, l'obligation d'afficher dans les deux langues officielles est considérée comme une étape essentielle dans la protection et le développement de sa langue et de sa culture. Comment, alors, concilier ces deux perceptions de la même question ? Comment peut-on donner substance aux besoins d'une collectivité linguistique minoritaire si la loi protège uniquement les libertés individuelles[1] ?

L'aménagement de l'espace public afin qu'il tienne compte de la présence d'un groupe minoritaire est souvent en contradiction avec la vision traditionnelle de l'État démocratique, dont l'un des fondements théoriques est l'uniformité de ses composantes individuelles et l'indivision de sa souveraineté. De cette perception découle l'impossibilité pour la majorité de concevoir les minorités linguistiques en tant que groupe distinct puisque, selon sa conception de la société, seules deux catégories d'intérêt peuvent et doivent être en présence dans un État démocratique : premièrement, celle des individus qui s'épanouissent dans l'espace privé et, deuxièmement, celle de la collectivité qui est représentée dans l'espace public par l'État souverain, c'est-à-dire le gouvernement et ses institutions.

Cette théorie de l'État souverain et indivisible ne propose aucune analyse permettant de justifier l'existence d'un aménagement linguistique particulier pouvant satisfaire aux demandes du

---

[1] *Dunmore c. Ontario (Procureur général)*, [2001] 3 R.C.S. 1016 au para. 17.

groupe minoritaire. En vertu de cette théorie, l'État doit adopter des politiques et des normes neutres sur les plans linguistique et culturel, et donc ne peut pas discriminer contre un groupe. Seule une application identique des normes et des politiques à tous les citoyens et citoyennes peut garantir l'égalité de tous et de toutes. Dans l'éventualité où la spécificité linguistique est reconnue à un groupe minoritaire, cette reconnaissance ne doit être que symbolique et ne doit pas être considérée comme imposant une norme juridique contraignante.

Dans ce contexte se pose donc la question de savoir si la reconnaissance des groupes minoritaires mène à l'octroi de « droits » ou si elle se limite à une reconnaissance politique non formelle. La réponse à cette question passe peut-être par une autre question : pourquoi une communauté minoritaire voudrait-elle que sa langue soit protégée par une norme juridique contraignante ? Une réponse serait peut-être que pour le groupe minoritaire, la langue et la culture ont une valeur.

Les demandes des communautés minoritaires pour l'obtention d'une reconnaissance normative de leur langue sont souvent mal comprises par la communauté majoritaire. Pour cette dernière, le concept même de « droits linguistiques » est difficile à saisir, car la majorité, sauf dans des cas exceptionnels, n'a pas besoin de « droits » pour protéger sa langue et sa culture. Le groupe majoritaire, par les institutions publiques qu'il contrôle, participe pleinement à l'élaboration des règles qui s'appliqueront à tous les citoyens. Puisqu'aux yeux de la majorité, ces règles n'impliquent aucun choix culturel ou linguistique et qu'elles s'appliquent uniformément à tous, elles ne peuvent que garantir l'égalité de chacun. Pour le groupe majoritaire, une société démocratique et égalitaire est celle qui assure à chaque citoyen un accès égal au processus de prise de décision dans l'espace public et qui garantit l'existence d'un espace privé au sein duquel chaque individu peut exercer son autonomie personnelle et établir ses propres choix par rapport à ses valeurs. L'État ne devrait pas mettre en péril ce fragile équilibre qui est essentiel à la vie en société.

Nous partirons donc de l'hypothèse que la reconnaissance des droits linguistiques est, au départ, contraire à la perception que la majorité se fait de l'État démocratique. Nous partirons également de l'hypothèse que cette antinomie existe au Nouveau-Brunswick et qu'elle rend d'autant plus difficile l'acceptation et la compréhension par la majorité des droits linguistiques reconnus à la communauté minoritaire. Nous constaterons finalement que la communauté minoritaire elle-même a de plus en plus de difficulté à comprendre l'objet des droits linguistiques et qu'elle confond trop facilement le concept d'égalité, inhérent à ces droits, avec celui plus nébuleux d'accommodement.

2. Voyage vers la source des droits linguistiques : le concept d'égalité réelle?

Le 1er mai 1986, la Cour suprême du Canada rendait coup sur coup trois décisions qui continuent d'avoir un impact important sur la conception que plusieurs se font des droits linguistiques. Connues sous le nom de la « trilogie de 1986 », les trois décisions dans les affaires *MacDonald*, *Bilodeau* et *Société des Acadiens*[2] permirent à la Cour suprême du Canada de développer une théorie qui nous invite à considérer les droits linguistiques sous un angle différent par rapport aux autres droits fondamentaux. Selon ces décisions, il n'appartiendrait pas aux tribunaux, sous le couvert de l'interprétation, d'améliorer, d'ajouter ou de modifier ces droits[3]. Les tribunaux devraient hésiter à servir d'instruments de changement dans ce domaine ; ils devraient plutôt aborder ces droits avec une grande retenue puisque, nous dit la Cour, ils sont le résultat d'un compromis politique. Le processus législatif étant, à la différence du processus judiciaire, un processus politique, il se prête mieux à l'avancement de ces droits fondés[4].

Une telle approche ne laisse aucune place à la reconnaissance de la dimension collective des droits linguistiques, les amputant même de leur caractéristique la plus importante. Elle a pour effet

---

[2] *MacDonald c. Montréal (Ville de)*, [1986] 1 R.C.S. 460 [*MacDonald*] ; *Bilodeau c. Manitoba (Procureur général)*, [1986] 1 R.C.S. 449 [*Bilodeau*] ; *Société des Acadiens du Nouveau-Brunswick c. Association of Parents for Fairness in Education*, [1986] 1 R.C.S. 549 [*Société des Acadiens*].

[3] *MacDonald*, op. cit., aux para. 61, 103-104.

[4] *Société des Acadiens*, op. cit., aux para. 65 et 68.

d'instrumentaliser la portée de ces droits: la langue n'y est perçue que comme un outil de communication et non d'épanouissement ni de développement social ou culturel. Dès lors que la langue n'est plus considérée comme une nécessité sociale, les droits linguistiques constituent tout au plus une forme d'accommodement permettant à l'individu de communiquer, dans des conditions particulières, avec l'État.

Pourtant, la reconnaissance de droits linguistiques ne devrait-elle pas avoir pour but de protéger ce que certains définissent comme « un signe d'appartenance, un patrimoine culturel [et l'] expression concrète d'une identité communautaire[5] » ? L'importance des droits linguistiques ne repose pas tant sur des intérêts individuels que sur une reconnaissance communautaire mettant davantage l'accent sur leurs intérêts collectifs[6]. La thèse du compromis politique véhiculée par la trilogie de 1986 fait toutefois obstacle à cette conception des droits linguistiques. Une telle approche centrée sur l'individu et sur le compromis politique exclut la reconnaissance de la communauté minoritaire.

En 1999, dans la décision *Beaulac*, la Cour suprême du Canada a écarté l'interprétation négative des droits linguistiques prônée par la trilogie. Dans cette décision, la Cour a fait le constat que l'existence d'un compromis politique ne doit pas avoir d'incidence sur l'étendue des droits linguistiques[7]. Elle a précisé que dans la mesure où ils préconisent une interprétation restrictive des droits linguistiques, les arrêts de la trilogie de 1986 doivent être écartés[8]. Il en découle que les droits linguistiques doivent recevoir une interprétation large et libérale et qu'ils doivent être interprétés en fonction de leur objet, de façon compatible avec le maintien et l'épanouissement des collectivités de langue officielle[9].

---

[5] Michel Bastarache, « Introduction », dans Michel Bastarache (dir.), *Les droits linguistiques au Canada*, 2ᵉ éd., Cowansville, Éditions Yvon Blais, 2004, p. 6 [*Les droits linguistiques au Canada*].

[6] Denise G. Réaume, « Official Language Rights: Intrisic Value and the Protection of Difference », dans Will Kymlicka et Wayne Norman (dir.), *Citzenship in Diverse Societies*, Oxford, Oxford University Press, 2000, p. 245.

[7] *R. c. Beaulac*, [1999] 1 R.C.S. 768 aux para. 22, 24 et 25 [*Beaulac*].

[8] *Ibid.* au para. 25.

[9] *Ibid.*

La Cour a précisé que pour être efficaces, les droits linguistiques exigent de l'État qu'il adopte des mesures positives pour les mettre en œuvre. L'État doit également se rappeler que le principe d'égalité n'a pas en matière linguistique un sens plus restreint, mais qu'il doit recevoir son sens véritable, c'est-à-dire celui de l'égalité réelle[10]. En d'autres mots, le concept d'égalité n'est pas un concept formel, mais une idée qui renvoie à une réalité concrète[11]. Rappelons également qu'il y a souvent un écart entre égalité formelle et égalité réelle. En effet, il ne suffit pas de traiter de la même manière toutes les personnes ou toutes les communautés linguistiques. Dans la mesure où les membres d'une communauté minoritaire peuvent éprouver des besoins différents, les traiter de la même manière que les membres de la communauté majoritaire peut parfois être source d'une plus grande inégalité.

L'exercice de droits linguistiques n'a donc rien d'exceptionnel et ne doit pas être confondu avec l'accommodement[12]. Les droits linguistiques exigent plutôt un engagement concret de la part de l'appareil étatique. La protection des droits linguistiques vise un objectif qui n'est pas différent de celui que cherche à atteindre la protection des autres droits fondamentaux reconnus par la *Charte canadienne des droits et libertés*. Il s'ensuit donc qu'ils ne devraient pas recevoir, de la part des gouvernements, un traitement inférieur.

Malgré ces enseignements clairs de la Cour suprême du Canada, nombreux sont encore ceux et celles qui continuent à percevoir les droits linguistiques comme des droits essentiellement politiques. Pour ceux-ci, la langue n'est ni un outil de développement social ni un phénomène culturel collectif. Elle ne sert pas à l'individu de base pour l'appartenance à un groupe ou à une communauté. La langue n'est qu'un simple outil de communication. Les droits linguistiques se limitent alors tout au plus à la reconnaissance d'un droit individuel de communiquer dans la langue officielle de son choix avec les institutions gouvernementales. Cette conception

---

[10] *Ibid.* au para. 22.
[11] Nicole Vaz, « Le principe d'égalité des langues officielles », dans Michel Bastarache (dir.), *Les droits linguistiques au Canada*, 2ᵉ éd., Cowansville, Éditions Yvon Blais, 2004, p. 657.
[12] *Ibid.* au para. 24.

plutôt mécanique des droits linguistiques les dépouille de leur raison d'être et en fait des droits statiques qui ne peuvent pas servir au développement de la communauté minoritaire.

3. La nature collective des droits linguistiques?

L'exercice de droits linguistiques ne peut être perçu comme une action individuelle, car l'objectif ultime est de faire bénéficier l'ensemble de la communauté[13]. Prenons par exemple l'article 23 de la *Charte canadienne des droits et libertés*, lequel reconnaît aux citoyens canadiens qui satisfont à certains critères le droit à l'instruction dans la langue de la minorité[14]. En analysant cet article, nous constatons que son objectif ultime est de favoriser l'épanouissement de la culture de la minorité linguistique dans son ensemble[15]. En effet, si l'article 23 reconnaît des droits individuels, dans la mesure où chaque parent répondant aux critères peut se prévaloir des droits qu'il accorde, il porte aussi une dimension collective puisqu'en fin de compte, c'est la communauté minoritaire qui est la vraie bénéficiaire des droits conférés. D'ailleurs, en analysant cette disposition, il serait dangereux de mettre uniquement l'accent sur le droit individuel à l'instruction, au détriment

---

[13] *Beaulac, op. cit.*, au para. 20.

[14] L'article 23 prévoit:
(1) Les citoyens canadiens:
a) dont la première langue apprise et encore comprise est celle de la minorité francophone ou anglophone de la province où ils résident,
b) qui ont reçu leur instruction, au niveau primaire, en français ou en anglais au Canada et qui résident dans une province où la langue dans laquelle ils ont reçu cette instruction est celle de la minorité francophone ou anglophone de la province, ont, dans l'un ou l'autre cas, le droit d'y faire instruire leurs enfants, aux niveaux primaire et secondaire, dans cette langue.
(2) Les citoyens canadiens dont un enfant a reçu ou reçoit son instruction, au niveau primaire ou secondaire, en français ou en anglais au Canada ont le droit de faire instruire tous leurs enfants, aux niveaux primaire et secondaire, dans la langue de cette instruction.
(3) Le droit reconnu aux citoyens canadiens par les paragraphes (1) et (2) de faire instruire leurs enfants, aux niveaux primaire et secondaire, dans la langue de la minorité francophone ou anglophone d'une province:
a) s'exerce partout dans la province où le nombre des enfants des citoyens qui ont ce droit est suffisant pour justifier à leur endroit la prestation, sur les fonds publics, de l'instruction dans la langue de la minorité;
b) comprend, lorsque le nombre de ces enfants le justifie, le droit de les faire instruire dans des établissements d'enseignement de la minorité linguistique financés sur les fonds publics.

[15] *Mahé c. Alberta*, [1990] 1 R.C.S. 342, p. 363 [*Mahé*].

des droits linguistiques et culturels de la communauté minoritaire dans son ensemble[16].

Or, que les droits linguistiques soient exprimés en termes de droits individuels ou en termes de droits collectifs, il n'en demeure pas moins que ce qui justifie leur existence n'est pas nécessairement la protection de l'individu, mais plutôt la préservation d'un patrimoine culturel et de la sécurité culturelle du groupe. Dans la mesure où ils s'exercent en commun avec les autres membres de la communauté, ces droits, de par leur nature même et en raison de leur objet, sont liés à des activités collectives[17]. Ils visent à donner à la communauté minoritaire la possibilité de participer pleinement à la vie publique, sur un pied d'égalité avec le groupe majoritaire. Ces droits, quelles que soient leurs formulations, ne peuvent appartenir à un individu ; ils doivent appartenir à la communauté qui regroupe les individus qui parlent une même langue. Les droits linguistiques garantissent sur le plan collectif l'épanouissement et le développement de la communauté minoritaire dans son ensemble.

Sur le plan politique, la reconnaissance du principe d'égalité des langues officielles et d'égalité des communautés de langue officielle est l'expression d'un choix fondamental découlant d'un contrat social. L'État, en acceptant d'octroyer des droits au groupe minoritaire, reconnaît qu'il a l'obligation positive d'agir afin de maintenir la langue et la culture de la minorité, qui se trouvent en règle générale en situation de vulnérabilité par rapport à la langue de la majorité. De plus, l'État doit être conscient que les droits linguistiques sont indissociables d'une préoccupation à l'égard de la culture véhiculée par la langue. Une langue est plus qu'un simple mode de communication ; elle est partie intégrante de l'identité et de la culture du peuple qui la parle. Elle est le moyen par lequel les

---

[16] Un exemple d'un différent libellé d'un droit linguistique se trouve à l'article 16.1 de la *Charte canadienne des droits et libertés*, lequel reconnaît l'égalité, non des locuteurs des langues officielles, mais des communautés linguistiques officielles de la province du Nouveau-Brunswick. Nous constaterons que le libellé de cet article n'est plus articulé en termes individuels, mais plutôt en termes collectifs. Dans ce cas, nous pouvons nous demander qui a le droit de parler au nom de ces communautés : les individus qui en font partie, les groupes représentatifs des ces individus ou le gouvernement ? Nous reviendrons sur cet article un peu plus loin.

[17] Nicole Vaz, *op. cit.*, p. 664.

individus se comprennent entre eux et comprennent le milieu dans lequel ils vivent[18]. Par conséquent, l'importance de la protection juridique de la langue trouve tout son sens dans l'espace public et privé, non seulement dans les moyens mis en place pour assurer sa protection et sa préservation, mais également dans ceux qui favorisent le développement et l'épanouissement de la communauté qui parle cette langue.

Il va de soi que les contextes social, démographique et historique constitueront la toile de fond de l'aménagement linguistique d'un territoire. Au Nouveau-Brunswick, par exemple, la reconnaissance constitutionnelle et législative des droits linguistiques découle de la présence d'une communauté linguistique minoritaire avec une histoire qui lui est propre et un poids démographique non négligeable. Elle est également une confirmation de la nécessité d'assurer le développement et l'épanouissement de cette communauté qui se trouve dans une situation de vulnérabilité et d'inégalité par rapport à la communauté majoritaire.

4. Les droits linguistiques au Nouveau-Brunswick : égalité réelle ou symbole ?

Lorsque l'État reconnaît des droits à une minorité, c'est qu'il accepte, du moins implicitement, que la règle de la majorité ne garantisse pas toujours le respect de la spécificité de cette minorité. En effet, demander à des individus membres d'une communauté minoritaire de se soumettre aux choix de la majorité sur des questions portant sur l'éducation, par exemple, revient à les obliger à accepter les valeurs de la majorité et à renoncer à leur spécificité identitaire. Or, les minorités linguistiques ne peuvent pas toujours être certaines que la majorité tiendra compte dans ses décisions de leurs préoccupations linguistiques et culturelles, ni même qu'elle comprenne leurs besoins particuliers.

On ne peut donc pas contraindre un individu membre d'un groupe minoritaire à renoncer, en raison d'un choix découlant de la volonté de la majorité, à son identité. D'ailleurs, il ne peut exister de

---

[18] *Mahé, op. cit.*, p. 362.

« volonté générale » sur les questions qui touchent à l'identité, c'est-à-dire à la langue ou à la culture. La langue et la culture d'une communauté font partie de l'histoire et du mode de vie d'une communauté. Elles définissent la manière que les individus ont de vivre ensemble, leur façon de s'exprimer et leur vision du monde. Elles constituent pour chaque individu le point d'ancrage dans une communauté[19].

Lorsque l'État décide de reconnaître des droits à un groupe minoritaire, il se doit de repenser l'approche globale propre à la logique des droits fondamentaux traditionnels, celle qui veut que les droits s'appliquent de manière uniforme à tous sans distinction. Il doit également porter une attention particulière à son contexte propre et trouver des solutions qui lui sont appropriées. Ces solutions devront répondre aux besoins particuliers du groupe minoritaire et pourront donc varier d'une province à l'autre et d'un État à l'autre, puisque les demandes des groupes minoritaires n'y seront pas les mêmes. Ainsi, puisqu'ils s'insèrent dans des contextes différents, façonnés par la combinaison de facteurs historiques, sociaux et politiques distincts, les droits linguistiques ne peuvent qu'être asymétriques, dans leur conception comme dans leur application. Les conséquences des choix faits par l'État se révéleront plus ou moins efficaces, selon la nature des revendications du groupe minoritaire, selon l'engagement des institutions étatiques et selon les interprétations qu'en donneront les tribunaux.

Dans le cas du Nouveau-Brunswick, les articles 16 et 16.1 de la *Charte canadienne des droits et libertés* représentent le point de départ incontournable de toute analyse juridique de l'aménagement linguistique[20]. Ces dispositions reconnaissent respectivement l'égalité

---

[19] Avishai Margalit et Joseph Raz, « National Self-Determination », *Journal of Philosophy*, vol. 87, n° 9, 1990, p. 439-461 : « cultural identity provides an anchor for [people's] self-identification and the safety of effortless secure belonging » (p. 447-449).

[20] Les autres dispositions de la Charte relatives aux droits linguistiques du Nouveau-Brunswick sont les articles 17 à 20 et l'article 23. Les articles 17, 18 et 19 garantissent l'égalité du français et de l'anglais dans les débats et les procès-verbaux de l'Assemblée législative, dans les procédures devant les tribunaux et dans les lois et règlements de la province. L'article 20 pour sa part garantit au public le droit de recevoir des institutions provinciales les services dans la langue officielle de son choix. L'article 23 porte sur le droit à l'enseignement dans la langue de la minorité. C'est la seule disposition, avec peut-être le paragraphe 16(3), qui accorde des droits aux minorités de toutes les provinces et de tous les territoires canadiens, c'est-à-dire le français à l'extérieur du Québec et l'anglais au Québec.

des langues officielles et l'égalité des communautés linguistiques officielles. Le paragraphe 16(2) de la *Charte* prévoit que :

> Le français et l'anglais sont les langues officielles du Nouveau-Brunswick ; ils ont un statut et des droits et privilèges égaux quant à leur usage dans les institutions de la Législature et du gouvernement du Nouveau-Brunswick.

Ce paragraphe soulève encore, près de trente ans après son adoption, une polémique quant à sa portée réelle. A-t-il simplement une portée symbolique ou confère-t-il des droits tangibles ? Suivant la première théorie, la disposition aurait un caractère purement déclaratoire. Il s'agirait d'une disposition symbolique non susceptible d'exécution. Il renfermerait un idéal plutôt que de décrire une réalité. Il nous rappelle un paradis que nous souhaiterions atteindre, mais ne constitue aucunement une prescription constitutionnelle fixant une obligation d'y arriver.

Or, depuis la décision dans l'affaire *Beaulac*, une telle approche restrictive quant à la portée de l'article 16 ne peut plus être acceptée[21]. Nous devons plutôt voir dans l'égalité reconnue à cet article l'imposition d'obligations spécifiques[22]. Il exige, entre autres, que les acteurs gouvernementaux portent une attention particulière à la notion de « dualité ». Il leur impose l'obligation d'appliquer cette notion dans la définition et la mise en œuvre de droits positifs[23].

L'article 16.1, pour sa part, est unique au Nouveau-Brunswick et se lit comme suit :

> (1) La communauté linguistique française et la communauté linguistique anglaise du Nouveau-Brunswick ont un statut et des droits et privilèges égaux, notamment le droit à des institutions d'enseignement distinctes et aux institutions culturelles distinctes nécessaires à leur protection et à leur promotion.

---

[21] *Beaulac, op. cit.*

[22] Nicole Vaz et Pierre Foucher, « Le droit à la prestation des services publics dans les langues officielles », dans Michel Bastarache (dir.), *Les droits linguistiques au Canada*, 2e éd., Cowansville, Éditions Yvon Blais, 2004, p. 318 ; Grégoire C. N. Webber, « The Promise of Canada's Official Language Declaration », dans Joseph Magnet (dir.), *Official Languages of Canada*, Markham, LexisNexis, 2008, p. 131-170.

[23] Joseph Magnet, « The Charter's Official Languages Provision : the Implementation of Entrenched Bilingualism », *Superior Court Law Review*, vol. 4, 1982, p. 182.

(2) Le rôle de la législature et du gouvernement du Nouveau-Brunswick de protéger et de promouvoir le statut, les droits et les privilèges visés au paragraphe (1) est confirmé.

Cet article reprend essentiellement certaines dispositions de la *Loi reconnaissant l'égalité des deux communautés linguistiques officielles au Nouveau-Brunswick*[24]. Le principe d'égalité des communautés linguistiques officielles reconnu à l'article 16.1 permet de mieux cerner l'objet des garanties linguistiques. L'article témoigne, du moins en théorie, de l'engagement du législateur envers l'égalité des communautés de langue officielle. L'article vise à soutenir les

---

[24] L.N.-B. 1981, c. O-1.1. C'est en 1981 que le gouvernement provincial a adopté cette loi qui reconnaît officiellement l'existence et l'égalité des deux communautés de langue officielle de la province. Loi méconnue et souvent confondue avec la *Loi sur les langues officielles*, elle prévoit :
CONSIDÉRANT que l'Assemblée législative du Nouveau-Brunswick reconnaît l'existence de deux communautés linguistiques officielles au Nouveau-Brunswick dont les valeurs et les héritages culturels émanent des deux langues officielles du Nouveau-Brunswick et s'expriment par elles ; et
CONSIDÉRANT que l'Assemblée législative du Nouveau-Brunswick désire reconnaître l'égalité de ces communautés linguistiques officielles ; et
CONSIDÉRANT que l'Assemblée législative du Nouveau-Brunswick cherche à accroître les possibilités de chaque communauté linguistique officielle de profiter de son héritage culturel et de le sauvegarder pour les générations à venir ; et
CONSIDÉRANT que l'Assemblée législative du Nouveau-Brunswick désire affirmer et protéger dans ses lois l'égalité de statut et l'égalité des droits et privilèges des communautés linguistiques officielles ;
ET CONSIDÉRANT que l'Assemblée législative du Nouveau-Brunswick désire enchâsser dans ses lois une déclaration de principes relative à cette égalité de statut et à cette égalité des droits et privilèges qui doit fournir un cadre d'action aux institutions publiques et un exemple aux institutions privées.
À CES CAUSES, Sa Majesté, sur l'avis et du consentement de l'Assemblée législative du Nouveau-Brunswick, décrète :
1. Reconnaissant le caractère unique du Nouveau-Brunswick, la communauté linguistique française et la communauté linguistique anglaise sont officiellement reconnues dans le contexte d'une seule province à toutes fins auxquelles s'étend l'autorité de la Législature du Nouveau-Brunswick ; l'égalité de statut et l'égalité des droits et privilèges de ces deux communautés sont affirmées.
2. Le gouvernement du Nouveau-Brunswick assure la protection de l'égalité de statut et de l'égalité des droits et privilèges des communautés linguistiques officielles et en particulier de leurs droits à des institutions distinctes où peuvent se dérouler des activités culturelles, éducationnelles et sociales.
3. Le gouvernement du Nouveau-Brunswick, dans les mesures législatives qu'il propose, dans la répartition des ressources publiques et dans ses politiques et programmes, encourage, par des mesures positives, le développement culturel, économique, éducationnel et social des communautés linguistiques officielles.

deux langues officielles, ainsi que les cultures qu'elles représentent, et à favoriser l'épanouissement et le développement des deux communautés linguistiques officielles. Il impose au gouvernement provincial l'obligation de prendre des mesures positives destinées à assurer à la communauté de langue officielle minoritaire un statut et des droits et privilèges égaux à ceux de la communauté de langue officielle majoritaire, faisant ainsi du principe d'égalité des deux communautés linguistiques une notion dynamique[25].

Toutefois, l'interprétation que certains donnent à cette disposition est bien différente. Pour ceux-ci, puisque l'article 16.1 de la *Charte canadienne des droits et libertés* confère des droits aux communautés linguistiques française et anglaise du Nouveau-Brunswick, son application ne peut survenir que dans des circonstances très spécifiques. Un individu ne pourrait donc pas simplement prétendre agir au nom d'une communauté linguistique. Seuls ceux qui auraient obtenu un mandat clair de l'ensemble de la communauté pourraient prétendre agir à ce titre. De ce point de vue, l'on considère que le paragraphe 16.1(2) confie exclusivement à la législature et au gouvernement du Nouveau-Brunswick le rôle de protéger et de promouvoir le statut, les droits et les privilèges des deux communautés linguistiques officielles. Par conséquent, selon les tenants de cette approche, seuls les élus provinciaux peuvent prétendre agir pour l'ensemble de la communauté. A fortiori, puisque le paragraphe 16.1(2) attribue un rôle spécifique à l'Assemblée législative et au gouvernement provincial, aucun « droit » que peut conférer l'article 16.1 ne saurait être justiciable des tribunaux ni ne devrait être exercé hors de la sphère politique. Dans la sphère publique, puisque c'est la majorité qui représente « l'ensemble de la communauté », c'est elle qui déciderait de ce qui est bon pour le groupe minoritaire.

Cette interprétation de l'article 16.1 est inquiétante. Les tenants de cette approche semblent suggérer que les constituants, lorsqu'ils ont décidé d'inscrire cette disposition dans la *Charte*, auraient induit la communauté minoritaire en erreur en lui faisant miroiter une

---

[25] *Charlebois c. Moncton (Ville)*, [2001], 242 R.N.-B. (2d) 259 au para. 80 [*Charlebois*].

reconnaissance de droits collectifs, pour ensuite soutenir que cette reconnaissance n'a qu'une valeur symbolique. Pourtant, les principes constitutionnels de l'égalité des langues officielles et de l'égalité des deux communautés de langue officielle et de leur droit à des institutions distinctes ne devraient-ils pas constituer les fondements du régime des garanties linguistiques au Nouveau-Brunswick[26] ?

L'objet des dispositions linguistiques comme celles que nous retrouvons aux articles 16 et 16.1 est pourtant clair : il vise à maintenir les deux langues officielles ainsi que les cultures qu'elles représentent et à favoriser l'épanouissement et le développement des deux communautés linguistiques officielles. Cet objet entraîne des conséquences concrètes et impose au gouvernement provincial l'obligation de prendre des mesures positives destinées à assurer à la communauté de langue officielle minoritaire un statut et des droits et privilèges égaux à ceux de la communauté de langue officielle majoritaire[27].

Ces droits sont également dynamiques. Ils impliquent que le gouvernement provincial exige minimalement l'égalité de traitement des deux communautés, et si nécessaire un traitement différent en faveur de la minorité linguistique afin de réaliser la dimension tant collective qu'individuelle d'une égalité réelle de statut, de droit et de privilège. Les principes d'égalité des langues officielles et des communautés linguistiques officielles exigent que le gouvernement crée par ailleurs des obligations pour les institutions provinciales[28].

En ce qui concerne le caractère contraignant des droits linguistiques, rappelons qu'il appartient aux tribunaux de s'assurer qu'un gouvernement provincial respecte, dans ses politiques et ses programmes, les obligations qu'il a reconnues à la communauté minoritaire, sans quoi le droit est un non-sens. Un droit que l'on ne peut pas revendiquer n'est pas un droit. Un droit acquis jadis, que le gouvernement refuse aujourd'hui de reconnaître et de respecter, est une négation de l'obligation juridique, voire de la notion même

---

[26] *Ibid.* p. 62.
[27] *Ibid.* au para. 80.
[28] *Ibid.* au para. 113.

de droit. Pour que le droit ait tout son sens, il doit y avoir un recours : *ubi jus, ubi remedium* (là où il y a un droit, il y a un remède).

5. La judiciarisation : un mal nécessaire

La reconnaissance de droits à une communauté minoritaire nous amène inéluctablement à repenser notre conception de la démocratie. La démocratie ne peut plus, dans le présent contexte, être comprise uniquement en termes de nombres d'individus ; elle doit plutôt favoriser l'atteinte d'une égalité réelle entre majorités et minorités. Fidèle à ce concept d'égalité réelle, toute communauté minoritaire doit pouvoir, dans certaines circonstances, revendiquer un traitement différent de celui de la majorité afin de répondre à ses besoins particuliers.

Cette notion d'égalité réelle est souvent mal comprise par la majorité ou même par le groupe minoritaire lui-même. On a souvent tendance à percevoir les droits linguistiques comme une simple réponse à une demande d'accommodement. Les droits linguistiques se limiteraient donc au droit de communiquer avec les institutions gouvernementales et d'en recevoir les services dans la langue officielle de son choix. Cette approche tend toutefois à instrumentaliser les droits linguistiques ; elle fait fi de l'importance de la sécurité linguistique du groupe, alors que c'est l'un des principaux motifs qui sous-tend la reconnaissance de ces droits.

Les droits linguistiques servent avant tout à l'épanouissement et au développement, non seulement du locuteur d'une langue pris de manière isolée, mais également de la communauté regroupant l'ensemble des locuteurs de cette langue. Si tel n'était pas le cas, nous pourrions nous interroger sérieusement sur la nécessité de reconnaître de tels droits. En effet, puisqu'en règle générale les membres d'une communauté minoritaire pris individuellement peuvent s'exprimer dans la langue de la majorité, à quoi serviraient les droits linguistiques sinon à l'accommodement, dans le cas isolé où une personne ne serait pas en mesure de parler la langue dominante ? Les droits linguistiques doivent donc nécessairement servir avant tout à favoriser la progression vers l'égalité réelle, l'épanouissement et le développement des communautés minoritaires de langue officielle.

On a critiqué cette conception des droits linguistiques du fait qu'elle n'a pas été développée par le législateur mais découle plutôt de l'interprétation que les tribunaux ont donnée à ces droits. Les interventions du système judiciaire dans ce que ces critiques considèrent comme le domaine du politique ne sont pas bien acceptées.

Le sociologue Joseph Yvon Thériault, pour sa part, rejette ce qu'il décrit comme la « judiciarisation » des droits parce que celle-ci est coupable, selon lui, de « l'abandon de la tactique du compromis politique [et] de la négociation avec l'autre » ; l'approche judiciaire viserait plutôt à imposer « à l'autre un droit ». Il jette également le blâme sur la « judiciarisation » du fait de l'impossibilité de « penser des politiques asymétriques » applicables aux communautés minoritaires. Finalement, il ajoute que l'intervention de l'appareil judiciaire a eu pour effet « d'évacuer du débat public, de la scène politique, la question des minorités linguistiques ». Pour lui, définir comme des « droits » ce qu'il considère comme des « intérêts » a pour conséquence de « dépolitiser la revendication identitaire[29] ».

En théorie, M. Thériault a probablement raison. Dans une société idéale, la communauté minoritaire n'aurait probablement pas besoin de revendiquer une reconnaissance juridique de ses droits. Dans une société idéale, elle n'aurait d'ailleurs vraisemblablement pas besoin de ces droits. Mais la réalité est souvent bien différente de la théorie.

Il ne faut jamais oublier que les droits linguistiques ont été reconnus à la suite de négociations et qu'ils ont donc comme fondement un consensus social. Faudrait-il maintenant que les communautés minoritaires acceptent de faire des compromis sur le consensus initial ? Qu'elles acceptent, dans le cadre d'un débat au départ inégal, que leurs droits soient réduits parce qu'ils ne répondent pas aux attentes de la majorité ou de certains théoriciens ?

---

[29] Joseph Yvon Thériault, « Les langues méritent-elles une protection constitutionnelle et législative ? », *Revue de la common law en français*, vol. 11, p. 45-54.

Il ne faut pas non plus oublier que la plupart du temps ce ne sont pas les communautés minoritaires, mais plutôt la classe politique qui refuse de faire de la question linguistique un débat de société. Devant les atermoiements et les silences des représentants élus, les communautés minoritaires ne peuvent tout simplement pas attendre paisiblement leur disparition ; elles ont compris, comme d'autres groupes minoritaires avant elles, que la voie judiciaire est parfois la seule voie pour faire entendre raison aux représentants élus et pour rétablir un certain équilibre des rapports de force[30].

Cela dit, nous sommes conscient que plusieurs perçoivent l'intervention de l'appareil judiciaire dans ces questions comme un exercice dangereux et une tentative d'usurper le rôle du législateur. Ils voient dans la « judiciarisation » de ces questions une justification au désengagement social. Ils considèrent que la « judiciarisation » fait entrave au débat public et à la démocratie. Or, ces mêmes personnes oublient que c'est le législateur lui-même qui a posé des limites à ses pouvoirs en adoptant ces dispositions constitutionnelles et législatives. Les tribunaux ne font, finalement, en interprétant ces droits, qu'exercer leur rôle traditionnel en s'assurant que le législateur respecte au fil du temps la Constitution et la loi. C'est d'ailleurs la Constitution elle-même qui confère aux tribunaux cette responsabilité.

L'une des assises de notre système démocratique réside dans le principe de la primauté du droit. Ce principe constitutionnel est l'un des postulats fondamentaux de notre structure de gouvernement. Le Canada et le Nouveau-Brunswick sont des sociétés où règne l'ordre juridique, c'est-à-dire des sociétés guidées par le droit et l'esprit de la loi, et donc soumises au principe de la primauté du droit.

Dans ce système, la Constitution est la loi suprême du pays et elle rend inopérantes les dispositions incompatibles de toute autre

---

[30] *Doucet-Boudreau c. Nouvelle-Écosse (Ministre de l'Éducation)*, [2003] 3 R.C.S. 3 au para. 28 [*Doucet-Boudreau*].

règle de droit[31]. L'adoption de la *Charte canadienne des droits et libertés*, où nous retrouvons les fondements de nos droits linguistiques, a d'ailleurs fait passer le système canadien d'un gouvernement de la suprématie parlementaire à un gouvernement de la suprématie constitutionnelle. Dans un tel système, les tribunaux jouent un rôle tout aussi capital que celui des représentants élus. Le Parlement et les Assemblées législatives ont pour rôle de choisir la solution qui convient le mieux aux problèmes sociaux, tandis que les tribunaux doivent déterminer de façon objective et impartiale si les choix des élus s'inscrivent dans les limites prévues par la Constitution et par la loi. Les tribunaux n'ont pas le droit d'abdiquer le rôle de gardien du droit que la Constitution leur a conféré[32].

Dans ce contexte, toute déférence à l'égard des autres organes du gouvernement s'arrête là où commencent les droits constitutionnels et législatifs que les tribunaux sont chargés de protéger, et ces droits incluent les droits linguistiques. Les droits linguistiques ne sont pas des « non-droits », c'est-à-dire une catégorie inférieure de normes juridiques que l'on peut ignorer lorsqu'ils ne font pas notre affaire sur le plan politique, sans qu'il y ait de conséquence sur le plan juridique.

Certains représentants de la communauté majoritaire et de la classe politique et, étonnamment, certains représentants de la communauté minoritaire semblent favoriser la thèse contraire : le droit devrait se retirer de la revendication identitaire. Et peut-être ont-ils raison : il se peut que le droit occupe une trop grande place dans les revendications des communautés minoritaires. Peut-être y a-t-il lieu de s'interroger sur les raisons qui ont mené les tribunaux à formuler les règles de notre aménagement linguistique. N'est-ce pas là le rôle du législateur ? La négociation politique et le compromis ne donneraient-ils pas des résultats plus convaincants ?

Peut-être avons-nous atteint les limites de ce que les droits peuvent donner. Peut-être devons-nous accepter que l'égalité réelle ne soit qu'une illusion. Mais si ce faisant nous nous trompions ? Si

---

[31] *Loi constitutionnelle de 1982*, constituant l'annexe B de la *Loi de 1982 sur le Canada* (R.-U.), 1982, c. 11, art. 52.
[32] *RJR-MacDonald Inc. c. Canada (Procureur général)*, [1995] 3 R.C.S. 199 au para. 136.

l'abandon de toute revendication légale était plus néfaste, en fin de compte, que les effets pervers de la «judiciarisation»? Alors nos communautés, en se dessaisissant de cet outil de revendication, n'hypothéqueraient-elles pas leur développement et leur épanouissement?

Bibliographie

Bastarache, Michel, «Introduction», dans Michel Bastarache (dir.), *Les droits linguistiques au Canada*, 2ᵉ éd., Cowansville, Éditions Yvon Blais, 2004.
Bilodeau c. Manitoba (Procureur général), [1986] 1 R.C.S. 449.
Charlebois c. Moncton (Ville), [2001] 242 R.N.-B. (2d) 259.
Doucet-Boudreau c. la Nouvelle-Écosse (Ministre de l'Éducation), [2003] 3 R.C.S. 3.
Dunmore c. Ontario (Procureur général), [2001] 3 R.C.S. 1016.
MacDonald c. Montréal (Ville de), [1986] 1 R.C.S. 460.
Magnet, Joseph, «The Charter's Official Languages Provision: the Implementation of Entrenched Bilingualism», *Superior Court Law Review*, vol. 4, p. 163-216.
Mahé c. Alberta, [1990] 1 R.C.S. 342.
Margalit, Avishai et Joseph Raz, «National Self-Determination», vol. 87, n° 9, *Journal of Philosophy*, p. 439-461.
R. c. Beaulac, [1999] 1 R.C.S. 768.
Réaume, Denise G., «Official Language Rights: Intrinsic Value and the Protection of Difference», dans Will Kymlicka et Wayne Norman (dir.), *Citzenship in Diverse Societies*, Oxford, Oxford University Press, 2000, p. 245, p. 245-273.
RJR-MacDonald Inc. c. Canada (Procureur général), [1995] 3 R.C.S. 199.
Société des Acadiens du Nouveau-Brunswick c. Association of Parents for Fairness in Education, [1986] 1 R.C.S. 549.
Thériault, Joseph Yvon, «Les langues méritent-elles une protection constitutionnelle et législative?», *Revue de la common law en français*, vol. 11, p. 45-54.
Vaz, Nicole, «Le principe d'égalité des langues officielles», dans Michel Bastarache (dir.), *Les droits linguistiques au Canada*, 2ᵉ éd., Cowansville, Éditions Yvon Blais, 2004, p. 657-673.
Vaz, Nicole et Pierre Foucher, «Le droit à la prestation des services publics dans les langues officielles» dans Michel Bastarache (dir.), *Les droits linguistiques au Canada*, 2ᵉ éd., Cowansville, Éditions Yvon Blais, 2004, p. 275-288.
Webber, Grégoire C.N., «The Promise of Canada's Official Language Declaration», dans Joseph Magnet (dir.), *Official Languages of Canada: New Essays*, Markham, LexisNexis, 2008, p. 131-170.

LES LIMITES DE L'AMÉNAGEMENT LINGUISTIQUE ACTUEL DU NOUVEAU-BRUNSWICK : QUELLES INCIDENCES POUR LES TRAVAILLEUSES ET LES TRAVAILLEURS DES ENTREPRISES DU SECTEUR PRIVÉ ?

Luc Léger
Université d'Ottawa

Au Nouveau-Brunswick, l'intervention du gouvernement provincial dans le but d'équilibrer les rapports entre le français et l'anglais remonte à l'adoption de la *Loi sur les langues officielles* en 1969, loi qui a été révisée en 2002 et qui est complémentaire à la *Loi reconnaissant l'égalité des deux communautés linguistiques officielles* adoptée en 1981. Depuis l'adoption de la première *Loi sur les langues officielles* du Nouveau-Brunswick et, plus particulièrement, lors des conflits constitutionnels canadiens de la fin du dernier siècle, plusieurs acteurs politiques ont, à maintes reprises, vanté les mérites de la société néo-brunswickoise. Si certains ont affirmé que le Nouveau-Brunswick était la preuve que la mise en place d'un bilinguisme officiel était viable, voire enviable, d'autres sont allés jusqu'à dire que le Nouveau-Brunswick, dans son ensemble, représentait un microcosme de l'idéal canadien, c'est-à-dire l'idéal d'un territoire sur lequel deux groupes linguistiques ayant une histoire, une culture et des coutumes distinctes peuvent coexister paisiblement et sans conflits.

L'existence même de ces représentations sur la situation linguistique du Nouveau-Brunswick nous pousse à la réflexion. Est-ce que les éloges exprimés par certains acteurs politiques à l'égard de l'aménagement linguistique ont contribué à masquer et masquent encore la réalité linguistique dans laquelle les Acadiens[1] du Nouveau-Brunswick doivent vivre quotidiennement? Plus encore, est-ce que la population acadienne, qui profite le plus des avantages de la promotion du bilinguisme, puisqu'elle est de loin plus bilingue que la population anglophone, délaisse les revendications linguistiques afin de pleinement tirer profit des avantages que lui procure le fait de pouvoir parler deux langues, surtout dans le monde du travail? La recherche de terrain que nous avons entreprise auprès des employés de deux centres d'appel de Moncton nous permettra de répondre à une question de recherche spécifique: Quelles sont les limites de l'aménagement linguistique au Nouveau-Brunswick, si limites il y a? Et, le cas échéant, quelles sont les conséquences de ces limites sur la population acadienne?

1. Présentation de la question de recherche

Une simple comparaison des champs d'intervention de la *Loi sur les langues officielles*[2] du Nouveau-Brunswick (telle qu'elle a été mise à jour en 2002) avec ceux de son équivalent québécois, soit la *Charte de la langue française*[3] (connue comme la *Loi 101*), nous permet d'identifier clairement les limites de l'aménagement linguistique néo-brunswickois. Nous entendons par *aménagement linguistique* l'ensemble des interventions, explicites ou non, d'un gouvernement ou d'une entité spécifique sur la langue (le *code*) ou sur les langues en présence dans un milieu spécifique (la gestion

---

[1] L'usage du masculin se fait, à partir de ce point, dans l'unique but d'alléger le texte.
[2] Province du Nouveau-Brunswick (2002), *Loi sur les langues officielles*, Fredericton, Gouvernement du Nouveau-Brunswick; [en ligne] http://www.gnb.ca/0062/PDF-acts/o-00-5.pdf, consulté le 22 mars 2009.
[3] Province de Québec (2009), *La charte de la langue française (loi 101)*, Québec, Gouvernement du Québec; [en ligne] http://www2.publicationsduquebec.gouv.qc.ca/dynamicSearch/telecharge.php?type=2&file=/C_11/C11.htm, consulté le 22 mars 2009.

du plurilinguisme)[4]. Ainsi, l'aménagement linguistique peut être le reflet d'une loi ou d'une politique linguistique tout comme peut l'être le *laisser-faire* ou le *statu quo*.

De toute évidence, la *Loi sur les langues officielles* du Nouveau-Brunswick et la *Charte de la langue française* du Québec n'ont pas les mêmes visées. Dans le cas du Nouveau-Brunswick, la loi vise la création d'un État bilingue qui repose sur la notion d'égalité juridique entre les deux communautés linguistiques, tandis qu'au Québec, la loi vise à assurer la primauté de la langue française tout en faisant des concessions aux minorités nationales, c'est-à-dire aux minorités qui étaient présentes sur le territoire du Québec actuel avant la consolidation de l'État québécois[5]. La *Charte de la langue française* du Québec, contrairement à la *Loi sur les langues officielles* du Nouveau-Brunswick, est un modèle (le seul au Canada et l'un des rares au monde) d'un aménagement linguistique global, en ce sens que la *Charte de la langue française* établit le statut de la langue dans le secteur public comme dans le secteur privé et régit, par l'entremise de l'Office québécois de la langue française, l'usage de la langue (notamment le lexique, l'orthographe et les néologismes)[6].

---

[4] Denise Daoust et Jacques Maurais, «L'aménagement linguistique», dans Jacques Maurais (dir.), *Politique et aménagement linguistique*, Québec, Gouvernement du Québec (Conseil de la langue française), 1987, p. 11-12.
[5] Will Kymlicka, *La citoyenneté multiculturelle*, Montréal, Boréal, 2001, p. 24.
[6] Province de Québec, *op. cit.*

Tableau 1 : Comparaison entre les champs d'intervention de l'aménagement linguistique du gouvernement du Nouveau-Brunswick et ceux de l'aménagement linguistique du gouvernement du Québec pour ce qui a trait au secteur public.

Champs d'intervention	Nouveau-Brunswick	Québec
Assemblée législative	Oui	Oui
Lois	Oui	Oui
Tribunaux	Oui	Oui
Documents officiels	Oui	Oui
Services gouvernementaux	Oui	Oui
Sociétés d'État	Oui	Oui
Affichage gouvernemental	Oui	Oui
Services offerts par des tiers	Oui	Oui
Enseignement	Oui	Oui
Service de police	Oui	Oui
Soins de santé	Oui	Oui
Municipalités	Oui	Oui
Commissions régionales	Oui	Oui

Tableau 2 : Comparaison entre les champs d'intervention de l'aménagement linguistique du gouvernement du Nouveau-Brunswick et ceux de l'aménagement linguistique du gouvernement du Québec pour ce qui a trait au secteur privé.

Champs d'intervention	Nouveau-Brunswick	Québec
Langue de travail	Non	Oui
Ordres professionnels	Non	Oui
Syndicats	Non	Oui
Produits de consommation	Non	Oui
Affichage commercial	Non	Oui
Langue du service à la clientèle	Non	Oui

Comme l'illustrent les tableaux 1 et 2[7], l'aménagement linguistique au Nouveau-Brunswick est caractérisé par un laisser-faire dans le secteur privé. Au fond, les lois néo-brunswickoises qui touchent les affaires linguistiques ne font qu'instaurer un bilinguisme institutionnel. Ainsi, les lois s'appliquent uniquement aux instances gouvernementales et négligent complètement le secteur privé, notamment les entreprises privées qui n'agissent pas comme des tiers du gouvernement. Ces entreprises privées ont alors tous les droits d'établir des situations de domination linguistique puisqu'elles

---

[7] Les données présentées dans ces tableaux ont été compilées à partir d'une analyse de la *Loi sur les langues officielles* du Nouveau-Brunswick et de la *Charte de la langue française* du Québec.

se trouvent en dehors des champs d'intervention du gouvernement provincial. En d'autres mots, la domination linguistique est permise dans les lieux de travail du secteur privé (notamment au niveau des outils de travail et des consignes de travail ou de sécurité), dans l'affichage commercial (la signalisation et les enseignes) ainsi que dans le service à la clientèle (la langue de service).

Pourtant, en 1982, dans le rapport *Vers l'égalité des langues officielles au Nouveau-Brunswick*[8] (connu sous le nom de *Rapport Poirier-Bastarache*), publié par la Direction des langues officielles du Nouveau-Brunswick, on demandait au gouvernement de l'époque d'intervenir dans le secteur privé (en plus d'améliorer son intervention dans le secteur public) dans le but ultime de corriger des situations de domination de l'anglais sur le français. Si l'on s'en était tenu aux recommandations portant sur le secteur privé, certaines entreprises, selon certains critères, auraient aujourd'hui à communiquer avec leurs employés dans les deux langues officielles de la province[9]. Il est intéressant de remarquer que dans le rapport qui a suivi le *Rapport Poirier-Bastarache* en 1986, le *Rapport du comité consultatif sur les langues officielles du Nouveau-Brunswick* (un rapport commandé par le gouvernement afin d'éclairer les conclusions du *Rapport Poirier-Bastarache* et connu sous le nom de *Rapport Guérette-Smith*), on recommandait de faire la même chose[10]. Presque trente ans après la publication du *Rapport Poirier-Bastarache*, une réflexion s'impose. Est-ce qu'il existe toujours des situations de domination linguistique dans le secteur privé ? Si oui, que pensent les travailleurs des entreprises du secteur privé de la possibilité de voir le gouvernement provincial intervenir afin de corriger les situations de domination linguistique qui existent dans le secteur privé ?

---

[8] Direction des langues officielles, *Vers l'égalité des langues officielles au Nouveau-Brunswick*, Rapport du groupe d'étude sur les langues officielles, Fredericton, Gouvernement du Nouveau-Brunswick, 1982.
[9] *Ibid.*, p. 465-466.
[10] Direction des langues officielles, *Rapport du comité consultatif sur les langues officielles du Nouveau-Brunswick*, Fredericton, Gouvernement du Nouveau-Brunswick, 1986.

2. Les centres d'appel comme terrain d'étude

Selon nous, les centres de soutien téléphonique (communément appelés des centres d'appel) méritent une attention particulière lorsqu'il est question d'étudier la situation linguistique dans le secteur privé. Les centres d'appel, installés en grand nombre à Moncton depuis le début des années 1990[11], soit offrent du service à la clientèle (centres d'appel *inbound*), soit font de la sollicitation (centres d'appel *outbound*). Ces entreprises sont venues, pour la plupart, s'installer à Moncton afin de faire des économies en tirant profit d'une population active, en grande partie bilingue[12]. Selon les statistiques disponibles en 2002, 45,2 % des résidents du Grand Moncton se considéraient bilingues, tandis que 47 % des individus qui y travaillaient, c'est-à-dire les individus qui ont un emploi dans le Grand Moncton, y compris ceux qui résident en dehors de la région mais qui voyagent pour se rendre au travail, se considéraient bilingues[13]. Cependant, il est important de noter que la population acadienne est plus bilingue que la population anglophone : en fait, 92 % de la population de Moncton qui a le français comme langue maternelle peut aussi parler l'anglais, tandis que seulement 25 % de la population de Moncton qui a l'anglais comme langue maternelle peut parler le français[14].

Il est évident que la région de Moncton souffre d'un bilinguisme asymétrique puisqu'un groupe linguistique est plus bilingue que l'autre. Le groupe minoritaire (la population acadienne) se sent obligé, de par sa situation sociale, d'apprendre et de parler quotidiennement la langue du groupe majoritaire (la population anglophone). Le groupe majoritaire, cependant, n'est pas contraint aux mêmes pressions sociales et peut facilement fonctionner sans jamais avoir besoin d'acquérir des compétences, même minimales,

---

[11] Greg Allain, « Resurgo ! La renaissance et la métropolisation de Moncton, la ville-pivot des provinces maritimes et nouvelle capitale acadienne », *Francophonies d'Amérique*, n° 22, 2006, p. 101-102.

[12] Comme en fait état la Greater Moncton Economic Commission / Commission économique du Grand Moncton, *1994 Greater Moncton Business Report*, Moncton, Hawk Communications Inc, 1994, p. 12.

[13] « Metro Moncton at the Centre of it All », Moncton, *Times & Transcript*, 28 mars 2002, p. 81-82.

[14] *Ibid.*

dans la langue du groupe minoritaire[15]. Au fond, dans la région de Moncton, le bilinguisme serait encore avant tout l'affaire des Acadiens[16]. Même si les entreprises viennent s'installer dans la région de Moncton afin de tirer avantage du bilinguisme que lui procure sa population active, il est important de mentionner qu'en raison de leur provenance (surtout de l'Ouest canadien et du centre du Canada, selon la Commission économique du Grand Moncton[17]), ces entreprises ne savent pas toujours ce qu'implique la gestion d'un milieu de travail bilingue et n'ont souvent aucune sensibilité à ce qu'implique l'usage du bilinguisme individuel des employés au profit du fonctionnement d'une entreprise[18].

3. Ce que d'autres études ont dit des centres d'appel

Dans la littérature, trois articles traitent spécifiquement du bilinguisme au sein des centres d'appel de Moncton : un article d'Annette Boudreau et Lise Dubois publié en 2007[19], un article de Normand Labrie publié en 2004[20] et un article de Lise Dubois, Mélanie LeBlanc et Maurice Beaudin publié en 2006[21].

L'article d'Annette Boudreau et Lise Dubois nous intéresse davantage puisqu'il traite spécifiquement de l'atmosphère qui règne au sein de ce genre d'entreprise. De manière plus précise, l'article traite de la réalité linguistique qui existe au sein des centres d'appel plutôt que des conséquences de cette réalité sur les travailleurs. Il nous

---

[15] Joshua Fishman, *La sociolinguistique*, Paris, Labor et Fides, 1971, p. 94.

[16] Daniel Albert, «Moncton, ville-frontière : le bilinguisme, une affaire acadienne seulement ?», *Ven'd'est*, n° 81, 1998, p. 14-15.

[17] Greater Moncton Economic Commission / Commission économique du Grand Moncton, *1994 Greater Moncton Business Report*, Moncton, Hawk Communications Inc, 1994.

[18] Marc Poirier, «Moncton, ville bilingue ?», *Ven'd'est*, n° 60, 1994, p. 16-17.

[19] Annette Boudreau et Lise Dubois, «Mondialisation, transnationalisme et nouveaux accommodements en Acadie du Nouveau-Brunswick», dans Gisèle Chevalier (dir.), *Les actions sur les langues : synergie et partenariats*, Paris, Éditions des archives contemporaines, 2007, p. 69-83.

[20] Normand Labrie, «"On est supposé être comme un *luxury chain*". Négociations langagières du virtuel et de la distance dans un centre d'appels en Acadie», dans André Magord (dir.), *Adaptation et innovation, expériences acadiennes contemporaines*, Bruxelles, P.I.E. / Peter Lang, 2004, p. 251-267.

[21] Lise Dubois, Mélanie LeBlanc et Maurice Beaudin, «La langue comme ressource productive et les rapports de pouvoir entre communautés linguistiques», *Langage et Société*, n° 118, 2006, p. 17-41.

permet de constater qu'il existe, dans les centres d'appel de la région de Moncton qui offrent un service à la clientèle en français et en anglais, une domination de l'anglais pour une panoplie de raisons: même si les employés de ces entreprises sont tenus de pouvoir s'exprimer en français et en anglais en tout temps avec des clients de partout au monde, la formation qu'ils obtiennent à l'embauche est en anglais uniquement, les cadres sont des anglophones unilingues, les données informatisées sont en anglais uniquement, de même que les documents provenant de l'employeur, et aucun appui terminologique permettant la transition facile d'une langue vers l'autre n'existe[22]. En somme, pour reprendre les mots des deux auteurs, « dans [un tel] environnement, le français est maintenu dans sa situation de langue minorisée, ne servant qu'au travail de façade et de passerelle entre une entreprise qui fonctionne entièrement en anglais et sa clientèle de langue française[23] ».

4. Les résultats d'une étude dans deux centres d'appel

Afin de voir comment les employés des centres d'appel vivent au quotidien le fait de devoir travailler en français et en anglais, nous avons mené notre recherche[24] dans deux centres d'appel de Moncton ayant le même mandat, soit de recevoir des appels provenant des clients de l'entreprise en question ou d'une entreprise autre (grâce à un contrat de service signé entre deux entreprises par exemple). Au cours des mois de mai et de juin 2010, nous avons mené des entrevues semi-dirigées auprès de dix conseillers du service à la clientèle (dorénavant les participants) dans le premier centre d'appel ainsi qu'auprès de trois conseillers dans le deuxième centre d'appel, ce qui représente près de 30 % de l'effectif total des deux centres d'appel (le premier centre d'appel compte une trentaine d'employés et le deuxième, près d'une dizaine). Précisons que nous avons seulement sondé les employés ayant le français comme langue maternelle puisque très peu ont l'anglais comme langue

---

[22] Annette Boudreau et Lise Dubois, *op. cit.*, p. 75.
[23] *Ibid.*, p. 76
[24] Ce projet a été approuvé par le Comité d'éthique de la recherche avec des êtres humains de l'Université Laval, le 26 mai 2010 (numéro d'approbation 2010-045 A-1).

maternelle dans les centres d'appel où tous les postes exigent des compétences en français et en anglais. Par exemple, dans les deux centres d'appel qui ont fait l'objet de notre étude, moins de 1 % des employés avaient l'anglais comme langue maternelle.

Tout d'abord, les données que nous avons recueillies grâce aux treize participants nous ont permis de valider les conclusions d'Annette Boudreau et de Lise Dubois. Dans les deux centres d'appel qui ont fait l'objet de notre étude, la formation est entièrement offerte en anglais, les cadres sont unilingues anglophones, les données informatisées sont disponibles en anglais uniquement, les documents provenant de l'employeur (c'est-à-dire du service des ressources humaines) sont en anglais et il n'existe aucun appui terminologique permettant la transition facile d'une langue vers l'autre[25]. Malgré le portrait que nous dressons, qui porte à croire que le français n'occupe pas de place au sein de ces entreprises, nos recherches viennent confirmer qu'il faut distinguer la *langue au travail* de la *langue de travail*, tel que le fait Matthieu LeBlanc dans un article portant sur une étude réalisée au sein d'un bureau du gouvernement fédéral situé à Moncton et désigné comme bilingue[26]. En gros, il est possible de dire que la langue de travail est largement l'anglais. Les participants ont confirmé qu'ils utilisent le français au travail, mais uniquement pour s'adresser à des collègues ou, de toute évidence, lorsqu'il s'agit de répondre aux questions d'un client francophone au téléphone.

Sans aucun doute, la langue qui domine, même dans un lieu de travail qui exige le bilinguisme de son effectif, est l'anglais. L'anglais est la langue que les employés doivent utiliser pour faire le relais entre les clients qui appellent pour recevoir de l'information en français et l'entreprise, qui fonctionne entièrement en anglais. En effet, lorsque les employés doivent s'adresser aux cadres de l'entreprise, ils le font en anglais et s'ils doivent consulter des documents pour accomplir leurs tâches, ils le font en anglais. Les participants vont même jusqu'à dire qu'ils sont obligés d'archiver le contenu des appels

---

[25] Annette Boudreau et Lise Dubois, *op. cit.*, p. 75.
[26] Matthieu LeBlanc, «"Bilinguals Only Need Apply?": Luttes et tensions dans un lieu de travail bilingue en Acadie du Nouveau-Brunswick», *Francophonies d'Amérique*, n° 27, CRCCF, 2009, p. 86.

en anglais, même si les entretiens se sont déroulés en français, dans l'unique but de rendre les informations accessibles aux gérants ainsi qu'aux employés des autres services, au sein même de l'entreprise, qui n'ont pas un effectif bilingue. La plupart (sauf deux) affirment que l'absence de documentation en français ou l'absence d'outils permettant de répondre adéquatement à des questions en français causent des problèmes. Pour arriver à sortir d'une impasse, voire d'une situation embarrassante rendue inévitable en raison de la difficulté de traduire des termes spécialisés, les participants affirment avoir recours à diverses tactiques, par exemple mettre un appel en attente, utiliser un dictionnaire, rechercher dans Internet, demander l'aide d'un collègue, deviner le bon mot ou la bonne expression, ou encore emprunter un mot ou une expression à l'anglais. Il est intéressant de souligner que deux participants nous ont même parlé, sans la nommer ainsi, d'insécurité linguistique causée par l'absence d'outils en français et de la difficile tâche de traduire, sans être traducteur, des termes qui sont souvent propres à des domaines particuliers, comme l'illustre l'extrait suivant :

> E13 : L'information est là / c'est juste quand tu es dessus le spot et qu'il faut dire quelque chose en français et qu'il y a un long texte en anglais / c'est comme [...] tu ne devrais pas être forcé à traduire de quoi dans ta tête comme / tu sais / j'ai l'allure d'une personne qui ne connaît pas ses affaires [...] en plus les Québécois n'apprécient pas notre accent chiac // j'ai vécu à Montréal pour un an et je sais comment c'est de ne pas se faire apprécier [...].
> LL : Est-ce que tu irais jusqu'à dire que ça te rend insécure ?
> E13 : Oui [...] parce que je sais qu'ils me respectent pas parce que je parle le chiac / mais ce n'est pas seulement parce que je parle le chiac / mais aussi parce que j'ai l'air de ne pas savoir ce que je dis [...] oui, je peux lire un texte en français [...] mais traduire un texte anglais en français et en québécois // c'est une autre histoire[27].

Ce portrait que nous venons de brosser de la situation linguistique au sein des centres d'appel soulève la question de savoir jusqu'où les employés seraient prêts à aller pour faire changer les choses.

---

[27] Extrait de l'entrevue 13.

Même si la plupart nous disent ne jamais avoir demandé que des documents spécifiques soient traduits dans le but de faciliter le travail, certains disent avoir discuté de la traduction des documents lors de réunions de groupe. Plusieurs participants expliquent l'immobilisme des entreprises par le fait que la haute administration ne voit pas la traduction des documents comme une priorité. Ce qui compte pour les entreprises, c'est que le message soit transmis aux clients, en français et en anglais, même s'il n'est pas d'égale qualité dans chacune des langues. Curieusement, plusieurs nous ont confié que la solution idéale serait de remplacer les cadres actuels, voire la haute administration de l'entreprise, par des francophones. L'argument principal qu'avancent les participants qui adhèrent à cette idée est que les francophones ont souvent conscience des difficultés auxquelles se heurtent, au quotidien, les employés de centres d'appel bilingues. Sinon, les francophones sont au moins plus ouverts à trouver des solutions aux problèmes linguistiques que le sont les anglophones occupant présentement ces fonctions.

Même si d'instinct (c'est-à-dire quand nous avons demandé aux participants quelle serait la solution idéale aux problèmes linguistiques qui existent au travail) aucun participant ne fait référence à la possibilité de voir le gouvernement provincial intervenir dans le secteur privé, la majorité (11 sur 13) nous a dit être en accord avec le principe d'inclure le secteur privé aux champs d'intervention des lois linguistiques du Nouveau-Brunswick. Grosso modo, les participants pensent que si les entreprises ne veulent pas d'elles-mêmes changer leurs façons de faire en mettant fin, par des actions spécifiques, à la domination du français par l'anglais, une loi serait probablement le seul moyen d'y arriver, comme l'illustre l'extrait suivant:

> E2: Oui / le département en parle souvent // on n'a pas assez de documents en français // ça arrive de parler à des clients en français et d'utiliser un mot de l'anglais [...] parce qu'on ne connaît pas le mot en français.
> LL: Oui.
> E2: S'il y avait une loi, les entreprises n'auraient pas le choix que de fournir des documents bilingues[28].

---

[28] Extrait de l'entrevue 2.

Il est intéressant de remarquer que plusieurs participants, bien qu'ils soient en faveur de l'intervention gouvernementale dans le secteur privé, nous ont parlé des limites que devrait comporter une loi sur les langues officielles qui s'appliquerait au secteur privé (des limites un peu comme il en existe présentement dans la *Charte de la langue française* au Québec, par exemple). Plusieurs précisent qu'une telle loi devrait s'appliquer uniquement à des entreprises qui disent ouvertement fonctionner dans les deux langues officielles, comme c'est le cas pour les centres d'appel installés dans la région de Moncton. Selon ces participants, si la clientèle est exclusivement anglophone et si l'entreprise veut se priver d'une clientèle francophone, elle ne devrait pas se voir obligée de devenir bilingue en raison d'une loi applicable, sans aucune distinction, à toutes les entreprises de la province. D'autres ont affirmé que l'application d'une telle loi dans le secteur privé devrait se faire en fonction du nombre d'employés francophones au sein de chacune des entreprises. Finalement, plusieurs nous ont fait remarquer que même si la mise en place d'une loi serait la solution idéale, il serait quand même nécessaire que le gouvernement provincial veille à ce qu'elle soit mise en application correctement. Les participants suggèrent qu'une série de mécanismes soient mis en place afin d'assurer qu'une telle loi soit bel et bien observée par les entreprises du secteur privé.

Ces représentations se rapprochent de ce qu'affirmait André Leclerc dans son article *Le français langue de travail au Nouveau-Brunswick*[29]. Selon lui, si le Nouveau-Brunswick voulait étendre son aménagement linguistique au secteur privé, il pourrait s'appuyer sur trois principes (voire prendre trois différentes voies) pour y arriver: l'approche régionale, où tout aménagement dépendrait de la démographie de chacune des régions de la province, l'approche du statu quo, où rien n'aurait à changer pour le moment ou jusqu'à ce que les employés des entreprises réussissent à convaincre leurs employeurs qu'un changement s'impose, et l'approche orientée vers la majorité des travailleurs, où il serait nécessaire que la majorité des employés soient francophones au

---

[29] André Leclerc, «Le français langue de travail au Nouveau-Brunswick», *Égalité. Revue acadienne d'analyse politique*, n° 49, 2003, p. 91-103.

sein d'une entreprise pour que la loi s'applique[30]. En présumant que le statu quo n'est pas une option valide, et en raison des données que nous avons recueillies et du mandat des entreprises que nous avons étudiées, il conviendrait d'ajouter *l'approche orientée vers le mandat de l'entreprise*, laquelle pourrait s'appliquer aux centres d'appel qui cherchent à profiter du bilinguisme de la population active – comme c'est le cas pour les deux centres d'appel de la région de Moncton que nous avons étudiés, par exemple.

Même en petit nombre (2 sur 13), les participants qui ne sont pas en faveur de l'idée d'étendre la *Loi sur les langues officielles* du Nouveau-Brunswick pour inclure le secteur privé le sont pour des raisons de nature économique. Ils affirment que même si les conditions de travail actuelles peuvent être problématiques pour un certain nombre d'employés, il est toujours possible de s'en sortir. Ce qui compte, en définitive, c'est que les clients réussissent à obtenir un service en français et en anglais. Selon un participant, c'est la compétition entre les entreprises qui pousserait certaines d'entre elles à offrir un service bilingue. Les employés n'auraient pas entre eux les mêmes droits puisqu'ils choisissent, librement et consciemment, d'intégrer ces lieux de travail. L'autre participant, quant à lui, prétend qu'un gouvernement ne devrait pas imposer un fardeau financier aux entreprises en imposant le bilinguisme ailleurs que dans l'appareil gouvernemental. Il affirme que si le gouvernement était prêt à payer la traduction des documents, il ne s'opposerait pas nécessairement à l'idée – l'argument central étant que les coûts de traduction sont énormes. Comme l'illustre l'extrait ci-dessous, ce participant a l'impression que la traduction des documents serait une mauvaise idée, en raison des honoraires élevés des traducteurs. Pourtant, il élude le fait que lui-même réalise le travail d'un traducteur au quotidien, sans en recevoir de compensation, sans avoir accès à un minimum d'outils et sans même avoir reçu de formation pertinente. En fait, ce participant ne dispose même pas du temps nécessaire à une bonne traduction. Il doit plutôt travailler sous pression

---

[30] *Ibid.*, p. 97-98.

étant donné qu'il doit interpréter des documents en simultané au téléphone.

> E10 : Ça coûterait très, très cher // les traductrices / elles sont bien payées.
> LL : Oui.
> E10 : Il y a pas beaucoup de traductrices dans la région non plus // leurs services sont en demande [...] par exemple juste pour nous autres / envoyer un document pour qu'il soit traduit / ça prend huit // huit à douze semaines[31].

Finalement, en ce qui a trait à la communication à l'intérieur de l'entreprise, les opinions des participants sont assez partagées. Certains croient que la traduction des documents provenant du service des ressources humaines est plus importante que la traduction des outils de travail (notamment pour des raisons de sécurité), tandis que d'autres sont d'avis contraire. D'ailleurs, plusieurs ignoraient même si les documents provenant du service des ressources humaines de l'entreprise en question étaient disponibles ou non dans les deux langues.

Conclusion

Les employés des centres d'appel de Moncton ont clairement conscience du fait qu'il subsiste un problème au sein de leurs lieux de travail. La majorité des personnes qui ont accepté de participer à notre étude trouvent anormal de devoir travailler en français et en anglais sans disposer des outils nécessaires pour y arriver. Même si les employés ne réfléchissent pas nécessairement aux façons possibles de corriger la situation, la plupart en viennent à la conclusion que la mise en place d'une loi serait la seule façon de renverser la domination du français par l'anglais au sein des entreprises du secteur privé au Nouveau-Brunswick.

Somme toute, les résultats de cette recherche de terrain montrent qu'il sera nécessaire de réfléchir au secteur privé quand viendra le temps d'amender la *Loi sur les langues officielles* du Nouveau-Brunswick. Si l'idée d'étendre l'aménagement linguistique au

---

[31] Extrait de l'entrevue 10.

secteur privé était d'actualité il y a près de trente ans, au moment de la publication du *Rapport Poirier-Bastarache*, elle est peut-être encore plus d'actualité aujourd'hui en raison de l'existence d'entreprises qui cherchent à tirer profit du bilinguisme d'une partie importante de la population active du Nouveau-Brunswick.

Bibliographie

Albert, Daniel, «Moncton, ville-frontière: le bilinguisme, une affaire acadienne seulement?», *Ven'd'est*, n° 81, 1998, p. 14-15.

Allain, Greg, «Resurgo! La renaissance et la métropolisation de Moncton, la ville-pivot des provinces maritimes et nouvelle capitale acadienne», *Francophonies d'Amérique*, n° 22, 2006, p. 95-119.

Boudreau, Annette et Lise Dubois, «Mondialisation, transnationalisme et nouveaux accommodements en Acadie du Nouveau-Brunswick», dans Gisèle Chevalier (dir.), *Les actions sur les langues: synergie et partenariats*, Moncton, Université de Moncton / Centre de recherche en linguistique appliquée et Paris, Éditions des archives contemporaines, 2007, p. 69-83.

Daoust, Denise et Jacques Maurais, «L'aménagement linguistique», dans Jacques Maurais (dir.), *Politique et aménagement linguistique*, Québec, Gouvernement du Québec (Conseil de la langue française), 1987, p. 5-46.

Direction des langues officielles, *Rapport du comité consultatif sur les langues officielles du Nouveau-Brunswick*, Fredericton, Gouvernement du Nouveau-Brunswick, 1986.

Direction des langues officielles, *Vers l'égalité des langues officielles au Nouveau-Brunswick*, Rapport du groupe d'étude sur les langues officielles, Fredericton, Gouvernement du Nouveau-Brunswick, 1982.

Dubois, Lise, Mélanie LeBlanc et Maurice Beaudin, «La langue comme ressource productive et les rapports de pouvoir entre communautés linguistiques», *Langage et Société*, n° 118, 2006, p. 17-41.

Fishman, Joshua, *La sociolinguistique*, Paris, Labor et Fides, 1971.

Greater Moncton Economic Commission / Commission économique du Grand Moncton, *1994 Greater Moncton Business Report*, Moncton, Hawk Communications Inc, 1994.

Kymlicka, Will, *La citoyenneté multiculturelle*, Montréal, Boréal, 2001.

Labrie, Normand, «"On est supposé être comme un *luxury chain*". Négociations langagières du virtuel et de la distance dans un centre d'appel en Acadie», dans André Magord (dir.), *Adaptation et innovation, expériences acadiennes contemporaines*, Bruxelles, P.I.E. / Peter Lang, 2004, p. 251-267.

LeBlanc, Matthieu, «"Bilinguals Only Need Apply?": Luttes et tensions dans un lieu de travail bilingue en Acadie du Nouveau-Brunswick», *Francophonies d'Amérique*, n° 27, 2009, p. 77-103.

Leclerc, André, «Le français langue de travail au Nouveau-Brunswick», *Égalité. Revue acadienne d'analyse politique*, n° 49, 2003, p. 91-103.

«Metro Moncton at the centre of it all», Moncton, *Times & Transcript*, 28 mars 2002, p. 81-82.

Poirier, Marc, «Moncton, ville bilingue?», *Ven'd'est*, n° 60, 1994, p. 16-17.

Province du Nouveau-Brunswick, *Loi reconnaissant l'égalité des deux communautés linguistiques officielles du Nouveau-Brunswick*, Fredericton, Gouvernement du Nouveau-Brunswick, 1981; [en ligne] http://www.gnb.ca/0062/PDF-acts/o-01-1.pdf, consulté le 22 mars 2009.

Province du Nouveau-Brunswick (2002), *Loi sur les langues officielles*, Fredericton, Gouvernement du Nouveau-Brunswick; [en ligne] http://www.gnb.ca/0062/PDF-acts/o-00-5.pdf, consulté le 22 mars 2009.

Province de Québec (2009), *La charte de la langue française (loi 101)*, Québec, Gouvernement du Québec; [en ligne] http://www2.publicationsduquebec.gouv.qc.ca/dynamicSearch/telecharge.php?type=2&file=/C_11/C11.htm, consulté le 22 mars 2009.

QUELQUES RÉFLEXIONS SUR LA NOTION DE *VARIÉTÉ*, EN RÉFÉRENCE À L'ACADIEN[1]

Françoise Gadet
Université Paris Ouest Nanterre La Défense

C'est avec plaisir que je me prête à cette occasion de rendre hommage à Louise Péronnet, à sa personne autant qu'à son travail. Je connais Louise depuis maintenant vingt ans, lorsqu'à son invitation j'ai fait mon premier séjour à l'Université de Moncton, au printemps 1993. Elle ne m'avait pas caché alors que j'étais un «deuxième choix» pour les invitations de Français, Claire Blanche-Benveniste n'ayant pas été disponible – et je n'avais pas trouvé vexant d'être le numéro deux derrière celle-ci. Je serai toujours reconnaissante à Louise de m'avoir ainsi attachée à Moncton, à l'Université de Moncton, à l'Acadie, devenue pour moi une niche écologique, où je vais volontiers retrouver des amis et une saveur particulière de l'air, et où je suis heureuse d'avoir été nommée «professeur associée» (et récemment renouvelée dans cette fonction).

C'est d'abord à travers mes conversations avec Louise, puis à travers des lectures qu'elle me conseillait, que j'ai découvert le

---

[1] Un grand merci à Ingrid Neumann-Holzschuh, qui m'a aidée à reconstituer les grandes lignes de cet exposé, grâce aux notes abondantes et précises qu'elle avait prises lors de la conférence de septembre 2010 à Moncton. Merci aussi à Marie-Ève Perrot pour sa relecture critique, ainsi qu'aux suggestions de deux relecteurs anonymes.

« français acadien[2] » – terme que j'emploie ici pour le moment sans préjuger de son existence, dont la discussion sera précisément un objectif de cet article.

1. Des langues et des *variétés*

Il s'avère qu'il arrive aux linguistes de faire usage de termes sans précision, et même parfois sans définition. Passons pour *langue* (sur lequel il y aurait pourtant lieu de se pencher), pour nous arrêter à *variation*. On peut être dérouté par le recours à un même terme pour qualifier des phénomènes très généraux (comme « la variation en français », « la variation stylistique » ou « les faits de variation »), ou très spécifiques (par exemple, « la variation entre *être* et *avoir* »). Il est aussi déroutant d'y faire appel pour des faits d'ordre tant linguistique (par exemple, la négation avec ou sans *ne*) qu'extra-linguistique (par exemple, « la variation géographique est, en français, d'extension plus vaste que la variation sociale »)[3]. En étant positif, bien qu'il soit peu probable que la clarté puisse jaillir de la confusion terminologique, on dira qu'il y a là une invitation à mettre en cause la frontière héritée du structuralisme (mais aussi de la doxa) entre faits de langue dits internes et ceux dits externes, sur laquelle nous reviendrons.

Mais le flou apparaît encore plus regrettable avec le terme *variété*, pourtant d'usage courant chez les linguistes (soit directement, soit à travers des étiquettes), bien que ce ne soit pas un terme ordinaire de locuteur ordinaire : aussi serait-il utile de préciser le sens qu'on lui octroie, si l'on refuse de le prendre comme une évidence. Toute langue comporte-t-elle des variétés ? De la variation, certainement ; mais des variétés[4] ?

Il n'y a certes aucune raison pour que le français diffère des autres langues, sur le plan linguistique. Cependant, la complexité

---

[2] Sauf indication spécifique, j'utilise ici le terme « acadien » en référence à l'Acadie du sud-est du Nouveau-Brunswick, selon un usage *ad hoc* justifié seulement par l'évocation des travaux de Louise Péronnet.

[3] Françoise Gadet, « La signification sociale de la variation », *Romanistisches Jahrbuch*, vol. 54, 2004, p. 98-114.

[4] De telles questions sont soulevées dans plusieurs articles, et en particulier dans l'introduction à l'ouvrage dirigé par Martina Drescher et Ingrid Neumann-Holzschuh, *La syntaxe de l'oral dans les variétés non hexagonales du français*, Tübingen, Stauffenburg, 2010.

d'une longue histoire qui a abouti à une grande diversification de situations à travers le monde en fait, plus que d'autres langues, une candidate à recéler des variétés. Il ne resterait alors qu'à établir quelle combinaison de caractéristiques « internes » et « externes » permettrait d'établir une liste de variétés.

La question mérite justement d'être soulevée pour « l'acadien » : à n'en pas douter, c'est du français. Mais est-ce une « variété de français » ? Beaucoup de formulations posent une telle proposition, en général admise sans argumentation : « *Acadian French is a dialect of French, spoken mainly in Atlantic Canada, which is distinct from other varieties of French in a number of ways*[5]. » C'est aussi ce que laissent entendre nombre des titres de Louise : *le parler acadien, le parler franco-acadien, la langue acadienne, l'acadien, le français acadien, le parler français acadien* – la dénomination la plus fréquente étant de loin *parler acadien*, qui a le mérite d'éviter trop de catégorisation a priori. La question que ces formulations soulèvent n'est pas, me semble-t-il, que l'assertion de variété soit vraie ou non. L'enjeu est plutôt la façon dont peut être établie une telle proposition, et la délimitation par rapport à d'autres candidats-variétés de français, voire par rapport à tous les français (comment l'acadien s'en distinguerait).

Car rien n'est moins précis que les usages du terme *variété* (ou *variety* ou *dialect* en anglais). Sur quelles bases, autres qu'intuitives ou affichées par les usagers, une telle désignation est-elle assignée ? À quel titre le linguiste est-il convoqué ? Y a-t-il des traits linguistiques reconnus comme cruciaux dans un tel processus d'étiquetage, et si oui, lesquels ? De quels niveaux relèvent-ils ? Quel rapport y a-t-il entre ce que reconnaît le linguiste et ce que sent ou revendique le locuteur (point de vue étique *vs* émique) ? Quand les variétés sont nommées, qui a procédé à l'étiquetage ? Est-ce que ce sont les usagers des langues, exerçant un point de vue émique ? Les variétés constituent-elles autre chose que des entités déterminées sur des motivations d'abord sociohistoriques (même si au moins

---

[5] Philip Comeau, *A Window on the Past, A Move Toward the Future: Sociolinguistic and Formal Perspectives on Variation in Acadian French*, thèse de doctorat, Toronto, York University Press, 2011, p. 1.

certaines réalités ainsi recouvertes sont assumées par les locuteurs), dont les linguistes se saisissent pour tenter d'en établir la légitimité? Ainsi, qu'est-ce qui mériterait le titre de variété, et pourquoi, dans la série : « français de Grosses Coques », « français de la Baie Sainte-Marie », « français de la Nouvelle-Écosse », « français acadien », « français canadien », « français d'Amérique du Nord »...? Est-ce que *variété* s'applique à toutes ces dénominations? (Sinon, où se trouve la frontière?)

Ainsi, si cela a un sens linguistique de se conformer à un point de vue externe – ou, en l'occurrence, tout simplement extralinguistique – le français d'Acadie aurait ce qu'il faut pour prétendre au titre de variété : un territoire, même s'il est partagé avec des locuteurs d'une autre langue, majoritaires (c'est pourquoi on dit souvent l'Acadie « sans territoire »), une histoire attestée à partir de nombreux documents, un long isolement géographique, le « statut » de langue minoritaire (qui s'accompagne d'une certaine conscience identitaire, qu'elle soit stigmatisée ou revendiquée), un contact avec l'anglais langue dominante, à quoi s'ajoute, en contexte urbain, des contacts avec des langues de l'immigration (très minoritaires), en particulier à Moncton[6]. Il faudrait aussi évoquer le rapport historique à la norme, qui peut ne pas avoir revêtu la même force dans tous les territoires francophones[7]. Un facteur pourrait fragiliser le statut de variété en le faisant éclater, c'est la diversification selon les régions, par exemple entre Moncton et Caraquet, ou entre les différentes communautés francophones de Nouvelle-Écosse, territorialement isolées les unes des autres

---

[6] Nous avons fait de la typologie des contacts un facteur majeur pour caractériser les différentes situations de francophonie. Françoise Gadet, Ralph Ludwig et Stefan Pfänder, « Francophonie et typologie des situations », *Cahiers de linguistique*, 34 / 1, 2009, p. 143-162.

[7] Cela demeure toutefois une hypothèse, un peu vite prise comme une évidence – merci à France Martineau d'avoir attiré mon attention sur ce point, que l'on ne pourra établir en toute certitude qu'une fois mieux connue l'histoire des instances normativantes en Nouvelle-France (journaux, manuels, traités de correction de la prononciation ou des « fautes », et toutes sortes de « savonnettes à vilain »), ce sur quoi plusieurs chercheurs travaillent (voir en particulier les références de Boudreau en bibliographie). Ce qui pose la question de l'impact effectif de telles préoccupations et publications sur les façons ordinaires de parler de locuteurs ordinaires. Françoise Gadet, « La standardisation au quotidien », dans Annette Boudreau *et al.* (dir.), *L'écologie des langues : mélanges William Mackey / Ecology of Languages: Homage to William Mackey*, Paris, L'Harmattan, 2002, p. 281-297.

(voir Flikeid[8]). Toutefois, comme il n'y a que dans les représentations de l'idéologie du standard qu'est attendue une homogénéité dans les parlers, ce serait rechercher à un niveau inférieur une propriété introuvable, déjà critiquée au niveau de la langue.

Aucune définition de *variété* n'apparaît donc s'imposer d'un point de vue linguistique, et la question reste entière : s'il n'y a que peu de traits spécifiques (en tous cas aux plans autres que phonique), il n'a pas non plus été démontré qu'il y ait des organisations spécifiques de ces traits non spécifiques. De façon générale, les linguistes n'ont, dans leur pratique courante, pas pris acte de ce que cette notion était fragile du point de vue linguistique, et ils en usent comme si elle était opératoire, ou évidente.

2. L'acadien comme « variété du français » ?

Pour contextualiser les emplois de « français acadien », et plus largement des étiquettes qui veulent faire d'un parler une variété, il faut rappeler qu'il est tentant de procéder par glissements progressifs : « c'est au lieu X que j'ai recueilli mon corpus », « mon corpus constitue un exemplaire du français de X », « mon corpus est représentatif du français de X[9] ». Pourtant, chaque étape ainsi franchie exigerait des précautions, voire une démonstration. Parmi les inconvénients de cette dénomination de variété vite octroyée, il y a, au-delà de la réification qui s'oppose au fluide des façons de parler, le risque de tendre à identifier, trop vite aussi, des traits non

---

[8] Karin Flikeid, « Origines et évolution du français acadien à la lumière de la diversité contemporaine », dans Raymond Mougeon et Édouard Beniak (dir.), *Les origines du français québécois*, Sainte-Foy, Presses de l'Université Laval, 1994.

[9] Nous n'aurons pas ici l'occasion de réinterroger cette notion de *représentativité*, que la sociolinguistique a reprise de la dialectologie sans réelle mise en perspective critique. Pourtant, une telle révision est d'autant plus nécessaire que les grands corpus s'appuient dessus, souvent selon un usage peu explicite. Même les manuels les plus soucieux de méthodologie n'ont guère d'objectif sur la représentativité ou la comparabilité.

répertoriés ailleurs comme étant influencés par l'anglais, démarche qui exigerait pourtant un raisonnement plus minutieux[10].

À quels niveaux un linguiste doit-il s'attendre à voir définie une variété? Même s'il est toujours souhaitable de disposer de davantage de descriptions, elles ne manquent pas vraiment[11]. Pour le plan phonique, un «accent acadien» est certainement un objet identifiable et reconnaissable, à la fois par les Acadiens (*le même – il parle comme moi*) et par d'autres Canadiens francophones, et même sans doute au-delà parmi les francophones, à condition bien sûr qu'ils aient eu l'occasion de s'y confronter (*l'autre – il ne parle pas comme moi*). Il est identifiable, par exemple pour moi Française, en particulier du fait de ne pas être l'accent québécois (exemple: pas d'affriquées). Personne ne conteste non plus un lexique, parfois partagé avec le québécois, parfois plus spécifique – et c'est un thème qui a toujours intéressé Louise, par exemple sur le vocabulaire maritime de l'Acadie, ou plus largement sur le lexique acadien. Prononciation, lexique: pour être couramment signalés ou étudiés, ces aspects suffisent-ils à faire de l'acadien une variété?

Qu'en est-il en effet de la morpho-syntaxe, qui a toujours constitué un point d'intérêt pour Louise? Il est fréquent d'affirmer que la grammaire constitue l'ordre linguistique le moins sensible à

---

[10] Raymond, Mougeon, Terry Nadasdi et Katherine Rehner, «Contact-Induced Linguistic Innovations on the Continuum of Language Use: The Case of French in Ontario», *Bilingualism: Language and Cognition*, 2005, 8 (2), p. 99-115; Ingrid Neumann-Holzschuh, «Contact-Induced Structural Change in Acadian and Louisiana French: Mechanisms and Motivations», *Langage et Société*, n° 129, 2009, p. 47-68; Shana Poplack et Stephen Levey, «Contact-Induced Grammatical Change: A Cautionary Tale», dans Peter Auer et Jürgen Erich Schmidt (dir.), *Language and Space. An International Handbook of Linguistic Variation*, Berlin, Mouton de Gruyter, 2010, p. 391-419.

[11] Louise Péronnet, *Le parler acadien du sud-est du Nouveau-Brunswick. Éléments grammaticaux et lexicaux*, New York, Peter Lang, coll. «American University Studies», 1989; Louise Péronnet, «Le français acadien», dans Pierre Gautier et Thomas Lavoie (dir.), *Français de France et français du Canada. Les parlers de l'ouest de la France, du Québec et de l'Acadie*, Lyon, Presses de l'Université Lyon III Jean Moulin, Centre d'études linguistiques Jacques Goudet, 1995, p. 399-439.

la variation[12]. Toutefois, dans cette moindre sensibilité variationnelle, c'est le diatopique qui manifeste la plus large variation (en tous cas en français, compte tenu de son histoire). Ce que l'on peut comprendre comme un effet des ajustements et accommodations lors d'interactions répétées entre usagers partageant des réseaux et des communautés de pratique. Les locuteurs en cause dans la différenciation diatopique ne se côtoient en effet pas quotidiennement (d'évidence, ils vivent en des lieux différents), contrairement à ce qu'engage la variation diastratique, dont les porteurs relèvent du même espace social.

Il y a là une bonne raison pour s'intéresser d'abord à la variation diatopique du français. Et l'acadien peut ici jouer un rôle, avec quelques autres variétés ayant historiquement été en grande partie préservées du contact (même si tel n'est plus du tout le cas aujourd'hui). *Le parler acadien*[13] a été parmi les premiers textes à tenter de définir linguistiquement l'acadien, après les « grands classiques », qui d'ailleurs s'intéressent plutôt au lexique – sauf Geddes, que Louise évoque souvent pour la morphologie[14]. Si, par la suite, des points spécifiques de la « syntaxe acadienne » ont été travaillés, on est encore loin aujourd'hui de pouvoir en présenter un tableau complet.

Peu de tableaux d'ensemble de l'acadien, donc, mais aussi peu de synthèses sur la variation à travers toute la francophonie (voir la différence avec l'anglophonie). Louise a été de ceux, rares, qui amorçaient une telle réflexion dès les années 1980. Il faut voir à cet

---

[12] Il faudrait revenir sur ce que signifie une telle affirmation, souvent prise comme une *idée reçue*. Signifie-t-elle qu'il n'y aurait pas (ou peu) de variation morpho-syntaxique ? Ou bien que celle-ci n'est pas (ou peu) extra-linguistiquement investie ? Ou encore qu'elle n'est pas (ou exceptionnellement) revendiquée comme un possible affichage-ressource pour les locuteurs ? Nigel Armstrong (« Perspectives sociolinguistiques sur la grammaire variable en français et en anglais », *Revue PArole*, n°s 3-4, 1998, p. 191-216) avait, à propos du français de France, avancé l'hypothèse que c'étaient des aspects différents d'une identité sociale qui étaient affichés par le truchement de traits phoniques ou syntaxiques. On peut aussi faire l'hypothèse que les aspects grammaticaux sont plus susceptibles de faire l'objet de reformatages par la norme et la scolarisation, les traits phoniques étant incorporés et fixés depuis l'enfance. Maintenant, les effets réels ont-ils été les mêmes dans différents lieux, par exemple en France et au Canada ?

[13] Louise Péronnet, « Le parler acadien », *Mémoires de la Société royale du Canada*, 4e série, t. XV, 1977, p. 215-228.

[14] Louise Péronnet, *Le parler acadien du sud-est du Nouveau-Brunswick...*, *op. cit.*

effet son *Projet d'intégration de la variation linguistique en classe de français*[15], qui évoluera peu à peu vers l'idée plus ambitieuse de « grammaire de la variation », titre récurrent dans ses communications et publications récentes. Elle s'inscrit ainsi dans la lignée d'une réflexion « panfrancophone », illustrée entre autres par Chaudenson *et al.*[16].

3. Le français acadien dans une perspective panfrancophone

Un aspect favorable pour une réflexion sur la variation en Acadie est le nombre de corpus qui y ont été recueillis, souvent de façon déjà ancienne (ce qui permet un certain recul), souvent sur le même lieu à des époques différentes (voir ainsi un corpus non publié recueilli assez tôt par Louise[17], ainsi que sa prise en compte de « l'acadien traditionnel » à travers des conteurs âgés[18]). Vu l'ancienneté et le nombre de ces corpus (cas plus fréquent au Canada que dans la francophonie en général), on pourrait disposer du matériau nécessaire pour mener à bien une description de l'évolution des « façons de parler » des Acadiens.

En discutant avec Louise de questions relatives à la variabilité syntaxique, à la *variation* et aux *variétés*, j'en suis venue à me demander pourquoi des parlers si peu sollicités dans les descriptions des années 1990, mais si riches pour la compréhension du français en général, n'avaient pas davantage retenu l'attention des spécialistes de linguistique française. Et cela a sûrement joué sur ma conception actuelle de l'impact de la variabilité en français. Mon intérêt pour le français acadien s'est par la suite inscrit dans une autre dimension, avec ma participation à l'élaboration d'une

---

[15] Louise Péronnet, « Projet d'intégration de la variation linguistique en classe de français », *Vie française. Revue du Conseil de la vie française en Amérique*, vol. 40, n° 1, 1988b, p. 23-29.

[16] Robert Chaudenson, Raymond Mougeon et Édouard Béniak, *Vers une approche panlectale de la variation du français*, Paris, Didier Érudition, 1993.

[17] Louise Péronnet, *Enquête sur les régionalismes en Acadie du Nouveau-Brunswick*, corpus non publié, 1988a.

[18] Louise Péronnet, « Le parler acadien », *op. cit.*, p. 215-228 ; Louise Péronnet, « Les prépositions dans le parler acadien du sud-est du Nouveau-Brunswick », *Si que*, n° 5, 1982, p. 57-81.

grammaire de référence[19], qui m'a amenée à prolonger de façon pratique des questions que nous partagions, Louise et moi, quant à la possible amplitude de la variation. J'ai eu pour tâche dans cette grammaire de documenter la variation, avant tout diatopique (en particulier pour l'Amérique du Nord), et d'établir les faits syntaxiques variables du français, au sens large (voir la première synthèse[20]). Il apparaît que tous les chapitres de la grammaire ne sont pas concernés au même titre, qu'il n'y a pas autant de phénomènes en jeu pour chaque chapitre, et que ceux-ci ne revêtent ni la même amplitude ni les mêmes restrictions et contraintes. En voici un exemple: *ça prend* + N se rencontre et en français de France et au Canada. Mais en français de France, N est restreint au trait [+ temps] (*ça prend une heure, ça prend du temps*), peut-être aussi au trait [+ espace] (*ça prend une page entière* – que tous les Français n'acceptent pas toutefois). Il y a moins de restriction au Canada, où l'on peut dire *ça prend un petit chandail*, là où en tant que Française, je dirais *il faut un petit pull* (contrainte traitée par Lepelley[21]).

Les «lieux de variabilité» syntaxique du français ont été peu à peu identifiés par une longue chaîne de descriptions de la dialectologie puis de la sociolinguistique variationniste, ainsi que de la syntaxe du français parlé (voir Blanche-Benveniste[22] pour une ultime synthèse de son œuvre), ou de travaux à cheval sur des problématiques de syntaxe et de sociolinguistique[23]. Il a ainsi été établi que les zones grammaticales du français les plus concernées par la variabilité sont les pronoms, la négation, les prépositions, les temps-aspects-modes verbaux, la valence verbale, l'ordre des mots,

---

[19] Françoise Gadet, «Sociolinguiste dans une grammaire: la variation dans une grammaire du français», *Actes du 25e Congrès international de linguistique et de philologie romanes (CILPR)*, Berlin / New York, Mouton de Gruyter, 2010, p. 117-125.

[20] *Ibid.*

[21] René Lepelley, «Emploi de *ça prend* exprimant le besoin, en France et au Canada», dans Hans-Josef Niederehe et Lothar Wolf (dir.), *Français du Canada. Français de France, actes du colloque de Trèves 1985*, Tübingen, Niemeyer, 1987, p. 177-187.

[22] Claire Blanche-Benveniste, *Le français. Usages de la langue parlée*, Louvain / Paris, Peeters, 2010.

[23] Robert Chaudenson, Raymond Mougeon et Édouard Béniak, *Vers une approche panlectale...*, *op. cit.*; Martina Drescher et Ingrid Neumann-Holzschuh, «Les variétés non hexagonales du français et la syntaxe de l'oral. Première approche», dans Martina Drescher et Ingrid Neumann-Holzschuh (dir.), *op. cit.*, p. 9-35.

les relatives, les interrogatives... Mais au terme d'une telle liste, on ne peut faire autrement que d'ajouter *etc.* pour deux raisons. D'abord, il n'y a pas toujours recouvrement entre variabilité et ce que la tradition variationniste a identifié comme des «variables», en général formulées dans des termes grammaticaux qui doivent davantage au standard qu'aux usages ordinaires effectifs. La seconde raison de cet *etc.* concerne les dimensions discursives, sémantiques, pragmatiques ou communicatives comme le face-à-face de l'échange ordinaire. Et plutôt que de chercher l'organisation seulement à un niveau structurel, on peut reconnaître la complexité d'intrication des différents niveaux (ainsi, par exemple, les propriétés syntaxiques de la zone préverbale ne sont pas sans lien avec la saillance communicative – voir Blanche-Benveniste[24]; Drescher et Neumann-Holzschuh[25]).

Le potentiel titre de «variété du français» repose donc sur une combinaison d'entités pré-déterminées par des motivations historiques et sociologiques, et, pour un linguiste, sur la relation à des combinaisons, supposées spécifiques, de phénomènes de variation, ce qui est difficile à établir dans l'état lacunaire actuel de nos connaissances sur la variation en français. Reste aussi à établir quelle devrait être l'amplitude du distinctif, et combien de traits différenciateurs (quelle nature, quelle importance, quelle saillance?) rendraient possible de parler de *variété linguistique*. Et différenciateurs par rapport à quoi, puisque l'étalon ne saurait être la comparaison au standard[26]?

---

[24] Claire Blanche-Benveniste, *Le français...*, *op. cit.*
[25] Martina Drescher et Ingrid Neumann-Holzschuh, «Les variétés non hexagonales...», *op. cit.*, p. 9-35.
[26] Quand Louise commence à publier à ce sujet (à partir de 1977), il était fréquent de comparer les phénomènes rencontrés dans les vernaculaires aux phénomènes «correspondants» en français standard, comparaison souvent formulée en «X *remplace* Y», ou «le parler X dit y *à la place de* z». C'est le cas par exemple dans Louise Péronnet («Les prépositions dans le parler acadien...», *op. cit.*, p. 57-81): «*après* remplace *à*, c'est un *à* renforcé (*i mordiont après le gouvernail*)». Il est en principe admis de ne comparer désormais que du comparable, un vernaculaire à du français parlé ordinaire, et non aux abstractions du français standard ou des exemples de grammaires normatives. Dans les faits, ce n'est cependant pas toujours le cas.

4. Des faits de syntaxe « acadiens » ?

Je m'arrêterai finalement aux manifestations linguistiques de l'hypothèse des variétés, en opposant à l'idée de faits acadiens spécifiques la complexité, l'enchevêtrement et la souplesse de phénomènes qui souvent relèvent du français partagé, ainsi que la nécessité de les étudier au cas par cas – ce qui rappelle des principes de la dialectologie, en continuité de la perspective de Gilliéron[27].

En posant la question « Y a-t-il des traits syntaxiques acadiens ? », je reprendrai certains travaux de Louise, dont le cheminement a abouti récemment (voir Péronnet et Kasparian[28]) à lui faire caractériser l'acadien comme un tiraillement entre forces contradictoires – comme pour tout parler, somme toute. Parmi les faits de variabilité, je n'en évoquerai que quelques-uns, plus par le souhait de référence aux travaux de Louise que pour des motifs grammaticaux ou sociolinguistiques. Sans m'arrêter à des formes comme *ils parliont* ou *je savons* (voir Flikeid et Péronnet[29]; Péronnet[30] pour la régularisation de conjugaisons, comme *y a longtemps qu'i faisont des tours*), ou à des exemples qu'elle n'a cités qu'au passage (comme les deux qui suivent), je n'évoquerai que des faits dont elle a longuement traité.

Quoi-ce tu crois qu'est le plus beau ?[31]
I trafiquaient quoi ce qu'i aviont[32]

Dans des articles de 1977 et 1991, elle s'appuie sur des parlers très conservateurs du Nouveau-Brunswick, pour étudier les auxiliaires

---

[27] Louise a fait sa thèse à Grenoble avec le dialectologue Gaston Tuaillon – voir son ouvrage (*Le parler acadien du sud-est du Nouveau-Brunswick. Éléments grammaticaux et lexicaux*, New York, Peter Lang, coll. « American University Studies », 1989) et ses nombreuses références à l'*ALF*. Avec lui, elle a été à l'école de la rigueur des traditions de philologie et de dialectologie.

[28] Louise Péronnet et Sylvia Kasparian, « Vers une description du "français standard acadien" : analyse des traits morpho-syntaxiques », dans Patrice Brasseur (dir.), *Français d'Amérique. Variation, créolisation, normalisation*, actes du colloque *Les français d'Amérique du Nord en situation minoritaire*, Avignon, Presses de l'Université d'Avignon et des Pays du Vaucluse, CECAV, 1998, p. 249-259.

[29] Karin Flikeid et Louise Péronnet, « N'est-ce pas qu'il faut dire : *j'avons été* ? : divergences régionales en acadien », *Le français moderne*, vol. 57, n°s 3 et 4, 1989, p. 219-242.

[30] Louise Péronnet, « Le français acadien », *op. cit.*, p. 399-439.

[31] *Ibid.*

[32] *Ibid.*

avoir et *être*. Elle considère que le « processus d'érosion de l'usage de l'auxiliaire *être*[33] » est tellement avancé que *être* se trouve libéré de sa fonction d'auxiliaire. Le français standard n'exploite plus dans sa forme actuelle la possibilité d'opposition aspectuelle que l'on trouve dans l'usage du français en Acadie, entre *il est arrivé asteure* vs *il a arrivé à 10 h, il est mort* vs *il a mouri hier* – seule forme où s'opposent deux formes de participe passé[34] –, et on rencontre couramment *I aviont venu pour de l'ouvrage*[35]. Le phénomène serait ici plus proche du catégorique que ce qui est signalé ailleurs : une forte domination de *avoir*, une certaine variabilité néanmoins, et une seule véritable exception, *mourir*. *Naître* est moins net comme exception (les deux verbes signalés par King et Nadasdi[36] pour l'Île-du-Prince-Édouard et par Bollée et Neumann-Holzschuh[37] pour la Louisiane), car selon Péronnet[38], dans les parlers les plus conservateurs d'Acadie, on ne trouve que *il a venu au monde*. Mais il reste à déterminer s'il existe des aires francophones où *avoir* aurait totalement supplanté *être*.

Pour un autre phénomène variable, le subjonctif, Comeau[39] souligne la diversité des conclusions auxquelles parviennent différents auteurs : rien de catégorique, mais une forte instabilité et de grosses disparités selon les lieux et les corpus. On rencontre des indicatifs même après *vouloir*, *il faut*, et *bien que*, qui, comme l'ont montré

---

[33] Cette formulation a le défaut de laisser entendre qu'il serait déjà arrivé qu'il y ait *être* dans cette position.

[34] On sait qu'on trouve aussi ce trait au Québec (Gillian Sankoff et Pierrette Thibault, « L'alternance entre les auxiliaires *avoir* et *être* en français parlé à Montréal », *Langue française*, n° 34, 1977, p. 81-108), mais il est difficile d'établir si l'extension est la même. Pour le reste de la francophonie, Blanche-Benveniste (« L'un chasse l'autre, le domaine des auxiliaires », *Recherches sur le français parlé*, n° 1, 1977, p. 100-148), à partir du corpus du GARS, a montré que cette dernière forme n'est pas inconnue du français de France, mais elle l'attribue au « langage des enfants ». L'enseignement du standard rencontrait donc un certain succès dans le combat contre ce trait spontanément présent dans le parler d'au moins certains enfants français.

[35] Louise Péronnet, « Le français acadien », *op. cit.*, p. 399-439.

[36] Ruth King et Terry Nadasdi, « Deux auxiliaires qui voulaient *mourir* en français acadien », dans Patrice Brasseur et Anika Falkert (dir.), *Français d'Amérique : approches morphosyntaxiques*, Paris, L'Harmattan, 2005, p. 103-111.

[37] Annegret Bollée et Ingrid Neumann-Holzschuh, « Français marginaux et créoles », dans Patrice Brasseur (dir), *op. cit.*, p. 181-203.

[38] Louise Péronnet, *Le parler acadien du sud-est du Nouveau-Brunswick…*, *op. cit.*

[39] Philip Comeau, *op. cit.*

entre autres Laurier[40] et Neumann-Holzschuh[41], sont pourtant les positions conservant le mieux le subjonctif. Trait acadien ? Ici aussi, c'est pourtant à Paris que j'ai recueilli l'énoncé (qui est loin d'être un hapax) *je crois pas les Français ils le font*[42], et la même tendance se manifeste dans toute la francophonie. Si quelque chose du subjonctif peut être dit typique de l'Acadie, ce sont les imparfaits du subjonctif, toutefois aujourd'hui documentés surtout en Nouvelle-Écosse (voir le corpus de Petraş[43]), trait archaïsant que Péronnet signale chez ses vieux conteurs, avec une désinence unique en [i] :

faulit qu'a faisit de quoi[44]
pour point que le bois s'arrachit[45]
il fallait que je fis attention[46]

Louise s'est aussi intéressée à des phénomènes syntaxiques d'organisation structurelle moins serrée, comme les prépositions, en particulier les prépositions de lieu (voir aussi Arrighi[47] et Péronnet[48], les deux à partir de corpus de la région de Moncton) :

quoi ce que vous faisiez sus vos soirées[49]
je sais pas si i travaillait à d'autres places[50]

Y a-t-il là spécificité ? Péronnet[51] signale le *à* d'appartenance dans

---

[40] Michel Laurier, « Le subjonctif dans le parler franco-ontarien : un mode en voie de disparition ? », dans Raymond Mougeon et Édouard Beniak (dir.), *Le français canadien parlé hors Québec : Aperçu sociolinguistique*, Sainte-Foy, Presses de l'Université Laval, 1989, p. 105-126.

[41] Ingrid Neumann-Holzschuh, « Le subjonctif en français acadien », dans Patrice Brasseur et Anika Falkert (dir.), *op. cit.*, p. 125-144.

[42] Certes, ce contexte n'est pas des plus conservateurs de subjonctif, mais l'exemple est très saillant et j'ai pu constater qu'il surprenait tous les Français à qui je l'ai soumis.

[43] Cristina Petraş, *Les emprunts et la dynamique linguistique*, thèse de doctorat, Avignon, Université d'Avignon et des Pays du Vaucluse / Iaşi, Université Alexandru Ioan Cuza, 2008.

[44] Louise Péronnet, « Le français acadien », *op. cit.*, p. 399-439.

[45] Cristina Petraş, *Les emprunts et la dynamique linguistique, op. cit.*.

[46] Louise Péronnet, « Le parler acadien », *op. cit.*, p. 215-228.

[47] Laurence Arrighi, « Des prépositions dans un corpus acadien : évolutions du système linguistique français, archaïsmes et / ou calques de l'anglais ? », dans Patrice Brasseur et Anika Falkert (dir.), *op. cit.*, p. 239-247.

[48] Louise Péronnet, « Les prépositions dans le parler acadien… », *op. cit.*, p. 57-81.

[49] Laurence Arrighi, *op. cit.* p. 239-247

[50] *Ibid.*

[51] Louise Péronnet, « Les prépositions dans le parler acadien… », *op. cit.*, p. 57-81.

la maison à mon père, mais celui-ci concerne tous les vernaculaires du français ; ou le *de* introduisant l'infinitif après des verbe *aimer, penser, souhaiter.* Au-delà d'une liste de faits, elle cherche à comprendre la logique derrière ces emplois, qu'elle interprète dans les termes de l'*économie* de Martinet. Ainsi, *avec pas*[52] à côté de *sans* reflète une tendance analytique, à la transparence, quand l'ensemble des prépositions illustre deux tendances contradictoires : économie, avec un inventaire réduit, et perte d'économie (ou analogie), quand des locutions conjonctives remplacent des prépositions simples.

On peut donc davantage faire état de traits conservateurs que de zones grammaticales concernées. La notion de *variété* apparaît ainsi fragile pour la syntaxe. Chaque phénomène (voire chaque forme) a sa propre histoire, sa propre évolution. Si la variation syntaxique ne semble pas « faire système », on entrevoit cependant que ce ne sont pas des raisons linguistiques qui la gèrent, mais davantage des raisons liées au régime communicatif du face-à-face et de l'interaction (voir par exemple la question de la place dans la linéarité séquentielle, telle qu'elle est posée par Blanche-Benveniste[53], ou celle de l'implicite soulevée par Drescher et Neumann-Holzschuh[54]).

5. Remarques conclusives

Un syntacticien *stricto sensu* répondrait sans doute par la négative à la question « l'acadien est-il une variété ? » : il n'y a pas vraiment de phénomènes syntaxiques typiques de l'Acadie, qu'on ne rencontrerait nulle part ailleurs, ni en Amérique, ni en Europe, ni ailleurs dans le monde, et non plus dans l'ensemble des usages

---

[52] À ce point réputé comme canadien qu'un groupe québécois a pu s'en inspirer pour son nom : *Avec pas d'casque* (merci à l'évaluateur qui me fait cette remarque). Cependant, Chaudenson *et al.* (*op. cit.*, p. 25) rappelle qu'on le trouve aussi bien dans le français des Îles Vierges (cité par Highfield) que classiquement dans le français populaire parisien.

[53] Claire Blanche-Benveniste, *Le français...*, *op. cit.*

[54] Martina Drescher et Ingrid Neumann-Holzschuh, « Les variétés non hexagonales... », *op. cit.*, p. 9-35.

que Chaudenson appelle «marginaux[55]». Ceci ne prouve d'ailleurs nullement qu'il n'est pas une variété, mais que si l'on veut conserver cette notion, il faut la définir de façon plus précise, en combinant de façon complexe traits linguistiques et points de vue sociolinguistiques ou écologiques, ou même représentationnels (voir Boudreau et Ali-Khodja 2009[56]), qui conduisent à revenir sur la distinction fragile entre faits linguistiques internes et externes[57].

Il faut continuer de recueillir des corpus, en Acadie comme ailleurs; en Acadie, cela a été et demeure une activité vivace, comme l'attestent le travail du CRLA de Moncton dont Louise a jadis été directrice, ainsi que les corpus réunis par Louise Beaulieu et son équipe dans le nord-est du Nouveau-Brunswick. Continuer, car on a toujours besoin de davantage de matériau pour de solides comparaisons sur une catégorie bien précise, entre des faits recueillis dans des aires sans relation historique évidente entre elles. Au-delà de travaux qui élargissent la comparaison à plusieurs types de français canadiens (comme Martineau sur les français laurentien et acadien) ou à plusieurs types d'acadien (comme Bollée et Neumann-Holzschuh[58]), un travail comme celui de Vinet[59], comparant des traits du Québec et de la Suisse romande, est à ma connaissance sans équivalent. Une telle position, qui implique de reconnaître la variation à la fois dans chaque aire et de façon générale dans tous les français, doit ouvrir des perspectives pour l'enseignement. En effet, l'objectif de «tenir davantage compte de la

---

[55] Il vise ainsi surtout la langue des enfants et le français populaire. Mais la métaphore de la *marge* comme celle de la *périphérie* ont l'inconvénient de suggérer que les zones de variation ne relèveraient pas du cœur de la langue, soit une conception de la langue où la variation n'est pas centrale, qui va, même si ce n'est pas voulu, vers un privilège au standard (le cœur ou le centre, reflété dans la métaphore structuraliste du *noyau dur*).

[56] Annette Boudreau et Mourad Ali-Khodja (dir.), «Le français en milieu minoritaire», *Langage et Société*, n° 129, 2009.

[57] C'est justement ce que vise la notion d'écologie des langues, entre écologie interne et externe. Salikoko Mufwene, *Créoles, écologie sociale, évolution linguistique*, Paris, L'Harmattan, 2005.

[58] Annegret Bollée et Ingrid Neumann-Holzschuh, *op. cit.*, p. 181-203.

[59] Marie-Thérèse Vinet, *D'un français à l'autre: la syntaxe de la micro-variation*, Montréal, Fides, 2001.

langue de l'élève dans l'enseignement du français[60] » et la compréhension des mécanismes qui régissent les différences entre la langue effectivement parlée par les élèves et le français visé dans l'enseignement, peut comporter pour l'enfant un effet d'*empowerment*[61].

Il semble pour le moment difficile de comprendre la répartition inégale de la variabilité selon les zones grammaticales, autrement qu'en faisant appel à des principes explicatifs plus communicatifs ou sémiotiques que linguistiques, qui produisent, pour chaque situation particulière d'une langue, cet état d'équilibre instable que l'on vise maladroitement à travers la notion de *variété*.

---

[60] Louise Péronnet, « Projet d'intégration de la variation linguistique en classe de français », *op. cit.*, p. 24 ; Louise Péronnet, « Grammaire de l'oral et enseignement des langues : une question d'écologie linguistique ? », dans Annette Boudreau et al. (dir.), *L'écologie des langues: mélanges William Mackey / Ecology of Languages: Homage to William Mackey*, Paris, L'Harmattan, 2002, p. 125-146.

[61] Deborah Cameron, « Problems of Empowerment in Linguistic Research », *Cahiers de l'ILSL*, n° 10, Lausanne, Presses universitaires de Lausanne, 1998, p. 23-38.

Bibliographie

Armstrong, Nigel, « Perspectives sociolinguistiques sur la grammaire variable en français et en anglais », *Revue PArole*, n⁰ˢ 3-4, 1998, p. 191-216.

Arrighi, Laurence, « Des prépositions dans un corpus acadien : évolutions du système linguistique français, archaïsmes et / ou calques de l'anglais ? », dans Patrice Brasseur et Anika Falkert (dir.), *Français d'Amérique : approches morphosyntaxiques*, Paris, L'Harmattan, 2005, p. 239-47.

Blanche-Benveniste, Claire, « L'un chasse l'autre, le domaine des auxiliaires », *Recherches sur le français parlé*, n° 1, 1977, p. 100-148.

Blanche-Benveniste, Claire, *Le français. Usages de la langue parlée*, Louvain / Paris, Peeters, 2010.

Bollée, Annegret et Ingrid Neumann-Holzschuh, « Français marginaux et créoles », dans Patrice Brasseur (dir), *Français d'Amérique. Variation, créolisation, normalisation*, actes du colloque *Les français d'Amérique du Nord en situation minoritaire*, Avignon, Presses de l'Université d'Avignon et des Pays du Vaucluse, CECAV, 1998, p. 181-203.

Boudreau, Annette, « La construction des représentations linguistiques : le cas de l'Acadie », *Canadian Journal of Linguistics / Revue canadienne de linguistique*, vol. 3, n° 54, 2009, p. 439-459.

Boudreau, Annette et Mourad Ali-Khodja (dir.), « Le français en milieu minoritaire », *Langage & Société*, n° 129, 2009.

Boudreau, Annette et Marie-Ève Perrot, « "Le chiac c'est du français", représentations du mélange français / anglais en situation de contact inégalitaire », dans Henri Boyer (dir.), *Hybrides linguistiques*, Paris, L'Harmattan, 2010, p. 51-82.

Cameron, Deborah, « Problems of Empowerment in Linguistic Research », *Cahiers de l'ILSL*, n° 10, Lausanne, Presses universitaires de Lausanne, 1998, p. 23-38.

Chaudenson, Robert, Raymond Mougeon et Édouard Béniak, *Vers une approche panlectale de la variation du français*, Paris, Didier Érudition, 1993.

Comeau, Philip, *A Window on the Past, A Move Toward the Future : Sociolinguistic and Formal Perspectives on Variation in Acadian French*, thèse de doctorat, Toronto, York University Press, 2011.

Drescher, Martina et Ingrid Neumann-Holzschuh, « Les variétés non hexagonales du français et la syntaxe de l'oral. Première approche », dans Martina Drescher et Ingrid Neumann-Holzschuh (dir.), *La syntaxe de l'oral dans les variétés non hexagonales du français*, Tübingen, Stauffenburg, 2010, p. 9-35.

Flikeid, Karin et Louise Péronnet, « N'est-ce pas qu'il faut dire *j'avons été* ? : divergences régionales en acadien », *Le français moderne*, n° 57, 1989, p. 219-242.

Flikeid, Karin, « Origines et évolution du français acadien à la lumière de la diversité contemporaine », dans Raymond Mougeon et Édouard Beniak (dir.), *Les origines du français québécois*, Sainte-Foy, Presses de l'Université Laval, 1994, p. 275-326.

Gadet, Françoise, « La standardisation au quotidien », dans Annette Boudreau *et al.* (dir.), *L'écologie des langues : mélanges William Mackey / Ecology of Languages : Homage to William Mackey*, Paris, L'Harmattan, 2002, p. 281-297.

Gadet, Françoise, « La signification sociale de la variation », *Romanistisches Jahrbuch*, vol. 54, 2004, p. 98-114.

Gadet, Françoise, « Sociolinguiste dans une grammaire : la variation dans une grammaire du français », *Actes du 25ᵉ Congrès international de linguistique et de philologie romanes (CILPR)*, Berlin / New York, Mouton de Gruyter, 2010, p. 117-125.

Gadet, Françoise, Ralph Ludwig et Stefan Pfänder, « Francophonie et typologie des situations », *Cahiers de linguistique*, 34 / 1, 2009, p. 143-162.

King, Ruth et Terry Nadasdi, « Deux auxiliaires qui voulaient *mourir* en français acadien », dans Patrice Brasseur et Anika Falkert (dir.), *Français d'Amérique : approches morphosyntaxiques*, Paris, L'Harmattan, 2005, p. 103-111.

Laurier, Michel, « Le subjonctif dans le parler franco-ontarien : un mode en voie de disparition ? », dans Raymond Mougeon et Édouard Beniak (dir.), *Le Français canadien parlé hors Québec. Aperçu sociolinguistique*, Sainte-Foy, Presses de l'Université Laval, 1989, p. 105- 126.

Lepelley, René, « Emploi de *ça prend* exprimant le besoin, en France et au Canada », dans Hans-Josef Niederehe et Lothar Wolf (dir.), *Français du Canada. Français de France, actes du colloque de Trèves 1985*, Tübingen, Niemeyer, 1987, p. 177-187.

Mougeon, Raymond, Terry Nadasdi et Katherine Rehner, « Contact-Induced Linguistic Innovations on the Continuum of Language Use : The Case of French in Ontario », *Bilingualism : Language and Cognition*, 8 (2), 2005, p. 99-115.

Mufwene, Salikoko, *Créoles, écologie sociale, évolution linguistique*, Paris, L'Harmattan, 2005.

Neumann-Holzschuh, Ingrid, « Le subjonctif en français acadien », dans Patrice Brasseur et Anika Falkert (dir.), *Français d'Amérique : approches morphosyntaxiques*, Paris, Institut de la Francophonie-AIF, AUF, 2005, p. 125-144.

Neumann-Holzschuh, Ingrid, « Contact-Induced Structural Change in Acadian and Louisiana French : Mechanisms and Motivations », *Langage et Société*, n° 129, 2009, p. 47-68.

Péronnet, Louise, « Le parler acadien », *Mémoires de la société royale du Canada*, 4ᵉ série, t. XV, 1977, p. 215-228.

Péronnet, Louise, « Les prépositions dans le parler acadien du sud-est du Nouveau-Brunswick », *Si que*, n° 5, 1982, p. 57-81.

Péronnet, Louise, *Corpus. Enquête sur les régionalismes en Acadie du Nouveau-Brunswick* (corpus non publié), 1988a.

Péronnet, Louise, « Projet d'intégration de la variation linguistique en classe de français », *Vie française. Revue du Conseil de la vie française en Amérique*, vol. 40, n° 1, 1988b, p. 23-29.

Péronnet, Louise, *Le parler acadien du sud-est du Nouveau-Brunswick. Éléments grammaticaux et lexicaux*, New York, Peter Lang, coll. «American University Studies», 1989.

Péronnet, Louise, «Système des modalités verbales dans le parler acadien du sud-est du Nouveau-Brunswick», *Journal of the Atlantic Provinces Linguistic Association / Revue de l'association de linguistique des provinces atlantiques*, n° 13, 1991, p. 85-98.

Péronnet, Louise, «Le français acadien», dans Pierre Gautier et Thomas Lavoie (dir), *Français de France et français du Canada. Les parlers de l'ouest de la France, du Québec et de l'Acadie*, Lyon, Presses de l'Université Lyon III Jean Moulin / Centre d'études linguistiques Jacques Goudet, 1995, p. 399-439.

Péronnet, Louise, «Grammaire de l'oral et enseignement des langues: une question d'écologie linguistique?», dans Annette Boudreau *et al.* (dir.), *L'écologie des langues: mélanges William Mackey / Ecology of languages: Homage to William Mackey*, Paris, L'Harmattan, 2002, p. 125-146.

Péronnet, Louise et Sylvia Kasparian, «Vers une description du "français standard acadien": analyse des traits morpho-syntaxiques», dans Patrice Brasseur (dir), *Français d'Amérique. Variation, créolisation, normalisation*, actes du colloque *Les français d'Amérique du Nord en situation minoritaire*, Avignon, Presses de l'Université d'Avignon et des Pays du Vaucluse / Centre d'études canadiennes, 1998, p. 249-259.

Petraş, Cristina, *Les emprunts et la dynamique linguistique*, thèse de doctorat, Avignon, Université d'Avignon et des Pays du Vaucluse / Iaşi, Université Alexandru Ioan Cuza, 2008.

Poplack, Shana et Stephen Levey, «Contact-Induced Grammatical Change: A Cautionary Tale», dans Peter Auer et Jürgen Erich Schmidt (dir.), *Language and Space. An International Handbook of Linguistic Variation*, Berlin / New York / Amsterdam, Mouton de Gruyter, 2010, p. 391-419.

Sankoff, Gillian et Pierrette Thibault, «L'alternance entre les auxiliaires *avoir* et *être* en français parlé à Montréal», *Langue française*, n° 34, 1977, p. 81-108.

Vinet, Marie-Thérèse, *D'un français à l'autre: la syntaxe de la micro-variation*, Montréal, Fides, 2001.

LA FORME PRONOMINALE EN QUÉBÉCOIS (SE + *ÊTRE*) ET EN ACADIEN (SE + *AVOIR*)

Pierre-Don Giancarli
Université de Poitiers

Les constructions pronominales de l'acadien et du québécois nous semblent différer à deux égards : 1) le type de procès autorisé, que nous présenterons rapidement, et 2) le choix d'auxiliaire, sur lequel nous nous concentrerons davantage. Les quatre corpus sur lesquels nous nous appuierons comprennent deux corpus littéraires écrits sous forme de pièces de théâtre acadien et québécois, et deux corpus oraux acadien et québécois, chacun constitué de la narration de contes. Ils sont présentés en Annexe 1.

1. Type de procès

Le type de procès autorisé est fonction des contraintes plus ou moins grandes pesant sur la relation entre les arguments : mis à part les verbes pronominaux dits « essentiellement pronominaux », qui peuvent être monovalents (*s'évanouir*) mais dont la structure est opaque et qui sont répertoriés sous cette forme figée en tant qu'unités lexicales, seuls sont disponibles pour une construction pronominale en acadien (dorénavant Ac) et en québécois (dorénavant Q) des verbes bivalents : soit bivalents pleinement transitifs avec un sujet par conséquent agentif[1], soit bivalents peu ou pas transitifs avec des verbes d'état comme, respectivement, le verbe de perception involontaire *voir*[2] ou (en Ac seulement) le relateur statique *avoir*. Nous présentons *avoir* ci-dessous avec des pronominaux à sens passif (en 7) et un pronominal éthique à objet aliénable (en 8) :

> 7) Ah ben les cosses de fayots / les / **touss ce quoi ce qui pouvait s'avoir** dans un jardin / i nn'avait dans ces paniers-là
>
> 8) Quantt qu'i avont arrivé à la bogue / i était mille et demie en arrière les autes lui là / **les autes s'aviont des chevals** que ça dansaient partout (CP)

Il existe des contre-exemples, comme dans la série 9, mais il s'agit de formes vestigiales :

> 9) S'en aller / s'en venir (et sa version acadienne s'en menir) / s'envoler / s'enfuir / s'endormir.

À noter que la série *aller / venir / voler / fuir / dormir* a pour parallèle la série inchoative 9 ci-dessus, mais elle n'a justement pas pour correspondante la série 9 **s'aller / *se venir, ...* Si la série 9 existe, c'est peut-être justement parce qu'un verbe monovalent n'est pas, ni en Ac, ni en Q, ni en français de France (dorénavant FF), directement pronominalisable ; pas plus les monovalents sélectionnant *avoir* (**se jongler*, **se voyager*, etc.) que ceux sélectionnant *être* (**se partir*, **s'arriver*, etc.). Nous considérons donc que la restriction à des verbes bivalents est un trait caractéristique de la forme pronominale et qu'il est commun à l'Ac et au Q.

Cependant, l'inclusion en Ac de certains verbes d'état comme *avoir* (exemples 7 et 8) peut paraître surprenante pour un locuteur de FF ou de Q. Nous dirons qu'en Ac la bivalence au sens large est

---

[1] 1) « [...] dans son énarvement, a' s'est pogné [pris] le bout de la main gauche dans le tordeur » (EF). 2) « Y'aurait dû faire clair de même quand on s'est rencontré (H) 3) Le roi s'a pogné a tête » (CP) 4) « Là ça fait coume l'aut'r fois / i s'avont rencontré » (CP).

[2] 5) « Ça fait trois mois qu'on s'est pas vu, tu pourrais me faire c'te plaisir-là ! » (B) 6) « C'est Jacques / oui c'est Jacques tel qu'il est / mais i dit / pensez ben qu'y a un change depuis qu'on s'a vu » (CP). Le sujet est non pas agentif mais siège de perception.

une condition suffisante à l'acceptabilité d'une construction pronominale : le verbe *avoir* étant bivalent, il remplit la condition suffisante pour contribuer à la formation d'un pronominal. En Q, par contre, la bivalence ne suffit pas à la forme pronominale – elle est une condition nécessaire mais non suffisante, car le Q a besoin d'un second critère : il convient de surcroît que le verbe ait aussi un certain impact sur le second argument, donc une agentivité minimale, non nulle. Le relateur statique *avoir* ayant une agentivité nulle, puisqu'il ne fait que marquer le repérage du second terme par rapport au premier, est donc exclu de la forme pronominale en Q, mais pas en Ac, dont le seuil de tolérance inclut la bivalence à agentivité zéro.

Après cette première différence rapidement esquissée au sein de la forme pronominale entre Ac et Q concernant la transitivité / agentivité, examinons-en une seconde, qui est que la forme pronominale prend être en Q et avoir en Ac.

2. Sélection d'auxiliaire

Autant la question de la sélection d'auxiliaire est parfois abordée avec les verbes simples (les quelques intransitifs prenant *être*), autant elle l'est rarement avec les verbes pronominaux. Peut-être parce que le choix de *être* semble aller de soi, automatiquement lié à la forme pronominale (ce que pourrait laisser croire, à tort, une vision centrée sur le seul FF), peut-être aussi parce que le phénomène de la sélection de *être* avec les verbes simples et celui de la sélection de *être* avec les verbes pronominaux sont considérés comme deux phénomènes disjoints (ce que nous nous efforçons de montrer qu'ils ne sont pas[3]).

2.1. Description : *être* en québécois, *avoir* en acadien

L'opposition en termes d'auxiliaire à la forme pronominale s'avère très marquée entre le québécois et l'acadien, comme le révèle le tableau en Annexe 2. En Q, on trouve presque toujours des

---

[3] Pierre-Don Giancarli, *Les auxiliaires être et avoir : étude comparée corse, français, acadien et anglais*, Rennes, Presses universitaires de Rennes, 2011.

pronominaux en *être*: sur les 124 occurrences du corpus oral, 123 sélectionnent *être* contre une seule sélection de *avoir*[4] *(ce qui correspond à 99,2 % contre 0,8 %), et sur les 174 occurrences du corpus théâtral, 173 sont en être* contre une seule en *avoir* (soit 99,4 % contre 0,6 %). On ne peut manquer de relever cette convergence remarquable entre les corpus écrits et oraux à l'intérieur de chaque variété, qui suggère d'ailleurs la bonne représentativité sur ce point des corpus écrits par rapport aux usages oraux qu'ils tentaient de rendre. Il existe donc entre les deux variétés une double opposition symétrique à près de 100 % des deux sous-corpus. Et encore l'unique occurrence en *avoir* du corpus écrit Q est-elle douteuse:

> 10) J'ai emprunté de l'argent pour pouvoir partir, Lucienne, parce qu'imagine-toé donc que Nicole pis moé aussi **on s'en ai faite** des problèmes avec tout ça! (B)[5]

Ce *ai* (de *avoir*), qui se veut la transcription de l'oral / e /, est probablement une graphie erronée de ce qui devrait être *est* (de *être*). Elle est d'ailleurs aberrante dans la mesure où le pronom sujet *on* employé ici est toujours (en Q comme en Ac et en FF) suivi d'un accord verbal à la troisième personne (*on a / on est*) et non à la première personne, si bien qu'on n'a pas plus **on ai* avec *avoir* qu'on aurait de **on suis / *on chus* avec *être*. C'est donc la totalité des occurrences de pronominal qui, dans le corpus écrit Q, doit être considérée comme s'auxiliant en *être*, et non pas la totalité moins une. Ce qui pour ce corpus Q livre donc non pas 99,4 % mais 100 % de *être* – et non pas 0,6 % mais 0 % de *avoir*.

Inversement, en Ac, on trouve surtout des pronominaux en *avoir* (*aouèr*), et conjugués avec *avoir* à l'acadienne, c'est-à-dire, pour prendre l'exemple du passé composé: *je m'ai* ou *je m'as* (FF *je*

---

[4] Il s'agit de «Quand qu'on a redescendu de delà pis qu'on s'a en allé su monde [...]», qui s'oppose aux nombreux «i s'est en allé chez eux», «a s'est en allée toute en fleummèches», «a s'est en allée su la fée» (CPM), etc.

[5] Le *-te* de *faite* n'est pas le signe d'un accord au féminin mais de la prononciation du –t final, phénomène fréquent en Q (et en Ac) qui au passage montre bien la volonté de l'auteur de rendre au mieux la prononciation.

me suis), *tu t'as* (*tu t'es*), *i s'a / a s'a* (*il s'est / elle s'est*)⁶, *on s'a* ou *je nous avons* (*on s'est* ou *nous nous sommes*), *vous vous avez* (*vous vous êtes*), *i s'avont* ou sa contraction *i s'ont* (*ils / elles se sont*)⁷. En effet, dans le corpus écrit, le pronominal en *être* est rare : sur 102 occurrences, 10 sont en *être* et 92 en *avoir*, (soit 9,8 % contre 90,2 %). Et dans le corpus oral, le pronominal en *être* est rarissime : sur 213 occurrences, 3 sont en *être*⁸ et 210 en *avoir* (soit 1,4 % contre 98,6 %). C'est donc dire que, dans les deux corpus Ac, *aouèr* est employé comme auxiliaire du pronominal à plus de 90 %, et que cet usage tend vers les 100 %⁹. L'opposition entre Ac et Q est à cet égard radicale, et en conformité avec les relevés d'autres chercheurs¹⁰.

2.2. Tentative d'explication
2.2.1. En québécois
2.2.1.1. Se *comme argument*

La première question à se poser est la suivante : le *se* de la forme pronominale est-il un argument ? Nous répondrons oui pour le Q, et non pour l'Ac.

La forme pronominale se reconnaît à un pronom personnel

---

⁶ Le / i / phonétique de la troisième personne (correspondant à il) est transcrit i dans le corpus Ac Péronnet, i' (et parfois aussi *il*, curieux devant consonne) dans *La Sagouine*, et y dans tous les corpus Q. Le / a / phonétique est transcrit a dans le corpus Ac Péronnet, a' dans *La Sagouine* et dans le corpus Q. La présence sur le pronom sujet d'un – / phonétique (*il, al / alle*) ou d'un jod se justifierait devant voyelle afin d'éviter un hiatus entre deux voyelles, mais ici le / s / du clitique se permet déjà d'éviter le hiatus.

⁷ En Ac (et en Q) le / i / phonétique de la sixième personne neutralise le genre et correspond donc à *ils* aussi bien qu'à *elles*.

⁸ Deux des trois occurrences en *être* trouvées proviennent du locuteur 7 (qui produit tout de même une majorité de treize auxiliations en *aouèr*), locuteur 7 dont la langue est de façon générale plus proche du FF que ne l'est celle des autres locuteurs Ac de ce corpus, ici par ses quelques emplois de *être plutôt* que *aouèr* avec les pronominaux, ailleurs par d'autres traits, tel son emploi de subordonnées temporelles en *quand* au lieu de *quand + que*.

⁹ Ce résultat est conforme à ceux relevés par ailleurs : 100 % de *aouèr* à la forme pronominale dans trois corpus contemporains acadiens, également 100 % dans la correspondance familiale de trois Acadiennes résidant au Nouveau-Brunswick et nées au milieu ou à la fin du XIXᵉ siècle. France Martineau et Sandrine Tailleur, « Correspondance familiale acadienne au tournant du XXᵉ siècle : fenêtre sur l'évolution d'un dialecte », dans Frank Neveu *et al.* (dir.), *2ᵉ Congrès mondial de linguistique française 2010 (CMLF)*, Paris, Institut de linguistique française, 2010, p. 295-297.

¹⁰ Ruth King et Terry Nadasdi, « How Auxiliaries Be/have in Acadian French », dans Patricia Balcom, Louise Beaulieu et Gisèle Chevalier (dir.), *Actes du 24ᵉ colloque de l'ALPA*, Université de Moncton, 2001, p. 63-64.

régime clitique, toujours préverbal dans les diverses variétés de français. Il est identique au pronom accusatif non réfléchi à toutes les personnes (respectivement *me / te / nous / vous*) sauf à la troisième personne du singulier et du pluriel, où il est particulier (*se*). Nous appelons « argument » un terme nominal requis par le verbe, constitutif de la structure argumentale d'un verbe dont il instancie une place. Un argument a normalement une fonction syntaxique, et en général un rôle thématique (fonction sémantique assignée par le verbe, par exemple agent ou patient). Sauf dans le cadre du pronominal des verbes « essentiellement pronominaux », qui sont figés, le *se* du Q a toujours un rôle thématique, et parfois une fonction : on est bien en peine de donner une fonction à *se* dans le pronominal à sens passif (par exemple 11a), et le fait qu'avec un pronominal réfléchi (tel 12) *se* est en distribution complémentaire avec un objet comme *le* (« quand a'l'a eu fini de toute **le** démaquiller ») fait penser à un pronom en fonction objet :

> 11a) J'tais là, devant la police, la bouche grande ouverte, pis un canneçon de ton père qui **s'était pogné** dans le tordeur pis qui arrêtait pas de tourner […]. (EF)
> 12) Que c'est qu'a'l'a faite, Huguette Oligny, hier soir, quand a'l'a eu fini de toute **se démaquiller** ? (EF)

Pourtant le *se* d'un pronominal réfléchi n'a pas une fonction objet. Il n'est pas non plus un objet puisqu'on peut ajouter un pronom[11] (tel *les* en 13, où *les* est clairement un objet direct). Or, en Q (comme en FF), on ne peut pas avoir deux objets directs consécutifs. Sachant que *les* a incontestablement le statut d'objet, on peut en conclure qu'il est le seul objet, et que par conséquent *se* n'est pas objet :

> 13) Fais-moé couper ça, ces cheveux-là, c'est même pus à'mode ! Même Bobby va **se les** faire couper pis y'a rien que seize ans !

D'autre part, *se* assume une fonction sujet car, pour reprendre

---

[11] Nicole Rivière, « Le pronominal, les rôles actanciels et la diathèse », *Cahiers Charles V*, n° 23, 1997, p. 7-46.

le raisonnement de Kayne[12] tout à fait applicable ici, dans les constructions causatives à complémentation infinitive *se* ne se comporte pas comme un objet de verbe transitif (16a / *17b), mais comme un sujet de verbe intransitif (15a / 17a) :

14a) Je ferai laver Paul à / par Pierre / 14b) *je ferai laver Paul Pierre.
15a) Je ferai courir Ø **Pierre** / 15b) *je ferai courir à Pierre.
16a) Je le ferai laver à / par Pierre / 16b) *je le ferai laver Pierre.
17a) Je ferai se laver Ø **Pierre** / 17b) *je ferai se laver à / par Pierre.

En 14a, le sujet du verbe transitif de l'enchâssée est introduit par une préposition ; en 15a, le sujet du verbe intransitif de l'enchâssée n'est pas introduit par une préposition ; et en 16a, avec un clitique objet d'un verbe transitif dans l'enchâssée, le sujet est introduit par une préposition (la séquence sans préposition est agrammaticale si l'on veut garder le pronom *le* non-coréférent à *Pierre*). Mais en 17a, on voit qu'avec une forme en *se*, le sujet du verbe de l'enchâssée n'est pas introduit par une préposition, comme s'il était non pas objet de transitif mais sujet d'intransitif. Si par contre *se* était un objet, il y aurait une préposition devant le sujet de l'enchâssée. Nous dirons donc que *se* a parfois une fonction, auquel cas il s'agit de la fonction sujet. D'autre part, *se* a toujours selon nous un rôle thématique (celui de Source[13]). Pour ce qui est du Q, nous en concluons que *se* est un argument. Un argument déficient, mais un argument tout de même[14]. Si en Q *se* est un argument, est-il un argument externe ou interne[15] ?

---

[12] Richard Kayne, « Romance SE / SI », *GLOW Newsletter*, n° 20, 1988, p. 33.
[13] Nous appelons « Source » et « But » des macro-rôles thématiques assignables à des notions (appelées à devenir des arguments) et englobant les rôles d'agent et de patient. Nous les précisons plus bas.
[14] Se prend donc place dans la valence du verbe, que celui-ci soit monovalent ou bivalent. Cela fait donc (en Q) de la construction dans laquelle il figure une construction bivalente.
[15] Un argument externe est syntaxiquement équivalent au sujet d'un verbe transitif, un agent. Les verbes dont l'argument unique est externe sont dits inergatifs. Un argument interne est syntaxiquement équivalent à l'objet d'un verbe transitif, un patient. Les verbes dont l'argument unique est interne sont dits inaccusatifs.

2.2.1.2. Se *comme argument au rôle thématique de Source : relation de coréférence et double statut*

Pour certains linguistes, *se* est un argument interne, tandis que le sujet serait l'argument externe. Cette optique, que nous appellerons optique 1a, est celle de Dobrovie-Sorin[16] en FF, et en roman de façon générale. Pour d'autres, *se* est un argument externe, tandis que le sujet serait l'argument interne. Cette optique, que nous appellerons optique 1b, est celle que Sportiche[17] ou McGinnis[18] attribuent au FF, et que Kayne[19] ou Embick[20] attribuent aux langues romanes de façon générale. Pour nous, *se* est un argument externe, que nous assimilerons à un argument au rôle thématique de Source. Plus précisément, nous montrerons que le clitique n'est pas un argument interne (invalidant ainsi l'optique 1a), et qu'il est un argument externe, sans pour autant que le sujet soit un argument interne (invalidant ainsi l'optique 1b). Notre proposition (optique 1c) est que le clitique est un quasi-argument terme Source, et que le sujet a le double statut Source + But, caractéristique responsable de la sélection de l'auxiliaire *être*.

Source et But sont des macro-rôles, réduits au nombre de deux, et chacun est assorti d'une distinction entre niveaux. Nous dirons, dans la logique de la *Role and Reference Grammar* de Foley et Van Valin, que Source recouvre les rôles sémantiques d'agent, d'instrument, et de stimulus, tandis que But recouvre les rôles sémantiques de patient, de bénéficiaire, de destinataire, de thème, et de siège (siège locatif et siège-expérient).

Les optiques 1a et 1b sont à écarter : on est intuitivement tenté de voir dans le sujet un terme Source – et plus précisément un

---

[16] Carmen Dobrovie-Sorin, «Impersonal SE Constructions in Romance and the Passivization of Unergatives», *Linguistic Inquiry*, vol. 29, n° 3, 1998, p. 399-437.

[17] Dominique Sportiche, *Partitions and Atoms of Clause Structure. Subjects, Agreement, Case and Clitics*, London / New York, Routledge, 1998.

[18] McGinnis, Martha, «Reflexive Clitics and the Specifiers of vP», Papers from the UPenn / MIT Roundtable on the Lexicon, *MIT Working Papers in Linguistics*, n° 35, 1999, p. 137-160.

[19] Richard, Kayne, *French Syntax*, Cambridge, MIT Press, 1975.

[20] David Embick, «Unaccusative Syntax and Verbal Alternations», dans Artemis Alexiadou, Eléna Anagnostopoulou et Martin Everaert (dir.), *The Unaccusativity Puzzle. Explorations of the Syntax-Lexicon Interface*, Oxford, Oxford University Press, 2004, p. 137-158.

agent en Q dans un pronominal comme 12) « quand **a**'l'a eu fini de toute **se** démaquiller » –, et corrélativement de voir dans le clitique (*se*) qui le suit un terme But et plus précisément un patient, tout comme parallèlement l'objet **le** le serait dans « quand **a**'l'a eu fini de toute **le** démaquiller ». Pourtant, dans une deuxième interprétation (optique 1b), on pourrait voir dans le sujet (et non plus dans *se*) un terme But – et plus précisément un patient dans 11a) « **un canneçon** s'était pogné dans le tordeur » –, tout comme le serait le sujet d'un passif dans la glose approximative « un canneçon **avait été pogné** dans le tordeur ».

Ces deux approches basées sur l'instinct et l'analogie par commutation sont, telles quelles, intenables, d'abord parce qu'elles sont contradictoires, ensuite parce que chacune ne permet d'expliquer qu'une partie des données. S'il fallait choisir entre l'optique 1a et la 1b, nous choisirions la 1b, car nous faisons de *se* un terme Source. C'est d'ailleurs parce que *se* est déjà terme Source que l'énoncé dans lequel il figure n'admet pas l'expression d'un complément d'agent (Source), même quand la version pronominale semble sémantiquement proche d'un passif, alors que le passif l'admet :

11a) J'tais là, devant la police, la bouche grande ouverte, pis un canneçon de ton père qui **s'était pogné** dans le tordeur [...]. (EF)
11b) *Un canneçon de ton père qui **s'était pogné** dans le tordeur **par quequ'un**.
11c) Un canneçon de ton père qui **avait été pogné** dans le tordeur.
11d) Un canneçon de ton père qui **avait été pogné** dans le tordeur **par quequ'un**.

5a) Ça fait trois mois qu'**on s'est pas vu**, tu pourrais me faire c'te plaisir-là! (B)
5b) *On s'est vu **par Jean**.
5c) On a été vu.
5d) On a été vu par Jean.

Pour autant, nous n'adhérons ni à l'optique 1a ni même à l'optique 1b, qui ne nous permettent pas de répondre à notre souci premier : celui d'expliquer non pas la construction pronominale mais la sélection d'auxiliaire dans la construction pronominale, dans un schéma compatible bien sûr avec celle-ci. Nous faisons de *se* un terme Source (comme l'optique 1b) mais pas du sujet un terme But. Nous nous écartons des optiques existantes 1a et 1b sur les trois points suivants :

Se est un argument déficient. Et il a effectivement le macro-rôle de Source. Nous considérerons l'analyse de Rivière[21], consistant à voir dans le clitique l'image d'un agent ou d'une cause, comme essentiellement correcte, en FF comme en Q. Cependant, au sein du pronominal à sens passif, nous serons amené à introduire une distinction entre deux niveaux de Source.

Se et le sujet entrent selon nous en relation de coréférence. Ceci nous sera utile en termes de sélection d'auxiliaire, et permet en outre de ne pas opérer une coupure trop brutale entre le clitique pronominal *se* et les clitiques pronominaux autres que *se*, à savoir en Q *i / le, a / la, i / les*, etc. C'est parce que *se* est terme Source et qu'il est en relation de coréférence avec le sujet que ce dernier n'est pas seulement terme But, d'où notre troisième 3ᵉ point :

> Nous faisons de *se* un (quasi-)argument terme Source, mais pas pour autant du sujet un argument terme But, car il a pour nous le double statut But + Source, et ce, en raison de la coréférence. Faire de *se* un terme Source n'implique pas qu'il faille faire du sujet un terme But et seulement un terme But. C'est ce double statut du sujet qui sera la raison de la sélection de l'auxiliaire *être* pour le pronominal en Q.

On peut résumer notre position (optique 1c) de la façon suivante : *se* est un quasi-argument terme Source, tandis que le sujet (terme But) acquiert le rôle thématique complémentaire par le biais d'une coréférence avec son repère (*se*) et donc le double statut But + Source, d'où en Q la sélection de *être*. Cela est applicable à la totalité des emplois des formes pronominales du Q. Prenons l'exemple du pronominal réfléchi :

---

[21] Nicole Rivière, « Le sens de se », dans Janine Bouscaren, Jean-Jacques Franckel et Stéphane Robert (dir.), *Langues et Langage*, Paris, Presses universitaires de France, 1995, p. 185-199.

18) **Tu t'étais paqueté**[22] aux as parce que t'étais gêné pis t'étais pus capable de te contrôler… (ML)
19) J'voulais pus y aller, mais… **j'me sus r'gardée**… pis j'me sus trouvée belle! (H)

Pourquoi *être*? Il y a deux arguments, le sujet et le marqueur pronominal, chacun correspondant respectivement à un actant: l'un Source (au sens d'agent en 18, ou de stimulus de la perception en 19), à savoir le clitique *se*, et l'autre intrinsèquement But (au sens de patient en 18, ou de siège expérient de la perception en 19), à savoir *tu* et *je* comme sujets grammaticaux. Et il existe une relation de coréférence entre les deux arguments. « Tu t'étais paqueté » peut se gloser par *te a paqueté tu*, et « j'me sus r'gardée » par *me a regardé je*, avec une relation d'identification entre sujet et clitique. Les deux arguments étant en relation de coréférence, le terme But *tu* est « paqueté » mais aussi « paqueteur », *je* est « regardé » mais aussi « regardeur », et l'identification des deux arguments permet en un sens de les assimiler à un actant unique autorisant au sujet de réaliser un cumul: le sujet est But de façon intrinsèque, et Source par coréférence, et a donc le double statut Source + But (But au sens de patient ou de siège-expérient). C'est ce qui permet l'émergence de l'auxiliaire *être*.

Prenons l'exemple du pronominal éthique à objet aliénable :

20) C'éta le dimanche / i s'ennuya / i sava pas queul ouvrage faire / **i s'éta sumé du blé** là / (CPM)

Il y a trois arguments (*i* le sujet, *se* le marqueur pronominal, et *du blé* l'objet direct) : un argument Source, à savoir le clitique *se*, un autre But (au sens de patient), à savoir *du blé*, et *i* But, au sens de bénéficiaire / détrimentaire et en tant que tel toujours animé ou assimilé. Ces trois arguments correspondent à deux actants, en raison de la relation de coréférence entre *i* et *se*. L'argument bénéficiaire de l'excuse (*i*) et l'argument Source de l'octroi de cette excuse (*se*) étant en relation de coréférence, leur identification

---

[22] *Se paqueter* correspond à *se soûler* en FF.

permet de les assimiler à un actant unique permettant à *i* de réaliser un cumul: le sujet est But de façon intrinsèque, et Source par coréférence, et a donc le double statut Source + But (But au sens de bénéficiaire). Deux des trois rôles, agent et bénéficiaire, s'incarnent dans deux arguments, mais ceux-ci ont un seul et même référent, c'est un seul actant qui se dédouble en deux arguments, un But (au sens de bénéficiaire) et une Source, avec le But mis en relation d'identification avec la Source. On maintient une certaine séparation entre agent et bénéficiaire: on a deux arguments sur un plan syntaxique mais un actant sur le plan sémantique.

Prenons l'exemple du pronominal réciproque sans objet grammatical en Q:

21) On s'est jamais ben ben parlé tou'es deux... (B)
5) Ça fait trois mois **qu'on s'est pas vu**, tu pourrais me faire c'e plaisir-là! (B)

Le réciproque est direct quand le verbe est bivalent direct, comme dans « ça fait trois mois qu'on s'est pas vu (l'un l'autre) », et indirect quand le verbe est indirect introduit par une préposition: « on s'est jamais ben ben parlé tou'es deux (l'un **à** l'autre) ». La relation de coréférence s'établit dans ce pronominal comme dans les autres et une relation de coréférence existe entre les deux arguments, mais le double statut est acquis de surcroît par un autre biais: dans l'interprétation réciproque qui nous intéresse, le double statut du sujet est intrinsèque, et l'on peut gloser *se a parlé à on*, avec *on* en relation d'identification avec *se*, et surtout un sujet décomposable en des actants à la fois agissants et agis, ou à la fois stimulus et siège-expérient dans le cas de « ça fait trois mois qu'on s'est pas vu ». C'est un pluriel correspondant à un minimum de deux actants, et éventuellement réalisable sous la forme d'un pluriel interne, tel *on* dans les deux extraits ci-dessus. Chacun de ces actants est simultanément Source et But en fonction de l'autre qui est également But et Source en fonction de l'un. C'est la raison pour laquelle on peut ajouter *l'un l'autre, mutuellement*, ou éventuellement le préfixe verbal *entre-* (*s'entraider, s'entretuer,* ...).

Prenons un dernier exemple en Q, celui du pronominal à sens

en partie passif: cet emploi est a priori limité à la troisième personne, comme en 11a «un canneçon **s'était pogné** dans le tordeur», mais cela est dû au fait que le sujet est souvent inanimé (dans la mesure où un inanimé a plus de chances de se prêter à un argument qui a une dimension de terme But), ce que ne sont pas les personnes autres que la 3ᵉ. Mais un sujet animé serait tout à fait possible, même une personne interlocutive, par exemple dans un conte dans lequel les objets sont humanisés et prennent la parole. 11a «un canneçon **s'était pogné** dans le tordeur» n'est pas loin du passif 11c «un canneçon **avait été pogné** dans le tordeur». Pourtant, nous pensons que cette glose n'est pas fiable, et que ce rapprochement induit en erreur. Cette glose n'est pas fiable, car elle s'applique de façon approximative parfois, et pas du tout d'autres fois. Ainsi, les deux structures n'ont pas toujours le même sens, qu'elles diffèrent par l'aspect ou par la modalité:

22) – T'as pas remarqué? Y'avait une habit bleue! **Ça se fait pas**! [...] Un mort, ça doit porter une habit noire!
– Y'en avait peut-être pas! C'est pas du monde ben riche!
– Mon Dieu-Seigneur, une habit noire, **ça se loue**! (BS)

«Ça se fait pas» n'est pas synonyme de «c'est pas fait» car le pronominal a un aspect inaccompli (la borne de droite de l'intervalle associé au procès est ouverte), alors que le passif exprime un aspect accompli (la borne de droite est fermée). «Ça se fait pas» et «ça se loue» ne sont pas synonymes de «c'est pas fait» ni de «c'est loué», car le pronominal à sens passif a une dimension modale dont le passif est dépourvu: «ça se fait pas» signifie «ça ne doit pas se faire» (cf. contexte-droit «un mort, ça **doit** porter une habit noire!»), et «une habit noire ça se loue» signifie «une habit noir ça **peut** se louer». Ceci vaut dans tous les exemples, qui comportent donc une dimension modale soit de potentiel, soit de déontique.

Après l'aspect et la modalité, la troisième différence est celle sur laquelle nous appuierons notre compréhension du pronominal à sens passif: certains linguistes mettent en évidence ce qui rapproche le pronominal et le passif en FF et de façon générale dans les langues romanes, constatent l'absence du deuxième argument (terme Source) dans les deux cas, et en concluent que *se* apparaît en raison de l'absence de terme Source[23].

Cette conclusion nous semble, entre autres pour ce qui est du Q, se heurter à une contradiction : si *se* apparaissait en cas d'absence de terme Source, il serait logique qu'il apparaisse aussi quand le passif est dépourvu de terme Source, c'est-à-dire sans agent. Or, ce n'est jamais le cas ; en effet, on peut dire 11c « un canneçon **avait été pogné** dans le tordeur » mais pas, pourtant toujours sans terme Source, 11e « *un canneçon **s'avait été pogné** dans le tordeur ». On peut dire 23a « **on avait été invités** chez la sœur de moman » mais pas, pourtant toujours sans terme Source, 23c « *on **s'avait été invités** chez la sœur de moman ». Nous mettrons en évidence ce qui, au-delà d'une partie commune, différencie le passif du pronominal à sens passif, et qui apparaît quand on met en parallèle les formes suivantes :

On peut dire au passif 11c « un canneçon avait été pogné dans le tordeur » comme on dit 23a « on avait été invités chez la sœur de moman ». On peut dire au passif 11d « un canneçon avait été pogné dans le tordeur par quequ'un » comme on peut dire 23b « on avait été invités chez la sœur de moman par Monique ». Cependant, si on peut dire au pronominal 11a « un canneçon s'était pogné dans le tordeur », on ne peut pas dire au pronominal 11b « *un canneçon s'était pogné dans le tordeur par quequ'un ». Le passif permet l'expression d'un éventuel complément d'agent, c'est-à-dire d'un terme Source, ce que le pronominal à sens passif ne permet pas. La raison, qui conforte notre analyse invariante du pronominal, en est selon nous que la forme pronominale comprend déjà un terme Source et exclusivement Source, marqué par *se*, et ne peut donc pas en accepter un second.

La différence avec le passif concerne aussi le sujet : en effet, alors qu'il est terme But dans un passif (par exemple 11c « un canneçon **avait été pogné** dans le tordeur »), nous soutenons que dans une construction pronominale à sens en partie passif, comme 11a « un canneçon **s'était pogné** dans le tordeur », le sujet n'est pas terme

---

[23] Henri Adamczewski, *Le français déchiffré*, Paris, Armand Colin, 1991.

But – plus exactement pas seulement terme But, car il a un double statut, que nous allons à présent préciser. Dans le pronominal à sens passif, illustré par 11a, nous soutiendrons qu'il y a coréférence et que, à côté du sujet qui a toujours de façon intrinsèque (au moins) une dimension de But, et à côté de *se* qui a une dimension de Source, il convient pour le pronominal à sens passif de distinguer deux niveaux de Source : une Source primaire, et une Source secondaire. En effet, il y aura un terme Source primaire, qui est extérieur à l'énoncé. C'est cette Source primaire qui peut renvoyer à une cause animée ou inanimée, et qui ne peut pas, à la différence de ce qui se passe dans un passif, être explicitée par un agent introduit par *par / de* dans l'énoncé :

11a) Un canneçon **s'était pogné** dans le tordeur.
11b) *Un canneçon **s'était pogné** dans le tordeur **par quequ'un**.

Se quant à lui est terme Source mais un terme Source secondaire. Et le sujet est avec lui en relation de coréférence. Qu'entendons-nous par « Source secondaire » ? Nous voulons dire que le sujet de ces constructions pronominales ne fait pas que subir le procès (dont l'instigateur origine est un argument extérieur, à savoir la Source primaire), mais en est aussi partiellement responsable. Il en est partiellement responsable car il possède les qualités nécessaires à la réalisation du processus, et ces propriétés inhérentes sont en cause dans la réalisation du changement d'état[24].

Ainsi en 11a, la cause principale du fait que le caleçon s'est coincé est effectivement assumée par une Source primaire (celui qui a mis en marche le séchage, ou le réparateur du sèche-linge, etc.), mais il y a une cause secondaire qui réside dans le caleçon lui-même, et matérialisée par *se*, auquel « canneçon » est coréférent. *Se* incarne la dimension Source possédée par le sujet via la coréférence. Le caleçon s'est coincé prioritairement à cause de l'utilisateur, mais même si le caleçon n'a pas directement coincé le

---

[24] Ceci est à mettre en relation avec la dimension modale, souvent à valeur de potentiel, de cette structure : 22) « Mon Dieu-Seigneur, une habit noire, ça se loue ! » Même si cela se loue par tel ou tel et que les loueurs représentent donc la Source primaire, on dit aussi que cet argument a la propriété d'être louable, de par ses caractéristiques.

caleçon, « un canneçon **s'était pogné** dans le tordeur » veut tout de même dire que l'incident est en partie imputable au caleçon dont la forme / l'usure / l'état n'étaient pas adéquats pour un passage au sèche-linge. Une Source primaire non mentionnée (l'utilisateur) agit sur « canneçon », qui est terme But mais aussi Source secondaire, car la langue prend en compte l'existence d'une Source secondaire qui manifeste une certaine agentivité, ou du moins une certaine responsabilité du sujet grammatical, marquée par le clitique et la coréférence entretenue avec lui. Il en ira tout autrement en Ac, qui sélectionne *avoir*.

2.2.2. En acadien
*2.2.2.1. S*E *comme marque de réduction de valence par absorption*
2.2.2.2. Absence de coréférence et absence de double statut

Se est-il un argument ? Nous répondons que non en Ac. *Se* en Ac n'est pas, selon nous, un argument mais une marque morphologique de réduction de valence par absorption, c'est-à-dire par suppression d'argument conduisant à une construction monovalente (ce que nous appellerons l'optique 2)[25].

Cette suppression d'argument concerne-t-elle l'argument interne ou l'argument externe ? Dans la première hypothèse, le sujet resterait le seul argument et un argument externe. C'est ce que nous désignerons comme l'optique 2a, soutenue pour le FF et pour diverses langues romanes par Grimshaw[26], Rivière, ou Reinhart et Siloni[27]. En d'autres termes, le sujet serait terme Source et il y aurait absence du terme But par absorption. Dans la seconde hypothèse, le sujet resterait le seul argument et un argument interne faisant du verbe un intransitif inaccusatif, proche d'un passif. Cette optique, l'optique 2b, est soutenue pour le FF ainsi que

---

[25] « By absorption, we mean that at least from a syntactic point of view the argument is suppressed » (Eric Wehrli, « On Some Properties of French Clitic Se », *Syntax & Semantics*, n° 19, 1986, p. 263-283).

[26] Jane Grimshaw, « On the Lexical Representation of Romance Reflexive Clitics », dans Joan Bresnan (dir.), *The Mental Representation of Grammatical Relations*, Cambridge, MIT Press, 1982, p. 87-148.

[27] Tanya Reinhart et Tal Siloni, « The Lexicon-Syntax Parameter », *Linguistic Inquiry*, vol. 36, n° 3, 2005, p. 389-436.

diverses langues romanes par Van Valin[28], Mélis[29], Legendre et Sorace[30]. Le sujet serait terme But et il y aurait absence de terme Source par absorption.

Nous ne croyons pas à la première hypothèse. Celle-ci consiste à dire que *se* ne serait pas un terme But, pour la raison qu'il aurait été absorbé par le verbe. Ne resterait que le terme Source d'un verbe que d'aucuns considéreraient alors comme inergatif. La forme pronominale, au travers de *se*, serait un réducteur de valence, un intransitivant du verbe, en quelque sorte l'inverse du passif : le passif serait un intransitivant par absorption de l'argument Source, et le pronominal serait un intransitivant par absorption de l'argument But. Nous n'adhérons à aucune de ces deux idées. Une des justifications théoriques à cette hypothèse, apportée par Grimshaw[31], s'appuie sur la construction impersonnelle : la grammaticalité de celle-ci avec les verbes pronominaux prouverait que ces derniers sont monovalents, et plus précisément inergatifs. Mais cette justification est erronée : le raisonnement, qui aligne l'impersonnel du pronominal sur l'impersonnel des verbes simples monovalents, s'appuie sur l'idée que les verbes simples accepteraient l'impersonnel seulement quand ils sont monovalents (*24a « il mange du poulet chaque jour une dizaine de personnes dans ce restaurant »). Or on sait depuis au moins Rivière[32] que cela est inexact. Les verbes simples acceptent l'impersonnel aussi quand ils sont bivalents, à la condition que l'objet ne soit pas explicite :

---

[28] Robert, Van Valin, « Semantic Parameters of Split Intransitivity », *Language*, vol. 66, n° 2, 1990, p. 221-260.

[29] Ludo Mélis, *La voie pronominale. La systématique des tours pronominaux en français moderne*, Paris / Louvain-la-Neuve, De Boeck, 1990.

[30] Géraldine Legendre et Antonella Sorace, « Auxiliaires et intransitivité en français et dans les langues romanes » dans Danielle Godard (dir.), *Les Langues Romanes*, Paris, CNRS Éditions, 2003, p. 185-233.

[31] Jane Grimshaw, *op. cit.*

[32] Nicole Rivière, *La construction impersonnelle en français contemporain*, Saint-Sulpice de Favières, Éditions Jean-Favard, 1981.

24b) Il mange **Ø** chaque jour une dizaine de personnes dans ce restaurant. (id., 26)[33]

24c) *Il mange **du poulet** chaque jour une dizaine de personnes dans ce restaurant[34].

Nous adopterons donc pour l'Ac la seconde hypothèse, à savoir que la sélection de *avoir* s'explique par une absence du terme Source par absorption, et par un sujet terme But.

Si *se* a pour valeur invariante d'être terme Source, hypothèse forte que nous considérerons valable aussi en Ac, et si *être* a pour invariant dans les constructions pronominales d'apparaître quand le sujet a un double statut, y compris en Ac, alors pourquoi les constructions pronominales de l'Ac sont-elles en *aouèr*? Parce que l'Ac se trouve, selon ses pronominaux, dans l'une ou l'autre des deux situations suivantes : soit le sujet n'a pas double statut (pour cause d'absence de coréférence), soit il a un double statut mais non acquis par le biais de la coréférence, ce qui permet de réduire l'explication de la sélection de *aouèr* en Ac à une absence de double statut par coréférence.

1) Dans quatre cas sur sept le sujet des formes pronominales acadiennes n'a pas double statut. Pourquoi n'a-t-il pas le double statut Source + But ? Parce qu'il est seulement But. Pourquoi est-il seulement But ? Parce qu'aucune relation de coréférence ne peut s'instaurer entre le sujet et le *se* terme Source. Pourquoi cette relation ne peut-elle pas s'instaurer ? Parce que le terme Source a été absorbé par le verbe et n'a donc plus à être représenté en syntaxe, c'est là pour l'Ac l'optique que nous avons appelée 2b. *Se* est un affixe et pas un argument. Regardons de plus près les quatre cas concernés que sont le pronominal à sens passif (26), le pronominal éthique à objet aliénable (27), le réfléchi à objet inaliénable (28) et le réfléchi (29 et 30) :

---

[33] Il ne s'agit évidemment pas en 24b de l'autre interprétation possible, celle d'un actif personnel sans objet zéro où *il* serait référentiel et où *une dizaine de personnes* serait interprété non comme sujet mais comme objet direct.

[34] Et en réalité l'objet peut même être explicite, quand le sujet est propositionnel : 25) « Il ne nous intéresse pas d'observer l'égalité ou les inégalités entre des groupes sociaux en tant que tels, quelle qu'en soit la nature, mais plutôt [...] » www.sante.gouv.fr / drees / rfas / rfas200502 / 200502-art03.pdf.

26) Y'a une belle hôtel nouvelle là **qui s'a bâti**. (CP)
27) Ça qu' il entendait c'était sa vieille femme / qui s'avait cassé des bouts de branches pour se faire du feu (CP)
28) Je sais pas si **i s'avait lavé es doigts** ou pas mais… (CP)
29) C'était toutt des mirouèrs tout le tour de ça / **i s'a pas connu en toutt**[35] / des beaux grands cheveux couleur d'or qu'i avait / (CP)
30) Ça fait que le Frank, il a regardé autour de lui, pis là **i' s'a dégreyé**[36]. (LS)

En 26, une clivée de prédication d'existence introduit l'événement de construction d'un hôtel, et le sujet clivé « une belle hôtel nouvelle » est un argument intrinsèquement But, comme dans un passif. Tout comme en Q, il y a selon nous deux niveaux de Source : une Source primaire qui serait l'agent inexprimable de façon explicite par un agent introduit par *par / de* (*« une belle hôtel nouvelle s'a bâti **par des entrepreneurs** »), et une Source secondaire présente dans l'énoncé et marquée par *se*. Mais, à la différence du Q, le clitique est absorbé par le verbe, si bien qu'il n'y a pas de relation de coréférence entre le sujet terme But et *se* terme Source, interdisant donc que le sujet se voie ajouter à son statut intrinsèque de But un statut de Source, et lui interdisant donc le double statut. N'ayant pas de double statut, *aouèr* est sélectionné.

En 27, et aussi en 28, le sujet (respectivement *sa vieille femme* et *i*) est un argument intrinsèquement But, puisqu'il est respectivement bénéficiaire / détrimentaire en 27 (l'objet direct est un argument But au sens de patient) et siège-locatif en 28 (l'objet direct est là aussi un argument But au sens de patient). Mais le clitique est absorbé par le verbe, si bien qu'il n'y a pas de relation de coréférence entre sujet et clitique, interdisant donc au sujet un double statut, d'où la sélection de *aouèr*.

En 29 et 30, le sujet (*i*) est un argument intrinsèquement But, puisqu'il est patient en 30 et siège expérient de la perception en 29. Mais le clitique est absorbé par le verbe, d'où l'absence de relation de coréférence entre le sujet But et le *se* Source, interdisant donc que le sujet se voie ajouter à son statut intrinsèque de But un statut

---

[35] « I s'a pas connu en toutt » correspond à « Il ne s'est pas reconnu du tout » en FF.
[36] « I' s'a dégreyé » correspond à « il a enlevé ses vêtements » en FF.

de Source (l'interprétation réfléchie est une inférence par défaut permise par le contexte). Il n'a donc pas de double statut, ce qui explique que *aouèr* soit sélectionné.

2) Cependant, l'optique 2b rencontre des difficultés dans les zones prévisibles, à savoir avec la récupération de la composante Source dans les trois cas restants que sont le pronominal réciproque (qu'il soit sans objet (en 31) ou avec objet (en 32)) et le pronominal médio-passif (33) :

31) Quand **je nous avons mariés**, j'avons d'abord été trouver le prêtre[37]. (LS)
32) I s'avont partagé les cadeaux[38].
33) **I s'a approché** au ras ielle. (CP)

En 31, le sujet (*je*, au sens de *nous* en FF) est, de par la réciprocité du verbe, un argument au statut intrinsèquement double. Il y a une pluralité d'actants dont chacun est simultanément Source (au sens d'agent) et But (au sens de patient) en fonction de l'autre. En 32, l'analyse est la même que ci-dessus, si ce n'est la présence d'un argument objet supplémentaire : chaque actant est simultanément Source (au sens d'agent) et But (au sens de destinataire) en fonction de l'autre. En 33, où *au ras* signifie *tout près de*, le sujet *i* est, de par le verbe, un argument au statut intrinsèquement double qui le rend à la fois avanceur et avancé.

Dans ces extraits, on pourrait se dire que l'absence de coréférence avec le clitique absorbé n'a pas de conséquence, c'est-à-dire qu'il ne suffit pas à priver le sujet de double statut. À partir de là, à travers le double statut du sujet, la condition serait présente pour conduire à l'émergence de l'auxiliaire *être*, et il faudrait alors postuler que, pour une raison inconnue, le double statut n'est pas pris en compte. Une autre option, préférable, consiste à dire que pour ces trois cas la condition de sélection de l'auxiliaire *être* réside non seulement dans un sujet à double statut mais *a fortiori* dans un

---

[37] *Se marier* est un verbe transitif direct en Ac et non pas indirect comme en FF : « ils se sont mariés l'un l'autre », et pas « il se sont mariés l'un avec l'autre ».
[38] Exemple fabriqué, en l'absence dans les corpus d'exemples authentiques de pronominal réciproque avec objet.

sujet dont le double statut est acquis par le biais d'une coréférence entre le sujet et le *se* terme Source, exactement comme pour les quatre cas précédents. Or, cette condition n'est pas remplie, toujours pour la même raison, à savoir l'absorption du terme Source, puisque ce dernier n'est pas, en syntaxe, représenté par un argument.

Conclusion

Le Q sélectionne pour son pronominal l'auxiliaire *être* car le sujet y a double statut But + Source grâce au dénominateur commun que constitue la coréférence entre le sujet et le clitique. Cette configuration est possible car *se* est un argument syntaxique (ce qui fait du pronominal Q une construction bivalente) dont le macro-rôle thématique est celui de Source, tandis que le sujet est un argument syntaxique dont le macro-rôle thématique est celui de But. La relation de coréférence que le sujet entretient avec le clitique lui permet d'acquérir ce double statut.

L'Ac sélectionne pour son pronominal l'auxiliaire *avoir* car le double statut du sujet ne peut jamais être acquis par sa coréférence avec le clitique. Cette configuration s'explique par le statut de *se*, qui n'est pas argument mais marque morphologique de réduction de valence par absorption, d'où une construction monovalente. L'absorption bloque l'octroi d'un double statut au sujet, et par conséquent elle bloque l'instauration du type de relation entre sujet et argument clitique nécessaire à la sélection de *être*; c'est donc *avoir*, auxiliaire en quelque sorte par défaut, qui est sélectionné.

Nous terminerons par une remarque et deux questions :
1- La question de la sélection de l'auxiliaire au sein du pronominal n'aborde qu'une partie de la problématique ; l'autre partie concerne la sélection de l'auxiliaire au sein des verbes simples monovalents. La réponse apportée à la première ne devrait pas être désolidarisée de la seconde, mais au mieux identique et, au pire, compatible.

2- L'opposition actuelle entre Ac et Q, incarnée par la forme pronominale, est une opposition radicale, tant en termes de valence qu'en termes de sélection d'auxiliaire. Cette opposition s'est-elle construite progressivement sur place avant de devenir radicale ou, pour donner des tendances plus que des nuances, sachant que les Acadiens sont principalement issus du sud de la Loire[39] et que l'Acadie est longtemps restée relativement isolée du FF, tandis que le Q est resté plus ouvert aux influences du FF et que les Québécois sont plutôt issus du nord de la Loire[40], cette opposition en synchronie a-t-elle son corrélat en diachronie ? En un mot, les situations actuelles du Q et de l'Ac en termes d'auxiliaires sont-elles le prolongement d'une opposition ayant existé dès le départ, en lien avec les origines géographiques partiellement distinctes des deux populations ?

Plusieurs auteurs (Kurylowicz[41], Sorace[42], Legendre[43], etc.) considèrent le passage de *être* à *avoir* comme un processus évolutif général, du moins avec les verbes simples, qui sont presque toujours les seuls à être traités. Cette position est bien illustrée par des langues comme l'espagnol, le français, le suédois ou l'anglais. Si cette tendance générale s'applique aussi aux verbes pronominaux, et donc aux verbes pronominaux Q et Ac, il faudrait en conclure que l'Ac est à cet égard plus innovant et moins conservateur que le Q ou le FF, ce qui ne serait pas facile à soutenir. Si par contre cette tendance est applicable aux verbes simples mais pas aux verbes pronominaux, il faudrait se demander pourquoi.

---

[39] Geneviève Massignon, *Les parlers français d'Acadie. Enquête linguistique*, Paris, Klincksieck, 1962.

[40] William F. Mackey, « The Foundations », dans John Edwards (dir.), *Language in Canada*, Cambridge, Cambridge University Press, 1998, p. 13-35.

[41] Jerzy Kurylowicz, « The Evolution Of Grammatical Categories », *Diogenes*, n° 51, 1965, p. 55-71.

[42] Antonella Sorace, « Gradience at the Lexicon-Syntax Interface », dans Artemis Alexiadou, Eléna Anagnostopoulou et Martin Everaert (dir.), *The Unaccusativity Puzzle. Explorations of the Syntax-Lexicon Interface*, Oxford, Oxford University Press, 2004, p. 243-268.

[43] Géraldine Legendre, « On the Typology of Auxiliary Selection », *Lingua*, vol. 117, n° 9, 2007, p. 1522-1540.

ANNEXE 1 : LES CORPUS

Corpus acadien
1) Ecrit: une pièce de théâtre mettant en scène un personnage de la classe populaire acadienne:
Antonine Maillet (1971), *La Sagouine, pièce pour une femme seule,* Montréal, Éditions Leméac, 1971. (LS)
2) Oral: Louise Péronnet, Corpus oral 85, Université de Moncton. (CP)
Il s'agit d'un corpus d'acadien traditionnel réalisé dans le sud-est de la province du Nouveau-Brunswick à partir de sept informateurs âgés et ruraux, qui sont nés et habitent dans des villages à forte majorité francophone, et qui racontent des contes et légendes. La transcription tente de rendre au plus près les particularités de l'oral.

Corpus québécois
1) Ecrit: des pièces de théâtre mettant en scène des personnages de la classe ouvrière et populaire québécoise:
Michel Tremblay, *À toi, pour toujours, ta Marie-Lou,* Montréal, Éditions Leméac, 1971. (ML)
– , *Les Belles-Soeurs,* Montréal, Éditions Leméac, 1972. (BS)
– , *Hosanna,* Montréal, Éditions Leméac, 1973. (H)
– , *Bonjour, là, bonjour,* Montréal, Éditions Leméac, 1974. (B)
– , *Encore une fois, si vous le permettez,* Montréal, Éditions Leméac, 1998. (EF)

2) Oral:
Clément Légaré, *Contes populaires de la Mauricie,* Montréal, FIDES, 1978. (CPM)
Il s'agit d'un corpus de québécois recueilli en Mauricie, région centrale de la province du Québec, constitué de contes racontés par Madame Béatrice Morin-Guimond. La transcription tente de rendre au plus près les particularités de l'oral.

ANNEXE 2 : LA RÉPARTITION DES AUXILIAIRES DANS LES CORPUS

	QUÉBÉCOIS		ACADIEN	
	ORAL	THÉÂTRE	THÉÂTRE	ORAL
TAILLE DU CORPUS	84.000 MOTS	80.547 MOTS	43.300 MOTS	75.000 MOTS
NB. D'OCCURRENCES D'AUXILIAIRES	124	174	102	213
AUXILIAIRE ÊTRE	123 = **99,2%**	173 (ou 174) = **99,4%** (ou **100%**)	10 = 9,8%	3 = 1,4%
AUXILIAIRE AVOIR	1 = 0,8%	1 (ou 0)	92 = **90,2%**	210 = **98,6%**

Bibliographie

Adamczewski, Henri, *Le français déchiffré*, Paris, Armand Colin, 1991.

Dobrovie-Sorin, Carmen, «Impersonal SE Constructions in Romance and the Passivization of Unergatives», *Linguistic Inquiry*, vol. 29, n° 3, 1998, p. 399-437.

Embick, David, «Unaccusative Syntax and Verbal Alternations», dans Artemis Alexiadou, Eléna Anagnostopoulou et Martin Everaert (dir.), *The Unaccusativity Puzzle. Explorations of the Syntax-Lexicon Interface*, Oxford, Oxford University Press, 2004, p. 137-158.

Giancarli, Pierre-Don, *Les Auxiliaires être et avoir: étude comparée corse, français, acadien et anglais*, Rennes, Presses universitaires de Rennes, 2011.

Grimshaw, Jane, «On the Lexical Representation of Romance Reflexive Clitics», dans Joan Bresnan (dir.), *The Mental Representation of Grammatical Relations*, Cambridge, MIT Press, 1982, p. 87-148.

Kayne, Richard, *French Syntax*, Cambridge, MIT Press, 1975.

Kayne, Richard, «Romance SE / SI», *GLOW Newsletter*, n° 20, 1988, p. 33.

King, Ruth et Terry Nadasdi, «How Auxiliaries Be/have in Acadian French», dans Patricia Balcom, Louise Beaulieu et Gisèle Chevalier (dir.), *Actes du 24ᵉ colloque de l'ALPA*, Université de Moncton, 2001, p. 61-72.

Kurylowicz, Jerzy, «The Evolution Of Grammatical Categories», *Diogenes*, n° 51, 1965, p. 55-71.

Legendre, Géraldine, «On the Typology of Auxiliary Selection», *Lingua*, vol. 117, n° 9, 2007, p. 1522-1540.

Legendre, Géraldine et Antonella Sorace, «Auxiliaires et intransitivité en français et dans les langues romanes» dans Danielle Godard (dir.), *Les Langues Romanes*, Paris, CNRS Éditions, 2003, p. 185-233.

Mackey, William F., «The Foundations», dans John Edwards (dir.), *Language in Canada*, Cambridge, Cambridge University Press, 1998, p. 13-35.

Martineau, France et Sandrine Tailleur, «Correspondance familiale acadienne au tournant du XXᵉ siècle: fenêtre sur l'évolution d'un dialecte», dans Frank Neveu et. al. (dir.), *2ᵉ Congrès mondial de linguistique française (CMLF)*, Paris, Institut de linguistique française, 2010, p. 291-303.

Massignon, Geneviève, *Les parlers français d'Acadie. Enquête linguistique*, Paris, Klincksieck, 1962.

McGinnis, Martha, «Reflexive Clitics and the Specifiers of vP», Papers from the UPenn / MIT Roundtable on the Lexicon, *MIT Working Papers in Linguistics*, n° 35, 1999, p. 137-160.

Mélis, Ludo, *La voie pronominale. La systématique des tours pronominaux en français moderne*, Paris / Louvain-la-Neuve, de Boeck, 1990.

Reinhart, Tanya et Tal Siloni, «The Lexicon-Syntax Parameter», *Linguistic Inquiry*, vol. 36, n° 3, 2005, p. 389-436.

Rivière, Nicole, *La construction impersonnelle en français contemporain*, Saint-Sulpice de Favières, Éditions Jean-Favard, 1981.

Rivière, Nicole, «Le sens de se», dans Janine Bouscaren, Jean-Jacques Franckel et Stéphane Robert (dir.), *Langues et Langage*, Paris, Presses Universitaires de France, 1995, p. 185-199.

Rivière, Nicole, «Le pronominal, les rôles actanciels et la diathèse», *Cahiers Charles V*, n° 23, 1997, p. 7-46.

Sorace, Antonella, «Gradience at the Lexicon-Syntax Interface», dans Artemis Alexiadou, Eléna Anagnostopoulou et Martin Everaert (dir.), *The Unaccusativity Puzzle. Explorations of the Syntax-Lexicon Interface*, Oxford, Oxford University Press, 2004, p. 243-268.

Sportiche, Dominique, *Partitions and Atoms of Clause Structure. Subjects, Agreement, Case and Clitics*, London / New York, Routledge, 1998.

Van Valin, Robert, «Semantic Parameters of Split Intransitivity», *Language*, vol. 66, n° 2, 1990, p. 221-260.

Wehrli, Eric, «On Some Properties of French Clitic Se», *Syntax & Semantics*, n° 19, 1986, p. 263-283.

LES PARTICULES *VOIR* ET *-TI* DANS LE FRANÇAIS ACADIEN ET LOUISIANAIS : DEUX PARTICULES À CHEVAL ENTRE LEXIQUE ET SYNTAXE

Julia Hennemann et Ingrid Neumann-Holzschuh
Université de Ratisbonne

Introduction

Cet article s'inscrit dans le cadre du projet de recherche *Grammaire comparée des variétés du français acadien et louisianais*, visant à la description d'un sous-ensemble de l'espace variationnel du français nord-américain qui, dans son ensemble, a une souche laurentienne d'une part, et une souche acadienne de l'autre. Ce projet, dirigé par Ingrid Neumann-Holzschuh à l'Université de Ratisbonne, profite de l'intérêt accru pour la morphologie et la syntaxe du français nord-américain, comme en témoignent d'ailleurs les actes des colloques sur le français américain de Bloomington[1], d'Avignon[2], de Moncton[3] ainsi que les actes des éditions du colloque bisannuel « Les français

---

[1] Albert Valdman, Julie Auger et Deborah Piston-Hatlen (dir.), *Le français en Amérique du Nord. État présent*, Sainte-Foy, Presses de l'Université Laval, 2005, 583 p.

[2] Patrice Brasseur et Anika Falkert (dir.), *Français d'Amérique : approches morphosyntaxiques*, Paris, L'Harmattan, 2005, 329 p.

[3] Robert A. Papen et Gisèle Chevalier (dir.), « Les variétés de français en Amérique du Nord. Évolution, innovation et description », *Revue canadienne de linguistique appliquée 9.2 / Revue de l'Université de Moncton*, vol. 37, n° 2, 2006, 249 p.

d'ici[4]». Sur la base des corpus et des études linguistiques existants, les données morphosyntaxiques des parlers acadiens et louisianais seront analysées dans une perspective descriptive et comparative. Il existe désormais bon nombre d'études consacrées à l'acadien des Maritimes (voir notamment Louise Péronnet[5], Raphaële Wiesmath[6] et Laurence Arrighi[7] pour l'acadien du Nouveau-Brunswick ; Edward B. Gesner[8], Karin Flikeid[9] et Julia Hennemann[10] pour la Nouvelle-Écosse; Ruth King[11] pour l'Île-du-Prince-Édouard) et au français louisianais (voir notamment Cynthia Stäbler[12], Kevin Rottet[13], Sylvie

---

[4] France Martineau *et al.* (dir.), *Le français d'ici. Études linguistiques et sociolinguistiques sur la variation du français au Québec et en Ontario*, Toronto, Éditions du Gref, 2009, 234 p. ; Carmen Leblanc, France Martineau et Yves Frenette (dir.), *Vues sur les français d'ici*, Sainte-Foy, Presses de l'Université Laval, 2010, 285 p. ; Davy Bigot, Michael Friesner et Mireille Tremblay (dir.), *Les français d'ici et d'aujourd'hui, Description, représentation et théorisation*, Sainte-Foy, Presses de l'Université Laval, 2013, 272 p.

[5] Louise Péronnet, *Le parler acadien du sud-est du Nouveau-Brunswick : éléments grammaticaux et lexicaux*, New York, Peter Lang, 1989, 267 p.

[6] Raphaële Wiesmath, *Le français acadien : Analyse syntaxique d'un corpus oral recueilli au Nouveau-Brunswick / Canada*, Paris, L'Harmattan, 2006, 278 p.

[7] Laurence Arrighi, «Étude morphosyntaxique du français parlé en Acadie : une approche de la variation et du changement linguistique en français», thèse de doctorat inédite, Avignon, Université d'Avignon et des Pays du Vaucluse, 2005, 466 p.

[8] Edward B. Gesner, *Étude morphosyntaxique du parler acadien de la Baie Sainte-Marie, Nouvelle-Écosse*, Québec, CIRB, 1979, 137 p.

[9] Karin Flikeid, *La variation phonétique dans le parler acadien du nord-est du Nouveau-Brunswick. Étude sociolinguistique*, New York *et al.*, Peter Lang, 1984, 488 p.

[10] Julia Hennemann, *Le parler acadien de l'Isle Madame / Nouvelle-Écosse, Canada, Cadre sociolinguistique et spécificités morphosyntaxiques*, Berlin, Erich-Schmidt, à paraître.

[11] Ruth King, *The Lexical Basis of Grammatical Borrowing. A Prince Edward Island French Case Study*, Amsterdam, Benjamins, 2000, 241 p.

[12] Cynthia Stäbler, *La vie dans le temps et asteur, Ein Korpus von Gesprächen mit Cadiens in Louisiana*, Tübingen, Narr, 1995, 265 p. ; *Entwicklung mündlicher romanischer Syntax. Das 'français cadien' in Louisiana*, Tübingen, Narr, 1995, 222 p.

[13] Kevin Rottet, *Language Shift in the Coastal Marshes of Louisiana*, New York *et al.*, Peter Lang, 2001, 302 p. ; «Variation et étiolement en français cadien : perspectives comparées», dans Albert Valdman, Julie Auger et Deborah Piston-Hatlen, *op. cit.*, p. 243-259 ; «Attestation et disparition du type j'avons en français cadien», dans Patrice Brasseur et Anika Falkert (dir.), *op. cit.*, p. 213-227 ; «Évolution différente de deux traits de contact interdialectal en français louisianais : les cas de quoi et j'avons», dans Robert A. Papen et Gisèle Chevalier (dir.), *op. cit.*, p. 173-192.

Dubois[14] et Thomas Klingler[15]) qui ont ouvert de nouvelles pistes pour l'étude de ces variétés. Le but de notre approche est d'apporter des éléments de réponse à la question de l'étendue de la convergence ou de la divergence entre ces variétés, qui ont une relation toute particulière due à l'empreinte qu'a laissée le parler des réfugiés acadiens sur le français tel qu'il s'est constitué en Louisiane[16].

Pour ce qui est de ce sous-espace variationnel, Neumann-Holzschuh et Wiesmath[17] l'ont caractérisé comme un *continuum discontinu*, c'est-à-dire comme un ensemble complexe de continuités et de discontinuités sur le plan morphosyntaxique. L'un des résultats de cet article, dans lequel plusieurs phénomènes morphosyntaxiques ont été analysés dans une perspective comparative, est que le français louisianais a été présenté – d'une façon trop simplificatrice, comme on le sait maintenant – comme la variété la plus éloignée du groupe variationnel de l'acadien. En prenant cet article comme point de départ de nos réflexions, nous analyserons d'abord – sur la base de nos données acadiennes et louisianaises – deux autres phénomènes morphosyntaxiques : il s'agit des particules *voir et -ti*, à cheval entre syntaxe et lexique, dont le fonctionnement varie selon les régions en question[18]. Ensuite, nous réviserons le

---

[14] Sylvie Dubois, « Un siècle de français cadien parlé en Louisiane », dans Albert Valdman, Julie Auger et Deborah Piston-Hatlen (dir.), *op. cit.*, p. 287-305 ; Sylvie Dubois, Ruth King et Terri Nadasdi, « *Third Person Plural Marking in Acadian Cajun French* », [manuscrit dactylographié].

[15] Thomas Klingler, « How Much Acadian Is There in Cajun », dans Ursula Mathis-Moser et Gunter Bischof (dir.), *Acadians and Cajuns : the Politics and Culture of French Minorities in North America*, Innsbruck, Presses de l'Université d'Innsbruck, 2009, p. 91-103 ; « Beyond Cajun : Towards an Expanded View of Regional French in Louisiana », dans Michael D. Picone et Catherine Evans Davies (dir.), *New Perspectives on Language Variety in the South : Historical and Contemporary perspectives, selected essays from LAVIS III*, Tuscaloosa, University of Alabama Press, à paraître automne 2014.

[16] Du fait du caractère hétérogène de nos sources, notre étude a une perspective strictement descriptive et ne se base pas sur une méthodologie quantitative. Nous reconnaissons, bien entendu, les valeurs indéniables de la perspective variationniste qui a fourni des études détaillées de bon nombre de particularités morphosyntaxiques du français nord-américain.

[17] Ingrid Neumann-Holzschuh et Raphaële Wiesmath, « Les parlers acadiens : un continuum discontinu », dans Robert A. Papen et Gisèle Chevalier (dir.), *op. cit.*, p. 233-249.

[18] Le point de départ de nos observations comparatives est le corpus de la Nouvelle-Écosse de Julia Hennemann, particulièrement intéressant pour l'emploi de ces deux particules en français acadien. Ce corpus est avant tout basé sur des entrevues effectuées pendant deux séjours dans la région, en 2005 et 2007. Signalons les abréviations suivantes : NÉ = Nouvelle-Écosse, NB = Nouveau-Brunswick, LOU = Louisiane, TN = Terre-Neuve.

jugement porté par Neumann-Holzschuh et Wiesmath sur la place du français louisianais dans l'espace variationnel de l'acadien, en nous appuyant avant tout sur les travaux de Klingler[19] et Picone[20].

1. Français acadien et français louisianais : continuités et discontinuités dans le domaine de la morphosyntaxe

Il est bien connu que les points communs entre les diverses variétés du français nord-américain l'emportent sur les différences. Ceci est non seulement le cas des phénomènes grammaticaux non conformes au français standard, comme l'emploi des formes surcomposées, les nombreux cas de non-accord du verbe, l'emploi des formes verbales non standard comme *je vas*[21] et de l'auxiliaire *avoir* au lieu de *être* avec les verbes pronominaux et intransitifs de mouvement et de changement d'état, mais aussi pour l'emploi des périphrases verbales, des conjonctions ou des prépositions. Ainsi, les périphrases *prendre à, être à faire qqch., être pour faire qqch., avoir à faire qqch.* sont bien répandues au Québec ainsi qu'en Acadie et en Louisiane ; dans le domaine des conjonctions, cela vaut par exemple pour des formes non standard telles que *quand ce / c'est que, assez que, quand même que, comment ce que*. Du côté des adverbes interrogatifs, il y a également de nombreuses ressemblances, non seulement entre acadien et louisianais, mais aussi entre ces variétés et le français laurentien : *ioù ce que* 'où', *comment* 'combien'[22].

À juste titre, Gadet affirme donc à propos des français

---

[19] Thomas Klingler, «How much Acadian Is There in Cajun», *op. cit.* ; «Beyond Cajun : Towards an Expanded View of Regional French in Louisiana», *op. cit.*

[20] Michael D. Picone, «French Dialects in Louisiana : A Revised Typology», dans Michael D. Picone et Catherine Evans Davies (dir.), New Perspectives on *Language Variety in the South : Historical and Contemporary perspectives, selected essays from LAVIS III*, Tuscaloosa, University of Alabama Press, à paraître automne 2014.

[21] Pour une étude détaillée de *je vas*, voir Raymond Mougeon *et al.*, «Convergence vs. divergence», dans Carmen Leblanc, France Martineau et Yves Frenette (dir.), *op. cit.*, p. 131-184, qui traite de la convergence et de la divergence entre plusieurs variétés du français laurentien quant aux variantes morphologiques de la première personne du verbe *aller*.

[22] Voir par exemple les dictionnaires de Lionel Meney (*Dictionnaire québécois français. Mieux se comprendre entre francophones*, Montréal, Guérin, 2003, 1884 p.) pour le français québécois ; Patrice Brasseur (*Dictionnaire des régionalismes du français de Terre-Neuve*, Tübingen, Niemeyer, 2001, 495 p.) pour Terre-Neuve ; et Albert Valdman *et al.* (*Dictionary of Louisiana French : As Spoken in Cajun, Creole, and American Indian Communities*, Jackson, University Press of Mississippi, 2010, 892 p.) pour le français louisianais.

marginaux[23] : « Les travaux descriptifs tendent à mettre l'accent sur les différences entre variétés et moins sur les ressemblances, même si elles sont évidemment plus nombreuses que les divergences »[24]. En effet, le français nord-américain présente, en dépit de nombreuses divergences d'une variété à l'autre, une étonnante unité, façonnée par l'histoire, qui s'explique tout d'abord par l'existence d'un fond commun dans le Nouveau Monde, ancré dans le français populaire parlé aux XVIIIe et XIXe siècles[25].

Pour ce qui est de l'espace variationnel de l'acadien, Rottet observe que les traits grammaticaux caractéristiques de la plupart des variétés acadiennes sont les suivants : le passé simple en [i] / [ir], l'imparfait du subjonctif, la désinence *-ont* à la troisième personne du pluriel, le pronom *je* en combinaison avec la désinence verbale *-ons* à la première personne du pluriel, et l'interrogation en *quoi*. La répartition de ces traits, qui peuvent être attribués au fond acadien commun, n'est toutefois pas du tout homogène en Acadie, et elle l'est encore moins si l'on intègre à l'analyse le français louisianais.

Pour ce qui est des discontinuités, elles se manifestent – au moins en synchronie, il est important de le préciser – de l'une des façons suivantes :

(a) certaines formes ne sont attestées que dans l'une des variétés

---

[23] Le concept des « français marginaux » est proposé par Robert Chaudenson, *Creolization of Language and Culture*, revised in collaboration with Salikoko S. Mufwene, Londres, Routledge, 2001, 340 p. ; « Français marginaux et théorie de la créolisation : le cas des marques personnelles », dans Patrice Brasseur et Anika Falkert (dir.), *op. cit.*, p. 15-25. Il contient un aspect géographique (variétés non européennes) et une notion linguistique (éloignement par rapport à la norme) : voir Annegret Bollée et Ingrid Neumann-Holzschuh, « Français marginaux et créoles », dans Patrice Brasseur (dir.), *Français d'Amérique, Variation, créolisation, normalisation*, actes du colloque : « Les français d'Amérique du Nord en situation minoritaire » (Université d'Avignon, octobre 1996), Avignon, Université d'Avignon / Centre d'études canadiennes CECAV, 1998, p. 182.

[24] Françoise Gadet, « Un regard dialinguistique sur les "français marginaux" », dans Luc Baronian et France Martineau (dir.), *Le français d'un continent à l'autre. Mélanges offerts à Yves Charles Morin*, Sainte-Foy, Presses de l'Université Laval, 2009, p. 182.

[25] Picone parle d'une « homogénéité fondamentale existant parmi toutes les populations francophones coloniales » qui auraient parlé « des dialectes populaires apparentés et répandus non seulement en Louisiane, mais aussi à une échelle plus vaste dans la francophonie d'alors » (Michael D. Picone, « Le français louisianais hors de l'Acadiana », dans Robert A. Papen et Gisèle Chevalier (dir.), *op. cit.*, p. 228). Cette unité est bien mise en lumière par l'étude de Raymond Mougeon *et al.*, *op. cit.*, p. 131-184.

étudiées, comme la particule négative *point*, le passé simple en [i] / [ir] ainsi que l'imparfait du subjonctif en Nouvelle-Écosse[26] :

[1] [À propos de l'idée que son futur mari parle seulement anglais] J'ais pas si j'aimerais l'idée de **point** pouvoir parler avec parce que je trouve ça plus facile…[27]
[2] Ça fait i / faudrait qu'i **boardirent** au couvent. I preniont des BOARDERS…[28]

(b) Certaines variétés ont opté, pour des raisons diverses, pour telle forme plutôt que pour telle autre ; ainsi, en Louisiane, le pronom de la troisième personne du pluriel *eusse* l'emporte sur les pronoms *ils* et *eux-autres* ; par contre, les pronoms *ieusses, ieux* ne s'emploient qu'à Terre-Neuve[29].

(c) Il peut y avoir coexistence de formes d'origines différentes : ainsi en louisianais des formes considérées comme «acadiennes» coexistent-elles avec d'autres variantes. La désinence verbale de la troisième personne du pluriel *-(i)ont* – considérée comme caractéristique des parlers acadiens[30] – n'apparaît en Louisiane que dans les paroisses dites «acadiennes» du sud-ouest, notamment à Lafayette, Vermilion et Acadia, ainsi que plus à l'est à Assumption, où elle coexiste cependant avec les formes en *-ent*[31]. Dans les autres paroisses, à Avoyelles et à Évangéline surtout, la forme verbale

---

[26] Il faudrait bien entendu que des études diachroniques plus détaillées viennent préciser dans quelle mesure ces formes étaient plus répandues autrefois.
[27] NÉ, corpus Hennemann, Baie Sainte-Marie.
[28] *Ibid.*, Isle Madame.
[29] Ingrid Neumann-Holzschuh, Patrice Brasseur et Raphaële Wiesmath, «Le français acadien au Canada et en Louisiane : affinités et divergences», dans Albert Valdman, Julie Auger et Deborah Piston-Hatlen (dir.), *op. cit.*, p. 493.
[30] Les formes en *-(i)ont* ne sont pas signalées dans les variétés du français laurentien ; hors de l'Acadie, il n'y qu'au Massachusetts que cette terminaison est attestée (Cynthia Fox, «La variation régionale en français franco-américain : les formes verbales à la troisième personne du pluriel», dans Robert A. Papen et Gisèle Chevalier (dir.), *op. cit.*, p. 55-71 ; Edith Szlezák, *Franco-Americans in Massachusetts. «No French No Mo' 'Round Here»*, Tübingen, Narr, 2010, 325 p.). L'origine de cette terminaison est dialectale. Tandis qu'elle est largement répandue dans les parlers populaires du Centre-Ouest (voir ALF 1064), elle n'apparaît que rarement dans le nord de la France (voir Laurence Arrighi, *op. cit.*, p. 106).
[31] Voir Bruce Byers, «Defining Norms for a Non-Standardized Language : A Study of Verb and Pronoun Variation in Cajun French», thèse de doctorat, Bloomington, Indiana University Press, 1988 ; Kevin Rottet, «Évolution différente de deux traits de contact interdialectal en français louisianais…», *op. cit.*

correspond à la forme « standard »; dans la paroisse de Lafourche et dans le Vermilion, les deux formes sont attestées[32] :

[3] quand ils **commenciont** à tirer la vache . ils **laissaient** plus le veau téter[33].
[4] Les autres, ils **comprenont** pas. [Pas du tout?] Oh, quelques paroles, mais ils **pouvont** pas tiendre une conversation en français[34].
[5] CANADIAN GOOSE ils **appellent** . ça c'est un . ça c'est une zoie caille ils **appelont** cette-là[35]

La répartition topolectale des pronoms interrogatifs inanimés *qui / quoi*, exprimant tous deux un référent inanimé ('qu'est-ce qui / que, ce qui / que'), suit plus ou moins le même principe : la forme typiquement acadienne *quoi* prédomine dans le sud-ouest, le pronom *qui* à référent inanimé a été relevé à Avoyelles, à Évangéline ainsi qu'à Terrebonne et Lafourche[36]. D'autres traits considérés acadiens, comme le *je collectif*, n'existent plus aujourd'hui en Louisiane.

Une analyse des données en synchronie ne constitue cependant qu'un aspect du problème. Dans une perspective diachronique, la comparaison intervariationnelle est bien plus complexe, ce qui rend nécessaires de futures recherches. Les questions suivantes se posent :

(a) Les divergences constatées de nos jours ont-elles toujours existé? Y avait-il dans le passé davantage de convergences qu'aujourd'hui? Étant donné la trajectoire temporelle du français louisianais[37], on devrait pouvoir en conclure qu'en Louisiane, la coexistence de formes acadiennes et non acadiennes est un phénomène

---

[32] Voir aussi Sylvie Dubois, Ruth King et Terri Nadasdi, *op. cit.*, qui soulignent que la terminaison *-ont* est particulièrement fréquente avec le pronom *ils* en Acadie et en Louisiane, où *ils* est concurrencé par *ça* et *eusse*. Ce dernier n'est toutefois attesté que très rarement avec la désinence *-ont*.
[33] LOU, Cynthia Stäbler, *La vie dans le temps et asteur...*, *op. cit.*, p. 15.
[34] LOU, Kevin Rottet, *Language Shift in the Coastal Marshes of Louisiana*, *op. cit.*, p. 123.
[35] LOU, Cynthia Stäbler, *La vie dans le temps et asteur...*, *op. cit.*, p. 31.
[36] Kevin Rottet, « Inanimate Interrogatives and Settlement Patterns in Francophone Louisiana », *Journal of French Language Studies*, n° 14, 2004, p. 169-188.
[37] Sylvie Dubois, « Un siècle de français cadien parlé en Louisiane », dans Albert Valdman, Julie Auger et Deborah Piston-Hatlen (dir.), *op. cit.*, p. 300.

ancien. Malheureusement, nos connaissances des stades anciens des variétés du français d'Amérique du Nord sont encore assez limitées, mais des travaux comme ceux de Martineau promettent cependant des éclaircissements dans ce domaine[38].

(b) Quelles sont les raisons conduisant à la préservation de tel trait ou à l'abandon de tel autre? Pourquoi le pronom *je* au sens de 'nous / on' («je collectif», de type *j'avons* 'nous avons') a-t-il été abandonné en Louisiane alors que la terminaison verbale *-ont* (au lieu de *-ent* à la troisième personne du pluriel) s'est conservée[39]? Le *je* collectif qui, dans la francophonie nord-américaine, existe uniquement en Acadie, est-il davantage stigmatisé (et donc plus saillant) que la terminaison *-ont*? L'absence de cette forme en Louisiane peut-elle éventuellement être interprétée comme l'indice de l'abandon prioritaire des formes particulièrement marquées lors du nivellement dialectal[40]?

(c) Quelles sont les raisons de la désintégration du sous-espace variationnel constitué par le français acadien et louisianais? Cette dernière question est sans aucun doute centrale pour toutes les recherches sur les différentes variétés du français nord-américain.

---

[38] Voir le projet *Modéliser le changement: les voies du français* sous la dir. de France Martineau, Université d'Ottawa; [en ligne] www.voies.uottawa.ca, consulté le 11 avril 2013.

[39] Kevin Rottet («Attestation et disparition du type *j'avons* en français cadien», dans Patrice Brasseur et Anika Falkert, *op. cit.,* p. 213-227; «Évolution différente de deux traits de contact interdialectal en français louisianais: les cas de *quoi* et *j'avons*», *Revue canadienne de linguistique appliquée,* vol. 9, n° 2 / *Revue de l'Université de Moncton,* vol. 37, n° 2, 2006, p. 173-192) signale que la forme «*je* + *-ons*» est attestée en Louisiane au XIXe siècle, mais surtout pour exprimer la première personne du singulier.

[40] Voir Frans Hinskens, Peter Auer et Paul Kerswill, «The Study of Dialect Convergence and Divergence: Conceptual and Methodological Considerations», dans Peter Auer *et al.* (dir.), *Dialect change: convergence and divergence in European languages,* Cambridge, Cambridge University Press, 2005, p. 1-48; Ingrid Neumann-Holzschuh, «Nivellement linguistique et koïnèisation en Louisiane», dans Maria Iliescu, Heidi M. Siller-Runggaldier et Paul Danler (dir.), *Actes du 25e Congrès International de Linguistique et Philologie Romanes (CILPR) (Innsbruck, septembre 2007),* t. VII, Berlin, De Gruyter, 2010, p. 261-272. Pour l'acadien du l'Île-du-Prince-Édouard, Ruth King, Terri Nadasdi et Gary Butler suggèrent également que l'abandon plus rapide des formes *je... ons* par rapport aux formes *ils... ont* serait en rapport avec le caractère «marqué»: «the contrast between the vernacular and non-vernacular forms is more marked in the first-person plural than in the third-person plural» (voir «First-Person Plural in Prince Edward Island Acadian French: The Fate of the Vernacular Variant *je... ons*», *Language Variation and Change,* n° 16, 2004, p. 253). Une autre explication possible pourrait être l'identité formelle gênante du pronom de la première personne au singulier et au pluriel, bien que cette identité n'ait apparemment pas empêché la formation du «je-collectif».

À part le fait évident que toutes les langues changent continuellement, les processus de changement linguistique au sein de l'univers acadien / louisianais ont été particulièrement profonds. Ceci est dû non seulement au fait que les variétés de l'acadien et le français louisianais étaient à l'écart de toute influence normative, mais aussi à l'isolement de certaines régions acadianophones, notamment la Nouvelle-Écosse[41], ainsi qu'au nivellement linguistique particulièrement important en Louisiane grâce au contact intense entre plusieurs variétés du français. Klingler[42] souligne que dans la Louisiane coloniale, les Acadiens ne formaient qu'un groupe minoritaire parmi plusieurs groupes d'immigrés francophones qui parlaient différentes variétés de français dialectal et populaire. Le fait que le parler acadien était en coexistence directe avec d'autres variétés du français considérées sans doute comme plus prestigieuses dans cette région, y compris dans la période postcoloniale, a résulté en une situation linguistique et sociolinguistique toute particulière. Plus nettement que dans les autres sous-espaces, on a donc affaire en Louisiane à une situation spéciale de « chapeautage linguistique » : la langue des réfugiés, partiellement coiffée par les variétés du français voisins plus proches du standard de l'époque, a très nettement gardé un statut fortement marqué du point de vue diatopique et diastratique. Cette situation a nécessairement eu des conséquences sur la langue elle-même : à côté des processus de nivellement ayant abouti à la propagation de formes plus proches du standard et entraînant ainsi une certaine dévernacularisation, on relève aussi des cas de « *dialect mixing* » (au sens de Trudgill),

---

[41] La Nouvelle-Écosse conserve selon Karin Flikeid (« Structural Aspects and Current Sociolinguistic Situation of Acadian French », dans Albert Valdman (dir.), *French and Creole in Louisiana*, New York, Plenum, 1997, p. 255-286), le plus grand nombre d'éléments archaïques et représente ainsi le pôle le plus conservateur d'un hypothétique continuum interlinguistique. Ici aussi, il convient de souligner encore une fois que dans les siècles passés, il existait sans doute en Amérique du Nord une continuité plus grande entre les variétés du français.
[42] Thomas Klingler, « How much Acadian Is There in Cajun », *op. cit.* ; « Beyond Cajun : Towards an Expanded View of Regional French in Louisiana », *op. cit.* ainsi que Michael D. Picone, « French Dialects in Louisiana… », *op. cit.*

dont la conséquence est un certain degré de polymorphisme grammatical[43].

2. La particule *voir*

2.1. Voir à l'impératif

En acadien tout comme en louisianais, *voir* (attesté sous la forme de ses variantes *vouère* et *ouère*) peut avoir pour fonction de renforcer l'impératif affirmatif. Pour le moment, nous ne trancherons pas la question de savoir s'il s'agit d'un élément verbal ou adverbial.

Voici nos exemples du corpus acadien de l'Isle Madame :

[6] BUT **garde vouère** la saloperie[44].
[7] *Watche* **vouère** le chouse là ! (= le bateau)[45]
[8] Ben, i dit : « […] NOW I HOPE YOU'RE SATISFIED. THIS BABY IS YOURS. » ((éclat de rire)) **Imagine-toi vouère, imagine-toi vouère.** Le docteur Deveau, c'tait un homme qu'était comique[46].
[9] **Mets vouère** ça sus la fait de la table, s'il vous plaît[47].
[10] [Le téléphone sonne] **Réponds vouère**, s'il vous plaît[48].
[11] Oui, **écoute voir**, ben qui-ce tu dis qu'a est ?[49]
[12] [À un petit enfant de deux ans] **Dis vouère** : Pépé est caché dans la SHED[50].

L'impératif suivi de *voir* se retrouve aussi dans les autres régions

---

[43] Voir Ingrid Neumann-Holzschuh, « La diaspora acadienne dans une perspective linguistique », dans Ursula Mathis-Moser et Gunter Bischof (dir.), *op. cit.*, p. 110 ; Ingrid Neumann-Holzschuh, « Crossroads Louisiana : Aspects of Language Contact in the History of Louisiana French », dans Alexandra Aikhenvald et Robert Nicolaï (dir.), *Journal of Language Contact*, à paraître. La coexistence de formes acadiennes et non acadiennes est pourtant également attestée pour le Nouveau-Brunswick, où l'influence du français standard et, surtout dans le nord (Gaspésie), l'apport du français québécois sont importants. Dans certains cas – comme la coexistence de *je* et *nous* / *on* ou de *-ont* / *-ent* en terminaison verbale de la troisième personne, il est donc difficile de trancher pour savoir s'il s'agit d'une influence récente ou simplement de la coprésence de deux variantes qui ont toujours été en usage. En Nouvelle-Écosse, le contact avec le québécois est moins prononcé (Ruth King, *The Lexical Basis of Grammatical Borrowing…*, *op. cit.*, p. 40).

[44] NÉ, corpus Hennemann, Isle Madame.
[45] *Ibid.*
[46] *Ibid.*
[47] *Ibid.*
[48] *Ibid.*
[49] *Ibid.*
[50] *Ibid.*

acadianophones. Ainsi, Éphrem Boudreau constate la présence de *voir* avec l'impératif de six verbes différents pour le parler de Rivière-Bourgeois, petit village situé non loin de l'Isle Madame, sur la terre ferme[51]; pour le Nouveau-Brunswick, Wiesmath atteste les formes suivantes: *arrête voir, faites voir* et *fais voir*[52]. Dans le dictionnaire du franco-terre-neuvien, *voir* apparaît en combinaison avec l'impératif des verbes *montrer* (*montre voir!*) et *espérer* (*espère oir!* 'attends!')[53], cette dernière construction étant, selon Brasseur, en usage dans toute l'Acadie.

Pour le français louisianais, Papen et Rottet[54] confirment que l'impératif est souvent accompagné de *voir*, dont l'emploi est pourtant considéré comme redondant par les deux auteurs. Dans l'entrée «voir» du *Dictionary of Louisiana French*, on trouve la remarque «*used to mark the imperative*[55]». Les deux acceptions données sont: «*please*» et «*then, so, indeed*»:

[13] **Viens voir** ici. 'Please come here.'[56]
[14] **Donne-moi oire** du pain. 'Please give me some bread.'[57]
[15] Je sais pas éiou c'est. **Ouvre voir** ce cabinet-là. 'I don't know where it is. So open that cupboard.'[58]
[16] '**Garde oir**. 'Then look.'[59]
[17] **Goûte-voir**. 'Have a taste then.'[60]
[18] **Arrête-voir**. 'So stop.'[61]
[19] **Veille voir**, il va te taper. 'Be careful, he'll hit you.'[62]

---

[51] Éphrem Boudreau, *Glossaire du vieux parler acadien: mots et expressions recueillis à Rivière-Bourgeois (Cap-Breton)*, Montréal, Éditions du Fleuve, 1988, p. 53 et 241.
[52] Voir corpus Raphaële Wiesmath, *Le français acadien: Analyse syntaxique d'un corpus oral recueilli au Nouveau-Brunswick / Canada*, Paris, L'Harmattan, 2006, 278 p.
[53] Voir Patrice Brasseur, *Dictionnaire des régionalismes du français de Terre-Neuve, op. cit.*, p. 303, 187.
[54] Robert A. Papen et Kevin Rottet, «A Structural Sketch of the Cajun French Spoken in Lafourche and Terrebonne Parishes», dans Albert Valdman (dir.), *op. cit.*, p. 96 et 100.
[55] Valdman *et al., op. cit.*, voir .
[56] LOU, DLF s. v. *voir³*, Da84.
[57] *Ibid.*
[58] *Ibid.*, Terrebonne.
[59] *Ibid.*, Lv88.
[60] *Ibid.*, Saint-Martin.
[61] *Ibid.*
[62] *Ibid.*, Lafayette.

[20] **Viens voir** ici, viens nous jouer un tune de ta musique de bouche[63].
[21] Ouais, euh, moi, j'avais, euh, **allons voir**, j'ai commencé l'école à sept ans[64].

Les attestations de *voir* accompagnant une forme de l'impératif dans le corpus louisianais[65] permettent de supposer que dans le cas d'*allons voir* et *viens voir*, il s'agit quasiment d'expressions lexicalisées : tandis qu'*allons voir* remplit souvent la fonction d'un marqueur d'hésitation (voir ex. 21)[66], *viens voir* est la forme habituelle en combinaison avec l'adverbe de lieu *ici(tte)* (voir ex. 20). En combinaison avec d'autres verbes, *voir* est plus rare : dans ces contextes la particule semble avoir une valeur d'insistance ou de renforcement. Pour ce qui est de l'acadien de l'Isle Madame, *voir* est non seulement plus fréquent qu'ailleurs, mais sa valeur d'insistance nous paraît également moins évidente, ce qui suggère éventuellement le début d'un processus de grammaticalisation en tant que marqueur de l'impératif.

Nous sommes bien sûr conscientes du fait que les constructions avec *voir* sont bien connues en français familier et populaire. Ainsi, *voir* est catégorisé par Grevisse[67] comme un « adverbe explétif » qui se rencontre presque exclusivement après un impératif et qui correspond à « donc ». Selon la banque de données du Centre National des Ressources Textuelles et Lexicales (CNRTL), *voir* adverbial peut exprimer d'un côté une assertion ou une demande, de l'autre même une menace ou une mise au défi[68]. Si ces nuances sont parfois difficiles à discerner, nous n'excluons pas qu'elles soient présentes dans l'un ou l'autre exemple de nos corpus explorés. *Voir* est aussi répandu dans le français parlé de plusieurs régions de l'est de la France, en Gaume (Belgique) et en Suisse romande « avec "une

---

[63] LOU, corpus Valdman, Évangeline
[64] *Ibid.*
[65] Corpus établi sous la direction d'Albert Valdman, *À la découverte du français cadien à travers la parole / Discovering Cajun French Through the Spoken Word*, CD-ROM, Bloomington, Indiana University Press, 2004.
[66] Le marqueur d'impératif proprement dit est *allons*, employé seul.
[67] Voir Maurice Grevisse et André Goosse, *Le bon usage, Grammaire française*, Bruxelles, De Boeck Duculot, 2008, § 957 g.
[68] Voir http://www.cnrtl.fr/definition/voir, consulté le 4 mai 2013.

fréquence particulièrement élevée et des possibilités combinatoires plus variées que les stéréotypes *écoute voir, regarde voir* et *voyons voir*" (Rézeau)[69] ». Gadet souligne, elle aussi, qu'il est possible de renforcer un tour exclamatif soit par l'adverbe *donc*, soit par *voir*; les verbes les plus fréquents étant *dire, regarder* et *montrer*[70]. Il est par ailleurs bien connu que l'anglais aussi connaît des constructions comme *come see*.

Signalons que la particule *voir* se trouve également dans les créoles français :

[22] gadé vwè[71]
[23] vyen wa[72]

Dans le créole haïtien[73], *voir* est lexicalisé dans certaines expressions :

[24] annouwè 'to hurry up'
[25] vini wè 'what if, supposed'
[26] vin wè pou 'needless to say, let alone'

On constate donc que l'impératif affirmatif peut être accompagné de la particule *voir* en français acadien et en français louisianais. Des recherches plus poussées devraient non seulement analyser de plus près la fréquence de cette particule dans les divers corpus ; elles devraient aussi essayer de trouver une réponse aux questions suivantes :

(a) Dans quelle mesure la gamme des verbes susceptibles d'utiliser *voir* en tant que particule d'insistance de l'impératif est-elle la même dans le français nord-américain et dans les variétés du français hexagonal où *voir* est relevé ?

(b) Dans quelle mesure le français acadien se distingue-t-il du

---

[69] Maurice Grevisse et André Goosse, *op. cit.*, § 957 g.
[70] Voir Françoise Gadet (dir.), *Le français populaire*, Paris, Presses universitaires de France, coll. « Que sais-je ? », 1992, p. 83-84.
[71] Créole guadeloupéen, voir Ralph Ludwig *et al.*, *Dictionnaire créole-français* (Guadeloupe), Paris, Éditions Jasor, 1990, *op. cit.*, voir *gadè*.
[72] Créole louisianais, voir DLC, voir *wa*.
[73] Voir Albert Valdman, *Haitian Creole-English Bilingual Dictionary*, Bloomington, Indiana University Creole Institute, 2007, 781 p., voir *annou, vini*.

français louisianais quant au degré de grammaticalisation de *voir*, qui, au moins en Nouvelle-Écosse, semble être devenu un simple marqueur d'impératif?

2.2. *Voir* dans l'interrogation

Dans nos corpus acadiens et louisianais, *voir* est aussi attesté dans les phrases interrogatives, en tant que particule de renforcement de l'interrogation directe, ainsi que dans la formule *voir si* introduisant une interrogation indirecte.

2.2.1. Interrogation directe : périphrase particulière avec OUÈRE

Dans son étude de 1979, Melkersson[74] mentionne des périphrases interrogatives avec *ouère* relevées dans un corpus littéraire. Les exemples suivants sont pris dans le roman *Mariaagélas* d'Antonine Maillet :

> [27] **Quand c'est ouère qu**'il l'avont largué, le Bidoche ?[75]
> [28] **Pourquoi c'est ouère qu**'ils l'avont gardé toute la nuit […] ?[76]
> [29] Ben **quoi c'est ouère qui** le regarde, d'abôrd ?[77]
> [30] Ben **qui c'est ouère**, d'abord, **qui** l'a libéré, le Bidoche ?[78]

On peut se demander, toutefois, dans quelle mesure ces constructions, qui ne se retrouvent pas en Louisiane, sont vraiment enracinées dans les parlers acadiens, étant donné que cette périphrase ne se trouve pas dans le corpus de Hennemann et Wiesmath.

2.2.2. VOIR en tant qu'interrogatif indirect

Dans le corpus acadien du Nouveau-Brunswick de Wiesmath, ainsi que dans celui de Hennemann pour la Nouvelle-Écosse, nous avons relevé deux constructions particulièrement intéressantes avec *voir si* :

---

[74] Anders Melkersson, « Quelques remarques sur les constructions interrogatives en français acadien », *Moderna Sprak*, n° 73, 1979, p. 176.
[75] NB, Antonine Maillet, *Mariaagélas*, Montréal, Leméac Éditeur, 1973, p. 91.
[76] *Ibid.*
[77] *Ibid.*, p. 128.
[78] *Ibid.*, p. 91.

[31] C'est/ c'est euh je sais pas **voir si** c'était euh . <je peux pas dire coumment ce que c'était là> [79].
[32] Ouais . asteure je sais pas **voir si**/ voir si ça va durer ou pas hein[80].
[33] Je me demandais **voir s'**i connaissiont, i ont / lui a dit qu'i counnai/ qu'i counnaiss/ i counnaissait...[81]

La fonction exacte de *voir si* dans ces phrases n'est pas tout à fait claire. Il semble qu'il s'agisse ici d'une conjonction introduisant une interrogation indirecte, ce qui pose la question de son origine. Cette construction est-elle issue de la construction finale « pour voir si » ? Wiesmath elle-même souligne que l'élément *pour* peut s'effacer dans des constructions finales, ce que nous pouvons confirmer pour l'acadien de l'Isle Madame et pour le louisianais :

[34] I faut toujours débuter avec un échantillonnage d'eau * **savoir** qu'est-ce que c'est qu'i faut traiter[82].
[35] Nous autres faulait/ . faulait jongler tout la nuit * **voir** si on allait pouvoir les trouver le lendemain [les trappes][83].
[36] Je m'ai émoyé moi **voir si** elle était là parce qu'asteure, tu sais, a coummence à être âgée là[84].
[37] Parce que je vais parler à mon patron **voir si que** je pourrais pas t'inviter comme observatrice[85].
[38] Check tout partout, **voir s'**il voulait pas[86].

Mais comment expliquer le passage d'une conjonction finale à une conjonction interrogative indirecte ? S'agit-il éventuellement d'une façon d'éviter la confusion entre « si » de condition et « si » interrogatif ?

3. La particule *-ti*
Tandis que les ressemblances entre l'acadien et le louisianais sont

---

[79] NB, corpus Wiesmath, 3, D490.
[80] *Ibid.*, D415.
[81] NÉ, corpus Hennemann, Isle Madame.
[82] NB, corpus Wiesmath, 12, J183.
[83] *Ibid.*, 3, D330.
[84] NÉ, corpus Hennemann, Isle Madame.
[85] *Ibid.*
[86] LOU, corpus Valdman, Pointe-aux-Chênes.

assez évidentes pour ce qui est de l'emploi de *voir*, c'est moins le cas pour ce qui est de l'emploi de l'autre particule *-ti*, attestée dans les phrases interrogatives et exclamatives[87] :

3.1. -ti interrogatif

-ti interrogatif est très répandu en Acadie mais peu fréquent en Louisiane. Bien que nos sources louisianaises attestent *-ti* dans les mêmes contextes qu'en français acadien, le français louisianais préfère aujourd'hui l'interrogation avec *est-ce que* ou l'intonation ascendante. Selon Papen et Rottet[88], *-ti* apparaît « occasionnellement » pour ajouter une note d'emphase à l'interrogation, ce qui suggère que le français louisianais, par rapport au français acadien, a abandonné, une fois de plus, une forme jugée régionale en faveur d'une forme plus proche du français hexagonal.

La particule interrogative *-ti* apparaît dans divers environnements syntaxiques :

(a) *-ti* après *être*, notamment dans le tour figé *c'est-ti* :
[39] Non / a / non, al a descendue la / la dernière long week-end, c'tait dans quoi, dans / dans septembre, **c'est-ti** ?[89]
[40] I y-avoint pas d'enfants, **c'est-ti** ?[90]
[41] I m'nait de Dartmouth de / de v/ euh / visiter son garçon, **ç-ti** ?[91]
[42] La mère à Anita Goyetche, c'tait-**ti** une s/ une sœur à ANDREW Boudreau ?[92]
[43] A dit : c'est-**ti** le GARBAGE TRUCK ?[93]
[44] C'est **y** assez, mame ?[94]
[45] C'est-**ti** vrai ?[95]

---

[87] Mentionnons aussi l'emploi de *-ti* dans la conjonction concessive *quand même-ti* en Acadie et en Louisiane.
[88] Robert A. Papen et Kevin Rottet, *op. cit.*, p. 106.
[89] NÉ, corpus Hennemann, Isle Madame.
[90] *Ibid.*
[91] *Ibid.*
[92] *Ibid.*
[93] *Ibid.*
[94] LOU, Sidonie de la Houssaye, *Pouponne et Balthazar*, Lafayette, University of Southwestern Louisiana, CLS, 1983 [1888], p. 25.
[95] LOU, Robert A. Papen et Kevin Rottet, *op. cit.* ; John Guilbeau, « *The French Spoken in Lafourche Parish, Louisiana* », thèse de doctorat, Chapel Hill, University of North Carolina, 1950, p. 147.

(b) *-ti* après les verbes auxiliaires et modaux :
[46] Alle a-**ti** compris là[96].
[47] Le TV est-**ti** fermé là ?[97]
[48] I a-**ti** arrangé ta mécanique ?[98]
[49] Vous avez **ti** été là-bas ? Vous v'lez **ti** diner ?[99]
[50] Ta sœur s'a **ti** marié ?[100]
[51] I'va-**ti** mouiller ?[101]
[52] Vous avez **ti** soupé ?[102]
[53] Tu vas **ti** venir ou non ?[103]

(c) *-ti* après les verbes pleins :
[54] I mange-**ti** bien ?[104]
[55] J'pouvions vous donner seulement deux chorus, ça vous va t'y[105] ?[106]
[56] Vous parle-ti français ?[107]
[57] Vous logeriez-**ti** un militaire en payant ?[108]

3.2. -ti exclamatif

Dans les parlers acadiens, *-ti* peut aussi être employé dans l'exclamation, construction bien attestée dans le corpus Hennemann de l'Isle Madame alors qu'elle est plutôt rare en Louisiane :

[58] L'arbre jaune. Et pis faisiont bouillir ça pis moi / pis du sapin. Coumment de fois j'en / j'en ai-**ti** bu du sapin ![109]

---

[96] NB, corpus Wiesmath, 1, B195.
[97] NÉ, corpus Hennemann, Isle Madame.
[98] TN, Patrice Brasseur, *Dictionnaire des régionalismes du français de Terre-Neuve*, op. cit., voir *ti*, p. 445.
[99] LOU, Jay K. Ditchy, *Les Acadiens louisianais et leur parler*, Paris, Droz, 1932, p. 201.
[100] LOU, Robert A. Papen et Kevin Rottet, *op. cit.*, p. 106.
[101] *Ibid.*
[102] LOU, DLF, 2009, voir *ti*.
[103] *Ibid.*
[104] NÉ, corpus Hennemann, Isle Madame.
[105] La transcription de [ti] peut différer d'une transcription à l'autre, à part *-ti*, on trouve aussi *t'y* ou simplement *y* après un *t* final.
[106] LOU, Sidonie de la Houssaye, *op. cit.*, p. 21.
[107] LOU, Robert A. Papen et Kevin Rottet, *op. cit.*, p. 106.
[108] LOU, Elizabeth Brandon, « Mœurs et langue de la paroisse Vermilion », thèse de doctorat, Québec, Université Laval, 1955, p. 486.
[109] NÉ, corpus Hennemann, Isle Madame.

[59] Mon Dieu, i dit, c'tes enfants là sont-**ti** jolis! I aimait beaucoup les enfants, c'est-**ti**.[110]
[60] I y-avait-**ti** ri! I avait ri! A., i se roulait.[111]
[61] Pis j'a/ j'avais vu eune / eune catin. Al était dans*[112] une boîte. Et j'arais-**ti** aimé d'avoir c'te affaire-là.[113]
[62] Y avait un heure que j'étais couché, a dort-**ti** bien su un lit de plumes.[114]
[63] Ah, le roi était-**ti** fier![115]
[64] Les années passées faisait-**i** beau soleil![116]

En Louisiane, cette construction n'est pas inconnue, mais elle est fort peu fréquente :

[65] Oh j'ai **ti** regretté mon petit bracelet, chère[117]

Les études sur le français parlé de France divergent quant à l'importance de la particule -*ti* dans l'Hexagone. Attestée pour la première fois au XVIIIe siècle[118], la particule -*ti* serait « la forme essentielle de l'interrogation dans la langue populaire[119] ». Guiraud[120] signale l'usage de -*ti* dans le langage populaire pour l'interrogation aussi bien totale que partielle. Brunot et Bruneau[121] prétendent quant à eux que le -*ti* interrogatif « s'étend, en français populaire, à

---

[110] *Ibid.*

[111] *Ibid.*

[112] L'astérisque (*) indique la non-liaison entre le *s* final et la voyelle au début du mot suivant.

[113] NÉ, corpus Hennemann, Isle Madame.

[114] NB, Virginia Motapanyane, *Acadian French*, en collaboration avec David Jory, München / Newcastle, Lincom Europa, 1997, p. 47 ; voir Péronnet, corpus 3:160439.

[115] *Ibid.*,140304.

[116] TN, Patrice Brasseur, *Dictionnaire des régionalismes du français de Terre-Neuve, op. cit.*, XLIX.

[117] LOU, corpus Valdman, Évangéline.

[118] Glanville Price, *The French Language: Present and Past*, Londres, E. Arnold, 1971, p. 268.

[119] Lucien Foulet (« Comment ont évolué les formes de l'interrogation », *Romania*, n° 47, 1921, p. 243-348), cité dans Peter Behnstedt, *Viens-tu ? Est-ce que tu viens ? Tu viens ? Formen und Strukturen des direkten Fragesatzes im Französischen*, Tübingen, Narr, 1973, p. 14.

[120] Pierre Guiraud, *Le français populaire*, Paris, Presses universitaires de France, 1965, p. 48 sq.

[121] Ferdinand Brunot et Charles Bruneau, *Précis de grammaire historique de la langue française*, Paris, Masson, 1964, p. 531.

toutes les personnes »; cet interrogatif serait même « aujourd'hui » préféré « à tous les autres ». En dépit de ces témoignages, le *-ti* interrogatif semble bien loin d'être établi en France. Ainsi Gadet[122] constate-t-elle que « combattues par l'école et tournées en ridicule, ces formes [*tu veux ti? Il vient ti? Pourquoi vous êtes ti sortis?*] ont de nos jours à peu près disparu de l'usage urbain réel en France ». Chevalier *et al.*[123] vont encore plus loin en déclarant que l'interrogation avec la particule *-ti* ne se serait jamais établie en français hexagonal; selon eux, cette particule n'a jamais dépassé les limites du parler campagnard. Gadet[124] et Behnstedt[125], eux aussi, soulignent le caractère dialectal de la particule, dont l'emploi est particulièrement fréquent dans le nord et l'est de la France.

Pour ce qui est de l'emploi de *-ti* dans des phrases exclamatives, il s'agit sans doute d'un archaïsme: des occurrences de *-ti* dans ce type de phrases sont déjà attestées pour le XVIIe siècle[126].

4. Français acadien et français louisianais, une relation complexe

Ces brèves observations sur les particules *voir* et *-ti* nous permettent de conclure que, dans une perspective comparative, c'est en acadien que les modalités comme l'impératif / exhortatif, l'interrogation totale ainsi que l'exclamation sont très souvent renforcées par des particules (postposées). Certes, les deux particules sont aussi attestées en Louisiane; leur emploi y est toutefois beaucoup plus restreint.

Sur la base de ces réflexions ainsi que des observations figurant dans Neumann-Holzschuh et Wiesmath[127], la question qui s'avère cruciale pour une meilleure compréhension de l'espace variationnel du français en Amérique du Nord est la suivante: quelle est la relation entre l'acadien des Maritimes et le français louisianais? La

---

[122] Françoise Gadet (dir.), *Le français populaire, op. cit.*, p. 80.
[123] Jean-Claude Chevalier *et al.*, *Grammaire Larousse du français contemporain*, Paris, Larousse, 1964, p. 93.
[124] Françoise Gadet (dir.), *Le français populaire, op. cit.*, p. 81.
[125] Peter Behnstedt, *op. cit.*
[126] Voir Jean-Marcel Léard, *Grammaire québécoise d'aujourd'hui: comprendre les québécismes*, Montréal, Guérin universitaire, 1995, p. 224.
[127] Ingrid Neumann-Holzschuh et Raphaële Wiesmath, *op. cit.*

question de Klingler « *How much Acadian is there in Cajun?*[128] » a ici valeur de programme : le français louisianais peut-il véritablement être considéré comme une variété du français acadien[129], ou bien ne faut-il pas plutôt renoncer au mythe d'un « cadien » appréhendé comme le prolongement naturel de l'acadien[130] ?

Nul doute que le français de Louisiane est bien, selon les mots de Klingler, « the heterogeneous result of a complex process of language contact that had many components, only one of which was the French of the Acadian exiles[131] », et effectivement, le terme « français cadien » est bien « une étiquette trompeuse[132] ». Cela rend-il caduque une interprétation scalaire des données, telle que la proposent Neumann-Holzschuh et Wiesmath[133] ? Oui et non. Klingler[134] a certainement raison de considérer que des concepts tels que « dédialectalisation » et, dans ce cas précis, « désacadianisation » ne peuvent être considérés comme licites qu'à partir du moment où l'on suppose que le français de Louisiane est véritablement une variété acadienne (tant il est vrai que seul peut être désacadianisé ce qui était auparavant acadien), ce qui n'est pas le cas. Certes, le français acadien a joué un rôle non négligeable dans la genèse du français louisianais et reste important pour le regard

---

[128] Thomas Klingler, « How Much Acadian Is There in Cajun », *op. cit.*

[129] Voir aussi Sylvie Dubois, *op. cit.*, Ingrid Neumann-Holzschuh (« *The Difference That Space Makes... Die Varietäten des Akadischen zwischen Kontinuität und Diskontinuität* », dans Sabine Heinemann (dir.), *Sprachwandel und (Dis-)Kontinuität in der Romania*, Tübingen, Niemeyer, 2008, p. 41-55 ; « La diaspora acadienne dans une perspective linguistique », *op. cit.* ; « Nivellement linguistique et koïnèisation en Louisiane », *op. cit.*) ; Carole Salmon, *Cent ans de français cadien en Louisiane. Étude sociolinguistique du parler des femmes*, New York, Peter Lang, 2009, 123 p.

[130] « Freeing ourselves of the Acadian myth would make it less tempting to look at Cajun French as a "de-dialectalized" form of Acadian or as an outlying component of a geolinguistic continuum of Acadian varieties, which in turn would render less surprising the growing evidence that Louisiana French bears only limited traces of influence from Acadian French » (Thomas Klingler, « How Much Acadian Is There in Cajun »), *op. cit.*, p. 103.

[131] *Ibid.*

[132] Ingrid Neumann-Holzschuh, « La diaspora acadienne dans une perspective linguistique », *op. cit.*, p. 119

[133] Ingrid Neumann-Holzschuh et Raphaële Wiesmath, *op. cit.*

[134] Thomas Klingler, « How Much Acadian Is There in Cajun », *op. cit.* ; « Beyond Cajun : Towards an Expanded View of Regional French in Louisiana », *op. cit.*

porté par les Cadiens sur eux-mêmes[135]. Mais même si l'acadien a été, à côté du français laurentien et du français hexagonal de l'époque, une composante importante du français louisianais, et même si une série de caractéristiques langagières considérées comme typiquement acadiennes ont subsisté en Louisiane, au moins à l'échelle régionale, jusqu'à aujourd'hui, le terme « désacadianisation » par rapport au français louisianais nous paraît aujourd'hui problématique[136].

Outre le fait qu'une éventuelle *dédialectalisation* ne touche nullement toutes les catégories de la même manière, le problème méthodologique essentiel est le suivant : qu'est-ce qui peut être considéré comme un trait typiquement acadien ? Si des formes considérées comme typiquement acadiennes telles que *quoi* et *ils V-ont* sont aussi présentes, comme le montrent Picone[137] et Klingler[138], dans des régions de Louisiane comme Natchitoches et Avoyelles n'ayant jamais véritablement connu de peuplement acadien, la catégorisation en devient douteuse. Klingler[139] souligne avec justesse « *the necessity of considering multiple sources for a given feature of Louisiana French* », et il met en garde contre « *the danger of assuming that a feature must come from Acadian simply because it is attested in that variety* ». Ici aussi, des recherches plus poussées sont nécessaires, avant tout en diachronie :

---

[135] « Le français louisianais moderne, appelé cadien, est le produit de la confrontation de plusieurs variétés de français y compris les français "colonial" et "acadien" du XVIIIe siècle et le français "de la société de plantation" du XIXe siècle, pour ne pas exclure l'influence du créole louisianais. Mais dans l'esprit des Louisianais et souvent celui des chercheurs, c'est la contribution acadienne qui l'emporte toujours » (Kevin Rottet, « Attestation et disparition du type *j'avons* en français cadien », dans Patrice Brasseur et Anika Falkert (dir.), *Français d'Amérique : approches morphosyntaxiques*, Paris, L'Harmattan, 2005, p. 213). Selon Picone, ce nouveau régiolecte a « two mother countries, linguistically speaking : Canada (both Quebec and Acadia) and France » (« French Dialects in Louisiana... », *op. cit.*).

[136] Ce terme paraît beaucoup plus adéquat pour décrire la situation linguistique aux Îles-de-la-Madeleine (voir Anika Falkert, *Le français acadien des Îles-de-la-Madeleine. Étude de la variation phonétique*, Paris, L'Harmattan, 2010, 306 p.).

[137] Michael D. Picone, « Le français louisianais hors de l'Acadiana », *op. cit.* ; « French Dialects in Louisiana : A Revised Typology », *op. cit.*

[138] Thomas Klingler, « Beyond Cajun : Towards an Expanded View of Regional French in Louisiana », *op. cit.* ; « How Much Acadian Is There in Cajun », *op. cit.*

[139] *Ibid.*, p. 101.

Il est également possible que tous les parlers louisianais aient été assez similaires dès l'origine. En d'autres termes, le profil linguistique des populations francophones hors de l'Acadiana pourrait suggérer que ce que nous appelons le français «cadien», en y cherchant des particularités dialectales acadiennes, correspond en fait à un français populaire assez répandu, tel qu'il se parlait à l'époque de la colonisation initiale au dix-huitième siècle[140].

Apparemment, le *feature pool*[141] était assez similaire dans les variétés du français nord-américain, de sorte que la constitution d'une variété est avant tout une question de fréquence de certains traits plutôt que de leur seule présence ou absence; en Louisiane, tout particulièrement, la présence de certains traits acadiens dépend essentiellement de la localité. Il convient d'en tenir compte dans des présentations scalaires des phénomènes linguistiques telles que celles proposées par Flikeid[142] et par Neumann-Holzschuh et Wiesmath[143]; des tableaux de ce genre ne peuvent donner qu'un aperçu très général, ne rendant que partiellement compte de la réalité linguistique. À juste titre, Gadet[144] précise que les variétés ne sont au fond que des abstractions et que l'attribution exclusive d'un phénomène à une variété – «l'allocation des variantes» – est problématique et ne rend justice ni à la complexité ni à la variabilité des langues. Il convient donc d'être prudent dans l'usage du concept de «trait acadien»: en fin de compte, seule la certitude qu'un phénomène est circonscrit à l'Acadie autorise à avoir recours à ce terme.

À l'issue de ces réflexions, deux conclusions s'imposent:

(a) Le français louisianais apparaît comme un nouveau

---

[140] Michael D. Picone, «Le français louisianais hors de l'Acadiana», *op. cit.*, p. 223. Les réflexions de Dubois vont dans la même direction: «Les formes dialectales identifiées aujourd'hui comme acadiennes étaient-elles aussi utilisées dans d'autres variétés de français parlées par la population louisianaise au moment où les Acadiens ont trouvé refuge en Louisiane?» (*op. cit.*, p. 300).

[141] Salikoko Mufwene S., *Créoles, écologie sociale, évolution linguistique*, Paris, L'Harmattan, 2005, 228 p.

[142] Karin Flikeid, «Structural Aspects and Current Sociolinguistic Situation of Acadian French», *op. cit.*

[143] Neumann-Holzschuh et Raphaële Wiesmath, *op. cit.*

[144] Françoise Gadet, «Un regard dialinguistique sur les "français marginaux"», *op. cit.*

régiolecte, qui s'est formé graduellement sur la base de différentes variétés du français (dont l'acadien) et qui ne peut être englobé dans la diaspora acadienne qu'au sens très large. Avant tout, le français louisianais est une variété autonome du français d'Amérique du Nord.

(b) La plupart des phénomènes langagiers du domaine de la morphosyntaxe – nos observations sur *voir* et *-ti* le confirment – ne peuvent que rarement être attribués à une seule région. Une variété topolectale se définit donc moins par l'absence ou la présence d'un trait que par la fréquence de certains traits et / ou les changements linguistiques qu'ils ont subis dans une variété par rapport à une autre.

Bibliographie

Arrighi, Laurence, « Étude morphosyntaxique du français parlé en Acadie : une approche de la variation et du changement linguistique en français », thèse de doctorat inédite, Avignon, Université d'Avignon, 2005, 466 p.

Behnstedt, Peter, *Viens-tu? Est-ce que tu viens? Tu viens? Formen und Strukturen des direkten Fragesatzes im Französischen*, Tübingen, Narr, 1973, 325 p.

Bigot, Davy, Michael Friesner et Mireille Tremblay (dir.), *Les français d'ici et d'aujourd'hui, Description, représentation et théorisation*, Sainte-Foy, Presses de l'Université Laval, 2013, 272 p.

Bollée, Annegret et Ingrid Neumann-Holzschuh, « Français marginaux et créoles », dans Patrice Brasseur (dir.), *Français d'Amérique. Variation, créolisation, normalisation*, actes du colloque « Les français d'Amérique du Nord en situation minoritaire » (octobre 1996), Avignon, Université d'Avignon / Centre d'études canadiennes, 1998, p. 181-203.

Boudreau, Éphrem, *Glossaire du vieux parler acadien : mots et expressions recueillis à Rivière-Bourgeois (Cap-Breton)*, Montréal, Éditions du Fleuve, 1988, 245 p.

Brandon, Elizabeth, « Mœurs et langue de la paroisse Vermilion », thèse de doctorat, Québec, Université Laval, 1955.

Brasseur, Patrice, *Dictionnaire des régionalismes du français de Terre-Neuve*, Tübingen, Niemeyer, 2001, 495 p.

Brasseur, Patrice et Anika Falkert (dir.), *Français d'Amérique : approches morphosyntaxiques*, Paris, L'Harmattan, 2005, 329 p.

Brunot, Ferdinand et Charles Bruneau, *Précis de grammaire historique de la langue française*, Paris, Masson, 1964, 641 p.

Byers, Bruce, « Defining Norms for a Non-Standardized Language : A Study of Verb and Pronoun Variation in Cajun French », thèse de doctorat, Bloomington, Université Indiana, 1988.

Chaudenson, Robert, *Creolization of Language and Culture*, revu avec Salikoko S. Mufwene, Londres, Routledge, 2001, 340 p.

Chaudenson, Robert, « Français marginaux et théorie de la créolisation : le cas des marques personnelles », dans Patrice Brasseur et Anika Falkert (dir.), *Français d'Amérique : approches morphosyntaxiques*, 2005, p. 15-25.

Chevalier, Jean-Claude *et al.*, *Grammaire Larousse du français contemporain*, Paris, Larousse, 1964, 494 p.

Ditchy, Jay K., *Les Acadiens louisianais et leur parler*, Paris, Droz, 1932, 272 p.

DLC = *Dictionary of Louisiana Creole*, voir Valdman *et al.*, 1998.

DLF = *Dictionary of Louisiana French*, voir Valdman *et al.*, 2010.

Dubois, Sylvie, « Un siècle de français cadien parlé en Louisiane », dans Albert Valdman, Julie Auger et Deborah Piston-Hatlen (dir.), *Le français en Amérique du Nord, État présent*, Sainte-Foy, Presses de l'Université Laval, 2005, p. 287-305.

Dubois, Sylvie, Ruth King et Terri Nadasdi, « Third Person Plural Marking in Acadian Cajun French » [manuscrit dactylographié].

Falkert, Anika, *Le français acadien des Îles-de-la-Madeleine. Étude de la variation phonétique*, Paris, L'Harmattan, 2010, 306 p.

Flikeid, Karin, *La variation phonétique dans le parler acadien du nord-est du Nouveau-Brunswick. Étude sociolinguistique*, New York et al., Peter Lang, 1984, 488 p.

Flikeid, Karin, «Structural Aspects and Current Sociolinguistic Situation of Acadian French», dans Albert Valdman (dir.), *French and Creole in Louisiana*, New York, Plenum, 1997, p. 255-286.

Foulet, Lucien, «Comment ont évolué les formes de l'interrogation», *Romania*, n° 47, 1921, p. 243-348.

Fox, Cynthia, «La variation régionale en français franco-américain : les formes verbales à la troisième personne du pluriel», *Revue de l'Université de Moncton*, vol. 37, n° 2, 2006, p. 55-71.

Gadet, Françoise (dir.), *Le français populaire*, Paris, Presses universitaires de France, coll. «Que sais-je?», 1992, 127 p.

Gadet, Françoise, «Un regard dialinguistique sur les "français marginaux"», dans Luc Baronian et France Martineau (dir.), *Le français d'un continent à l'autre. Mélanges offerts à Yves Charles Morin*, Sainte-Foy, Presses de l'Université Laval, 2009, p. 171-191.

Gérin, Pierre et Pierre M. Gérin, «Éléments de la morphologie d'un parler franco-acadien. Remarques sur la langue de Marichette (Lettres publiées à Weymouth, N.-É., 1895-1898)», *Si que*, n° 4, automne 1979, p. 79-110.

Gesner, Edward B., *Étude morphosyntaxique du parler acadien de la Baie Sainte-Marie, Nouvelle-Écosse (Canada)*, Québec, CIRB, 1979, 137 p.

Grevisse, Maurice et André Goosse, *Le bon usage. Grammaire française*, Bruxelles, De Boeck Duculot, 2008, 1600 p.

Guilbeau, John, «The French Spoken in Lafourche Parish, Louisiana», thèse de doctorat, Chapel Hill, University of North Carolina, 1950.

Guiraud, Pierre, *Le français populaire*, Paris, Presses Universitaires de France, 1965, 116 p.

Hennemann, Julia, *Corpus Isle Madame : Vive l'Acadien*, documents audio en annexe à la thèse de doctorat, Université de Regensburg, 2012.

Hennemann, Julia, *Le parler acadien de l'Isle Madame / Nouvelle Écosse, Canada, Cadre sociolinguistique et spécificités morphosyntaxiques*, Berlin, Erich-Schmidt, à paraître.

Hinskens, Frans, Peter Auer et Paul Kerswill, «The Study of Dialect Convergence and Divergence: Conceptual and Methodological Considerations», dans Peter Auer et al. (dir.), *Dialect Change: Convergence and Divergence in European Languages*, Cambridge, Cambridge University Press, 2005, p. 1-48.

Houssaye, Sidonie de la, *Pouponne et Balthazar*, Lafayette, University of Southwestern Louisiana Press, CLS, 1983 [1888], 78 p.

King, Ruth, *The lexical basis of grammatical borrowing: A Prince Edward Island French case study*, Amsterdam, Benjamins, 2000, 241 p.

King, Ruth, Terri Nadasdi et Gary Butler, «First-Person Plural in Prince Edward Island Acadian French: The Fate of the Vernacular Variant *je... ons*», *Language Variation and Change*, n° 16, 2004, p. 237-255.

Klingler, Thomas, « How Much Acadian Is There in Cajun », dans Ursula Mathis-Moser et Gunter Bischof (dir.), *Acadians and Cajuns: the Politics and Culture of French Minorities in North America*, Innsbruck, Presses universitaires d'Innsbruck, 2009, p. 91-103.

Klingler, Thomas, « Beyond Cajun: Towards an Expanded View of Regional French in Louisiana », dans Michael D. Picone et Catherine Evans Davies (dir.), *New Perspectives on Language Variety in the South: Historical and Contemporary Perspectives*, selected essays from LAVIS III, Tuscaloosa, University of Alabama Press, à paraître automne 2014.

Léard, Jean-Marcel, *Grammaire québécoise d'aujourd'hui: comprendre les québécismes*, Montréal, Guérin universitaire, 1995, 237 p.

Leblanc, Carmen, France Martineau et Yves Frenette (dir.), *Vues sur les français d'ici*, Sainte-Foy, Presses de l'Université Laval, 2010, 285 p.

Ludwig, Ralph *et al.*, *Dictionnaire créole-français (Guadeloupe)*, Paris, Éditions Jasor, 1990, 471 p.

Maillet, Antonine, *Mariaagélas*, Montréal, Leméac Éditeur, 1973, 236 p.

Martineau, France *et al.* (dir.), *Le français d'ici. Études linguistiques et sociolinguistiques sur la variation du français au Québec et en Ontario*, Toronto, Éditions du Gref, 2009, 234 p.

Melkersson, Anders, « Quelques remarques sur les constructions interrogatives en français acadien », *Moderna Sprak*, n° 73, 1979, p. 169-178.

Meney, Lionel, *Dictionnaire québécois français. Mieux se comprendre entre francophones*, Montréal, Guérin, 2003, 1884 p.

Mougeon, Raymond *et al.*, « Convergence vs. divergence », dans Carmen Leblanc, France Martineau et Yves Frenette (dir.), *Vues sur les français d'ici*, Sainte-Foy, Presses de l'Université Laval, 2010, p. 131-184.

Motapanyane, Virginia, *Acadian French*, en collaboration avec David Jory, Munich / Newcastle, Lincom Europa, 1997, 67 p.

Mufwene, Salikoko S., *Créoles, écologie sociale, évolution linguistique*, Paris, L'Harmattan, 2005, 228 p.

Neumann-Holzschuh, Ingrid, « The Difference That Space Makes… Die Varietäten des Akadischen zwischen Kontinuität und Diskontinuität », dans Sabine Heinemann (dir.), *Sprachwandel und (Dis-)Kontinuität in der Romania*, Tübingen, Niemeyer, 2008, p. 41-55.

Neumann-Holzschuh, Ingrid, « La diaspora acadienne dans une perspective linguistique », dans Ursula Mathis-Moser et Gunter Bischof (dir.), *Acadians and Cajuns: the Politics and Culture of French Minorities in North America*, Innsbruck, Presses universitaires d'Innsbruck, 2009, p. 107-122.

Neumann-Holzschuh, Ingrid, « Nivellement linguistique et koïnèisation en Louisiane », dans Maria Iliescu, Heidi M. Siller-Runggaldier et Paul Danler (dir.), *Actes du 25ᵉ Congrès International de Linguistique et Philologie Romanes (CILPR) (Innsbruck, septembre 2007)*, t. VII, Berlin: De Gruyter, 2010, p. 261-272.

Neumann-Holzschuh, Ingrid, « Crossroads Louisiana: Aspects of Language Contact in the History of Louisiana French », dans Alexandra Aikhenvald et Robert Nicolaï (dir.), *Journal of Language Contact*, à paraître.

Neumann-Holzschuh, Ingrid, Patrice Brasseur et Raphaële Wiesmath, « Le français acadien au Canada et en Louisiane: Affinités et divergences», dans Albert Valdman, Julie Auger et Deborah Piston-Hatlen (dir.), *Le français en Amérique du Nord. État présent*, Sainte-Foy, Presses de l'Université Laval, 2005, p. 479-503.

Neumann-Holzschuh, Ingrid et Raphaële Wiesmath, «Les parlers acadiens: un continuum discontinu», *Revue canadienne de linguistique appliquée*, vol. 9, n° 2 / *Revue de l'Université de Moncton*, vol. 37, n° 2, 2006, p. 233-249.

Papen, Robert A. et Kevin Rottet, «A Structural Sketch of the Cajun French Spoken in Lafourche and Terrebonne Parishes», dans Albert Valdman (dir.), *French and Creole in Louisiana*, New York, Plenum, 1997, p. 71-108.

Papen, Robert A. et Gisèle Chevalier (dir.), *Les variétés de français en Amérique du Nord. Évolution, innovation et description*, *Revue canadienne de linguistique appliquée*, vol. 9, n° 2 / *Revue de l'Université de Moncton*, vol. 37, n° 2, 2006, 249 p.

Peronnet, Louise, *Le parler acadien du sud-est du Nouveau-Brunswick: éléments grammaticaux et lexicaux*, New York, Peter Lang, 1989, 267 p.

Perrot, Marie-Ève, «Aspects fondamentaux du métissage français / anglais dans le chiac de Moncton», thèse de doctorat, Paris III, Université Sorbonne Nouvelle, 1995.

Picone, Michael D., «Le français louisianais hors de l'Acadiana», *Revue canadienne de linguistique appliquée*, vol. 9, n° 2 / *Revue de l'Université de Moncton*, vol. 37, n° 2, 2006, p. 233-249.

Picone, Michael D., «French Dialects in Louisiana: A Revised Typology», dans Michael D. Picone et Catherine Evans Davies (dir.), *New Perspectives on Language Variety in the South: Historical and Contemporary perspectives*, selected essays from LAVIS III, Tuscaloosa, University of Alabama Press, à paraître automne 2014.

Price, Glanville, *The French Language: Present and Past*, Londres, E. Arnold, 1971, 283 p.

Rottet, Kevin, *Language Shift in the Coastal Marshes of Louisiana*, New York *et al*, Peter Lang, 2001, 302 p.

Rottet, Kevin, «Inanimate Interrogatives and Settlement Patterns in Francophone Louisiana», *Journal of French Language Studies*, n° 14, 2004, p. 169-188.

Rottet, Kevin, «Variation et étiolement en français cadien: perspectives comparées», dans Albert Valdman, Julie Auger et Deborah Piston-Hatlen (dir.), *Le français en Amérique du Nord. État présent*, Sainte-Foy, Presses de l'Université Laval, 2005, p. 243-259.

Rottet, Kevin, «Attestation et disparition du type *j'avons* en français cadien», dans Patrice Brasseur et Anika Falkert, *Français d'Amérique: approches morphosyntaxiques*, Paris, L'Harmattan, 2005, p. 213-227.

Rottet, Kevin, «Évolution différente de deux traits de contact interdialectal en français louisianais: les cas de *quoi* et *j'avons*», *Revue canadienne de linguistique appliquée*, vol. 9, n° 2 / *Revue de l'Université de Moncton*, vol. 37, n° 2 2006, p. 173-192.

Salmon, Carole, *Cent ans de français cadien en Louisiane. Étude sociolinguistique du parler des femmes*, New York, Peter Lang, 2009, 123 p.

Stäbler, Cynthia, *La vie dans le temps et asteur, Ein Korpus von Gesprächen mit Cadiens in Louisiana*, Tübingen, Narr, 1995, 265 p.

Stäbler, Cynthia, *Entwicklung mündlicher romanischer Syntax. Das 'français cadien' in Louisiana*, Tübingen, Narr, 1995, 222 p.

Szlezák, Edith, *Franco-Americans in Massachusetts. « No French No Mo' 'Round Here »*, Tübingen, Narr, 2010, 325 p.

Trudgill, Peter, *Dialects in Contact*, Oxford, Blackwell, 1986, 174 p.

Valdman, Albert (dir.), *French and Creole in Louisiana*, New York, Plenum, 1997, 388 p.

Valdman, Albert, *Haitian Creole-English Bilingual Dictionary*, Bloomington, Indiana University Creole Institute, 2007, 781 p.

Valdman, Albert et al., *À la découverte du français cadien à travers la parole / Discovering Cajun French through the spoken word*, CD-ROM 2004, Bloomington, Indiana University Creole Institute, 2004.

Valdman, Albert et al., *Dictionary of Louisiana Creole*, Bloomington, Indiana University Press, 1998, 656 p.

Valdman, Albert, Kevin J. Rottet et al., *Dictionary of Louisiana French: As Spoken in Cajun, Creole, and American Indian Communities*, Jackson, University Press of Mississippi, 2010, 892 p.

Valdman, Albert, Julie Auger et Deborah Piston-Hatlen (dir.), *Le français en Amérique du Nord. État présent*, Sainte-Foy, Presses de l'Université Laval, 2005, 583 p.

Wiesmath, Raphaële, « Présence et absence du relatif et conjonctif *que* dans le français acadien : tendances contradictoires ? », dans Claus D. Pusch et Wolfgang Raible (dir.), *Romanistische Korpuslinguistik : Korpora und gesprochene Sprache*, Tübingen, Narr, 2002, p. 393-408.

Wiesmath, Raphaële, *Le français acadien : analyse syntaxique d'un corpus oral recueilli au Nouveau-Brunswick / Canada*, Paris, L'Harmattan, 2006, 278 p.

LORSQUE LA REFORMULATION JOUE SUR DEUX LANGUES : L'EXEMPLE DU DISCOURS D'UNE RADIO COMMUNAUTAIRE DE LA NOUVELLE-ÉCOSSE*

Cristina Petraș
Université Alexandru Ioan Cuza de Iași

Introduction

La présente étude porte sur le phénomène de reformulation tel qu'il se manifeste dans les traductions (anglais-français, français-anglais), de la part d'instances énonciatives aux rôles différents (animateurs, invités), dans le discours d'une série d'émissions de la radio communautaire francophone CIFA du sud-ouest de la Nouvelle-Écosse. Cette radio dessert deux communautés acadiennes situées dans le sud-ouest de la province : celle de la Baie Sainte-Marie et celle d'Argyle (ou Pubnico).

Selon Michèle Noailly, « pour le linguiste, qui sait qu'aucun mot n'en vaut un autre, redire en disant autrement, c'est

---

* Nous remercions Laurence Arrighi pour son aimable lecture d'une version antérieure de ce texte. Ses suggestions et remarques très riches nous ont permis d'en améliorer la qualité. Nos remerciements s'adressent aussi aux deux lecteurs anonymes. Nous avons pu tirer pleinement profit de leurs commentaires et suggestions fort pertinents dans cette version finale du texte.

nécessairement dire autre chose[1] ». C'est à la recherche de cet « autre chose » que nous nous engageons dans ce travail, à partir du discours de la radio CIFA. Cette démarche nous permettra de répondre aux questions suivantes : quel rôle la reformulation joue-t-elle dans le discours de la radio en question ? Quel est le rapport entre la politique linguistique de la radio et les pratiques langagières à travers la reformulation ? Quel rapport les locuteurs entretiennent-ils avec les deux langues en contact ? Quel rapport les locuteurs établissent-ils entre eux du point de vue discursif dans le cadre de communication formel qu'est celui de la radio communautaire ? La reformulation participe-t-elle d'une solidarité entre les membres d'une communauté ?

Le corpus[2] sur lequel nous nous appuyons est constitué des transcriptions d'une série d'émissions de la radio communautaire CIFA déjà mentionnée. Il s'agit de vingt-huit émissions, enregistrées sur Internet du 1er octobre 2004 au 31 janvier 2006, d'une durée totale d'environ 400 minutes, représentant environ 110 533 mots. Ce sont des interactions entre les membres de la communauté, les uns animateurs, les autres invités. Quatre de ces émissions constituent des éditions d'une émission thématique traitant de sujets médicaux (« Coin sur la santé »), tandis que les autres représentent les interventions de différents membres de la communauté dans le cadre d'émissions plus larges. Ces interventions portent sur des sujets divers touchant à la vie de la communauté (voir dans **2.** les renvois aux sujets des émissions dont sont tirés les exemples analysés).

---

[1] Michèle Noailly, « La reformulation dans le dialogue : le modèle de Marivaux », dans Marie-Claude Le Bot, Martine Schuwer et Élisabeth Richard (dir.), *La reformulation. Marqueurs linguistiques, stratégies énonciatives*, Rennes, Presses universitaires de Rennes, 2008, p. 199.

[2] Qui a constitué le corpus de notre thèse de doctorat intitulée *Les emprunts et la dynamique linguistique* (Cristina Petraș, 2008).

1. Terrain de la démarche
1.1. Les communautés acadiennes du sud-ouest de la Nouvelle-Écosse : éléments sociolinguistiques et sociohistoriques

Les Acadiens de la Nouvelle-Écosse vivent dans une situation de minorité linguistique[3] dans une province où, à l'exception des lois scolaires et des lois sur l'emploi des langues en justice, le français n'a pas de statut officiel. Pourtant, si l'on envisage les divisions que sont les municipalités, les réalités se présentent différemment. Ainsi, dans la municipalité de Clare (située dans le comté de Digby), la population de « langue maternelle française » représente environ 65 % de la population totale[4]. Pour la municipalité d'Argyle (située dans le comté de Yarmouth), le chiffre est d'environ 46 %[5]. Dans ces régions, le taux de bilinguisme est très élevé, surtout chez la population acadienne. Ainsi, selon les documents cités en notes 4 et 5, le « pourcentage de la population avec une connaissance des deux langues officielles » est de 74,9 % pour la région de Clare et de 61,7 % pour la région d'Argyle. Ce qui caractériserait, selon Rodrigue Landry et Réal Allard[6], le rapport entre les deux langues en contact, ce serait le bilinguisme sans diglossie, concept emprunté à Joshua A. Fishman (1967). En effet, les individus sont bilingues, mais il n'y a pas de répartition précise entre les deux langues en fonction de contextes sociaux spécifiques. C'est

---

[3] Selon le recensement de 2006 (source : Statistique Canada), la population de langue maternelle française était de 34 925 personnes (français seul, 32 540 ; français avec anglais, 2100 ; français avec langue non officielle, 140 ; français avec anglais et langue non officielle, 145), ce qui, à l'échelle de la province, qui comptait une population de 903 090 personnes, ne représentait qu'environ 3,86 % : Statistique Canada (2011), *Population selon la langue maternelle, par province et territoire (Recensement 2006) (Terre-Neuve-et-Labrador, Île-du-Prince-Édouard, Nouvelle-Écosse)*; [en ligne] http://www.statcan.gc.ca/tables-tableaux/sum-som/l02/cst01/demo11a-fra.htm, consulté le 20 février 2013.

[4] Selon le *Profil communautaire 2008. Communauté acadienne et francophone de la région de Clare* (du Conseil de développement économique de la Nouvelle-Écosse), p. 5, qui cite *Statistique Canada* avec le recensement de 2006.

[5] Selon le *Profil communautaire 2008. Communauté acadienne et francophone de la région d'Argyle*, p. 5, du même organisme qu'à la note antérieure.

[6] Rodrigue Landry et Réal Allard, « Diglossia, Ethnolinguistic Vitality and Language Behaviour », *International Journal of the Sociology of Language*, vol. 108, n° 1, 1994, p. 15-42.

une situation caractérisée par un bilinguisme instable, par un taux important de passage à la langue dominante et donc d'assimilation.

La configuration actuelle des communautés acadiennes néo-écossaises est le résultat de la réorganisation des Acadiens au retour de la Déportation, à partir de 1763. La répartition actuelle des communautés acadiennes, datant de la fin du XVIIIe siècle, ne se superpose pas à la répartition des communautés acadiennes d'avant la Déportation. Ces faits historiques sont d'un grand intérêt, puisqu'ils n'ont pas été sans conséquence sur la situation sociolinguistique et sur les faits linguistiques eux-mêmes.

La communauté acadienne de la Baie Sainte-Marie (située dans la municipalité de Clare) s'est constituée à partir de 1768, époque à laquelle des familles acadiennes originaires de Port-Royal – la première colonie française en Amérique du Nord –, de retour de la Déportation, s'installent à la Baie Sainte-Marie, région qui n'avait pas été colonisée avant la Déportation[7]. Malgré le fait que le nouveau regroupement ne correspond à aucun des anciens établissements, une continuité historique existe bel et bien de par la continuité de la population. Des facteurs comme l'isolement de cette communauté, greffé sur le caractère très conservateur du parler des colons de Port-Royal, dont les Acadiens de la communauté de la Baie Sainte-Marie sont les descendants, « l'homogénéité de son peuplement[8] » (environ 70 % de francophones), ainsi que la « contiguïté géographique des localités francophones[9] » qui composent cette communauté sont à l'origine du maintien d'une série de traits linguistiques anciens qui font de la variété parlée par cette communauté la variété la plus conservatrice des variétés acadiennes[10].

La communauté acadienne d'Argyle (ou de Pubnico) ne s'est pas à proprement parler constituée après la Déportation, mais

---

[7] Karin Flikeid, « Origines et évolution du français acadien à la lumière de la diversité contemporaine », dans Raymond Mougeon et Édouard Beniak (dir.), *Les origines du français québécois*, Sainte-Foy, Presses de l'Université Laval, 1994, p. 275-326.

[8] Karin Flikeid et Ginette Richard, « La Baie Sainte-Marie et l'Ile Madame (Nouvelle-Écosse) : Comparaison phonétique entre deux variétés acadiennes », *Francophonies d'Amérique*, n° 3, 1993, p. 129.

[9] *Ibid.*

[10] Karin Flikeid, « Origines et évolution… », *op. cit.*

avant, un premier établissement ayant été fondé en 1653 dans la région du Cap-Sable, soit Pubnico. Une partie des familles déportées en 1755, qui sont retournées après 1766, étaient originaires de Port-Royal[11].

En raison de l'origine commune des deux communautés (celle de la Baie Sainte-Marie et celle de Pubnico), on peut donc supposer, en suivant Karin Flikeid[12], une certaine unité linguistique originelle.

1.2. Les radios communautaires francophones et leurs politiques linguistiques

En tant qu'entreprises communautaires, gérées par les communautés elles-mêmes et avec la participation de bénévoles, les radios communautaires répondent aux besoins d'information des communautés dans lesquelles elles sont implantées par une programmation propre[13]. Reconnues par la *Loi sur la radiodiffusion* (1991) et bénéficiant d'un financement fédéral dans le cadre du Programme d'appui aux communautés de langues officielles, les radios communautaires représentent une alternative à la radio publique et aux radios commerciales dans les communautés minoritaires[14].

La radio CIFA de la Nouvelle-Écosse et deux radios communautaires du Nouveau-Brunswick (Radio Péninsule, CKRO, dans le nord-est et Radio Beauséjour, CSJE, dans le sud-est) ont déjà fait l'objet d'une série d'études sociolinguistiques. À partir de l'analyse du discours épilinguistique des acteurs sociaux

---

[11] Sally Ross et J. Alphonse Deveau, *Les Acadiens de la Nouvelle-Écosse, hier et aujourd'hui* (traduction de l'anglais), Moncton, Éditions d'Acadie / Halifax, Nimbus Publishing, 2001 [1995], 293 p.

[12] Karin Flikeid, « Unity and Diversity in Acadian Phonology: An Overview Based on Comparisons Among the Nova Scotia Varieties », *Journal of the Atlantic Provinces Linguistic Association*, vol. 10, 1988, p. 64-110; Karin Flikeid, *op. cit.*

[13] Mélanie LeBlanc, « Idéologies, représentations linguistiques et construction identitaire à la Baie Sainte-Marie, Nouvelle-Écosse », thèse de doctorat, Université de Moncton, 2012, p. 167.

[14] Lise Dubois, « Radios communautaires acadiennes : idéologies linguistiques et pratiques langagières », dans André Magord (dir.), *L'Acadie plurielle. Dynamiques identitaires collectives et développement au sein des réalités acadiennes*, Poitiers, Université de Poitiers, Institut d'études acadiennes et québécoises / Moncton, Université de Moncton, Centre d'études acadiennes, 2003, p. 307-308.

participant à la vie des radios communautaires mentionnées et des pratiques langagières de ceux-ci, Annette Boudreau et Stéphane Guitard identifient le « rôle de promoteur de la langue française[15] » des radios communautaires, celles-ci ayant aussi une contribution dans « une tentative de réappropriation du français[16] » et jouant le « rôle d'outil de francisation[17] ». Reflétant la vie des communautés dans lesquelles elles sont implantées, ces radios ont permis à leurs membres de prendre la parole dans l'espace public dans leur propre vernaculaire et ont ainsi joué un rôle important dans la construction identitaire francophone. La pratique du vernaculaire a permis à ces gens de dépasser l'insécurité linguistique qui engendrait la peur de parler – avec pour conséquence le silence.

Les auteurs cités analysent deux aspects de la politique linguistique (explicite ou implicite, selon le cas) de ces radios, soit le rapport à (aux) norme(s) du français et le rapport à l'anglais. Concernant le premier aspect, il y a lieu de faire des distinctions entre les deux radios du Nouveau-Brunswick, d'une part, et celle de la Nouvelle-Écosse, d'autre part : si les politiques linguistiques respectives des deux premières visent « l'utilisation du bon français[18] » (Radio Péninsule) ou bien l'emploi d'un « français acceptable[19] » (Radio Beauséjour), celle de la radio CIFA de la Nouvelle-Écosse – politique implicite – vise plutôt une valorisation du vernaculaire[20]. Il s'agit même de plus que cela : la radio devient « un lieu de revendication de l'acadjonne[21] » (voir ci-dessous). Comme l'affirme la même auteure[22], avoir évité de formuler une politique linguistique explicite, écrite, qui préconiserait l'emploi du vernaculaire, ne fait que profiter à ce dernier, qui, dans le contexte des

---

[15] Annette Boudreau et Stéphane Guitard, « Les radios communautaires : instruments de francisation », *Francophonies d'Amérique*, n° 11, 2001, p. 123.

[16] Annette Boudreau, « Le français en Acadie : maintien et revitalisation du français dans les provinces Maritimes », dans Albert Valdman, Julie Auger et Deborah Piston-Hatlen (dir.), *Le français en Amérique du Nord. État présent*, Sainte-Foy, Presses de l'Université Laval, 2005, p. 439.

[17] Mélanie LeBlanc, *op. cit.*, p. 172.

[18] Annette Boudreau et Stéphane Guitard, *op. cit.*, p. 127.

[19] *Ibid.*

[20] Annette Boudreau, *op. cit.*, p. 448-451

[21] Mélanie LeBlanc, *op. cit.*, p. 166.

[22] *Ibid.*, p. 179.

tensions entre les tenants de l'emploi du français standard et ceux de l'emploi du vernaculaire, se trouve mis à l'abri des critiques et légitimé. Ce vernaculaire porte un nom : l'acadjonne. Ce n'est pas une simple lexicalisation d'une prononciation locale (on y reconnaît une affrication et une dénasalisation), mais une dénomination précise du vernaculaire local, à ne pas confondre avec l'acadien, en général. La valorisation de l'acadjonne correspond à une « idéologie du dialecte[23] ». Le dialecte y relève des « marqueurs identitaires[24] ». Associé aux mythes – « celui de l'ancienne capitale [allusion à Port-Royal], celui du plus vieux français d'Amérique[25] » – il est une garantie d'authenticité. À ses débuts, la radio a pourtant connu une situation différente, l'élite ayant imposé « un standard régional[26] », ce qui a conduit au refus des gens de prendre la parole à la radio. Quant à ce que l'on met sous l'étiquette « acadjonne », les opinions divergent, certains y incluant, par exemple, des éléments anglais[27].

Selon Annette Boudreau et Stéphane Guitard, les radios du Nouveau-Brunswick entreprennent un véritable « travail sur la qualité de la langue[28] », dont le but est d'instruire, de faire connaître le français, la radio étant un « moyen privilégié d'apprentissage[29] » pour « la tranche de la population qui ne sait pas lire[30] ». S'affirme ainsi le rôle joué par la radio communautaire dans l'aménagement linguistique du corpus.

Le sujet du rapport à l'anglais est aussi abordé dans l'analyse du discours épilinguistique des acteurs des radios. Ainsi, pour les deux radios du Nouveau-Brunswick, ceux-ci expliquent que les anglicismes ne sont pratiquement pas admis ; s'ils apparaissent dans certains contextes, il faut les traduire en français, un « processus de médiation[31] » de la part des animateurs se mettant ainsi en place.

---

[23] Annette Boudreau, *op. cit.*, p. 449.
[24] *Ibid.*, p. 448.
[25] *Ibid.*, p. 449.
[26] Mélanie LeBlanc, *op. cit.*, p. 178.
[27] *Ibid.*, p. 181-188.
[28] Annette Boudreau et Stéphane Guitard, *op. cit.*, p. 129.
[29] *Ibid.*
[30] *Ibid.*
[31] *Ibid.*, p. 128.

La reformulation (la traduction) est signalée aussi par Mélanie LeBlanc pour la radio CIFA, des « stratégies de médiation[32] » étant évoquées. Selon les témoignages des acteurs de la radio analysés par Mélanie LeBlanc, témoignages portant sur les annonces publicitaires, l'emploi des mots techniques anglais se justifie par le fait que ceux-ci sont plus connus que leurs équivalents français. Pourtant, ces derniers sont aussi utilisés, la radio contribuant ainsi à l'apprentissage, par la population, d'une « terminologie nouvelle en français[33] ». Selon la même auteure, le type de variété qu'il faudrait utiliser à la radio, tel qu'il se dégage des discours épilinguistiques des acteurs de la radio CIFA, serait « la variété régionale la moins anglicisée possible, selon les compétences et le degré de confort des animateurs[34] ». Selon le témoignage d'une personne faisant partie de la « structure décisionnelle de CIFA », citée par Mélanie LeBlanc, « les animateurs ne sont tenus que d'"essayer d'enlever les mots anglais"[35] ».

En 2., nous examinerons la manière dont les lignes directrices de cette politique linguistique implicite de la radio CIFA se reflètent dans les interactions dans le discours des animateurs et des invités.

2. La reformulation-traduction dans les interactions de la radio CIFA

2.1. La reformulation comme stratégie discursive

Dans un sens général, le terme *reformulation* désigne toute activité de reprise d'un segment de son propre discours ou du discours de son interlocuteur, en vue de son amélioration (pour le corriger, le préciser, l'expliquer, l'expliciter, etc.). Selon Marie-Madeleine de Gaulmyn, les différentes formes de reformulation sont « la paraphrase, la définition, la correction, la répétition[36] ».

---

[32] Mélanie LeBlanc, *op. cit.*, p. 186.
[33] *Ibid.*, p. 184.
[34] *Ibid.*, p. 180.
[35] *Ibid.*, p. 176.
[36] Marie-Madeleine de Gaulmyn, « Reformulation et planification métadiscursives », dans Jacques Cosnier, et Catherine Kerbrat-Orecchioni (dir.), *Décrire la conversation*, Lyon, Presses universitaires de Lyon, 1991 [1987], p. 168.

Dans le cas qui nous intéresse, la reformulation se manifeste sous la forme de la traduction, qui peut, à son tour, prendre différentes formes – équivalence, explication, paraphrase. Les auteurs de l'introduction de l'ouvrage dirigé par Marie-Claude Le Bot, Martine Schuwer et Élisabeth Richard remarquent que la reformulation est une « stratégie discursive[37] », ayant des « fonctions bien différentes[38] » et, en se rapportant à une partie des articles du recueil, ils soulignent le rôle joué par la reformulation dans « la structuration du discours[39] » et dans la « dynamique du discours[40] ». Les mêmes auteurs affirment que « reformuler est rarement innocent[41] », ce dont rendent compte les études du recueil (voir aussi Michèle Noailly citée dans l'introduction). L'idée qui devrait gouverner toute démarche visant à étudier la reformulation est que la reprise d'un segment de discours renvoie, dans la plupart des cas, à des stratégies discursives. Et lorsque le phénomène de reformulation se produit en mettant en jeu deux langues, l'intérêt est d'autant plus élevé. Pour reprendre Elisabeth Gülich et Thomas Kotschi [42], qui analysent les marqueurs de la reformulation paraphrastique, il s'agit de résoudre les problèmes communicatifs (de compréhension) qui surgissent dans l'échange, la reformulation étant essentiellement un processus coopératif et interactif entre les locuteurs. Dans notre discussion, il est essentiel d'insister, comme le fait M. M. Jocelyne Fernandez-Vest[43], sur le fait que dans la reformulation, l'activité de paraphrase du locuteur compte plus que l'équivalence sémantique entre les deux séquences. Nous retenons cette idée puisque, comme on le verra par la suite, la signification de certaines des reformulations que nous aurons identifiées devra être

---

[37] Marie-Claude Le Bot, Martine Schuwer et Élisabeth Richard (dir.), *La reformulation. Marqueurs linguistiques, stratégies énonciatives* (Introduction : « La reformulation : marqueurs linguistiques et stratégies énonciatives »), Rennes, Presses universitaires de Rennes, 2008, p. 14.
[38] *Ibid.*
[39] *Ibid.*
[40] *Ibid.*
[41] *Ibid.*
[42] Elisabeth Gülich et Thomas Kotschi, « Les marqueurs de la reformulation paraphrastique », *Cahiers de linguistique française*, n° 5, 1983, p. 305-351.
[43] M. M. Jocelyne Fernandez-Vest, *Les particules énonciatives dans la construction du discours*, Paris, Presses universitaires de France, 1994, 283 p.

recherchée non au niveau informatif immédiat, mais plutôt au niveau de l'interaction et des relations existant entre les locuteurs, membres d'une même communauté linguistique.

Les auteurs de l'introduction de l'ouvrage dirigé par Martine Schuwer, Marie-Claude Le Bot et Élisabeth Richard[44] s'arrêtent sur la reformulation dans les médias, par rapport aux études du recueil consacrées à ce sujet, en signalant le fait que le rôle du journaliste est d'informer de manière correcte, comme celui du scientifique, d'ailleurs. Pourtant, le journaliste ne saurait se passer d'un rôle engagé, d'une « responsabilité énonciative[45] ». Responsabilité énonciative qui pourrait l'amener à entreprendre des reformulations, dirions-nous. Il existe en plus une politique linguistique qu'il est tenu de respecter (voir 1.2.).

2.2. Les hétéro-reformulations

La distinction entre *auto-reformulation* et *hétéro-reformulation*[46] rend compte de la différence de source de la reformulation (le locuteur lui-même ou son interlocuteur).

Les hétéro-reformulations dans notre corpus sont pour l'essentiel celles qu'une animatrice des émissions fait des paroles de ses interlocutrices, en traduisant généralement en français les séquences en anglais produites par celles-ci. Analysons les exemples suivants :

(1) $F^1 1$[47] : ça fait qu'une maman / qu'est / une MUM qu'est neuve / pis que le lait est point là tout droit

---

[44] Martine Schuwer, Marie-Claude Le Bot et Élisabeth Richard (dir.), *Pragmatique de la reformulation. Types de discours. Interactions didactiques*, Rennes, Presses universitaires de Rennes, 2008, 320 p.
[45] *Ibid.*, p. 12.
[46] Marie-Madeleine de Gaulmyn, *op. cit.*, p. 168.
[47] Nous préférons garder dans les exemples utilisés dans ce travail le système de symboles et d'identification des locuteurs des diverses émissions que nous avons utilisé dans le corpus dont sont extraits les exemples, et ce, pour mieux rendre compte des situations où un même locuteur apparaît dans plusieurs situations. Dans le corpus indiqué, chaque intervenant a reçu un numéro. F 1 et H 1 représenteront chaque fois les animateurs des émissions. L'exposant représente le numéro de l'émission dans le corpus. Le symbole F représente une femme, alors que le symbole H renvoie à un homme. $F^1 1$, $F^2 1$, $F^3 1$, $F^4 1$ et $F^{28} 1$ représentent la même animatrice. H131, H141, H231 renvoient à un même animateur.

F¹2 : ça veut point dire qu'i faut que tu *gives up*
F¹1 : ça veut point dire qu'i faut que t'abandonnis cela
F¹2 : hm

(2) F³1 : ta mère était combien vieille une fois qu'alle a eu
F³4 : EIGHTY-ONE
F³1 : quatre-vingt-un
F³4 : ouais
F³1 : pis ielle c'était cinquante
F³3 : alle allait avoir cinquante

(3) F³2 : ouais / ça vint un temps
F³3 : alle a pus de
F³2 : i savont pus comment / *chewer*
F³1 : a sait pus manger
F³3 : a sait pus
F³2 : i mangeont point et i savont point qu'i faut qu'i envalent

(4) F³1 : et pis vous avez dit que c'te réunion-là était yu
F³4 : à Yarmouth à la
[...]
F³2 : à la WESLEYAN CHURCH
F³4 : à la WESLEYAN CHURCH
F³2 : avec les je pourrais te *caller* BACK avec les
F³1 : tu pourrais me rappeler et pis me laisser savoir

(5) F³3 : i mettont de l'eau pis i faisont
F³2 : tout est *paste*
F³3 : c'est *paste*
F³2 : oui
F³3 : quand ça timbe dans son ventre c'est comme de l'eau

Les exemples (1)-(4) présentent des cas de figure très proches : l'animatrice reprend les paroles de ses interlocutrices, avec la traduction / transposition en français du mot anglais utilisé par celles-ci. En l'absence des marqueurs explicites de reformulation (connecteurs), c'est l'équivalence translinguistique parfaite ou approximative (« *give up* » sera repris par « abandonner », « *eighty-one* » par « quatre-vingt-un », « *chewer* » par « manger », « *caller back* » par

« rappeler »), à côté d'autres phénomènes, qui indique une opération de reformulation. Le parallélisme syntaxique[48], tel qu'il apparaît par exemple dans (3) (« je pourrais te caller BACK » / tu pourrais me rappeler »), est un tel phénomène.

En (1)[49], l'intervention de l'invitée $F^1 2$ (qui utilise le verbe anglais) est déclenchée par les amorces multiples dans le discours de l'animatrice $F^1 1$, caractéristiques de l'élaboration du discours oral (première intervention). Ce sont des amorces de plusieurs structures syntaxiques (« programmes syntaxiques[50] ») qu'elle abandonne par la suite. L'intervention de son interlocutrice est en fait une « reformulation réparatrice[51] » qui relance le développement discursif, tout en enchaînant sur de l'implicite.

En (2)[52], après la traduction du numéral utilisé par son interlocutrice ($F^3 4$), l'animatrice ($F^3 1$) relance la discussion, en utilisant un numéral français, qui sera repris par la troisième locutrice ($F^3 3$).

En (3), tirée de la même émission qu'antérieurement, l'intervention de $F^3 2$ (« i savont pus comment / *chewer* ») est une reformulation réparatrice par rapport à l'intervention antérieure (celle de $F^3 3$) et par là un changement du programme syntaxique. La pause qui précède le verbe anglais *chewer* – adapté morphologiquement au français – semble indiquer une hésitation ou un effort de recherche lexicale. L'animatrice ($F^3 1$) va reformuler l'intervention de son interlocutrice ($F^3 2$) en reprenant la structure utilisée par cette dernière mais avec une transposition du verbe et en revenant

---

[48] Voir Jonas Löfström, « Reformulations successives comme moyen de co-énonciation dans les conversations informelles », dans Marie-Claude Le Bot, Martine Schuwer et Élisabeth Richard (dir.), *La reformulation. Marqueurs linguistiques, stratégies énonciatives*, Rennes, Presses universitaires de Rennes, 2008, p. 175, citant Corine Rossari, *Les opérations de reformulation. Analyse du processus et des marques dans une perspective contrastive français-italien*, Berne / Berlin / Francfort / New York / Paris / Vienne, Peter Lang, 1993, p. 14.

[49] Le contexte est celui d'une discussion sur l'allaitement naturel. Il en est de même pour l'exemple (9 e).

[50] Denis Apothéloz, « Reformulations réparatrices à l'oral », dans Marie-Claude Le Bot, Martine Schuwer et Élisabeth Richard (dir.), *La reformulation. Marqueurs linguistiques, stratégies énonciatives*, Rennes, Presses universitaires de Rennes, 2008, p. 155-168.

[51] *Ibid.*

[52] Les exemples (2), (3), (4), (5), (9 c), (9 e), (10 a), (11 a) sont tirés d'une émission sur la maladie d'Alzheimer.

au pronom sujet utilisé par la locutrice F³3 («alle» / «a»). Dans le jeu de cette traduction approximative, le verbe français *manger*, par un glissement de sens de type métonymique, en vient à signifier «mâcher». Il faut aussi signaler la nouvelle intervention de la locutrice qui avait employé le verbe anglais (F³2); celle-ci revient sur son discours pour continuer son explication; elle emploiera cette fois elle aussi le verbe français *manger* avec apparemment le sens que lui avait donné son interlocutrice («mâcher») et continuera son explication en introduisant un autre verbe, très proche, *envaler* (en français régional, «avaler»).

On retrouve ici le rôle de «moyen privilégié d'apprentissage» joué par les radios communautaires[53]. Les présentateurs assument un véritable rôle éducatif, contribuant à l'aménagement linguistique du corpus. Pourtant, il y a lieu de distinguer entre le type de vocabulaire impliqué dans les reformulations chez les auteurs cités – essentiellement des mots ayant des référents culturels toujours anglais – et celui de nos exemples – plus général, voir à cet égard les verbes[54]. Sans rejeter complètement l'idée d'un «processus de médiation» proposée par les auteurs cités (voir ci-dessus), nous considérons que dans un contexte d'interaction il faut envisager aussi les rapports qui s'établissent à travers le discours entre les participants. Les choses sont encore plus complexes dans le cas de l'acte de communication particulier qu'est l'émission de radio, puisqu'y participent l'animateur et les invités, ainsi que le public auquel s'adressent les émissions et qui en est partie prenante. Hormis leur fonction informative, les reformulations analysées portent sur les relations entre les participants à l'interaction et sur leur rapport au public[55]. En traduisant les

---

[53] Annette Boudreau et Stéphane Guitard, *op. cit.*, p. 129.

[54] Même dans les annonces publicitaires de la radio CIFA, tel qu'il ressort des témoignages analysés par Mélanie LeBlanc (*op. cit.*, p. 185), il se glisse parfois des mots anglais pour lesquels les équivalents français seraient, selon toute apparence, connus du public.

[55] Nous renvoyons aux questions étudiées par Robert Vion, *La communication verbale. Analyse des interactions*, Paris, Hachette Supérieur, 1992, p. 219-224., concernant (a) le type d'opération associée à la distinction entre auto et hétéro-reformulation, à savoir auto-régulation dans le premier cas et négociation dans le second, et (b) la nature de la reformulation, à savoir le contenu, la relation ou la discursivité. Ainsi, l'auteur cité identifie les catégories suivantes: «autorégulation des contenus», «autorégulation de la relation», «autorégulation de la discursivité», «négociation des contenus», «négociation de la relation», «négociation de la discursivité».

paroles de son interlocutrice, l'animatrice fait savoir à cette dernière non seulement qu'elle a compris la séquence en anglais, mais qu'elle entame une négociation (de la relation) qui vise à encourager les invités à parler en français sur les ondes. Cette pratique enregistrée dans l'interaction correspond à la politique linguistique (implicite) de la radio en question sur l'emploi de l'anglais (voir 1.2.).

Si, après l'analyse de ces exemples, on aurait tendance à dire que le sens de la traduction est toujours anglais (invité) – français (animatrice), un exemple comme le suivant[56] vient brouiller les pistes, puisque cette fois c'est l'animatrice elle-même qui reprend un syntagme anglais employé par son interlocutrice, sans le traduire.

(6) F^{4}2 : et ène autre affaire / je vas vous donner mon PHONE NUMBER / pis si qu'y a / quèqu'un qui veut en savoir plus' [...] h'avons un SELF HELP GROUP par icitte
F^{4}1 : oh y a un SELF HELP GROUP

On a affaire dans ce cas à un référent culturel anglais, le syntagme anglais étant probablement largement employé dans la communauté et par conséquent caractérisant la norme vernaculaire.

Par rapport aux exemples (1)-(4) dans lesquels c'est l'animatrice qui reformule / traduit en français l'intervention de ses interlocutrices, dans un exemple comme (5), la reprise par la locutrice invitée F^{3}3 de l'intervention de F^{3}2, elle-même invitée, se fait avec le maintien du mot anglais. S'agit-il là de la reconnaissance des deux interlocutrices dans la même norme ? Dans la réplique suivante (« quand ça timbe dans son ventre c'est comme de l'eau »), on note pourtant une tentative d'explication, qui équivaut à une reformulation. Cet exemple de reprise presque rituelle n'est pas le seul, et cela chez les mêmes locutrices. Il est peut-être question ici de la manifestation de la part de ces personnes d'un besoin de témoigner d'une même expérience vécue.

On n'enregistre pas la même tendance à traduire en français un mot / syntagme en anglais utilisé par les interlocuteurs chez les

---

[56] L'émission dont est tiré cet exemple présente le témoignage d'une malade de sclérose en plaques. Il en est de même de (10 e), (11 c) (11 f).

deux autres animateurs. On voit se manifester ainsi la liberté de choix de variété, d'emploi ou pas des anglicismes, qui régit la politique linguistique implicite de la radio CIFA (voir 1.2.). Dans l'exemple ci-dessous[57], l'animateur $H^{14}1$ fait plutôt un commentaire par rapport à l'intervention de l'interlocutrice :

> (7) $F^{14}2$: i m'ont dit qu'il allait / *droper in* / ça fait que h'allons l'attendre là
> $H^{14}1$: là vous êtes chanceux qu'i qu'il a le temps d'aller faire un petit tour

Tout au contraire, dans une série d'exemples de la même émission, c'est l'invitée qui reprend tout simplement un mot anglais utilisé par son interlocuteur animateur de l'émission (voir, par exemple, (8) ci-dessous). Le mot *pledge* est d'ailleurs le seul employé tout au long de l'émission, l'équivalent français y étant absent.

> (8) $H^{14}1$: pis là / le monde qu'écoute C. là coumme / dans Clare ou par en bas ou / ou là-ce qu'i sont / si qu'i voulont / faire une PLEDGE / i pouvont / i sont les bienvenus
> $F^{14}2$: i sont les bienvenus / pis ça qu'arrive / c'est si qu'i / si qu'i faisent une PLEDGE de Pubnico / ou Yarmouth / en quelque part

2.3. Les auto-reformulations

En ce qui a trait aux auto-reformulations faites à la fois par les invités et par les animateurs, plusieurs cas de figure se présentent.

2.3.1. *Auto-reformulation et étoffement syntaxique*

Dans certains cas, la traduction intervient dans le processus d'étoffement d'un syntagme nominal / syntagme verbal. Plus précisément, c'est l'emploi de l'autre code, l'anglais en l'occurrence, qui semble déclencher ce phénomène. Les exemples ci-dessous l'illustreront :

> (9 a) $F^2 2$: l'autre affaire qu'on regarde c'est les ressources humaines / les ressources en santé c'est-à-dire les médecins / le manque de médecins le manque d'infirmières [...] quoi-ce que le portrait ressemble là pour

---

[57] Les exemples (7), (8) et (9 b) sont tirés d'une émission où l'invitée parle d'une manifestation organisée à l'occasion de la fête de Noël.

l'avenir la santé / des aborigènes / les / la santé des / des populations dans le Nord / les inuits / et les / FIRST / les premières nations

(9 b) $F^{14}2$: oh non / n'importe / s'y a du monde qui va point être alentour / tout ça qu'il avont besoin d'aller c'est aller à la BANK / et
$H^{14}1$: ok
$F^{14}2$: mettre le la ROYAL BANK / la Banque Royale / [...] mettre leu leur-z-argent là-dedans pis là la banque va leu donner un reçu

(9 c) $F^3 2$: la maladie d'ALZEIMERS'S c'est une maladie progressive / et ça qu'arrive c'est que ça détruit les cellules de tes / de ta BRAIN
$F^3 1$: hm
$F^3 2$: tes BRAIN CELLS / ça *shrinke* et après ène élan ça mourt / et n'y a des / ça qu'il appelont des TANGLES où ça vient tout' mêlé / parmi zeux mêmes et pis c'étouffe des BRAIN CELLS / et pis ça / ça en tue d'autres / et comme vous savez la BRAIN / euh c'est ça qui / qui conduit

(9 d) $F^1 3$: i vraiment / i laisseront savoir qu'il avont / mangé assez / pis faut point / que tu les : / les OVER / ieux donner OVER / les *overfeeder* là

(9 e) $F^3 1$: et / vous autres / vous êtes deux icitte / et je sais qu'y en a beaucoup d'autres / n'y a-ti des / des / SUPPORT GROUP / des groupes de support

(9 f) $H^{23}1$: ouais / parce que si qu'on pouvait éventuellement égrandir / le le le le NETWORK ou le réseau des restaurants tu sais / ça ça baillera plus' de travail à plus' de monde itou je crois ben

En (9 a)[58], on a affaire au phénomène d'amorce d'un syntagme nominal. La locutrice prononce l'adjectif anglais, qu'elle abandonne, pour utiliser finalement le syntagme français. On remarque pourtant l'emploi de l'article français « les » avec l'adjectif anglais.

La répétition / recherche de l'article en (9 b)[59] peut être interprétée de deux manières : soit il s'agit de la recherche du syntagme

---

[58] Les exemples (9 a), (10 c), (10 d), (11 e) sont tirés d'une émission où l'invitée, responsable dans un comité de santé, parle de l'organisation des soins de santé au Canada.
[59] Exemple tiré d'une émission dont le sujet est l'organisation d'un événement lié à la période de Noël.

français, soit il s'agit de la recherche du genre à donner au syntagme anglais. Antérieurement, le même mot anglais (*bank*) recevait l'article féminin « la ».

En (9 c), le syntagme « tes BRAIN CELLS » est précédé du syntagme « les cellules de tes / de ta BRAIN », partiellement en français. Il s'agit probablement de la tentative de transposer en français une structure anglaise. Le mot anglais du langage médical « BRAIN » est d'ailleurs le seul employé par la locutrice en question.

L'étoffement du syntagme verbal apparaît en (9 d) : la locutrice cherche le verbe, prononce le préfixe qui accompagne le verbe, se reprend, utilise un verbe français avec le préfixe anglais pour prononcer finalement le verbe anglais avec le préfixe, le verbe étant adapté morphologiquement au français ; on a affaire probablement ici à une tentative ratée de la locutrice de trouver une structure française semblable à la structure anglaise. Il faut remarquer aussi la présence de la particule *là* après le verbe anglais (pour une discussion sur le fonctionnement de cette particule, voir 2.3.3.).

Les deux derniers exemples de cette série ((9 e) et (9 f)[60]) sont d'autant plus inédits que ce sont les animateurs qu'on voit passer de l'anglais au français : par un calque dans le premier, par l'introduction d'une alternative dans le second.

Tous ces exemples pourraient être interprétés comme des tentatives des locuteurs – qu'il s'agisse des animateurs ou des invités – de respecter le caractère francophone de l'entreprise qu'est la radio communautaire.

2.3.2. Auto-reformulation et traduction anglais-français
Dans la série suivante d'exemples, la présence d'une pause après le mot anglais semble indiquer que le mot français qui suit est envisagé comme une traduction du premier (voir les exemples (10 a)-(10 c) ci-dessous : « *tough* » sera repris par « forte », « qu'i catchiont » par « qu'il appreniont », « *home care* » par « soins à domicile »).

(10 a) F^{3}3 : mais là alle est TOUGH / alle est forte / son cœur est bon tu sais

---

[60] Exemple tiré d'une émission portant sur l'organisation d'une série de concerts dans les restaurants de la région.

(10 b) H^{13}1 : [...] je m'imaginerais qu'i : / i : / i catchiont vite / qu'il apprenioint vite [...]

(10 c) F^{2}2 : dans tout' / ça fait que selon notre expérience / et nos intérêts i nous ont mis sus des différents groupes de travail / ça fait que moi je suis dans les / je suis dans çui-là pour HOME CARE / les soins à domicile

En (10 b)[61], c'est l'un des animateurs qui produit la reformulation. On remarque la présence de phénomènes propres à l'élaboration du discours oral (répétition, hésitation).

Concernant (10 c), il y a lieu de faire une précision sur l'emploi que fait l'animatrice de l'émission, dans un autre contexte, du même syntagme anglais («*home care*»), utilisé par son interlocutrice (F^{2}2). Si F^{2}2 s'efforce de donner l'équivalent français, l'animatrice n'emploie que le syntagme anglais. C'est la même animatrice qui traduisait dans certains contextes les interventions en anglais de ses interlocuteurs (voir 2.2.). D'ailleurs, sauf cet exemple (10 c), dans la même émission, ce sera le syntagme anglais qui sera employé, à côté d'autres syntagmes du même type. Ce sont des syntagmes désignant des réalités immédiates pour lesquelles il est fort probable que les équivalents français ne sont pas employés ou sont même inconnus de la communauté en question. Pourtant, notre locutrice (F^{2}2) connaît ces équivalents français, la tentative de transposition / traduction en français des mots / syntagmes anglais étant un phénomène récurrent chez elle (voir (10 d), (11 e) ci-dessous).

L'opération de reformulation peut être signalée par un marqueur de reformulation comme *tu sais* ou *I mean* (voir (10 d) et (10 e) ci-dessous). Celui-ci introduit une paraphrase explicative en français qui vient reformuler / expliquer le mot anglais : «*handler*» – «se servir d'un téléphone»; «(t'as d'autre monde qu'est) *benign*» – «i marchont / i travaillont». S'agissant d'un marquage explicite de l'opération de reformulation, il y a de fortes chances que l'opération en cause soit une trace de la conscience des locuteurs d'employer un mot qu'ils ressentent le besoin d'expliquer.

---

[61] Exemple tiré d'une émission où l'invitée présente une activité qu'elle entreprend avec les petits enfants.

(10 d) F²2 : que la plupart du monde peut *handler* / tu sais se servir d'un téléphone

(10 e) F⁴2 : pis là t'as d'autre monde qu'est BENIGN / i / i / c'est / c'est comme c'te monde-là que toi tu dis / I MEAN i marchont / i travaillont / i sont / mais il avont p't-être de la fatique / WHICH qu'on oit point

2.3.3. Auto-reformulation et traduction français-anglais

Un troisième cas de figure se présente avec les situations où c'est le mot anglais qui semble être ressenti comme traduisant son équivalent français. Employer un mot anglais relève dans certains cas de stratégies précises, comme le renvoi à un usage consacré, où c'est le mot anglais qui est utilisé. Étant donné les statuts des deux langues en contact, il existe des domaines dévolus entièrement à l'anglais. Comme on le remarquera, il s'agit d'un vocabulaire technique ou bien de mots désignant des référents spécifiques.

Nous exploiterons dans l'analyse proposée la présence de marqueurs linguistiques spécifiques (ponctuants, incises) et de marqueurs suprasegmentaux (pauses). Voici les exemples sur lesquels repose notre analyse :

(11 a) F³1 : ok B.
F³2 : ok ok / c'est la première étape (rires) euh FIRST STAGE là / i venont / c'est comme qu'i avont dit / qu'i pouvont être DEPRESSED

(11 b) F²⁰2 : et pis là depuis que / la carrière / qui se passe à Digby là / la QUARRY

(11 c) F⁴1 : mais là / euh euh tu dis que ta / ta cervelle icitte là / ta BRAIN

(11 d) H²⁵2 : euh ène autre chose qu'on fera c'est on fera ène épinglette / LAPEL PIN
H²⁵1 : ok
H²⁵2 : qu'on fera / pour avec quèques petites affaires dessus / comme / euh pour / pour et / et c'te-là LAPEL PIN on veut rinque […]

(11 e) F²2 : ben je crois qu'i faut p't-être regarder de la façon qu'on organise / nous les soins / dans dans Clare / là y a d'autres façons d'organiser les choses / par exemple euh / dans plusieurs coins de la

province même en Nouvelle-Écosse il ont des centres de santé / pis il ont des médecins pis des infirmières / des NURSE PRACTITIONER / en français ça s'appelle infirmière practicienne qui travaillent ensemble / parce que ça que ça fait / ça fait plus' d'accès comme / le monde qui se présente à la clinique là ou ou qui / qui fait un appointement i voit premièrement l'infirmière

(11 f) F^{4}2 : [...] pis là t'as comme ène attaque / un RELAPSE qu'il appelont [...]

(11 g) H^{25}2 : oh ouais ouais / et je garde à iune des choses / ça mettait dans les MINUTES / c'était qu'y avait / qu'y avait a pointé un / un // OVERSEER c'était appelé je crois de / de / SEA / euh moi je pense asteure / j'ai point j'ai j'ai rien devant moi icitte à garder dessus / mais je crois que c'était SEA MANURE
H^{25}1 : SEA MANURE
H^{25}2 : ouais ouais ça fait qu'y avait un inspecteur pour SEA MANURE et je savais point sûr quoi-ce qu'était dedans BUT G.M. m'a demandé / j'ai dit je pense que c'est / ces temps-là et encore n'y a du monde qui qui *use* du ça qu'on appelle du gouémon nous autres

En (11 a), (11 b)[62] et (11 c), notre analyse s'organisera autour de l'emploi de la particule *là*. Selon Laurence Arrighi, en français acadien, dans ce genre de contextes, la particule *là* sert à renforcer, apportant « une focalisation sur l'élément informationnel que le locuteur veut mettre en valeur[63] ». La valeur de détermination en est plus importante que s'il s'agissait d'un démonstratif. Comme l'indique l'auteure citée[64], Diane Vincent[65] identifie, en français québécois, la même valeur de renforcement de la particule *là*. Celle-ci remplit aussi une fonction de découpage. Si cette fonction de découpage apparaît clairement dans nos exemples avec l'existence d'unités intonatives indépendantes, l'appartenance de la particule

---

[62] Dans cette émission, l'invitée présente une rencontre à venir avec les candidats aux élections, organisée par une association.
[63] Laurence Arrighi, « L'usage de la particule là dans le discours en français acadien », *Études canadiennes*, n° 53, 2002, p. 24.
[64] *Ibid.*
[65] Diane Vincent, *Les ponctuants de la langue et autres mots du discours*, Québec, Nuit blanche éditeur, 1993, p. 79-80.

là soit à l'unité qui comprend le mot français, soit à celle contenant le mot anglais, pourrait indiquer des attitudes énonciatives différentes. En nous rapportant aux valeurs identifiées par Laurence Arrighi[66], on peut dire qu'en (11 b) et (11 c), l'élément français que détermine la particule *là* apparaît comme celui qui porte l'information principale dans le discours, son équivalent anglais étant plutôt appelé à éclaircir le sens du mot français. En (11 b), *là* intervient même comme une détermination supplémentaire, après la relative. Toujours selon la même auteure, *là* renverrait à des informations connues de l'interlocuteur, la pause qui suit invitant l'interlocuteur à intervenir. Qu'en est-il de (11 a)? La particule *là* apparaît immédiatement après le syntagme anglais, qu'elle semble déterminer. Dans ce cas, on aurait une situation inverse de celle des deux autres exemples : c'est le syntagme anglais qui est renforcé, mis en valeur, considéré comme connu de l'interlocuteur. La comparaison entre les deux cas de figure nous permet de nuancer l'affirmation concernant les rapports que les locuteurs entretiennent avec les deux langues en contact dans la reformulation : ce n'est peut-être pas toujours en termes de traduction qu'il faut caractériser la coexistence des deux équivalents dans les deux langues, mais plutôt en termes d'actualisation de l'un aux dépens de l'autre, en fonction de la manière dont les deux mots sont ressentis par le locuteur – connus ou pas de l'interlocuteur / du public, fréquents ou pas.

L'exemple (11 c) offre un cas de figure extrêmement riche. Après avoir employé le mot français *cervelle*[67], la locutrice (l'animatrice) revient à l'équivalent anglais (*brain*); en fait, elle ne fait que reprendre le terme anglais employé par son interlocutrice antérieurement dans l'interaction. Il s'établit ainsi une distanciation entre l'emploi que fait son interlocutrice du mot anglais, qu'elle reprend, et son propre emploi. Dans la suite du discours, on revient au mot *cervelle*. On aurait dans ce cas une négociation du code à employer pour désigner certaines réalités. Dans ce cas, l'animatrice elle-même se rapporte à un certain usage consacré.

---

[66] Laurence Arrighi, *op. cit.*, p. 24-27.
[67] Utilisé chez ces locuteurs comme synonyme de *cerveau*, le mot *cervelle* est familier dans cet emploi en français de France ; le mot *cerveau* est absent dans notre corpus.

En (11 d)[68], après l'emploi de la structure mot français + équivalent anglais (« ène épinglette / LAPEL PIN »), ce sera le mot anglais qui sera repris. Ce cas de figure nous renvoie à l'idée que c'est vers l'anglais que se fait le passage lorsqu'il s'agit d'un mot / syntagme supposé largement connu des autres, puisque désignant des référents culturels. Chez le même locuteur (H^{25}2), le phénomène de traduction en anglais est récurrent.

En (11 e), le mot français *infirmière* est suivi d'un syntagme anglais, plus spécialisé, qui à son tour connaît une traduction en français, où le mot *practicienne* est une adaptation du mot anglais *practitioner*. Chez cette locutrice (F^{2}2) – dont nous avons déjà analysé le discours dans les exemples antérieurs, (9 a), (10 c), (10 d) –, le mouvement est double : d'une part, on remarque un effort constant d'expliquer en français certains syntagmes anglais ; d'autre part, on enregistre l'emploi d'une série de mots / syntagmes anglais relevant d'un langage spécialisé. Si la locutrice en question emploie le mot français *infirmière*, celui-ci sera suivi du syntagme anglais – plus spécialisé. Le syntagme anglais sera transposé en français, par un calque, ce qui rend compte d'un effort d'adaptation du syntagme anglais au français ; le commentaire métalinguistique « en français ça s'appelle infirmière practicienne[69] » constitue un marquage explicite de l'emploi d'un syntagme anglais, indiquant le besoin de signaler le travail de transposition en français. Comme nous l'avons déjà fait remarquer, cette coexistence du mot français et du syntagme anglais est un cas de figure fréquent dans le discours de cette locutrice. Dans le jeu de l'échange, l'animatrice va employer elle aussi le syntagme anglais de son interlocutrice, comme c'était le cas pour le syntagme *home care* dans l'exemple (10 c) chez les mêmes locutrices.

En (11 f) et (11 g), la traduction du mot anglais s'accompagne d'un marqueur métalinguistique : « qu'il appelont », « c'était appelé ». En (11 f), le mot anglais, relevant du langage technique,

---

[68] Les exemples (11 d) et (11 g) sont tirés d'une émission traitant des événements organisés à l'occasion de l'anniversaire d'une communauté.
[69] Le syntagme *infirmière praticienne* est propre au français canadien, étant probablement un calque sur l'anglais *nurse practitioner*.

intervient après son équivalent français pour en préciser et en affiner le sens. L'emploi de l'incise « qu'il appelont » est un moyen de marquer la distance par rapport à l'emploi du mot anglais, qui relève semble-t-il du discours de l'autre. Ce *il* (pluriel) renvoie probablement au groupe des professionnels – anglophones ou francophones. Il s'agirait dans ce type de contexte de la fonction de distanciation par rapport au discours des autres assurée par l'alternance codique (voir John J. Gumperz[70]) : le locuteur n'assume pas le mot qu'il cite, il est locuteur mais n'adhère pas au point de vue véhiculé. D'ailleurs, le marqueur d'approximation *comme* devant le mot français semble indiquer que la locutrice doute de la justesse du mot qu'elle emploie (*attaque*). Elle introduira le mot anglais, dont elle reconnaît en quelque sorte la légitimité. Ce double mouvement – distanciation par rapport à l'emploi d'un mot du discours de l'autre mais reconnaissance de la légitimité de ce mot – n'est qu'apparemment contradictoire. Il traduit les rapports complexes qu'un locuteur en situation minoritaire entretient avec la langue majoritaire. On enregistre la même utilisation d'un marqueur métalinguistique dans l'exemple (9 c) déjà analysé (« ça qu'il appelont »). Dans ce dernier exemple, la locutrice ne trouve pas d'équivalent français adéquat, et fait appel à une paraphrase pour expliquer le mot anglais (« et n'y a des / ça qu'il appelont des TANGLES où ça vient tout' mêlé / parmi zeux mêmes »).

En (11 g), l'emploi du mot anglais s'accompagne d'un travail d'étoffement syntaxique (voir les hésitations dans la construction discursive). L'équivalent français (*inspecteur*) sera utilisé dans la suite du discours, dans une reformulation différée. L'hésitation, le marqueur métalinguistique « c'était appelé », le modalisateur « je crois » qui accompagnent le mot anglais pourraient révéler un défaut de mémoire quant au terme anglais exact, d'autant plus que le locuteur semble citer ce mot d'après des « *minutes* ». Le mot anglais ne relève donc pas ici du répertoire linguistique du locuteur en question.

---

[70] John J. Gumperz, *Discourse Strategies*, Cambridge, Cambridge University Press, 1982, 240 p.

Conclusion

Les phénomènes de reformulation qui reposent sur la traduction renvoient à deux ordres de faits différents. (i) Dans les cas de recherche des mots français, on pourrait avancer l'hypothèse d'une tentative des locuteurs de se conformer à une certaine convention qui impliquerait l'utilisation du français à la radio. Les auto-reformulations, accompagnées d'une série de marqueurs (voir la particule *là*, ainsi que les incises ayant la fonction de commentaires métalinguistiques), témoignent de la conscience des locuteurs d'employer un mot d'origine étrangère. Les hétéro-reformulations produites par l'animatrice des émissions relèvent de stratégies précises : encourager ses interlocuteurs à parler français ; leur fournir le vocabulaire adéquat dans cette langue, vocabulaire qui est bien moins connu. Se précise ainsi le rôle éducatif joué par les radios communautaires. (ii) Analysé du point de vue de l'attitude du locuteur envers les deux langues en contact, le phénomène inverse – traduire en anglais un mot ou une construction en français – s'avère très complexe : le locuteur se voit obligé de renvoyer au terme en anglais, même s'il ne l'assume pas. Pourtant, s'agissant dans la plupart des cas de termes techniques, il en reconnaît la légitimité et le prestige auprès de ses interlocuteurs et du public. Il se manifeste dans les interactions, de la part des animateurs, comme de la part des invités, un même phénomène que dans le discours construit des annonces publicitaires : l'utilisation de mots anglais techniques, plus connus que leurs équivalents français (voir 1.2.). La portée de ce phénomène est-elle pour autant la même dans le cas des participants aux émissions et dans les annonces ? S'agit-il déjà de la transmission de cette pratique, à partir de ces discours construits, et de sa reproduction ?

Concernant le rapport entre norme vernaculaire et français standard, il est important de remarquer qu'il n'existe aucun phénomène de reformulation qui porte sur les formes du français acadien, qui par ailleurs sont présentes en nombre considérable même chez les animateurs (voir, par exemple, des traits phonétiques, la désinence – *ont / iont* pour la troisième personne du pluriel à l'indicatif présent, à l'indicatif imparfait et au subjonctif présent ;

l'emploi de la négation *point*, pour ne signaler que ces phénomènes). Les formes vernaculaires ne sont donc pas bannies du discours de la radio, tout au contraire. Cette observation des pratiques vient confirmer les lignes de la politique linguistique (implicite) de la radio en question, politique linguistique qui, rappelons-le, privilégie l'emploi du vernaculaire.

Le rapport à l'anglais est très complexe ; deux cas de figure, apparemment contradictoires, peuvent être relevés : d'une part, on enregistre chez certains locuteurs un effort de distanciation par rapport aux mots anglais ; des marqueurs comme la particule *là*, les incises en rendent compte ; d'autre part, les éléments anglais semblent caractériser la norme vernaculaire, constituant de véritables facteurs de cohésion du groupe.

Bibliographie

Apothéloz, Denis, « Reformulations réparatrices à l'oral », dans Marie-Claude Le Bot, Martine Schuwer et Élisabeth Richard (dir.), *La reformulation. Marqueurs linguistiques, stratégies énonciatives*, Rennes, Presses universitaires de Rennes, 2008, p. 155-168.

Arrighi, Laurence, « L'usage de la particule *là* dans le discours en français acadien », *Études canadiennes*, n° 53, 2002, p. 17-31.

Boudreau, Annette, « Le français en Acadie : maintien et revitalisation du français dans les provinces Maritimes », dans Albert Valdman, Julie Auger et Deborah Piston-Hatlen (dir.), *Le français en Amérique du Nord. État présent*, Sainte-Foy, Presses de l'Université Laval, 2005, p. 439-454.

Boudreau, Annette et Stéphane Guitard, « Les radios communautaires : instruments de francisation », *Francophonies d'Amérique*, n° 11, 2001, p. 123-132.

Conseil de développement économique de la Nouvelle-Écosse, *Profil communautaire 2008. Communauté acadienne et francophone de la région d'Argyle*; [en ligne] http://www.cdene.ns.ca/D%c3%a9veloppement%c3%a9conomique/R%c3%a9gionsacadiennesetfrancophones/Argyle.aspx, consulté le 20 février 2013.

Conseil de développement économique de la Nouvelle-Écosse, *Profil communautaire 2008. Communauté acadienne et francophone de la région de Clare*; [en ligne] http://www.cdene.ns.ca/D%c3%a9veloppement%c3%a9conomique/R%c3%a9gionsacadiennesetfrancophones/Clare.aspx, consulté le 20 février 2013.

Dubois, Lise, « Radios communautaires acadiennes : idéologies linguistiques et pratiques langagières », dans André Magord (dir.), *L'Acadie plurielle. Dynamiques identitaires collectives et développement au sein des réalités acadiennes*, Poitiers, Université de Poitiers, Institut d'études acadiennes et québécoises / Moncton, Université de Moncton, Centre d'études acadiennes, 2003, p. 307-323.

Fernandez-Vest, M. M. Jocelyne, *Les particules énonciatives dans la construction du discours*, Paris, Presses universitaires de France, 1994, 283 p.

Fishman, Joshua, « Bilingualism With and Without Diglossia. Diglossia With and Without Bilingualism », *Journal of Social Issues*, vol. XXIII, n° 2, p. 29-38.

Flikeid, Karin, « Unity and Diversity in Acadian Phonology: An Overview Based on Comparisons Among the Nova Scotia Varieties », *Journal of the Atlantic Provinces Linguistic Association*, vol. 10, 1988, p. 64-110.

Flikeid, Karin, « Origines et évolution du français acadien à la lumière de la diversité contemporaine », dans Raymond Mougeon et Édouard Beniak (dir.), *Les origines du français québécois*, Sainte-Foy, Presses de l'Université Laval, 1994, p. 275-326.

Flikeid, Karin et Ginette Richard, « La Baie Sainte-Marie et l'Ile Madame (Nouvelle-Écosse) : Comparaison phonétique entre deux variétés acadiennes », *Francophonies d'Amérique*, n° 3, 1993, p. 129-145.

Gaulmyn, Marie-Madeleine de, « Reformulation et planification métadiscursives », dans Jacques Cosnier et Catherine Kerbrat-Orecchioni (dir.), *Décrire la conversation*, Lyon, Presses universitaires de Lyon, 1991 [1987], p. 167-198.

Gülich, Elisabeth et Thomas Kotschi, « Les marqueurs de la reformulation paraphrastique », *Cahiers de linguistique française*, n° 5, 1983, p. 305-351.

Gumperz, John J., *Discourse strategies*, Cambridge, Cambridge University Press, 1982, 240 p.

Landry, Rodrigue et Réal Allard, « Diglossia, Ethnolinguistic Vitality and Language Behaviour », *International Journal of the Sociology of Language*, vol. 108, n° 1, 1994, p. 15-42.

LeBlanc, Mélanie, « Idéologies, représentations linguistiques et construction identitaire à la Baie Sainte-Marie, Nouvelle-Écosse », thèse de doctorat, Moncton, Université de Moncton, 2012.

Le Bot, Marie-Claude, Martine Schuwer et Élisabeth Richard (dir.), *La reformulation. Marqueurs linguistiques, stratégies énonciatives*, Rennes, Presses universitaires de Rennes, 2008, 264 p.

Löfström, Jonas, « Reformulations successives comme moyen de co-énonciarion dans les conversations informelles », dans Marie-Claude Le Bot, Martine Schuwer et Élisabeth Richard (dir.), *La reformulation. Marqueurs linguistiques, stratégies énonciatives*, Rennes, Presses universitaires de Rennes, 2008, p. 169-179.

Noailly, Michèle, « La reformulation dans le dialogue : le modèle de Marivaux », dans Marie-Claude Le Bot, Martine Schuwer et Élisabeth Richard (dir.), *La reformulation. Marqueurs linguistiques, stratégies énonciatives*, Rennes, Presses universitaires de Rennes, 2008, p. 199-210.

Petraş, Cristina, « Les emprunts et la dynamique linguistique, vol. 2 », thèse de doctorat en cotutelle entre Avignon, Université d'Avignon et des Pays du Vaucluse / Iaşi, Université Alexandru Ioan Cuza, 2008 (Corpus).

Ross, Sally et J. Alphonse Deveau, *Les Acadiens de la Nouvelle-Écosse, hier et aujourd'hui* (traduction de l'anglais), Moncton, Éditions d'Acadie / Halifax, Nimbus Publishing, 2001 [1995], 293 p.

Rossari, Corine, *Les opérations de reformulation. Analyse du processus et des marques dans une perspective contrastive français-italien*, Berne / Berlin / Francfort / New York / Paris / Vienne, Peter Lang, 1993, 224 p.

Schuwer, Martine, Marie-Claude Le Bot et Élisabeth Richard (dir.), *Pragmatique de la reformulation. Types de discours. Interactions didactiques*, Rennes, Presses universitaires de Rennes, 2008, 320 p.

Statistique Canada (2011), *Population selon la langue maternelle, par province et territoire (Recensement 2006) (Terre-Neuve-et-Labrador, Île-du-Prince-Édouard, Nouvelle-Écosse)*; [en ligne] http://www.statcan.gc.ca/tables-tableaux/sum-som/l02/cst01/demo11a-fra.htm, consulté le 20 février 2013.

Vincent, Diane, *Les ponctuants de la langue et autres mots du discours*, Québec, Nuit blanche éditeur, 1993, 169 p.

Vion, Robert, *La communication verbale. Analyse des interactions*, Paris, Hachette Supérieur, 1992, 302 p.

LA POLITESSE ET LES VARIATIONS CULTURELLES : DESCRIPTION DES TERMES D'ADRESSE DANS LES PARLERS ACADIENS DU SUD-EST DU NOUVEAU-BRUNSWICK

SYLVIA KASPARIAN ET PIERRE GÉRIN
UNIVERSITÉ DE MONCTON

Introduction

L'homme étant l'animal social par excellence, il se doit de préserver le caractère harmonieux de la relation interpersonnelle. Comme le dit Catherine Kerbrat-Orecchioni, en général, dans les interactions, chacun prend les précautions nécessaires pour que personne, y compris lui-même, *ne perde la face*[1], ce que Erving Goffman[2] appelle le *face work [travail de figuration]*. Penelope Brown et Stephen Levinson[3] ont, quant à eux, développé cette notion en l'étendant à la notion de *territoire*, qui comprend deux faces pour chaque individu : d'une part, *une face positive* qui

---

[1] Sauf dans le cas de conflits où la violence verbale qui constitue une atteinte des faces permet de répondre à des stratégies interactionnelles des individus prêts à accepter la rupture de l'interaction.

[2] Erving Goffman, *La mise en scène de la vie quotidienne*, t. 2, Paris, Minuit, 1973 ; *Les rites d'interaction*, Paris, Minuit, 1974.

[3] Penelope Brown et Stephen Levinson, « Universals in Human Usage : Politeness Phenomena », dans E. N. Goody (dir.), *Question and Politeness. Strategies in Social Interaction*, Cambridge, Cambridge University Press, 1978, p. 56-290.

représente le territoire corporel, spatial, temporel, les biens matériels, etc., et d'autre part, *une face négative* qui représente l'image de soi qui dépend fortement des autres. Dans les interactions verbales, les deux faces des individus composant le territoire entier doivent être préservées pour permettre à l'interaction de se construire. On doit donc constamment veiller à ménager ses propres faces comme celles de ses interlocuteurs. Pour cela, les éducateurs, les parents passent leur temps à éduquer les enfants à ce qu'il est permis et interdit de faire, de dire, etc., en somme à inculquer les normes sociolinguistiques, règles touchant à tous les aspects du discours, pour préserver l'harmonie des relations avec autrui.

C'est cette nécessité du ménagement réciproque des individus qui mène à des rituels ou routines quotidiennes, appelés aussi *routines conversationnelles*[4], dont l'objectif est de manifester attention et respect à autrui, non seulement dans les séquences d'ouverture et de clôture des interactions mais aussi tout au long de l'interaction. Les exemples sont nombreux : les salutations d'ouverture, les mises en contact, les excuses, les remerciements, les compliments, les manifestations d'accord, les offres et cadeaux, etc.

Il faut aussi savoir que la notion de politesse est directement reliée à la notion de *distance sociale*, degré de séparation et de rapprochement entre locuteurs établi par les rôles tenus pendant l'interaction[5]. La politesse est un indicateur du degré de rapprochement ou de séparation entre les interlocuteurs. Par exemple, le tutoiement ou le vouvoiement n'entraîne pas la même distance sociale entre les interlocuteurs.

---

[4] Ces routines ont un caractère récurrent et sont souvent des expressions figées désémantisées selon Florian Coulmas (Florian Coulmas (dir.), *Conversational Routine*, La Haye / Paris / New York, Mouton de Gruyter, 1981). Pour Véronique Traverso, « [l]es routines sont des expressions dont l'occurrence, liée à certaines situations sociales, est hautement prédictible. Cette notion provient de l'idée que la répétition des situations conduit au choix de comportements langagiers de type "formules qui sont tout à la fois adaptées à la situation et partagées par les membres d'un groupe». (Véronique Traverso, *L'analyse des conversations*, Paris, Armand Colin, 2007, p. 54). (Voir aussi Erving Goffman, *Les rites d'interaction*, Paris, Minuit, 1974.)

[5] Carol Myers Scotton et William Ury, « Bilinguism Strategies : The Social Functions of Code-Switching », *International Journal of the Sociology of Language*, vol. 13, 1977, p. 5-20 ; Roger Brown et Albert Gilman, « The Pronouns of Power and Solidarity », dans T. A. Sebeok (dir.), *Style in Language*, Cambridge, MIT Press / New York, Wiley, 1968, p. 253-276.

Le contexte, situation de l'interaction, est aussi un facteur important dans l'évaluation des actes polis / impolis. Ainsi, le cadre de la communication, plus particulièrement le cadre spatio-temporel, l'objectif de la rencontre, les caractéristiques des participants conditionnent et signifient ces actes. Un acte accepté dans un cadre familial intime le sera moins dans un cadre plus formel. On se souvient de l'insulte publique du président français Nicolas Sarkozy, « Casse-toi, pauvre con ! » qui eut un si grand retentissement[6].

Enfin, la culture joue aussi un grand rôle dans le décodage de ces termes. Comme le dit Catherine Kerbrat-Orecchioni[7], « ce sont non seulement les comportements eux-mêmes qui varient d'une culture à l'autre mais aussi, corrélativement, leur interprétation et le système de valeurs qui les sous-tend ». Les notions de politesse et d'impolitesse constituent en réalité un continuum. Chaque culture place ces notions sur différents points de ce continuum. Ce qui est poli dans une culture A peut être impoli dans une culture B et être encore plus impoli dans une culture C (voir figure 1).

S'il est poli de regarder dans les yeux son interlocuteur dans certaines cultures, cela est considéré comme un signe d'impolitesse dans plusieurs autres, plus particulièrement africaines et asiatiques. Si roter est mal vu dans la plupart des civilisations occidentales, il est considéré comme un signe de respect et de valorisation du repas offert par l'hôte dans certaines cultures orientales. Il en est de même pour une infinité d'éléments touchant les strates du verbal et du non-verbal. C'est ce qui nous amène à placer les cultures sur un continuum de politesse les unes par rapport aux autres, allant de la plus polie à la moins polie.

---

[6] Cette insulte visait un visiteur du Salon de l'agriculture (février 2008) qui avait refusé de lui serrer la main avec ces mots « Touche-moi pas ! », et à qui le président Sarkozy a répondu du tac au tac : « Casse-toi, pauvre con ! » (voir la vidéo de cet extrait 175http://www.youtube.com/watch?v=axDyUNWyuw8).

[7] Catherine Kerbrat-Orecchioni, *La conversation*, Paris, Seuil, 1996, p. 72.

FIGURE 1 : CONTINUUM DE LA POLITESSE SELON LES CULTURES

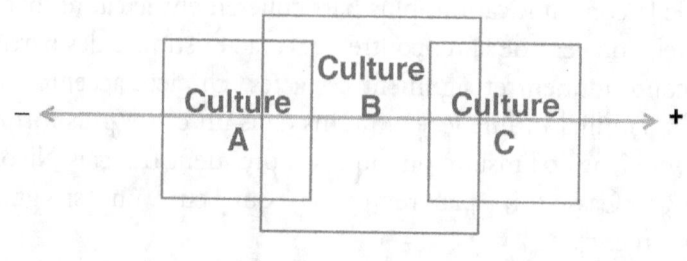

1. Marques de politesse

Les marques de politesse touchent les différentes strates de la conversation : strates linguistique, paraverbale et non verbale. En plus du système linguistique, le débit, l'intonation, la proxémique, le regard, le mimogestuel, la posture, l'habillement, etc., sont autant d'éléments qui peuvent marquer la politesse ou l'impolitesse dans une conversation. Selon les cultures et les contextes, les marques verbales, paraverbales et non verbales de la politesse peuvent varier.

Pour ce qui est des marques linguistiques de la politesse, la langue française n'est peut-être pas aussi riche que le japonais, qui a par exemple de 5 à 6 variantes pour chaque pronom, selon le degré de politesse exprimé (du plus grossier au plus révérencieux), y compris pour le *je*[8]. Néanmoins, il y a plusieurs stratégies de politesse verbale en français qui permettent de polir et d'adoucir les actes menaçants dans la conversation : on peut utiliser la *formulation indirecte de l'acte* ; employer les verbes au *conditionnel* ou au *passé* ; utiliser les pronoms *vous*, *nous* ou *on* ; avoir recours à des litotes et des euphémismes, ou à des procédés accompagnateurs (comme *s'il vous plaît*) ou à un énoncé préliminaire, à des

---

[8] On peut être de très révérencieux à très impoli en parlant de soi-même en japonais, p. ex. pour *je*, du plus poli au moins poli on aura « *watakushi, watakshi, boku, washi, ore* », les deux derniers étant nettement impolis (Michel Malherbe, *Les langages de l'humanité*, Paris, Seghers, 1983, p. 62). Cela rentre dans le jeu des humiliatifs-honorifiques : on s'humilie avec un *je* grossier pour vénérer un locuteur en utilisant un *tu* très révérencieux.

minimisateurs, à des désarmeurs, à des amadoueurs[9], etc., sans oublier la politesse positive (comme les compliments, par exemple).

Dans notre recherche sur la politesse dans les parlers acadiens du sud-est du Nouveau-Brunswick, nous nous sommes surtout intéressés à la strate linguistique, essentiellement aux termes d'adresse et aux procédés accompagnateurs.

2. Termes d'adresse

Selon Catherine Kerbrat-Orecchioni, « tous les énoncés sont en principe adressés, qu'ils comportent ou non un terme d'adresse[10] ». Or, en quoi consistent les termes d'adresse ?

Ils constituent en réalité « l'ensemble des expressions dont dispose le locuteur pour *désigner* son (ou ses) allocutaire(s)[11] ».

Le *système de l'adresse*[12] est riche. On a des pronoms d'adresse, des noms d'adresse, des titres, des honorifiques et « humiliatifs ». Certaines langues ont des formes grammaticales qui permettent au locuteur de glorifier, de valoriser son interlocuteur tout en se rabaissant lui-même (*self humbling*). Sur ce plan, les langues les plus riches sont le japonais, l'hindi et le coréen. Les variantes des pronoms japonais, présentées dans la section 1, sont des exemples de ces formes grammaticales qui sont utilisées dans le discours comme humiliatifs-honorifiques ; d'après Catherine Kerbrat-Orecchioni[13], en coréen, l'équivalent du verbe *faire* peut avoir six terminaisons différentes selon le degré de politesse que l'on veut donner à son discours. Dans le même esprit, le français aurait non pas des marques grammaticales mais des formules comme « votre humble serviteur ».

---

[9] Pour plus de détails, voir Catherine Kerbrat-Orecchioni, *La conversation*, *op. cit.*, p. 55-59.

[10] Catherine Kerbrat-Orecchioni (dir.), *S'adresser à autrui. Les formes nominales d'adresse en français*, Chambéry, Presses universitaires de Savoie (LLS), collection Langages, 2010, p. 9.

[11] Pour plus de détails, voir Catherine Kerbrat-Orecchioni, *La conversation*, *op. cit.*, p. 73.

[12] Selon la terminologie de Friederike Braun (*Terms of Address. Problems of Patterns and Usage in Various Languages and Cultures*, Berlin / New York / Amsterdam, Mouton de Gruyter, 1988, p. 11), le système de l'adresse est défini comme un « ensemble de catégories et d'items dont les locuteurs disposent pour désigner leur(s) partenaire(s) d'interaction », repris dans Catherine Kerbrat-Orecchioni, *S'adresser à autrui...*, *op. cit.*, p. 9.

[13] Pour plus de détails, voir Catherine Kerbrat-Orecchioni, *La conversation*, *op. cit.*, p. 73.

Les recherches ont montré que les termes d'adresse forment une liste lexicale close[14]. Plusieurs chercheurs ont proposé une catégorisation des termes d'adresse[15], inspirée de celle de Friederike Braun, pour établir les différentes catégories de termes d'adresse suivantes :

> Les pronoms
> Les noms propres (prénom, nom, surnoms et sobriquets)
> Les noms communs :
> type générique (*femme*)
> titres professionnels (*docteur, révérend*)
> titres honorifiques (*Sa Majesté, Sa Sainteté*)
> titres de civilité (*madame, monsieur*)
> termes de parenté (*frère, mère, oncle, grand-mère*)
> termes relationnels (*mon chou, mon amour, mon lapin, mon cœur*)
> Les verbes impersonnels (*cela ne se dit pas en public*)
> Les insultes ou axiologiques négatifs (*ingrat! va!*)

Quant aux actes de langage, Dominique Lagorgette[16] distingue deux niveaux d'actes : le niveau locutoire, qui regroupe ceux qui maintiennent le contact (par exemple, « je disais, très chère, que... »), et le niveau illocutoire, qui regroupe ceux qui appellent, au sens d'interpeller (par exemple, « Maman, viens vite ! »).

Les termes d'adresse dominent dans des énoncés de type illocutoire (ordre, demande de faveur, excuses, etc.) et servent à préserver le territoire de l'interpellé. En plus de ménager la face, ils garantissent aussi le rapport de distance entre locuteur et

---

[14] Delphine Perret, « Termes d'adresse et injures », *Cahiers de lexicologie*, vol. 12, 1968, p. 3-14 ; « Les appelatifs, analyse lexicale et actes de parole », *Langage*, vol. 32, 1970, p. 217-241 ; Jean-Claude Milner, *De la syntaxe à l'interprétation. Quantités, insultes, exclamations*, Paris, Seuil, 1978.

[15] Friederike Braun, *Terms of address. Problems of Patterns and usage in Various Languages and Cultures*, Berlin / New York / Amsterdam, Mouton de Gruyter, 1988 ; Thierry Martiny, « Forms of Address in French and Dutch : A Sociopragmatic Approach », *Language Science*, vol. 18, nos 3 et 4, 1996, p. 765-775 ; Dominique Lagorgette, « Termes d'adresse, insultes et notion de détachement en diachronie : quels critères d'analyse pour la fonction d'adresse ? », *Cahiers de praxématique*, vol. 40, 2003, p. 43-70.

[16] Dominique Lagorgette, « Termes d'adresse, insultes et notion de détachement en diachronie : quels critères d'analyse pour la fonction d'adresse ? », *Cahiers de praxématique*, vol. 40, 2003, p. 63.

allocutaire. Le terme d'adresse peut suffire à fixer la relation dans laquelle on veut inscrire l'interaction.

Comme le dit Catherine Kerbrat-Orecchioni, « Les normes qui régissent l'emploi des termes d'adresse, et plus spécialement celui des formes nominales d'adresse, varient d'une langue et d'une culture à l'autre[17] ».

Quelles sont les particularités d'emploi des termes d'adresse, marqueurs de politesse-familiarité dans les parlers acadiens[18] du sud-est du Nouveau-Brunswick ?

C'est à cette question que nous tenterons de répondre dans cet article, à partir de l'exploration de deux corpus.

3. Corpus et méthodologie

Pour la description des termes d'adresse dans les parlers acadiens, nous avons exploré deux corpus de conversations spontanées, variés par leurs contextes et leurs locuteurs, donc représentatifs des parlers acadiens du sud-est du Nouveau-Brunswick.

Le Corpus *Politesse Kasparian 2010* est évolutif car il est toujours en construction[19]; il rassemble des échantillons (oraux et écrits) d'échanges spontanés contenant des marques d'adresse. La plupart de ces échantillons sont pris sur le vif dans leur contexte spontané d'énonciation : situations d'échanges dans les écoles et à l'Université entre étudiants et professeurs, dans la région de Moncton. Le Corpus *Melanson 2007*[20], quant à lui, regroupe des extraits des émissions radio et de télévision, respectivement : *Franc Parler* de Rogers et *CJSE à l'écoute*, qui faisaient appel à l'intervention spontanée des auditeurs lors de l'émission, en direct. Ces deux

---

[17] Catherine Kerbrat-Orecchioni, « Pour une approche contrastive des formes nominales d'adresse », *Journal of French Language Studies*, vol. 20, no 1, 2010, p. 3.

[18] Par « parlers acadiens », on entend un ensemble de parlers issus du français implanté dans les provinces Maritimes au Canada, par des colons français (majoritairement de la région du Poitou, en France) il y a plus de 400 ans. Leurs descendants s'appellent les Acadiens.

[19] Chaque nouvelle occurrence entendue ou vécue est rajoutée au fur et à mesure au corpus.

[20] Ce corpus a été constitué par Gémaël Melanson, « Les marques de politesse dans les parlers acadiens du sud-est du Nouveau-Brunswick », sous la direction de Sylvia Kasparian, projet de fin de baccalauréat en linguistique, Université de Moncton, 2007 (première recherche sur la politesse dans les parlers acadiens).

corpus ont été choisis pour leurs contextes appellant des marques de politesse dans les termes d'adresse : d'une part, dans le Corpus *Politesse Kasparian 2010*, les contextes de l'école et de l'université sont des contextes un peu plus formels, car ils exigent normativement un rapport de respect et de politesse à l'égard de l'enseignant, tandis que dans le Corpus *Melanson 2007*, le fait de parler à des inconnus dans le cadre d'émissions radio et télé publiques appelle normalement un terme d'adresse de la distance ou de la non-familiarité. Afin de décrire le comportement linguistique des marques de politesse et de familiarité dans nos corpus, nous nous sommes aussi intéressés aux noms et pronoms d'adresse ainsi qu'aux procédés accompagnateurs. Il s'agit d'une première analyse exploratoire et descriptive des marques d'adresse des corpus. Notre analyse s'inscrit dans une approche interactionnelle de la conversation qui se base sur des conversations spontanées contextualisées, et qui tient compte de la dynamique de la conversation.

4. Marques de politesse et de familiarité – Analyse d'exemples

Voici quelques exemples extraits des corpus à l'étude que nous soumettons à l'analyse. Sont écrits en caractères gras les termes d'adresse et les procédés accompagnateurs. Sont présentés quelques emplois caractéristiques.

a. Exemple (1)

I : Bonjour Monsieur Michaud
A : Hallo
I : …si **vous vous rappelez** bien l'année dernière euh dans notre coin de Sainte-Marie on parlait des cochons
A : eu hum
…
I : Donc euh / c'est grâce **à vous** / personnellement et euh votre personnel / euh que **vous êtes** la voix du peuple la voix des des gens des alentours parce que une personne toute seule peut chialer tant c'qu'a veut ça vaut rien / mais quand_c'que **vous vous mettez** euh à la radio pis que **vous défendez** des différents points ou **vous** nous **laissez** donner nos vues // c'est un grand service à à la population

...
I: Un gros merci **Monsieur Michaud**
(Corpus *Melanson 2007*, émission CJSE à l'écoute)

Cet exemple illustre bien l'usage standard des marques d'adresse de politesse dans une situation où les gens qui entrent en relation ne se connaissent pas. Il s'agit d'un extrait d'un appel téléphonique à une émission radiophonique. On note l'appellation «Monsieur» qui précède le patronyme «Michaud», au début et à la fin de la conversation. L'intervenant félicite l'animateur de son travail au sein de la communauté et le nomme. L'emploi du nom propre permet d'identifier la personne et, ainsi que le remarque Michel Grimaud, «de réduire la distance tout en prolongeant la politesse[21]». On remarque aussi que, tout au long de l'échange, l'intervenant vouvoie l'animateur, et réciproquement dans des répliques non citées.

b. Exemple (2)

A: Bonsoir **Madame vous allez** bien
I: Oui ça va bien **vous**
A: Oui... **Allez**-y on **vous** écoute
I: J'voulais faire des commentaires concernant la présence de nos troupes en Afghanistan
(Corpus *Melanson 2007*, émission CJSE à l'écoute)

Cet exemple est semblable au précédent et fonctionne de la même manière. Il s'agit d'un extrait d'un autre appel à une émission télévisée. On remarque que l'animateur emploie un terme d'adresse féminin, l'appellation «Madame», signe de déférence. Les deux interlocuteurs se vouvoient.

c. Exemple (3)

I: Oui j'aimerais d'savoir / **toi tu tu connais** pas mal de choses là j'aimerais de savoir si que **tu pourrais** me trouver / quelqu'un saurait ioù c'qu'est le la compagnie Reno Ware // Reno Ware / ej'sais que c'est pas

---

[21] Michel Grimaud, «Les appellatifs dans le discours: "Madame", "Mademoiselle", "Monsieur", avec et sans nom propre», *Le français moderne*, vol. 57, n°s 1 et 2, 1989, p. 59.

ton programme ben **tu fais** assez une belle émission que … j'ai pensé lui peut me trouver ça
A : Je sais pas **madame** / y'a peut-être quelqu'un qui aura une réponse pour **vous** pis qui nous téléphonera ce matin moi j'connais pas
(Corpus *Melanson 2007*, émission CJSE à l'écoute)

Il s'agit d'un extrait d'une communication téléphonique entre une auditrice et l'animateur d'une émission radiophonique communautaire. Dans cet échange, on remarquera l'opposition entre les pronoms d'adresse *tu* et *vous*, qui expriment des rapports inégaux. L'auditrice s'adresse à l'animateur en utilisant de manière constante les pronoms de la deuxième personne du singulier (*tu*, *toi*) et le déterminant *ton*, marques d'adresse de familiarité. Il faut rappeler que ces derniers sont très utilisés au Canada francophone, plus particulièrement par les jeunes. Quant à l'animateur, il vouvoie son interlocutrice et l'appelle « Madame » : il préfère se conformer à la norme et prendre ses distances.

d. Exemple (4)

Bonjour et Bonne Rentrée **Sylvia** !
Je voulais te demander si **tu pouvais** m'écrire d'autres lettres de recommandation… Donc, **tu peux** les remettre à D. dès que **tu as terminé**.
(Corpus *Politesse Kasparian 2010*)

Cet échantillon écrit provient d'un courriel d'une étudiante à sa professeure. On y remarque l'utilisation du pronom d'adresse *tu* dans une situation où l'on s'attendrait au vouvoiement. Après une salutation suivie du prénom (« Sylvia »), l'étudiante tutoie tout au long de son texte la professeure. On a affaire à un tutoiement généralisé, comme dans l'exemple précédent.

e. Exemple (5)

I : Oui bonjour **Yvon**
    A : Hallo
    I : …C'est une beau rig ça
    A : Oui **Monsieur** // ça coûte cher par exemple

I : Quand_c'qu'i ont volé mon bicycle là / j'sais qui_ce qui l'a fait là... pis euh i ont volé mes des bulb de light / **t'sais** les floodlight là
    A : Oui oui mais ça / ça fait plusieurs fois **Ron** que **tu** me **dis** ça là
I : Ouaille ben pareil / ... /
    A : **T'sais** j'veux dire / **avais tu ton** système à ce moment là
I : Non j'l'avais après
    A : **Tu** l'**avais** pas hein
I : Non / j'l'avais tout de suite après
(Corpus *Melanson 2007*, émission CJSE à l'écoute)

Cet extrait provient d'une émission radiophonique communautaire sur le vol et l'insécurité. Se distingue la familiarité de l'auditeur qui, après la salutation d'usage, « Bonjour », interpelle l'animateur par son prénom, « Yvon », et décrit une série de vols qu'il a subis. L'animateur passe de la politesse (emploi de l'appellation « Monsieur ») à une grande familiarité (utilisation du prénom et tutoiement). L'auditeur est un habitué : l'animateur le connaît, comme le démontre l'extrait « Ça fait plusieurs fois, Ron, que tu me dis ça, là ». Il y a abolition des distances. Il faut ajouter que les deux interlocuteurs ont recours à tour de rôle à l'emploi d'un segment figé, « t'sais », destiné à maintenir le contact avec l'autre.

f. Exemple (6)

A : Qu'est-ce que **vous** en **pensez vous**
I : Ben moi euh chouse le Bourgeois là // moi chus pas sûr si chus d'accord avec lui parce que / quoisse qu'arrive / quoisse qu'arrive si dans la classe là un enfant dit à l'enseignant de se boucher la dgeule / quoisse quoisse **tu** y **donnes** / un candé [candy]
(Corpus *Melanson 2007*, émission FrancParler)

Il s'agit ici d'un appel à une émission télévisée communautaire à laquelle participe, outre l'animatrice, une troisième personne, un invité, avec qui l'auditrice-intervenante est en désaccord. L'animatrice vouvoie son interlocutrice, mais celle-ci se montre hargneuse et s'en prend à l'invité. Ses propos deviennent des actes langagiers hostiles par le recours à la chosification et à la transformation du nom propre en nom commun grâce à l'utilisation d'un article devant le nom propre (« chouse le Bourgeois là »).

g. Exemple (7)

7.1. I: Bonjour **Monsieur Michaud** comment ça va
  A: Ça va bien
  I: J'**t**'appelle de Sussex...

7.2. I: Bonjour **Monsieur Michaud**
  A: Hallo
  I: ... c'fait que là j'voulais **t**'parler à propos de Madame Bradshaw.
(Corpus *Melanson 2007*, émission FrancParler).

Ce double échantillon provient d'une émission radiophonique : dans les propos échangés s'alternent les marques de familiarité et les marques de politesse. Ces échantillons sont tous deux construits de la même manière : ils commencent par une interpellation, le rituel d'ouverture, qui comprend une salutation, un appellatif générique suivi du nom propre ou du prénom (« Bonjour Monsieur Michaud ») et se poursuivent en conversation, avec le tutoiement (7.1. « J't'appelle de Sussex » ; 7.2. « Je voulais t'parler »).

h. Exemple (8)

8.1. Bonjour **Madame**,
J'ai éliminé les personnages et j'ai mis le nom du film. Par la suite, je ne suis exactement pas sûr ce que **tu veux** que je change ou comment.

8.2. Bonjour **Madame**,
J'ai mis une copie de l'article dans la boîte sur le mur à côté de **ton** bureau. J'espère que ceci convient. S'il y a un problème, **s'il te plaît**, **laisse**-moi savoir.

8.3. Bonsoir **Madame**,
Je m'excuse d'avoir pris si longtemps de **t**'envoyer ce travail...
(Corpus *Politesse Kasparian 2010*)

Les échantillons de l'Exemple (8) proviennent de courriels. Ils sont semblables aux précédents. On remarquera l'emploi de l'appellatif générique féminin seul (« Madame »), rituel d'ouverture poli que confrontent, dans la suite du message, l'utilisation du tutoiement et celle du procédé accompagnateur «s'il te plaît», caractéristique du deuxième échantillon.

i. Exemple (9)

9.1. Bonjour **Mme Kasparian**,
Voilà, ça y est, c'est terminé! Si **tu penses** qu'il y a des améliorations qui peuvent se faire, **s'il te plaît, suggère**-les-moi!

9.2. Bonsoir **Mme Kasparian**,
J'espère que tout va bien avec **toi** et **ta** famille.
(Corpus *Politesse Kasparian 2010*)

Les échantillons de l'Exemple (9) suivent la même construction. À l'ouverture polie caractérisée par l'appellatif générique féminin abrégé suivi du nom propre de l'allocutaire s'opposent le tutoiement et le procédé accompagnateur «s'il te plaît», dans le premier énoncé.

j. Exemple (10)

10.1. Merci beaucoup pour **ta** réponse **Mme Sylvia**. J'apprécie beaucoup **tes** explications!
10.2. **Madame Annick tu peux-tu** me donner le dictionnaire
10.3. Madame Monica pourrais-tu me donner un embouchure s'il vous plaît
10.4. **Mam, peux-tu** me passer le lait **s'il vous plaît**
(Corpus *Politesse Kasparian 2010*)

Cet exemple regroupe plusieurs échantillons. Le premier provient d'un courriel entre une étudiante et une professeure, dans un contexte universitaire. Les deux suivants sont des demandes faites par des élèves à des institutrices en milieu scolaire. Le dernier se situe dans un contexte familial, entre une mère et sa fille. Les trois premiers énoncés sont construits d'une manière semblable à celle qui a déjà été observée. Une différence doit, cependant, être soulignée: l'appellatif féminin plein ou abrégé précède le prénom de l'allocutaire. Cet usage est généralement proscrit. Dans un document intitulé *Comment s'adresser à son instituteur ou à son professeur*, l'OQLF le déconseille: «[...] le plus naturel est sans doute de s'adresser à eux en les appelant simplement *Madame* ou *Monsieur*. La forme "hybride" *Madame Julie* n'est pas souhaitable». C'est pourtant une variante recommandée du code de vie distribué aux élèves dans le système scolaire francophone (district scolaire 01) au Nouveau-Brunswick.

Dans les échantillons 10.2. et 10.3., on remarque l'emploi de la particule interrogative *-tu* et en 10.3., celui de la locution *s'il vous plaît*, procédé accompagnateur qui tend à se figer sous cette forme.

L'échantillon 10.4., quant à lui, contient un terme d'adresse relationnel («Mam» (Maman)) certes familier, face auquel apparaît, comme dans l'énoncé précédent, avec l'utilisation du *vous*, la forme polie et cristallisée «s'il vous plaît».

k. Exemple (11)

11.1.   Bonjour **Sylvia,**
Je voulais simplement **vous** faire part de l'évolution positive dans mon travail.

11.2.   Bonjour **Sylvia,**
… N'**hésite** pas à me revenir si **vous avez** des questions.
(Corpus *Politesse Kasparian 2010*)

Les échantillons de l'Exemple (11) proviennent de courriels. L'ouverture se limite à la salutation et au prénom de l'allocutaire. Tandis que dans la suite du premier échantillon se remarque le recours au vouvoiement, celle du second s'en distingue par un passage du tutoiement au vouvoiement: «n'hésite pas si vous avez…».

5. Synthèse: Continuum des particularités des marques de politesse
a. Les résultats

L'analyse de ces exemples nous permet de dégager sous forme de continuum (cf. figure 2) les particularités des termes d'adresse et de familiarité dans les parlers acadiens.

FIGURE 2 : CONTINUUM DES PARTICULARITÉS DES MARQUES D'ADRESSE DANS LES PARLERS ACADIENS

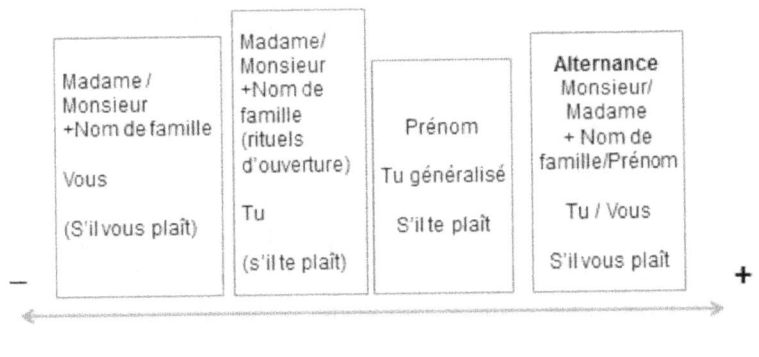

La figure 2 ci-dessus résume les résultats en présentant les formes d'adresse dans un ordre allant des moins particulières aux plus particulières aux parlers acadiens.

1- Les formes les moins particulières ou les plus communes sont les formes traditionnelles d'utilisation des termes d'adresse. Elles se trouvent dans les manuels et les dictionnaires : titre de civilité (*Monsieur* ou *Madame*) suivi ou non du nom de famille, utilisé avec le pronom *vous* et le procédé accompagnateur *s'il vous plaît* (Exemple (1) et Exemple (2)).

2- Viennent ensuite les cas d'utilisation du titre de civilité suivi ou non du nom de famille dans la séquence rituelle d'ouverture (*Monsieur, Madame* + nom de famille / prénom), suivis dans le reste de l'énoncé par une prévalence des formes familières (*tu, s'il te plaît,* etc., voir Exemple (5) et Exemple (7)).

3- Le troisième groupe sur l'axe des particularités est caractérisé par l'utilisation généralisée du prénom suivi de *tu*, avec possibilité d'utiliser *s'il te plaît*. Il n'y a pas de marques formelles de politesse même là où la situation ou la relation en appellent une. Les adresses de familiarité sont généralisées (Exemple (8) et Exemple (9)).

4- La dernière classe, peut-être la plus particulière en référence à une norme attendue, que nous retrouvons dans notre corpus de parlers acadiens, est celle de l'alternance des marques de familiarité et de politesse à tous les niveaux et pour tous les traits énoncés (appellatifs, nom, prénom, *s'il vous plaît*) dans un même énoncé, ou une même séquence de la conversation, pour un même locuteur, dans la même conversation et avec le même interlocuteur. Toutes les combinaisons possibles de cas d'alternance de marques de politesse-familiarité (normes standards) s'y retrouvent.

Les normes des marques de politesse et de familiarité ont donc leurs particularités dans les parlers acadiens du sud-est du Nouveau-Brunswick.

b. Cas de figures des particularismes

Plusieurs cas de figures apparaissent dans cette catégorie de particularismes acadiens:

> un premier, où l'on débute les séquences d'ouverture rituelles avec *Monsieur / Madame + nom de famille*, et où l'on poursuit avec le *tutoiement* (Exemple (7), Exemple (8) et Exemple (9));
> un second, dont les séquences d'ouverture commencent par *Madame / Monsieur + prénom*, et se poursuivent avec le *tutoiement* (Exemple (3) et Exemple (4));
> un troisième, qui se caractérise par le recours, en ouverture, à la formule suivante: *Madame / Monsieur + prénom, + tutoiement + s'il vous plaît* ou *s'il te plaît* (Exemple (7) et Exemple (8));
> un quatrième, qui utilise un *appellatif familier* + le *tutoiement* + *s'il vous plaît* (Exemple (9), Exemple (10) et Exemple (11)).

En réalité, certains de ces phénomènes d'alternance pourraient se retrouver dans d'autres variétés de français, au Canada comme dans le parler populaire en France ou en Belgique, par exemple. Il serait certes intéressant de comparer ces formes d'adresse hybrides dans d'autres régions acadiennes, dans d'autres variétés de français au Canada ou dans la francophonie au sens plus large.

Conclusion

À la suite de cette première exploration de nos données, nous sommes tentés de rapprocher les résultats de notre analyse de la catégorisation en seuils des parlers acadiens proposée par Louise

Péronnet et Sylvia Kasparian[22] dans le cadre d'une recherche commune sur le standard acadien. Pour classer les traits linguistiques qui s'écartaient du standard dans les parlers acadiens, les auteures ont proposé une grille de classification en seuils qui tenait compte des formes non standards acadiennes sur un continuum allant du plus traditionnel / régional (seuil 0,0R) au plus standard, en passant par les nouveaux traits acadiens (seuil 1AC), les emprunts au québécois (seuil 1Q) et les seuils standard-approximation (2AP) et standard-hypercorrection (2H).

Les comportements d'alternance que nous avons observés dans notre recherche sur les termes d'adresse dans les parlers acadiens pourraient se situer au seuil (2AP), catégorie *standard-approximation* de cette classification, c'est-à-dire des traits ni complètement standards ni complètement régionaux. Aussi peut-on les considérer comme des formes mixtes, oscillant entre deux normes, ou encore comme de nouvelles formes générant une nouvelle norme.

Les consignes normatives de politesse que nous retrouvons dans les « Règles de vie » des écoles francophones du Nouveau-Brunswick sont autant d'indications qu'il s'agit effectivement d'une norme sociolinguistique bien ancrée. On peut citer à titre d'exemple cet extrait du code de vie d'une école primaire de la région de Moncton qui donne comme norme de comportement poli la règle suivante : « Lorsqu'un élève s'adressera à un adulte, nous entendrons : Monsieur, Madame ou Mademoiselle avant le *prénom* ou le nom de la personne[23] ».

Des variations culturelles sont donc manifestes dans l'utilisation des termes d'adresse en franco-acadien et dans les valeurs de politesse qu'ils véhiculent. Les formes d'adresse ne paraissent pas générer les mêmes distances sociales qu'en français standard. Par exemple, *s'il vous plaît* ne semble pas faire forcément opposition à

---

[22] Louise Péronnet et Sylvia Kasparian, « Vers une description du français standard acadien : analyse des traits morphosyntaxiques », *Les français d'Amérique du Nord en situation minoritaire*, Aix-en-Provence, Presses de l'Université de Provence, 1998, p. 89-105 ; Louise Péronnet et Sylvia Kasparian, « Le français standard acadien : proportion d'une norme régionale pour le français parlé en Acadie », dans Annette Boudreau et Lise Dubois (dir.), *Le français langue maternelle dans les collèges et universités en milieu minoritaire*, Moncton, Éditions d'Acadie / Centre de recherche en linguistique appliquée, 1998, p. 249-259.

[23] Extrait des « Règles de vie », Agenda des élèves de l'École Le Mascaret, Moncton.

s'il te plaît: *s'il vous plaît* semble amalgamer à la fois la valeur de politesse du pronom *vous* et le procédé accompagnateur *s'il te plaît* standard, pour donner une forme figée polie, *s'il vous plaît*, utilisable dans l'adresse en *tu* ou en *vous*.

L'échantillon 10.4. l'illustre bien: «*Mam, peux-tu me passer le lait s'il vous plaît*». Dans ce tour, le *vous* de *s'il vous plaît* ne semble pas changer la distance sociale familière entre les interlocuteurs, qui sont une mère et sa fille. *Maman* (Mam), *tu* et *s'il vous plaît* cohabitent donc dans une même phrase et sont l'expression d'une relation familière et proche. *S'il vous plaît* semble perdre son opposition avec *s'il te plaît* et prendre valeur de politesse cristallisée, avec la forme «vous» utilisée dans les situations à la fois familières (avec *tu*) et plus ou moins formelles (avec *vous*).

En réalité, ces pistes de réflexion que nous lançons mériteraient une étude plus approfondie des variations culturelles dans l'utilisation des termes d'adresse dans les parlers acadiens. Il serait aussi intéressant d'élargir cette exploration des termes d'adresse à une plus grande diversité de contextes, à des cadres plus formels ou à des situations impliquant des relations plus hiérarchiques, ce qui nous permettraient de mieux dégager les tendances ou les normes sociolinguistiques actuellement dominantes dans chacun de ces contextes.

Bibliographie

Braun, Friederike, *Terms of address. Problems of Patterns and Usage in Various Languages and Cultures*, Berlin / New York / Amsterdam, Mouton de Gruyter, 1988.
Brown, Roger et Albert Gilman, «The Pronouns of Power and Solidarity», dans T. A. Sebeok (dir.), *Style in Language*, Cambridge, MIT Press / New York, Wiley, 1960, p. 253-276.
Brown, Penelope et Stephen Levinson, «Universals in Human Usage: Politeness Phenomena», dans E. N. Goody (dir.), *Question and Politeness. Strategies in Social Interaction*, Cambridge, Cambridge University Press, 1978, p. 56-290.
Coulmas, Florian (dir.), *Conversational Routine*, La Haye / Paris / New York, Mouton, 1981.
Goffman, Erving, 1973. *La mise en scène de la vie quotidienne*, t. 2, Paris, Minuit, 1974.
Goffman, Erving, *Les rites d'interaction*, Paris, Minuit, 1974.
Grimaud, Michel, «Les appellatifs dans le discours: "Madame", "Mademoiselle", "Monsieur", avec et sans nom propre», *Le français moderne*, vol. 57, n°s 1 et 2, 1989, p. 54-78.
Kerbrat-Orecchioni, Catherine, *La conversation*, Paris, Seuil, 1996.
Kerbrat-Orecchioni, Catherine (dir.), *S'adresser à autrui. Les formes nominales d'adresse en français*, Chambéry, Presses universitaires de Savoie (LLS), coll. «Langages», 2010.
Kerbrat-Orecchioni, Catherine, «Pour une approche contrastive des formes nominales d'adresse», *Journal of French Language Studies*, vol. 20, n° 1, p. 3-15, 2010.
Lagorgette, Dominique, «Termes d'adresse, insultes et notion de détachement en diachronie: quels critères d'analyse pour la fonction d'adresse?», *Cahiers de praxématique*, vol. 40, 2003, p. 43-70.
Malherbe, Michel, *Les langages de l'humanité*, Paris, Seghers, 1983.
Melanson, Gémaël, *Les marques de politesse dans les parlers acadiens du sud-est du Nouveau-Brunswick*, sous la direction de Sylvia Kasparian, projet de fin de baccalauréat en linguistique, Moncton, Université de Moncton, 2007.
Martiny, Thierry, «Forms of Address in French and Dutch: A Sociopragmatic Approach, *Language Science*, vol. 18, n°s 3 et 4, 1996, p. 765-775.
Milner, Jean-Claude, *De la syntaxe à l'interprétation. Quantités, insultes, exclamations*, Paris, Seuil, 1978.
Péronnet, Louise et Sylvia Kasparian, «Vers une description du *français standard* acadien: Analyse des traits morphosyntaxiques», *Les français d'Amérique du Nord en situation minoritaire*, Aix-en-Provence, Presses de l'Université de Provence, 1998, p. 89-105.
Péronnet, Louise et Sylvia Kasparian, «Le français standard acadien: proposition d'une norme régionale pour le français parlé en Acadie», dans Annette Boudreau et Lise Dubois (dir.), *Le français langue maternelle dans les collèges et universités en milieu minoritaire*, Moncton, Éditions d'Acadie / Centre de recherche en linguistique appliquée, 1998, p. 249-259.

Perret, Delphine, «Termes d'adresse et injures», *Cahiers de lexicologie*, vol. 12, 1968, p. 3-14.

Perret, Delphine, «Les appellatifs, analyse lexicale et actes de parole» *Langage*, vol. 32, 1970, p. 217-241.

Scotton, Carol Myers et William Ury, «Bilingual Strategies: The Social Functions of Code-Switching», *International Journal of the Sociology of Language*, vol. 13, 1977, p. 5-20.

Traverso, Véronique, *L'analyse des conversations,* Paris, Armand Colin, 2007.

REPRÉSENTATIONS DU CHIAC DANS *L'ACADIE NOUVELLE* CONTEMPORAINE (2000-2010) : DÉFINITION, DÉSIGNATION, ÉVALUATION

MARIE-ÈVE PERROT
UNIVERSITÉ D'ORLÉANS

Introduction[1]

Cette étude s'inscrit dans le cadre d'un projet portant sur les représentations et idéologies linguistiques dans la presse francophone en Acadie du Nouveau-Brunswick, de la fin du XIXe siècle à l'époque contemporaine[2]. L'un des aspects de nos recherches concerne l'évolution des représentations du mélange

---

[1] Je tiens à remercier Françoise Gadet pour sa relecture critique et ses nombreuses suggestions.
[2] Projet financé par le CRSH de 2007 à 2010 ; *Idéologies et représentations linguistiques dans les écrits sur l'Acadie de la fin du XIXe siècle à la période contemporaine*. Chercheure principale : Annette Boudreau ; collaboratrice : Marie-Ève Perrot.

des langues. Nos analyses antérieures[3] ont montré comment, dès leur parution, et jusque dans les années 1970, les journaux acadiens ont dénoncé les manifestations linguistiques de l'anglicisation, attaquant le mélange des langues en exploitant les stéréotypes du «bâtard» et de l'«impur» et en recourant à des désignants stigmatisants (petit-nègre, charabia, baragouin, jargon, etc.). Nous nous sommes en particulier intéressée à la nomination du mélange des langues et donc au nom «chiac». Attesté pour la première fois dans la presse au début des années 1960[4], son emploi se diffuse à partir des années 1970, dans un contexte sociolinguistique favorisant la diversification des discours sur les langues et l'émergence de ce que l'on a pu appeler «le débat sur le chiac».

L'analyse porte ici sur un corpus d'articles récents de *L'Acadie Nouvelle*, seul quotidien généraliste de langue française diffusé dans l'ensemble du Nouveau-Brunswick[5]. Fondée en 1984, *L'Acadie Nouvelle* tire actuellement à plus de vingt mille exemplaires et comporte une version électronique. Notre corpus[6] est constitué des articles contenant au moins une occurrence du mot «chiac» et publiés entre 2000 et 2010, décennie au cours de laquelle le nombre de textes traitant du parler augmente de façon spectaculaire. Nous analyserons les représentations du chiac que le discours de presse construit (tout autant qu'il les reflète) et les pro-

---

[3] Marie-Ève Perrot, «Nature et fonction des stéréotypes linguistiques dans le discours de presse d'une communauté minoritaire: *L'Évangéline* de 1887 à 1930», dans Henri Boyer (dir.), *Stéréotypage, stéréotypes: fonctionnements ordinaires et mises en scène*, Paris, L'Harmattan, 2007, p. 253-261; Annette Boudreau, «La construction des représentations linguistiques: le cas de l'Acadie», *Canadian Journal of Linguistics / Revue canadienne de linguistique*, vol. 54, n° 3, 2009, p. 439-459; Annette Boudreau et Marie-Ève Perrot, «Le chiac, c'est du français. Représentations du mélange français / anglais en contexte inégalitaire», dans Henri Boyer (dir.), *Hybrides linguistiques*, Paris, L'Harmattan, 2010, p. 51-82; Annette Boudreau, «La nomination du français en Acadie: parcours et enjeux», dans Jean Morency, James de Finney et Hélène Destrempes (dir.), *L'Acadie des origines: mythes et figurations d'un parcours littéraire et historique*, Sudbury, Prise de parole, 2011, p. 71-94; Annette Boudreau, «Discours, nomination des langues et idéologies linguistiques», *Les français d'ici. Description, représentation et théorisation*, Sainte-Foy, Presses de l'Université Laval, 2012, p. 89-109.

[4] *L'Évangéline*, L'opinion du lecteur, 4 janvier 1963: «Avec le faux bilinguisme, on arrive souvent à ne posséder ni l'une ni l'autre des deux langues. On parle un français "schiak" et un anglais "schiak"».

[5] Sur les médias en Acadie, voir Gérard Beaulieu, «Les médias en Acadie», dans Jean Daigle (dir.), *L'Acadie des Maritimes*, Moncton, Université de Moncton, 1993, p. 505-542.

[6] Merci à Julie Bérubé pour l'élaboration et la numérisation de ce corpus.

cédés discursifs par lesquels il y contribue. Le corpus sera abordé selon deux axes, celui de la définition / désignation (qu'est-ce que le chiac?) et celui de l'évaluation (ces deux axes étant souvent liés, dans des désignations qualifiantes par exemple).

Nous montrerons d'abord l'absence de définitions du mot « chiac » : tout se passe comme si, une fois la nomination – donc l'existence – acquise, ce que recouvre ce terme allait de soi. Cet apparent consensus définitoire est toutefois ébranlé par l'instabilité des représentations de la variété construites au fil des textes, notamment par le foisonnement des désignants métalinguistiques et épilinguistiques[7].

Nous nous concentrerons ensuite sur la résurgence du débat sur le chiac en tentant d'en cerner les causes et les manifestations. Le débat s'est en effet déplacé par rapport à celui des années 1970 : il porte non plus sur la légitimité du chiac, désormais établie, mais sur les *limites* à lui assigner.

1. Quelques remarques préliminaires

Analyser la construction des représentations dans un corpus de presse renvoie à l'hétérogénéité énonciative caractéristique du texte journalistique, décrite ainsi par Sophie Moirand :

> Quant à *l'hétérogénéité énonciative*, dans la presse ordinaire, elle se manifeste en premier lieu par la diversité des scripteurs tels qu'ils sont montrés et désignés par le texte [...] et la diversité des lieux, des moments et des sources d'information indiqués parfois en tête d'article [...]. Elle se manifeste en second lieu par le marquage de paroles ou de mots cités ou empruntés lorsqu'ils sont par exemple guillemetés [...] ou par la présence de verbes introducteurs de paroles rapportées, ou plus insidieusement par l'usage qui est fait de mots ou de formulations qui ont été dits par d'autres

---

[7] Suivant Émilie Urbain, nous reprenons la terminologie de Henri Boyer, qui distingue « l'appellation glossonymique » (nom des langues), les « désignations à teneur métalangagière / métalinguistique » (langue, dialecte...) et les « désignations épilangagières / épilinguistiques » qui concernent les faits de langue (jargon, petit-nègre, charabia, etc...). Voir Émilie Urbain, « Les enjeux de la terminologie métalinguistique dans le traitement historiographique des variétés de français d'Amérique du Nord : étude d'un corpus sur les variétés acadiennes et louisianaises », mémoire de maîtrise, Liège, Université de Liège, 2010, p. 20-21 ; Henri Boyer, *Langue et identité. Sur le nationalisme linguistique*, Limoges, Lambert-Lucas, 2008, p. 32.

mais qui ne fonctionnent comme *rappels mémoriels* que pour les locuteurs capables de décoder l'allusion à des dires antérieurs ou extérieurs[8].

Nous préciserons l'identité du scripteur chaque fois que celle-ci nous paraîtra éclairante. Cette question est par ailleurs liée à l'appartenance générique de l'article : nous nous appuierons sur la distinction de Sophie Moirand entre « genres qui vont du côté d'une énonciation plutôt subjectivisée (éditoriaux, chroniques, billets, dessins de presse, commentaires...) » et « genres qui vont du côté d'une énonciation plutôt objectivisée (croquis, tableaux, articles d'information, glossaires, encadrés à vocation didactique, infographie...)[9] ».

Comme l'indique le tableau en annexe, la dernière décennie compte 164 articles contenant le mot « chiac » (contre 32 pour la décennie précédente). C'est surtout à partir de 2007 que la hausse est significative, pour culminer en 2009 et 2010. Le tableau montre une majorité d'articles à énonciation objectivisée, autour de thèmes qui constituent ses deux principaux contextes d'occurrence : « événements et productions culturels » (littérature, théâtre, musique, expositions, festivals, colloques...) et « langue et éducation » (situation du français, assimilation linguistique, qualité du français, enseignement du français...). Le mot « chiac » est davantage convoqué pour le premier thème – et l'on voit bien se dessiner ici le rôle de la communauté artistique et intellectuelle dans le processus de légitimation du vernaculaire.

La tendance concernant le genre s'inverse radicalement en 2009 et surtout en 2010, où plus de 75 % des articles sont à énonciation subjectivisée. Ces deux années voient aussi apparaître le mot « chiac » dans les titres d'un nombre croissant d'articles, dont la forme et la teneur révèlent le caractère polémique :

« Vous avez dit chiac ? » Mon opinion, 26 février 2009
« L'éloge de quel chiac ? » Mon opinion, 10 septembre 2009
« Le chiac, ni bon ni mauvais », Forum public, 19 octobre 2009

---

[8] Sophie Moirand, *Les discours de la presse quotidienne. Observer, analyser, comprendre*, Paris, Presses universitaires de France, 2007, p. 13.
[9] *Ibid.*, p. 12.

«Un débat sur le chiac est nécessaire», Mon opinion, 27 octobre 2009
«Ent' le chiac pis l'anglais», Mon opinion, 12 novembre 2009
«Le chiac détruit le français», Opinion, 4 mars 2010
«Éloge du chiac: ne pas généraliser», Mon opinion, 27 avril 2010
«Le chiac, une phase naturelle d'assimilation», Mon opinion, 23 décembre 2010

Tous ces éléments sont indicatifs de la réémergence du débat sur le chiac après une période où il était assez peu perceptible[10].

2. Qu'est-ce que le chiac?
2.1. Les oppositions entre variétés: images du continuum linguistique régional

Dans de nombreux textes, l'absence de visée définitoire explicite dans l'environnement immédiat du mot «chiac» suggère que ce à quoi il renvoie relève de la connaissance partagée[11]. Mais on peut voir une forme de définition négative (ce que le chiac *n'est pas*) dans la juxtaposition de nominations distinctes, créatrices de frontières symboliques entre les variétés[12]. Outre l'anglais, les variétés nommées aux côtés du chiac sont, par fréquence décroissante: 1) «français»; 2) «français standard / standardisé / dit standard» (et «français international»); 3) «français acadien» (et «franco-acadien», «ancien parler acadien», «vieil acadien», «français

---

[10] Depuis la parution du journal, on relève régulièrement des textes polémiques à l'occasion d'événements particuliers (voir par exemple l'éditorial du 10 novembre 1992, *Le chiac au banc des accusés,* en réaction à la soutenance d'une thèse de doctorat à l'Université de Moncton intitulée *Intégration de la variation linguistique acadienne dans les textes narratifs de fiction pour la classe de français*). Ces polémiques restent toutefois ponctuelles, contrairement au durcissement observé pour les années 2009 et 2010. Pour plus de détails sur les articles de *L'Acadie Nouvelle* traitant du chiac avant la période étudiée ici, voir Julie Bérubé, «Discours et idéologies linguistiques en Acadie du Nouveau-Brunswick. Le cas de la presse et du milieu scolaire», thèse de doctorat, Moncton, Université de Moncton, 2010.

[11] Les seuls éléments définitoires récurrents sont géographiques: le chiac est associé à Moncton («chiac de Moncton», «chiac monctonien», «chiac typique de Moncton»…) ou au sud-est («caractéristique du sud-est»).

[12] Relevé également pour leurs corpus respectifs par Julie Cormier, «Représentations, dynamiques langagières et internet: le cas du chiac en Acadie» thèse de maîtrise, Moncton, Université de Moncton, 2010, p. 113-114; et par Isabelle Violette, «Discours, représentations et nominations: le rapport au «chiac» chez les immigrants francophones à Moncton (Acadie)», dans Carmen Leblanc, France Martineau et Yves Frenette (dir.), *Vues sur les français d'ici*, Sainte-Foy, Presses de l'Université Laval, 2010, p. 276-277.

populaire acadien», «langue acadienne», «ancien français»). Ces jeux d'opposition récurrents, tout en lui conférant une existence autonome, construisent selon les contextes des représentations fluctuantes du chiac.

C'est dans les rubriques traitant des productions culturelles que les réseaux d'oppositions s'avèrent les plus diversifiés. Ils reflètent les choix de langue qui s'offrent à l'artiste acadien, choix qui ne sont jamais hiérarchisés mais qui donnent à voir la palette du continuum linguistique. Le chiac est ici une ressource littéraire à part entière :

> Brun plonge aussi bien dans le chiac, l'anglais que le français standard et le «vieil» acadien. («Le combat entre le poète et les mots», L'Accent Acadien, 15 février 2002)

> C'est l'influence de tout ça, un mélange de chiac, de français international et d'anglais. («Une histoire de cœur», L'Accent Acadien, 6 juin 2003)

> Sa rue Saint-George se définit comme un heureux mélange de chiac, de français et d'anglais [...]. («Un regard amusé sur Moncton», Accent, 26 avril 2008)

À l'inverse, on relève dans les articles traitant de la langue en milieu scolaire l'opposition entre «(parler) chiac» et «(parler) français + adj. / adv. appréciatif» : «bon français», «bon parler français», «bien parler français», «parler correctement le français», «meilleur français», «langue française de qualité» – syntagmes qui construisent en creux une représentation négative du chiac[13]. Les deux extraits ci-dessous proviennent d'articles à énonciation objectivisée mais les guillemets indiquent que les termes qualifiants sont à mettre au compte d'énonciateurs rapportés. Dans le second, le verbe introducteur «reconnaître» pourrait traduire le sentiment du scripteur ou l'attitude de l'interviewé :

> Finalement, les enfants de M. Ouellet ont appris à parler un «meilleur»

---

[13] Pour une étude des représentations dans le matériel pédagogique francophone du Nouveau-Brunswick et leurs liens avec le discours de presse, voir Julie Bérubé, *op. cit.*

français. Cela ne les a cependant pas empêchés de parler le « chiac » avec leurs amis, comme le font la plupart des adolescents du sud-est. (« Élever ses enfants en français à Moncton, tâche pénible ou défi enrichissant ? », Nouvelles générales, 29 mars 2002)

> La jeune co-animatrice de l'événement, Miah Robichaud-Lord, reconnaît qu'elle parle parfois chiac : « Je parle chiac avec mes amis, sauf quand je peux bien parler français ». (« Les élèves des écoles Beauséjour et Vanier ont lancé des activités. Une semaine de la fierté française à saveur internationale », Nouvelles générales, 22 mars 2005)

Annette Boudreau a montré à partir de différents corpus à quel point il était difficile de cerner ce que recouvre le chiac dans les représentations des locuteurs. Elle a mis en exergue deux grands types de définition privilégiant soit le mélange français / anglais (stigmatisé), soit les archaïsmes (valorisés, ou du moins tolérés). Notre étude de la presse acadienne a confirmé cette polarité dès la fin du XIXe siècle[14].

Dans le corpus contemporain, les archaïsmes ne sont plus qu'exceptionnellement mentionnés. Lorsque des éléments descriptifs du chiac sont donnés, souvent de façon implicite, c'est la composante anglaise qui est convoquée. Ainsi, dans l'extrait suivant, le scripteur ne fournit pas la définition d'Antoine Landry, mais la juxtaposition de « anglicisation galopante » (associée à la « déception ») et « chiac » crée l'implicite d'un chiac (malheureusement) anglicisé :

> Ils se disent déçus cependant d'y avoir découvert l'anglicisation galopante. Ils voulaient savoir ce qu'est exactement le « chiac ». Antoine Landry leur a expliqué... (« Un couple d'aventuriers veut faire connaître l'Acadie aux Européens », Nouvelles générales, 12 juillet 2002)

Lorsqu'elle est explicitée, cette part d'anglais dans le chiac est principalement appréhendée en termes de « mélange » (ainsi que

---

[14] Voir Annette Boudreau, « La construction des représentations linguistiques : le cas de l'Acadie », *op. cit.*, « La nomination du français en Acadie : parcours et enjeux », *op. cit.*, et « Discours, nomination des langues et idéologies linguistiques », *op. cit.* ; Annette Boudreau et Marie-Ève Perrot, *op. cit.* ; Marie-Ève Perrot, *op. cit.*.

le verbe « mêler » et une occurrence marginale de « mixture ») et d'« emprunt » (ainsi que diverses expressions apparentées telles que « accompagné de mots anglais », « dire des mots anglais », « utiliser des mots anglais »…) :

> Il y a des gens qui parlent chiac et ils savent juste le chiac. Ils mélangent les deux langues, alors eux, ils ne savent pas vraiment parler français. (« Une semaine de la fierté française à saveur internationale », Nouvelles générales, 22 mars 2005)

> Ce qui caractérise le plus le chiac (…) c'est l'utilisation de mots, tournures, de suffixes ou de racines empruntés à la langue anglaise. (« Le chiac, ni bon ni mauvais », Forum public, 19 octobre 2009)

On relève aussi, dans une moindre mesure, le terme « anglicisme ». Au départ utilisé pour désigner toute forme transcodique, il a été longtemps dominant[15]. C'est autour de ce terme négativement connoté que se cristallisait le virulent discours stéréotypé qui a perduré de la fin du XIXe siècle jusque dans les années 1970. Dans *L'Acadie Nouvelle* contemporaine, une distinction est établie entre « emprunt » (présence effective de mots anglais) et « anglicisme » (calque sémantique ou syntaxique). Parce qu'il touche à la structure même du français, ce dernier conserve une charge dépréciative, comme le montrent ces propos d'un parent d'élève (« dire des mots en anglais » vs « une structure de phrase anglaise ») :

> « Quand Julia dit des mots en anglais, je lui demande de me le dire en français. Par exemple, quand elle dit *anyway* ou *whatever*, je lui demande ce que ça veut dire. Quand elle fait des anglicismes, comme par exemple non, c'est pas (no it's not), je trouve ça apeurant. Parce qu'elle ne se rend pas compte que c'est une structure de phrase anglaise », souligne-t-elle. (« Élever ses enfants en français à Moncton, tâche pénible ou défi enrichissant ? », Nouvelles générales, 29 mars 2002)

Enfin, le terme « contact », d'utilisation plus récente, sans doute en référence au champ de la linguistique, est convoqué pour décrire la

---

[15] D'après nos recherches, « mélange » et « emprunt » sont attestés dans la presse acadienne respectivement depuis 1890 et 1891 ; « anglicisme » apparaît en 1896.

situation sociolinguistique au sens large (Moncton est une « terre de contacts entre les langues », le chiac est le « produit du contact de langues dans le contexte américain », les emprunts s'expliquent par « un contact très étroit entre le français et l'anglais »).

2.2. Désignations métalinguistiques ou épilinguistiques

Le foisonnement des désignants métalinguistiques dans les articles est révélateur du flou autour du statut du chiac dans les représentations des scripteurs[16]. On relève par fréquence décroissante : « dialecte », « variété », « langue » (éventuellement qualifiée de « vernaculaire », « populaire », « régionale », « locale », « hybride »), « parler » (« familier » ou « local ») ou encore « niveau de langue », « registre » (« familier »).

À propos de l'emploi de « langue » dans son corpus, Isabelle Violette s'interroge ainsi :

> En fait, la question [...] renvoie aux représentations que les participants se font du mot *langue*: Qu'est-ce qu'une langue? Que recouvre-t-elle? Est-ce une question de statut ou de critères linguistiques? La nomination distincte du chiac donne-t-elle l'impression d'être délimitée par des frontières fixes et de représenter un ensemble de pratiques homogènes, donc de constituer une langue? Il semble que ce soit l'explication la plus plausible[17].

Ces réflexions sont corroborées pour notre corpus par la récurrence de l'opposition entre « chiac » et « français » analysée précédemment.

« Dialecte » et « variété » interviennent majoritairement dans des articles à énonciation objectivisée. Comme en témoignent ceux parus à l'occasion d'un colloque de dialectologie à l'Université de Moncton en 2005 (« congrès sur l'étude des dialectes », « symposium sur les variétés de français en Amérique du Nord »[18]), les linguistes ont sans doute joué un rôle dans la diffusion de ces termes :

---

[16] Relevé également par Julie Cormier, *op. cit.* p. 86-88 et Julie Bérubé, *op. cit.* p. 134-137.
[17] Isabelle Violette, *op. cit*, p. 276.
[18] « Quand il faut souer son dentiste pour pain et suffering... Des chercheurs étudient l'utilisation du chiac dans la common law », Nouvelles générales, 5 août 2005.

> Pour ces linguistes, tous ces dialectes se valent et le chiac n'a rien à envier au français standard, parce qu'il est également régi par ses propres règles, par sa propre grammaire. Il n'y a absolument rien de péjoratif à parler un dialecte, assure Mme Chevalier, qui y voit plutôt un terreau fertile en recherche. («Le mélange des langues. Il n'y a rien de péjoratif à parler le chiac, selon des chercheurs réunis à l'Université de Moncton», Nouvelles générales, 3 août 2005)

Voir aussi ces réflexions d'une étudiante en linguistique à l'Université de Moncton qui se base sur ce qu'elle a appris dans ses cours :

> Les variétés de français, le chiac en est une, ne sont pas mauvaises. [...] Il faut simplement savoir comment utiliser le français standard et dans quels contextes et situations il est plus approprié de parler une variété ou une autre. («Monkeytown parle comme du monde», De tout et de rien, 21 avril 2006)

«Dialecte» et «variété» sont ainsi convoqués dans des textes véhiculant l'image d'un répertoire linguistique élargi, dans lequel le chiac a sa propre légitimité et contribue, comme le souligne Annette Boudreau ci-dessous, à la construction d'une identité acadienne plurielle[19] :

> Les gens commencent à accepter de s'affirmer comme francophones, peu importe la variété de la langue qui est parlée. Les chiacs, par exemple, s'affirment davantage. («L'exode vers le sud-est fait peur pour le français en Acadie», Nouvelles générales, mars 2002)

Le corpus compte quelques mentions marginales de «créole» et de «patois». Les occurrences de «créole» interviennent dans deux articles à énonciation subjectivisée. Le premier, dénué de connotations négatives, met en exergue le statut de vernaculaire du chiac :

> [...] que les adultes leur laissent le chiac comme mode personnalisé d'expression, comme un créole acadien. En autant que les jeunes comprennent que le chiac est un outil de communication privilégié entre

---

[19] Sur le rôle des linguistes dans la «dédramatisation» du discours sur le chiac, voir Julie Bérubé, *op. cit.* p. 141-143.

eux, et que le français reste la langue de communication privilégiée avec le monde pour se faire comprendre. («Le confort dans sa différence», Commentaire, 16 août 2005)

Le désignant «créole» sera repris dans un second texte réagissant aux propos de la linguiste Gisèle Chevalier[20]. C'est cette fois la mixité linguistique qui est mise en avant :

> La nature et la réputation du chiac ne se démentent pas : il s'agit d'un «dialecte» formé certes de certains beaux vieux mots français et acadiens mais qui est surtout farci de tournures boiteuses empruntées directement à la langue du conquérant [...] Lorsque chercheurs, éducateurs, journalistes, chroniqueurs, artistes et politiciens se donneront le mot pour clamer partout et sans cesse l'importance de mieux parler le français, nous en assurerons peut-être l'avenir. L'Acadie a tout à gagner à délaisser le créole acadien – qualificatif qu'emploie si justement Jean-Marie Nadeau dans sa chronique du mardi 16 août – et à privilégier le français standard. («Un exercice contre-productif», Forum public, 30 août 2005)

Désignant métalinguistique dans le premier article, «créole» prend dans le second une teneur épilinguistique, dans un contexte qui réactualise l'opposition entre archaïsmes valorisés (les «beaux vieux mots») et emprunts stigmatisés, en convoquant les champs lexicaux du «trop plein» («farci»), de la maladie («tournures boiteuses») et de la guerre («la langue du conquérant»). Dans un tel contexte, la distinction entre «créole acadien» et «français standard» ne saurait être de nature autre que qualitative («mieux parler français»). Le jeu des guillemets souligne le refus de prise en charge («dialecte», repris à la linguiste) ou, à l'inverse, l'appropriation («créole», repris au chroniqueur).

Les occurrences de «patois» se répartissent entre quatre articles, les deux premiers à énonciation objectivisée :

> Dans le sud-est en particulier, on est aux prises avec le chiac. À [l'école] Mathieu-Martin, on s'évertue à faire comprendre l'importance de ne pas

---

[20] «Le mélange des langues. Il n'y a rien de péjoratif à parler le chiac, selon des chercheurs réunis à l'Université de Moncton», Nouvelles générales, 3 août 2005.

se limiter à parler le patois («Le français, la bête noire un peu partout», Cahier spécial, 23 octobre 2004)

Du côté des parents, il est important d'encourager les enfants à lire et à communiquer avec eux dans un français correct (et à les corriger régulièrement même si cela demande de la patience et n'est pas toujours facile), plutôt que d'admettre qu'ils s'expriment en patois (en chiac par exemple), en anglais, ou en français incorrect. («La littératie en chute libre», Éditorial, 27 septembre 2008)

Comme l'indiquent leurs titres, ces textes traitent de la qualité du français et de l'enseignement. «Patois» met l'accent sur la dimension locale et la portée communicationnelle réduite («se limiter à parler le patois») et véhicule, par l'opposition entre «français correct» et «incorrect» et par le verbe «corriger», l'idée d'une langue fautive et déficitaire. C'est également le cas dans un article à énonciation subjectivisée qui déplore la «déperdition de la langue française» ou «l'effet pernicieux du chiac sur la qualité de l[a] langue acadienne française[21]». Enfin, dans un dernier article d'opinion, le «patois» est doublement défini par son opposition au «français acadien» et son association avec le «créole québécois», désignants laissant apparaître, dans la représentation du scripteur, les différentes polarités d'un continuum d'anglicisation (français acadien / patois chiac / créole):

N'en déplaise aux promoteurs de ce patois, chiac (contraction de Sh[ed] iac), n'est pas synonyme de parler français acadien. [...] Le chiac [...], malheureusement, à mon point de vue, est en passe de devenir le joual (créole québécois) de l'Acadie. («L'éloge de quel chiac?», Mon opinion, 10 septembre 2009)

Dans tous les articles analysés, la nature des contextes d'occurrence nous amène à situer le désignant «patois» dans l'épilinguistique

---

[21] «Être tchequ'un d'autre», Chronique de Rino Morin Rossignol, 15 décembre 2010.

(cf. l'adverbe de modalité « malheureusement » dans l'extrait ci-dessus)[22].

Au terme de ce parcours, on retiendra que le terme « franglais » n'est pas attesté dans les textes contemporains étudiés. Comme le souligne Annette Boudreau, ce terme popularisé par Étiemble en 1964 est « négativement connoté partout dans la francophonie internationale » et « renvoie le plus souvent à tout ce qui ne correspond pas au français imaginé comme homogène[23] ». Dans la presse acadienne, il a été largement dominant dans les années 1960 et 1970, période où la nomination distincte « chiac » était encore instable, en émergence – contrairement au nom « joual » plus affirmé, comme l'illustre l'extrait ci-dessous :

> Si dans la province du Québec ces efforts doivent porter contre ce qu'on appelle le parler « joual », dans notre province et surtout dans notre région, ils doivent porter contre le parler « franglais ». (*L'Évangéline*, « Notre langue parlée », Opinion du lecteur, 28 janvier 1961).

Il ressort de ces analyses que 1) le chiac est perçu comme une variété distincte qui a désormais sa place dans le continuum linguistique ; toutefois, les réseaux d'oppositions dans lesquels il est saisi en construisent des représentations fluctuantes ; 2) le chiac est caractérisé de façon consensuelle par la présence de la composante anglaise ; toutefois, le foisonnement des désignants métalinguistiques et épilinguistiques révèle le flou de son statut linguistique dans la représentation des scripteurs ainsi que le caractère conflictuel des positionnements à son égard.

C'est maintenant sur les jugements et les prises de position effectifs que nous nous concentrerons, en les ancrant dans le contexte du débat sur le chiac des années 2009 et 2010.

---

[22] Dans la presse de la fin du XIXe siècle, le terme visait la composante traditionnelle du parler acadien, que les scripteurs s'attachaient à légitimer en invoquant la filiation avec le français du XVIIe siècle, récusant la « légende du patois » (voir Marie-Ève Perrot, *op. cit.*). À l'époque contemporaine, il vise la composante anglaise. S'il y a eu déplacement, les contextes d'occurrence en font dans les deux cas un désignant dépréciatif.

[23] Annette Boudreau, « Discours, nomination des langues et idéologies linguistiques », *op. cit.*

3. La résurgence du débat sur le chiac
3.1. Bref historique

Comme l'indique le titre *Acadieman a relancé le débat sur la langue* (Dossier, 25 février 2010), c'est le «phénomène Acadieman» qui à partir de 2009 devient le catalyseur d'un certain nombre d'interrogations touchant au statut du chiac en Acadie. Créé par Dano LeBlanc en 2002, le personnage d'Acadieman se définit lui-même comme «le first superhero acadien» et s'exprime en chiac. Il est tout d'abord apparu dans une bande dessinée du magazine étudiant *Le Mascaret*, puis dans un film d'animation sur la chaîne de télévision locale Rogers. Dans *L'Acadie Nouvelle*, le premier article qui lui est consacré le présente d'emblée comme «une icône populaire de la culture de masse[24]». Jusqu'en 2008, les articles sur Acadieman sont essentiellement positifs et relatent l'immense succès des ventes des DVD et des bandes dessinées[25].

Au printemps 2009 est publié un texte consacré à la cérémonie de lancement de la troisième saison des films d'animation, au cours de laquelle un hommage est rendu à celui qui a contribué à «faire sortir le chiac de la *closet*». C'est dans ce texte que l'on voit se nouer pour la première fois un lien entre le chiac et le français parlé et enseigné à l'école. La parole est en effet donnée à une élève et à un enseignant dont les discours posent en creux la question de la place du chiac au sein l'école:

> Ça nous ressemble et j'aime la façon qu'Acadieman s'exprime [...] parce qu'à l'école on parle chiac.

> Je pense qu'on doit intégrer la culture acadienne dans nos écoles et le

---

[24] «Le premier super héros acadien prend vie sous le crayon de Dano LeBlanc», L'À-propos, 15 janvier 2005.
[25] «Acadieman dépasse les frontières du Nouveau-Brunswick», Arts et spectacles, 15 décembre 2006; «Les aventures d'Acadieman pour la première fois en bande dessinée», Arts et spectacles, 17 avril 2007; «Acadieman Season Deusse sur DVD», Arts et spectacles, 21 décembre 2007; «Le superhéros acadien», Accent, 9 février 2008; «Acadieman à la recherche de sa mère», Arts et spectacles, 25 avril 2008.

projet d'Acadieman a motivé les élèves à faire du français[26]. («Acadieman : une troisième saison qui promet», Actualités, 20 mars 2009)

Le premier article véritablement polémique paraîtra peu après :

> La montée de la popularité du personnage Acadieman devrait inquiéter les parents de jeunes enfants ainsi que le secteur de l'éducation. Le langage utilisé par ce personnage est vulgaire et malsain. Les discours illogiques et bizarres ressemblent à des personnes sous l'influence d'une sorte de stupéfiant qui embrouille les pensées par un verbiage incohérent. [...] La télédiffusion de ce personnage, par le câble Rogers, ne contribue pas à l'enrichissement du vocabulaire de nos jeunes enfants. Les enseignantes, enseignants et parents devraient se regrouper pour dénoncer et boycotter ce spectacle aussi néfaste, qui n'a rien à voir avec la culture, la langue ou l'art. («Acadieman est une menace», Mon opinion, 23 avril 2009)

De toute évidence, la naissance de la polémique s'explique d'abord par l'extrême visibilité que confère au «phénomène Acadieman» sa diffusion à la télévision, et par les inquiétudes qu'elle suscite concernant son influence sur le français parlé par les jeunes, public cible de Dano LeBlanc. Ce virulent extrait n'est pas sans rappeler certains aspects du discours stéréotypé sur le mélange des langues en circulation dans la presse acadienne depuis la fin du XIXe siècle (le mélange comme «brouillage de la pensée», comme «non-langue»).

Au cours de l'année 2010, c'est autour de l'éducation que vont se poursuivre, s'étendre et se durcir les échanges dans les rubriques d'opinion, jusqu'à ouvrir sur une question qui englobe mais dépasse le débat sur le chiac – celle de l'enseignement du français au Nouveau-Brunswick[27] :

---

[26] À cette époque, Dano LeBlanc travaille à différents projets d'écriture du chiac avec les jeunes dans les écoles.
[27] Ce débat oppose notamment François Gazzano, fondateur de l'association *Parents pour une éducation en français de qualité*, et Sylvie Blain, professeure à la Faculté des sciences de l'éducation de l'Université de Moncton. Voir en particulier : «Sur la langue en Acadie», Forum public, 9 avril 2010 ; «L'école, source cachée de l'assimilation», Opinion, 16 septembre 2010 ; «Maîtriser notre langue», Opinion, 25 novembre 2010 ; «La qualité de l'enseignement du français», Commentaire, 14 décembre 2010 ; «Être tchequ'un d'autre», Mon opinion, 15 décembre 2010 ; «Encourager le virtuose», Forum public, 20 décembre 2010 ; «Une langue bâtarde», Commentaire, 21 décembre 2010 ; «Le chiac, une phase naturelle de l'assimilation», Opinion, 23 décembre 2010.

> Cela fut intéressant de voir une professeure de l'Université de Moncton et mentor des futurs enseignants et enseignantes des écoles primaires du Nouveau-Brunswick répondant en ondes à Radio-Canada sur la qualité du français enseigné à l'école déclarer que le chiac était la « langue » des élèves dans les écoles du sud-est, et ne semblait pas être dérangée outre mesure qu'un enfant passant treize années dans un système scolaire francophone ne puisse pas maîtriser le français, voire s'exprimer en français standard. Est-ce qu'il y a un problème avec l'enseignement du français au Nouveau-Brunswick ? Oui, absolument. (« Maîtriser notre langue », Opinion, 25 novembre 2010)

C'est dans ce contexte que va émerger une thématique de la *limite*, dont nous montrerons les principaux aspects dans les pages qui suivent.

3.2. Quelle(s) limite(s) pour le chiac ?

Pour les années 2009 et 2010, on observe deux principaux types d'articles traitant du chiac. Un premier ensemble est constitué de textes qui attaquent le chiac en exploitant le champ de la « misère linguistique » : « déperdition de la langue française », « réduction du vocabulaire », « difficulté de dire », « langue française ridiculisée », « avilissement », « chiac estropié » qui « appauvrit la qualité du français » et « le détruit »... On constate ici encore la persistance de désignants épilinguistiques rappelant la lutte contre l'anglicisme depuis la fin du XIXe siècle : « langue bâtarde », « charabia », « jargon », « baragouin », « verbiage[28] »...

Un second ensemble, quantitativement plus important, est constitué de textes qui donnent à voir des positionnements plus complexes et nuancés, révélateurs d'enjeux nouveaux sous-tendant la polémique. Dans ces textes, le constat selon lequel le chiac est une réalité incontournable constitue l'ancrage même du débat. Avant tout, le scripteur prend acte de son existence (« il existe », « c'est une réalité », « il est là ») :

---

[28] L'utilisation de ces termes n'est pas spécifique à l'Acadie. Ce sont aussi les termes de la « querelle du joual » au Québec (voir Chantal Bouchard, *La langue et le nombril. Une histoire sociolinguistique du Québec*, Montréal, Fides, 2002, p. 217-271) ou du débat sur le « franglais » en France, et plus largement dans l'ensemble de la francophonie.

> Le chiac c'est le chiac. Faut se faire une raison. Il existe. C'est une réalité. Le chiac existe. Probablement qu'il est là pour un bon bout. Qu'on l'aime ou qu'on l'abhorre, qu'on le tolère ou qu'on l'accepte, qu'on le vante ou qu'on le dénigre, le chiac est là, dans nos murs. («Être tchequ'un d'autre», Chronique de Rino Morin Rossignol, 15 décembre 2010)

C'est partant de ce constat d'existence (on remarquera l'emploi absolu du verbe «être» dans l'extrait ci-dessous, «il est») que le débat va se déplacer et se focaliser sur le statut du chiac dans l'éducation mais aussi plus largement dans le paysage sociolinguistique acadien :

> À mon avis, le chiac n'est ni bon ni mauvais. Il est, tout simplement. Le débat autour du chiac doit plutôt porter sur sa place en Acadie, sur le rôle qu'on veut lui faire jouer et sur le genre de promotion qu'on choisit d'en faire. («Le chiac, ni bon ni mauvais», Forum public, 19 octobre 2009)

L'interrogation sur la limite, qui apparaît ici en creux (quelle «place», quel «rôle», quelle «promotion»?) et que l'on retrouve formulée de façon directe ou indirecte au fil des textes, nous semble être l'aspect le plus intéressant et le plus significatif de cette période. Elle est indissociablement liée à une interrogation plus large, de nature *identitaire*, comme l'exprime un éditorial paru au point culminant de la polémique, qui commence par la question «Faut-il avoir peur d'Acadieman?» :

> Malgré de nombreuses attaques, Dano LeBlanc ne s'est jamais excusé d'utiliser le chiac. Ce faisant, il a placé les Acadiens devant un dilemme identitaire («Héros ou zéro?», Éditorial de Gaétan Chiasson, 25 février 2010)

La thématique de la limite se manifeste également pour ce qui concerne les aspects linguistiques du contact des langues, appréhendés dans une optique désormais plus quantitative que qualitative :

> Nous utilisons tous des mots anglais et des anglicismes et certains font même partie de notre histoire. [...] Mais il y a une limite [...] Une phrase qui contient 20 mots dont 10 sont anglais, avec quelques adjectifs et adverbes français est-elle le modèle qu'on peut promouvoir? [...] Et où

doit-on tracer la ligne? Y a-t-il un pourcentage de mots étrangers qui fait que la phrase n'est plus du chiac? À quel niveau de mélange de mots une phrase garde-t-elle une syntaxe raisonnable? («En parler sans se tirer des roches», Chronique de Claude Le Bouthillier, 27 février 2009)

Contrairement aux périodes précédentes, qui avaient vu la présence des emprunts décriée, c'est le dépassement d'un seuil d'emprunt qui est visé[29] dans cet extrait qui soulève la question de la définition même du chiac. En effet, la «limite» ou la «ligne» sépare ici ce qui est «du chiac» et ce qui «n'est plus du chiac». Dans ce contexte, il faut sans doute entendre ce qui est «du chiac» comme une variété que les emprunts à l'anglais n'empêchent pas d'identifier comme une variété de *français,* et «une syntaxe raisonnable» comme une syntaxe que les emprunts n'empêchent pas d'identifier comme étant *française.* Ici encore, c'est donc avant tout une interrogation identitaire qui sous-tend la thématique de la limite.

L'apparition de deux nouvelles nominations, forgées par les scripteurs dans des articles d'opinion, va dans le même sens :

J'm'amuse des fois à traduire leu' chiacanglais en chiac. I' faut, parce que c'é pus du chiac. («Ent' le chiac pis l'anglais», Opinion, 12 novembre 2009)

Essayez de vous imaginer qu'il y a des Chiacs qui savent que leur langue évolue beaucoup trop rapidement pour survivre. Ils savent que les emprunts lexicaux qui caractérisent le chiacafryé ne correspondent pas aux emprunts normaux qui enrichissent les langues. [...] Allez voir les affiches de ceux qui survalorisent le chiacafryé. Vous verrez un mélange de français et d'anglais où c'est l'anglais qui domine. («Sur la langue en Acadie», Opinion, 9 avril 2010)

Réveille! Réveille! C'est les *goddam* de Chiacanglais qui viennent[30]. Ils ne brûleront pas vos récoltes, mais ils vous voleront votre âme, et vous deviendrez aussi ordinaires qu'ils le sont avec leur littérature chiacafryée

---

[29] Cette interrogation est perceptible dans différents types de sites discursifs acadiens contemporains : voir Annette Boudreau et Marie-Ève Perrot, *op. cit.* ; Julie Cormier, *op. cit.* ; Catherine Leclerc, «Ville hybride ou ville divisée : à propos du chiac et d'une ambivalence productive», *Francophonies d'Amérique,* n° 22, 2007, p. 153-165.

[30] Référence à la chanson de Zachary Richard, *Réveille.*

essentiellement médiocre, malgré l'exaltation qu'en font les grands spécialistes de la *University of Moncton* et deux ou trois poètes invertébrés. (« *What a story!* », Mon opinion, 23 juin 2010)

Parce qu'il empêche le rattachement au français, le franchissement d'un certain seuil d'anglicisation provoque l'émergence de nominations *autres* (ce n'est « plus du chiac », mais du « chiacanglais » ou du « chiacafryé »), dans des contextes développant le thème de l'aliénation et de la dépossession intellectuelle et identitaire, ainsi que de la mort de la langue.

Conclusion

Selon Annette Boudreau et Matthieu LeBlanc, à la fin des années 1970, les films *L'Acadie l'Acadie!* de Pierre Perrault et Michel Brault, *L'Éloge du chiac* de Michel Brault et le livre *La Sagouine* d'Antonine Maillet ont pour la première fois « montr[é] la langue acadienne telle qu'elle était parlée[31] ». Cette prise de conscience collective de l'existence de différentes variétés linguistiques posait dès lors la question de leur reconnaissance : « c'est assurément le fait de revendiquer une certaine légitimité pour le chiac qui a soulevé les passions[32] ».

Aujourd'hui, le débat sur le chiac connaît dans la presse un regain d'actualité. Nous avons montré que le « phénomène Acadieman », qui met en scène une variété issue du mélange des langues devenue emblème identitaire notamment auprès des jeunes, est à l'origine de la période polémique de 2009-2010. La popularité de productions culturelles valorisant le chiac et revendiquant l'hétérogénéité et la diversité linguistiques a soulevé une inquiétude croissante concernant la qualité du français en milieu scolaire – et plus généralement du français parlé dans le sud-est du Nouveau-Brunswick – qui s'exprime dans des textes empreints de l'idéologie du standard. Cette articulation entre les deux volets de

---

[31] Annette Boudreau et Matthieu LeBlanc, « Le français standard et la langue populaire : comparaison du débat et des enjeux au Québec et en Acadie depuis 1960 », dans Fernand Harvey et Gérard Beaulieu (dir.), *Les relations Québec-Acadie. De la tradition à la modernité*, Québec, Éditions de l'IQRC / Moncton, Éditions d'Acadie, 2000, p. 223.

[32] *Ibid.*, p. 223.

la polémique débouche sur une interrogation qui constitue un aspect nouveau du débat idéologique et identitaire par rapport aux années 1960-1970 : quel statut accorder au chiac et surtout quelles limites assigner à sa promotion ? Cette recherche d'un point d'équilibre entre la reconnaissance et la légitimation du chiac (lui donner sa place) et l'ouverture à la standardisation (se positionner par rapport à la francophonie internationale) est caractéristique du « discours mondialisant » dont Annette Boudreau et Lise Dubois[33] ont montré l'émergence dans l'Acadie des Maritimes.

---

[33] Annette Boudreau et Lise Dubois, « Les espaces discursifs de l'Acadie des Maritimes », dans Monica Heller et Normand Labrie (dir.), *Discours et identités, La francité canadienne entre modernité et mondialisation*, Cortil-Wodon, E.M.E., coll. « Proximités sciences du langage », 2004, p. 89-113.

Bibliographie

Beaulieu, Gérard, « Les médias en Acadie », dans Jean Daigle (dir.), *L'Acadie des Maritimes*, Moncton, Université de Moncton / Chaire d'études acadiennes, 1993, p. 505-542.

Bérubé, Julie, « Discours et idéologies linguistiques en Acadie du Nouveau-Brunswick. Le cas de la presse et du milieu scolaire », thèse de doctorat, Moncton, Université de Moncton, 2010.

Bouchard, Chantal, *La langue et le nombril. Une histoire sociolinguistique du Québec*, Montréal, Fides, 2002, 289 p.

Boudreau, Annette, « Discours, nomination des langues et idéologies linguistiques », *Les français d'ici. Description, représentation et théorisation*, Sainte-Foy, Presses de l'Université Laval, 2012, p. 89-109.

Boudreau, Annette, « La nomination du français en Acadie : parcours et enjeux », dans Jean Morency, James de Finney et Hélène Destrempes (dir.), *L'Acadie des origines : mythes et figurations d'un parcours littéraire et historique*, Sudbury, Prise de parole, 2011, p. 71-94.

Boudreau, Annette, « La construction des représentations linguistiques : le cas de l'Acadie », *Canadian Journal of Linguistics / Revue canadienne de linguistique*, vol. 54, n° 3, 2009, p. 439-459.

Boudreau, Annette et Lise Dubois, « Les espaces discursifs de l'Acadie des Maritimes », dans Monica Heller et Normand Labrie (dir.), *Discours et identités. La francité canadienne entre modernité et mondialisation*, Cortil-Wodon, E.M.E., coll. « Proximités sciences du langage », 2004, p. 89-113.

Boudreau, Annette et Matthieu LeBlanc, « Le français standard et la langue populaire : comparaison du débat et des enjeux au Québec et en Acadie depuis 1960 », dans Fernand Harvey et Gérard Beaulieu (dir.), *Les relations Québec-Acadie. De la tradition à la modernité*, Québec, Éditions de l'IQRC / Moncton, Éditions d'Acadie, 2000, p. 211-235.

Boudreau, Annette et Marie-Ève Perrot, « Le chiac, c'est du français. Représentations du mélange français / anglais en contexte inégalitaire », dans Henri Boyer (dir.), *Hybrides linguistiques*, Paris, L'Harmattan, 2010, p. 51-82.

Boyer, Henri, *Langue et identité. Sur le nationalisme linguistique*, Limoges, Lambert-Lucas, 2008, 100 p.

Cormier, Julie, « Représentations, dynamiques langagières et Internet : le cas du chiac en Acadie », mémoire de maîtrise, Moncton, Université de Moncton, 2010.

Leclerc, Catherine, « Ville hybride ou ville divisée : à propos du chiac et d'une ambivalence productive », *Francophonies d'Amérique*, n° 22, 2007, p. 153-165.

Moirand, Sophie, *Les discours de la presse quotidienne. Observer, analyser, comprendre*, Paris, Presses universitaires de France, 2007, 179 p.

Perrot, Marie-Ève, « Nature et fonction des stéréotypes linguistiques dans le discours de presse d'une communauté minoritaire : *L'Évangéline* de 1887 à 1930 », dans Henri Boyer (dir.), *Stéréotypage, stéréotypes : fonctionnements ordinaires et mises en scène*, Paris, L'Harmattan, 2007, p. 253-261.

Urbain, Émilie, « Les enjeux de la terminologie métalinguistique dans le traitement historiographique des variétés de français d'Amérique du Nord : étude d'un corpus sur les variétés acadiennes et louisianaises », mémoire de maîtrise, Liège, Université de Liège, 2010.

Violette, Isabelle, « Discours, représentations et nominations : le rapport au « chiac » chez les immigrants francophones à Moncton (Acadie) », dans Carmen Leblanc, France Martineau et Yves Frenette (dir.), *Vues sur les français d'ici*, Sainte-Foy, Presses de l'Université Laval, 2010, p. 267-284.

ANNEXE : NOMBRE ET TYPE D'ARTICLES PAR ANNÉE

Année	Nombre d'articles	« énonciation objectivisée »	« énonciation subjectivisée »	« chiac » dans le titre
2000	5	5	-	-
2001	1	1	-	-
2002	8	6	2	-
2003	4	4	-	-
2004	6	4	2	-
2005	15	11	4	2
2006	6	4	2	-
2007	19	13	6	-
2008	24	22	2	1
2009	39	18	21	8
2010	37	10	27	5
	164	100	64	15

DES LANGUES D'OÏL À L'ACADIEN : PROJET D'ENQUÊTES SOCIOLINGUISTIQUES PARALLÈLES

LILIANNE JAGUENEAU
UNIVERSITÉ DE POITIERS

Depuis fin 2008, l'opération « Les langues et vous[1] » a été lancée par Jean-Léo Léonard et moi-même pour donner la parole à des intervenants en langues d'oïl. D'abord considérés comme variétés du français (« français dialectal »), ces parlers ont été pris en compte comme langues récemment, à la fin du XXe siècle, en particulier dans la « liste Cerquiglini[2] », où les « langues d'oïl » figurent, au pluriel, à côté de l'occitan / langue d'oc, du catalan, du corse, du breton, du basque, etc.[3] Les enquêtes « Les langues et vous » permettent, à travers le prisme de biographies langagières, de décrire les actions d'aménagement dont ces « langues émergentes »

---

[1] Jean-Léo Léonard *et al.*, « Disparition, apparition, et réapparition des langues de Bourgogne. De l'invisibilisation au nouveau regard », communication présentée au colloque *Méthodologie de la collecte des « langues en danger » ou des « langues menacées » et interaction avec le milieu. Épistémologie et praxis* (juin 2011, Paris 3), dans Jean-Léo Léonard et Karla Janiré Avilés (dir.), *Méthodologie de la collecte des langues en danger. Épistémologie et praxis*, à paraître.

[2] Bernard Cerquiglini, *Rapport au ministre de l'Éducation nationale, de la Recherche et de la Technologie et à la ministre de la Culture et de la Communication* ; [en ligne] http://www.dglflf.culture.gouv.fr/lang-reg/rapport_cerquiglini/langues-france.html, consulté en avril 1999.

[3] La liste du rapport Cerquiglini comprend aussi certaines des langues introduites assez récemment en France par des locuteurs immigrés et d'autres langues non territorialisées comme la langue des signes française.

ont bénéficié, et d'analyser l'impact social de ces actions, dans trois espaces linguistiques : le Centre-Ouest, avec le poitevin-saintongeais (dans six départements) ; la Haute-Bretagne ou Bretagne (orientale) romane, avec le gallo, et l'espace Bourgogne-Morvan, avec le morvandiau.

Ces trois espaces linguistiques, bien différenciés par leur histoire et leur situation actuelle, n'en présentent pas moins surtout des points communs : très peu reconnus comme langues, les idiomes qui y sont parlés, le plus souvent nommés « patois » par leurs usagers, subissent les mêmes stéréotypes négatifs ou positifs que la plupart des autres langues de France non officielles territorialisées ; leur usage oral spontané est aussi en déclin et elles sont, comme toutes les langues de l'Hexagone dites « régionales », considérées par l'UNESCO comme en danger (UNESCO, 2011). Leur usage à l'écrit et pour une expression littéraire est souvent ignoré, ou le grand public n'en connaît que le registre bas, en lien avec le comique facile, la satire, ou l'évocation du passé et des sciences et techniques agricoles ou traditionnelles.

Ceux qui ont œuvré, depuis trente à quarante ans, pour que soit reconnu à ces idiomes le statut de langues à part entière, les ont en même temps dotés de nouveaux outils descriptifs et pédagogiques, ils en ont écrit l'histoire et ont développé dans ces langues productions littéraires, graphies, éditions, concours, ateliers d'écriture, etc.

C'est l'ensemble de ce processus de normalisation qu'évoquent les intervenants interrogés dans les enquêtes « Les Langues et vous » et c'est ce type d'enquête qui est étendu, avec la complicité active de Louise Péronnet, à l'acadien. Se pose alors immédiatement une question : l'acadien peut-il, sur le plan sociolinguistique, être mis sur le même plan que les langues d'oïl ? Unanimement reconnu comme une des formes du français, bénéficiant d'outils descriptifs et surtout d'un soutien institutionnel relativement solide, il semble, étant en situation minoritaire par rapport à l'anglais, dans une position assez différente, sur certains points, des langues d'oïl face au français.

Après avoir présenté « Les Langues et vous », on examinera donc ici dans quelle mesure langues d'oïl et acadien sont comparables tant sur le plan linguistique qu'en ce qui concerne le processus d'émergence dont ils ont bénéficié, de façon à se demander s'il est bien justifié d'appliquer à des intervenants du domaine acadien une enquête conçue pour les langues d'oïl et plus largement pour des langues minoritaires, et non pour des variétés qui, comme le français acadien, sont des langues minoritaires dans un territoire donné, mais officielles ailleurs.

1. Biographies langagières : Les langues et vous

L'enquête réflexive « Les langues et vous » vise à recueillir, à travers les témoignages des intervenants concernés par les actions d'aménagement linguistique « de par le bas » des langues d'oïl, des discours permettant d'analyser le rapport entre ces actions et les langues, le milieu et les institutions concernées. On ne peut reproduire ici l'intégralité du questionnaire de l'opération « Les Langues et vous », mais on en indiquera les grandes lignes, de façon à examiner dans quelle mesure le questionnaire convient pour un locuteur intervenant dans une langue qui, comme l'acadien, peut être considérée comme une variété d'une langue de grande extension et qui, tout en étant en position difficile, n'est pas menacée de disparition à court terme.

1.1. Objectifs

Il s'agit de s'interroger sur l'utilité sociale de l'aménagement linguistique en Europe et ailleurs, en tant que vecteur de lien social, en particulier en ce qui concerne
  – l'apport et l'impact des initiatives d'aménagement linguistique à la base en domaine d'oïl
  – les obstacles rencontrés et leur signification sur les positionnements sociaux face à la modernité et à la régionalisation
  – les liens avec d'autres actions de même type en Europe et ailleurs.

1.2. Orientation de l'enquête : cadre théorique et méthodologie

Précisons
  – que l'enquête consiste à enregistrer des « biographies langagières » auprès d'acteurs sociaux qui consacrent une part importante de leur activité à intervenir ou à élaborer des outils divers

pour la valorisation, l'enseignement, l'information, etc., autour des langues minoritaires, en priorité des langues d'oïl ;

– et que le questionnaire s'inspire des travaux sur la « Typologie des récits de vie » établie par Jeja-Pekka Roos en sociologie qualitative[4] fondée sur le libre arbitre interne et externe des sujets, les événements biographiques marquants, les centres d'intérêt et l'articulation entre sphère publique et privée des différents champs d'action et de représentation mis en œuvre.

L'objet même sur lequel porte l'enquête est donc plus l'action sur la langue conduite par le sujet interrogé que la langue elle-même et son évolution et les points suivants ont été abordés dans les entretiens :

– la pratique écrite de la langue minoritaire / écriture et lecture : quelle variété, quelle utilisation d'outils (dictionnaires…), la présence de la langue dans l'éducation, les désignations et limites géographiques de la langue ;

– l'acquisition de la langue minoritaire, auto-évaluation sur la pratique de la langue et activités autour de la langue minoritaire, les motivations et événements marquants ;

– l'évolution de la pratique sociale de la langue minoritaire depuis l'enfance : édition, presse, graphies, pratique orale, Internet, jugement sur la pratique sociale de la langue… ;

– les centres d'intérêt autour et en dehors de la langue minoritaire, permettant de comprendre la démarche militante.

1.3. Résultats

Les données recueillies peuvent être soumises à différentes grilles d'analyse. Elles ont en particulier permis de construire et de mettre à l'épreuve un nouvel outil d'analyse des situations de minorisation linguistique de type diglossique, à partir des analyses d'Erving Goffman sur le stigmate[5]. Aux douze catégories négatives de la stigmatisation, l'analyse des actions entreprises sur

---

[4] Roos Jeja-Pekka, *Elämäntapaa etsimässä*, Helsinki, Tutkijaliiton Julkaisusarja, 1985, p. 37-49.

[5] Erving Goffman, *Stigmate. Les usages sociaux des handicaps*, traduit de l'anglais par Alain Kihm, Paris, Minuit, coll. « Le sens commun », 1975, [1963], 176 p.

les langues d'oïl permet de superposer douze catégories positives relevant de la contre-stigmatisation : conscientisation, désenclavement, innovation, protagonisme, réticularité, transgression, individuation, normalisation, polyvalence, pragmatique, médiation. Ces catégories permettent d'indexer les discours tenus sur la langue et de définir ainsi certaines caractéristiques des interventions sur les langues, qui peuvent faire plus ou moins référence à la stigmatisation, mettre plus ou moins l'accent sur la médiation, la normalisation, l'innovation, etc.

Cet outil d'analyse, élaboré par Jean-Léo Léonard[6], peut s'appliquer à d'autres situations linguistiques, à condition que celles-ci soient suffisamment proches de la situation des langues d'oïl.

2. Les langues : position par rapport au français

C'est pourquoi il importe de comparer la situation de l'acadien et celle des langues d'oïl, en particulier en ce qui concerne leur rapport au français.

2.1. Langues d'oïl / français

2.1.1. Des langues proches mais distinctes

Ainsi, dans le cas du poitevin-saintongeais, langue d'oïl méridionale, les différences sont telles qu'elles constituent nettement un obstacle à la compréhension pour un auditeur non préparé, fût-il spécialiste du français acadien. On connaît la relativité du critère d'intercompréhension et on ne peut ici poser de limite tranchée entre des idiomes aussi proches. Par exemple, la sixième personne des verbes est toujours différenciée de la troisième en poitevin-saintongeais, y compris au présent et à l'imparfait de l'indicatif, comme au conditionnel et au subjonctif ; elle l'est encore à l'indicatif présent, au passé-simple et au futur en français acadien, et ne l'est qu'au futur et au passé-simple dans les autres variétés de français. Mais le cumul des petites différences n'aboutit pas moins à éloigner les variétés les unes des autres et le poitevin-saintongeais a par exemple des pronoms personnels et des démonstratifs

---

[6] Jean-Léo Léonard *et al., op. cit.*

spécifiques, et de nombreux traits de prononciation, comme des diphtongues secondaires, l'absence de diphtongaison du E latin accentué, la palatalisation du [k] et du [g] devant voyelle antérieure, la mouillure de [l] et son passage à [j] dans les groupes BL, PL, FL, KL, GL, etc. Au total, avec un lexique souvent différencié de celui du français, qu'il soit spécifique ou commun avec l'occitan, la plupart des formes de poitevin-saintongeais sont difficilement accessibles à partir du français si elles sont utilisées sans alternance avec celui-ci. Il en va de même pour les autres langues d'oïl, dont la distance avec le français peut être masquée dans les discours, souvent mêlés de français, qui sont recueillis.

On doit cependant rappeler que les linguistes dialectologues tendent plutôt à considérer le domaine d'oïl comme un ensemble de parlers se rattachant au français, tout en mettant en évidence les différences avec celui-ci[7]. La question fait donc débat et ne peut être tranchée sur le plan strictement linguistique.

2.1.2. Continuum français standard / français régional / langue d'oïl

Quoi qu'il en soit, un continuum existe entre ces idiomes (langue d'oïl, français régional et français standard), comme il en existe partout à l'intérieur des langues romanes, entre occitan et catalan, entre les dialectes du nord de l'Italie et ceux de l'occitan qui en sont limitrophes, etc. De même, l'acadien a suffisamment de traits communs avec les langues d'oïl, surtout de l'ouest, pour que certaines de ses formes occupent dans le continuum une place intermédiaire entre les langues d'oïl et le français hexagonal.

2.2. Acadien / français

Deux points sont à préciser en ce qui concerne l'identification de l'acadien comme appartenant au français.

2.2.1. Français populaire archaïque

C'est la position la plus répandue, celle de Pascal Poirier, dont

---

[7] Pierre Gauthier et Thomas Lavoie, *Français de France et français du Canada. Les parlers de l'ouest de la France, du Québec et de l'Acadie*, Lyon, Université Lyon III, Centre d'études linguistiques Jacques Goudet, 1995, 439 p.

l'œuvre a marqué l'histoire de l'acadien, pour qui le «parler franco-acadien» est du français[8], la langue du petit peuple, chargée d'archaïsmes, tout comme le tourangeau et le berrichon. Il s'agissait là[9] de hausser le parler acadien à la hauteur du «français de France»: «Il [Pascal Poirier] a persuadé des générations d'Acadiens que leur parler n'était pas un «patois» (tout en précisant que cela en était un, mais que cela était celui de France, qu'il ne s'agit pas d'un dialecte mais que c'est celui de Touraine et du Berry) [...] lorsque les premiers colons sont partis.». La variation est alors référée une fois pour toutes à l'histoire, de façon à mieux affirmer l'appartenance du français d'Acadie au français, les particularités en étant reconnues comme «archaïsmes» ou «dialectalismes». Cette position a été suivie dans toutes les études descriptives du français acadien, dans la mesure où on admet une grande variété dialectale pour le français. Les points communs entre les langues d'oïl de l'ouest et le français acadien, bien que nombreux, le sont beaucoup moins que les spécificités des langues d'oïl par rapport au français dit commun.

2.2.2. *Chiac et évolutions récentes*

La présence d'anglicismes, anciens ou récents, dans le français acadien introduit cependant une différenciation qui, jointe aux spécificités plus anciennes, aboutit à une langue très particulière qui pourrait être posée comme distincte du français dans la mesure où un francophone complètement extérieur à cette variété ne comprendra que très partiellement des propos formulés dans un chiac[10] très dense en particularismes. On préfère cependant le plus

---

[8] Pascal Poirier, *Causerie memramcookienne*, Moncton, Chaire d'études acadiennes, 1990, 185 p.

[9] Jean-Michel Charpentier, «Les variétés dialectales françaises et leur influence sur les parlers acadiens: le problème des archaïsmes et des dialectalismes (mots dialectaux)», dans Lise Dubois et Annette Boudreau (dir.), *Les Acadiens et leur(s) langue(s): quand le français est minoritaire*, Moncton, Université de Moncton / Centre de recherche en linguistique appliquée, 1996, p. 15-27.

[10] Dans l'usage courant comme dans celui des linguistes, «chiac» désigne les variétés anglicisées du français acadien, qu'on les intègre au français acadien ou qu'on considère qu'elles relèvent d'un usage linguistique autre. Marie-Ève Perrot («Les modalités du contact français / anglais dans un corpus chiac: métissage et alternance codique», dans Ambroise Queffélec (dir.), *Le français en Afrique: Francophonies, recueil d'études offert en hommage à Suzanne Lafage*, Paris, Didier Érudition n° 12, 1998), qui analyse ces variétés à partir d'enquêtes de terrain, souligne que leur délimitation est difficile.

souvent considérer les variétés les plus différenciées comme étant partie intégrante du français acadien, et parler là aussi de continuum, en montrant comme le fait Louise Péronnet[11] (1996), dans une étude des nouvelles variétés, qu'on y trouve à la fois du français acadien traditionnel, des changements vers un français non standard (emprunts et simplifications par analogie), des changements vers la standardisation (emprunts au français québécois, mélange des registres). Ce qui se dessine là, c'est dans tous les cas, écrit-elle, que « le français acadien traditionnel perd du terrain ». Ainsi l'acadien s'éloigne du poitevin-saintongeais sur le plan strictement linguistique, tout en connaissant des évolutions comparables sur le plan sociolinguistique : une variété considérée comme plus traditionnelle laisse la place à des formes plus récentes.

3. Situation des langues et aménagement : quel statut sur le plan sociolinguistique ?

Et c'est justement ce point de l'état des langues en question qui nous amène à observer l'aspect sociolinguistique : que se passe-t-il en effet ? D'une part, toutes les langues de France subissent un laminage certain en ce qui concerne l'usage oral spontané. Il en va de même pour le français acadien traditionnel. Et parallèlement se développent d'autres usages, liés à une prise de conscience de l'intérêt de ces langues et de leur situation difficile : l'émergence de ces langues ou variétés, avec la revendication du statut de langue pour ce que certains considèrent comme une variété, un dialecte, est directement liée d'une part à leur situation fragile et d'autre part à la prise en compte de ces idiomes par des acteurs sociaux (enseignants, animateurs, etc.) qui tentent de les doter des outils nécessaires à un nouveau dynamisme.

3.1. Convergences

Voyons de plus près de quoi il s'agit, d'abord en ce qui concerne les convergences, qui justifient l'application au domaine acadien du questionnement mis en place dans le projet « Les langues et vous » :

---

[11] Louise Péronnet, « Nouvelles variétés de français en Acadie du Nouveau-Brunswick », dans Lise Dubois et Annette Boudreau (dir.), *op. cit.*, p. 121-135.

3.1.1. Outils de normalisation

En tout premier lieu, des graphies très différentes de celles du français ont été élaborées pour les langues d'oïl comme pour le français acadien. Ces graphies tendent à creuser l'écart entre l'image écrite de la langue minoritaire et celle de la langue dominante, non seulement par des symboles distincts mais aussi par leur caractère systématique et l'effacement des incohérences de la graphie du français. Ce travail sur la graphie vise aussi à fournir une image concrète de l'unité de la langue, en s'opposant aux graphies antérieures qui soulignaient plutôt la différenciation interne.

De même les glossaires, grammaires et manuels vont se démarquer de la perspective dialectologique et patoisante en insistant plus sur l'unité que sur la variation diatopique[12], éventuellement présente comme élément de description, mais non comme argument à l'appui d'une représentation morcellisante.

3.1.2. Minorités actives

Auteurs de lexiques, de descriptions des langues, de normes écrites, etc., agissent isolément ou constituent des groupes très peu nombreux et très dynamiques. Se consacrant entièrement à la défense de l'idiome menacé, ils agissent à la fois sur le plan de la persuasion en développant une argumentation valorisante pour ces idiomes et sur le plan pratique en dotant ces langues de lexiques, de graphies, etc., ou en mettant sur pied spectacles, éditions, revues et sites. Ce trait, particulièrement présent dans les langues d'oïl depuis une quarantaine d'années, est apparu plus tôt en Acadie et se poursuit, en se rapprochant par certains aspects, dans ses modalités, du processus en cours en langues d'oïl.

3.1.3. Communication en langue ou variété dominante

Désirant élargir leur public, ces acteurs, qui maîtrisent généralement bien la langue qu'ils défendent, utilisent pourtant une langue de communication plus large, pour faciliter la communication et ne pas donner l'impression d'être une «chapelle» ou un cercle fermé. Toutefois, les discours bilingues (CD, sites) se développent

---

[12] Yves Cormier, *Dictionnaire du français acadien*, Montréal, Fides, 1999.

et on peut même citer des réalisations documentaires entièrement rédigées dans la langue ou la variété minoritaire, comme les plaquettes de présentation de l'acadien de la Baie Sainte-Marie par Jean-Louis Belliveau[13].

3.2. Divergences

À côté de ces évolutions similaires, on remarque des divergences importantes :

3.2.1. Désignation des langues

Les langues d'oïl, en émergeant récemment hors du giron du français, ont reçu de nouvelles désignations qui en affirment le caractère de langues à part entière : non plus « patois », mais « langues » ; non plus « français dialectal », mais « langues d'oïl ».

Pour le français acadien, la situation est différente : d'une part, le rattachement au français est unanimement admis et considéré comme utile face à l'anglais. Si l'on observe l'usage de la désignation localisante « français acadien », « acadien » ou « langue acadienne », Annette Boudreau soulignait récemment lors d'une intervention à l'Université d'été 2010 à Poitiers, que certains préfèrent « francophone » pour marquer nettement un positionnement anti-identitariste[14]. Et même la plaquette *La Lägakadjèn* (2008) précise dès l'entrée la référence au français : « la Läg Akadjèn Fräséz », tout en effaçant ailleurs cette précision, comme l'effacent divers glossaires[15], alors que les travaux scientifiques posent généralement comme acquise l'inclusion de l'acadien dans le français.

Deux tendances donc, pour le français acadien : vers le français et hors du français, alors que la défense du poitevin-saintongeais et des langues d'oïl, numériquement et sociologiquement moins

---

[13] *La Lägakadjèn*, Lé Près Dla bé, 2008, 52 p., 2 CD.

[14] Annette Boudreau, « Discours, nomination des langues et idéologies linguistiques », dans Davy Bigot, Michael Friesner et Mireille Tremblay (dir.), *Les français d'ici et d'aujourd'hui. Description, représentation et théorisation*, Sainte-Foy, Presses de l'Université Laval, coll. « Les voies du français », 2012, p. 89-109.

[15] Lorenzo Proteau, *La parlure acadienne*, Boucherville, Les Éditions des amitiés franco-québécoises, 1996, 347 p. ; Éphrem Boudreau, *Glossaire du vieux parler acadien : mots et expressions recueillis à Rivière-Bourgeois (Cap-Breton)*, Montréal, Éditions du Fleuve, 1988, 245 p.

vaste, s'inscrit plutôt dans une perspective anti-centralisatrice, opposée au français comme langue dominante.

3.2.2. Diglossie et bilinguisme

On peut considérer que français acadien et langues d'oïl ont en commun une position de langue dominée par rapport au français standard ou, pour le français acadien, par rapport à l'anglais, et on peut sans difficulté suivre Raoul Boudreau lorsqu'il estime que « [j]usqu'à une époque assez récente, cette situation pouvait véritablement être qualifiée de diglossique, le français étant réservé aux communications privées[16] » ou lorsqu'il rappelle, à propos de l'œuvre de France Daigle, que « [l]'Acadie tient du drame qui a marqué son histoire un sentiment d'illégitimité profondément ancré dans son inconscient collectif[17] ». La représentation du français acadien comme héritage et le travail d'étude et d'aménagement dont il a bénéficié, de même que son inscription dans la francophonie et l'évolution de son statut légal ont pu lui (re)donner ses lettres de noblesse. La situation linguistique acadienne peut de ce fait être décrite comme situation bilingue ou multilingue français / anglais, plutôt que comme situation diglossique français acadien / français de France ou anglais. Ainsi, Raoul Boudreau écrit : « En ce qui concerne le français standard, j'estime, à l'instar de nombreux linguistes, que cette notion est largement fictive et que dans la réalité, le français standard a toujours des colorations régionales ou nationales[18] », ce qui tend à « décomplexer » le français acadien par rapport à des variétés de français de France. Le chiac ou le français acadien parlé aujourd'hui ne bénéficient pas pour autant d'un statut égal à celui du français qu'on enseigne ou qu'on parle généralement dans les médias, et l'on peut poser là une ressemblance, entre français acadien et langues d'oïl, qui

---

[16] Raoul Boudreau, « Choc des idiomes et déconstruction textuelle chez quelques auteurs acadiens », dans Robert Dion, Hans-Jürgen Lüsebrink et János Riesz (dir.), « Écrire en langue étrangère. Interférences de langues et de cultures dans le monde francophone », *Les cahiers du Centre de recherche en littérature québécoise*, n° 28, Nota bene / Iko, 2002, p. 288.

[17] Raoul Boudreau, « Le rapport à la langue dans les romans de France Daigle : du refoulement à l'ironie », *Voix et images*, n° 87, 2004, p. 32.

[18] Raoul Boudreau, « Les français de *Pas pire* de France Daigle », dans Robert Viau (dir.), *La création littéraire dans le contexte de l'exiguïté*, actes du 9ᵉ colloque de l'APLAQA, Beauport, Publications MNH, 2000, p. 52.

connaissent le même type de travail social de légitimation et d'aménagement : qu'on pense à *Grandir à Moncton*[19] ou à *Acadieman*[20], par exemple.

La différence est sans doute dans le degré de reconnaissance dont bénéficie le français acadien, plus élevé que celui des langues d'oïl. Ainsi des émissions de radio comme celles citées dans l'étude de Raphaële Wiesmath[21] ne sont pas ressenties comme marquées sur le plan sociolinguistique, alors que l'usage, en France, d'une langue d'oïl autre que le français à la radio, bien qu'existant, est généralement limité à des émissions spécialisées[22]. Il faut souligner que les langues d'oïl n'apparaissent quasiment pas en dehors de la scène théâtrale ou radiophonique et des situations de communication familiale ou amicale, dans des cercles restreints.

3.2.3. Conscience identitaire

« L'histoire a donné à l'Acadien un très fort sentiment identitaire dont l'attachement à la langue française est la pierre angulaire […] Ce sont toutes ces caractéristiques qui façonnent l'Acadie d'aujourd'hui : homogénéité du groupe, très fort sentiment d'identité collective, attachement à une langue française marquée par des traits régionaux[23]. » Au contraire, les langues d'oïl sont pratiquées par des groupes de locuteurs qui n'ont le plus souvent pas conscience d'appartenir à une communauté de locuteurs étendue et il est clair, par exemple pour le poitevin-saintongeais, que les locuteurs concernés ne se disent pas « poitevins-saintongeais », mais « poitevins », « saintongeais » ou « mellois », comme ceux de gallo ne se ressentent pas à priori gallos. C'est là une différence importante sur le plan sociolinguistique entre français acadien et langues d'oïl, même s'il est

---

[19] Roman « engagé » d'Yves Cormier (*Grandir à Moncton*, Moncton, Éditions d'Acadie, 1993, 214 p.)

[20] Voir Marie-Ève Perrot, « Acadieman et l'Académie chiac : le chiac de l'oral à l'écrit », dans Michaël Abecassis et Gudrun Ledegen (dir.), *Les voix des français*, vol. 2, Oxford / Berne / Berlin / Francfort / Vienne, Peter Lang, 2010, 471 p.

[21] Raphaële Wiesmath, *Le français acadien. Analyse syntaxique d'un corpus oral recueilli au Nouveau-Brunswick / Canada*, Paris, L'Harmattan, 2006, 278 p.

[22] On peut consulter par exemple les émissions *Ol ét le moument* sur www.rcf.fr/radio/RCF86/emissions?page=3.

[23] Raoul Boudreau, « Choc des idiomes et déconstruction textuelle chez quelques auteurs acadiens », dans Robert Dion, Hans-Jürgen Lüsebrink et János Riesz (dir.), *op. cit.*, p. 289.

vrai que la conscience d'une identité linguistique propre est variable selon les lieux et les personnes, en langues d'oïl, et qu'elle tend nettement à évoluer, en se rapprochant de celle qu'on observe pour d'autres langues minoritaires hexagonales.

Ainsi, le parallélisme des situations et leurs différences sont clairs : langues d'oïl et acadien ont d'abord été considérés comme des variétés de français, puis se retrouvent en position de langues ou de variétés émergentes, à ceci près que cette dernière évolution est très minoritaire pour l'acadien et très majoritaire pour les langues d'oïl. Par ailleurs, les unes comme l'autre sont en situation de difficulté face au prestige d'autres langues ou variétés et, même si leur défense et illustration peut suivre des voies parallèles, nul doute que les démarches engagées par des militants en faveur de ces langues, s'inscrivant dans des contextes historiques et sociolinguistiques très différents, y prendront un sens autre.

Il existe donc une proximité suffisante entre les situations des langues d'oïl et de l'acadien pour soumettre ce dernier aux questionnements de l'opération « Les Langues et vous », tout en adaptant l'enquête à une langue et à des intervenants assez différenciés de ceux qui étaient visés à l'origine.

4. Adaptation à la situation acadienne

Quel que soit l'interlocuteur, l'interaction que constitue l'entretien biographique amène toujours à adapter les questions et nous n'évoquerons ici que les points particuliers liés au français acadien.

4.1. Délimitation de l'objet d'étude

Le premier point qui vient à l'esprit est sans doute que l'objet même dont il est question pose un problème de délimitation. Ceci est vrai pour toutes les langues – qu'est-ce que le français ? le normand ? l'occitan ? etc. – mais encore plus pour le « français acadien », qui peut désigner pour les uns le « français traditionnel d'Acadie » aussi bien que diverses formes de chiac, plus ou moins anglicisées ou au contraire plus ou moins chargées en formes communes avec les langues régionales de l'ouest de la France. C'est pourquoi il sera utile d'insister sur les questions qui visent à faire définir par le sujet la langue sur laquelle il intervient, non tant en termes géographiques qu'en termes sociolinguistiques : qui utilise la langue qui vous intéresse ? Décrivez cette langue. En d'autres termes : où peut-on la situer dans le continuum acadien-français standard ?

4.2. Contacts de langues

Le deuxième point à soulever ici concerne le rapport aux langues avec lesquelles la langue minoritaire est en contact : d'une part certaines questions en rapport avec une pratique écrite qui met à profit le bilinguisme supposent une distinction nette entre français acadien et français de France. Et d'autre part, l'évolution ou le risque – comme on voudra – que peut connaître le français acadien au contact d'autres langues plus valorisées dans l'environnement social, est double : l'intervenant peut penser au contact aussi bien avec l'anglais qu'avec le français, l'évolution du français acadien se produisant vers l'un comme vers l'autre[24]. Et il peut aussi penser au contact avec le français du Québec, ressenti comme variété à la fois semblable et autre, alliée ou menace. C'est pourquoi il faudra s'assurer, selon les réponses obtenues, que leur contenu correspond bien à la totalité des actions engagées par l'intervenant qui peut s'investir dans un sens comme dans l'autre : soit pour l'autonomie du français acadien par rapport au français (du Québec ou de France), soit pour la distinction avec l'anglais, soit pour l'intégration des formes anglaises en acadien.

4.3. Positionnement des acteurs de la langue

Un autre aspect, plus sociologique, m'est venu à l'esprit la première fois que j'ai évoqué cette enquête auprès de Louise Péronnet : en cherchant à quels acteurs elle pourrait s'adresser pour ces enquêtes en Acadie, elle évoquait entre autres des noms de chercheurs comme Yves Cormier, déjà cité, qui ont eu des actions à la fois

---

[24] Louise Péronnet, « Nouvelles variétés de français en Acadie du Nouveau-Brunswick », dans Lise Dubois et Annette Boudreau (dir.), *op. cit.*, p. 121-135.

« savantes » et plus directement « militantes[25] ». Il faudrait d'ailleurs citer là le nom de Louise Péronnet elle-même, dont les interventions allient point de vue scientifique et défense de la langue. Ainsi une de ses contributions se termine par ces mots : « (...) il est de toute urgence de trouver un autre mode d'autonomie, sans quoi l'Acadie risque de disparaître rapidement, entraînant avec elle ce qui lui reste de coutumes et de langue[26] ». Pour des intervenants agissant à la fois sur le terrain universitaire et sur le terrain militant, certaines questions devraient sans doute être ajoutées, sur le lien entre action militante et scientifique, question qui n'est pas abordée directement dans le questionnaire.

Conclusion

Donc, entre les langues d'oïl minoritaires de France et le français acadien, on perçoit des problématiques communes, liées à leur proximité avec une langue ou une variété prestigieuse, à leur situation minorée par rapport à cette variété ou langue proche et à leur prise en charge, à la base, par des locuteurs actifs, en phase avec une reconnaissance sociale plus ou moins nette. Mais leur situation diffère d'une part parce que l'acadien est en contact étroit avec une autre langue dite de grande communication, l'anglais, d'autre part parce que l'éventail des variétés regroupées sous le nom de français acadien est plus diversifié que celui de chacune des langues d'oïl et enfin parce que les assises sociales interne et externe du français acadien sont beaucoup plus fortes : institutions diverses, francophonie...

Il faut surtout remarquer une position fondamentalement différente par rapport au français, les langues d'oïl de France ayant tendance à s'en différencier ou à s'y opposer, alors que la défense du français acadien aura plutôt tendance à associer les deux pôles du continuum, en les opposant à un troisième pôle, celui de l'anglais.

---

[25] On peut aussi penser à Antonine Maillet avec son étude de Rabelais (*Rabelais et les traditions populaires en Acadie*, Sainte-Foy, Presses de l'Université Laval, 1980, 201 p.) parallèlement à une œuvre universitaire, ou à bien d'autres, contemporains ou non.
[26] Louise Péronnet, « Les parlers acadiens », dans Robert Whalen et Henri-Dominique Paratte (dir.), *Langues et littératures au Nouveau-Brunswick*, Moncton, Éditions d'Acadie, 1986, p. 92.

L'enquête pourra permettre de décrire et de comparer les attitudes envers la langue et l'aménagement qui en résulte de part et d'autre.

Ce sont, enfin, des situations en constante évolution qui seront saisies à travers les enquêtes entreprises par Louise Péronnet, et cette tentative de mise au point, élaborée avant le développement du projet, sera à confronter avec les résultats des enquêtes qui, au jour où paraît ce texte, ont été réalisées et appellent de nouvelles analyses, en cours d'élaboration, en particulier par l'application de la grille « Stigmate / Contre stigmate »[27].

---

[27] Jean-Léo Léonard *et al.*, *op. cit.*

Bibliographie

Boudreau, Annette, « Discours, nomination des langues et idéologies linguistiques », dans Davy Bigot, Michael Friesner et Mireille Tremblay (dir.), *Les français d'ici et d'aujourd'hui. Description, représentation et théorisation*, Sainte-Foy, Presses de l'Université Laval, coll. « Les voies du français », 2012, p. 89-109.

Boudreau, Éphrem, *Glossaire du vieux parler acadien : mots et expressions recueillis à Rivière-Bourgeois (Cap-Breton)*, Montréal, Éditions du Fleuve, 1988, 245 p.

Boudreau, Raoul, « Les français de *Pas pire* de France Daigle », dans Robert Viau (dir.), *La création littéraire dans le contexte de l'exiguïté*, actes du 9e colloque de l'APLAQA, Beauport, Publications MNH, 2000, p. 52.

Boudreau, Raoul, « Choc des idiomes et déconstruction textuelle chez quelques auteurs acadiens », dans Robert Dion, Hans-Jürgen Lüsebrink et János Riesz (dir.), « Écrire en langue étrangère. Interférences de langues et de cultures dans le monde francophone », *Les cahiers du Centre de recherche en littérature québécoise*, n° 28, Nota bene / Iko, 2002, p. 287-301.

Boudreau, Raoul, « Le rapport à la langue dans les romans de France Daigle : du refoulement à l'ironie », *Voix et images*, n° 87, 2004, p. 32.

Cerquiglini, Bernard, *Rapport au ministre de l'Éducation nationale, de la Recherche et de la Technologie et à la ministre de la Culture et de la Communication* ; [en ligne] http://www.dglflf. culture.gouv.fr/lang-reg/rapport_cerquiglini/langues-france.html, consulté en avril 1999.

Charpentier, Jean-Michel, « Les variétés dialectales françaises et leur influence sur les parlers acadiens : le problème des archaïsmes et des dialectalismes (mots dialectaux) », dans Lise Dubois, Annette Boudreau (dir.), *Les Acadiens et leur(s) langue(s) : quand le français est minoritaire*, Moncton, Université de Moncton / Centre de recherche en linguistique appliquée, 1996, p. 15-27.

Cormier, Yves, *Grandir à Moncton*, Moncton, Éditions d'Acadie, 1993.

Cormier, Yves, *Dictionnaire du français acadien*, Montréal, Fides, 1999.

Gauthier, Pierre, et Thomas Lavoie, *Français de France et français du Canada. Les parlers de l'ouest de la France, du Québec et de l'Acadie*, Lyon, Université Lyon III Jean Moulin, Centre d'études linguistiques Jacques Goudet, 1995, 439 p.

Goffman, Erving, *Stigmate. Les usages sociaux des handicaps*, Traduit de l'anglais par Alain Kihm, Paris, Minuit, coll. « Le sens commun », 1975 [1963], 176 p.

La Lägakadjèn, Lé Près Dla bé, 2008, 52 p., 2 CD.

Léonard, Jean-Léo *et al.*, « Disparition, apparition, et réapparition des langues de Bourgogne. De l'invisibilisation au nouveau regard », communication présentée au colloque *Méthodologie de la collecte des « langues en danger » ou des « langues menacées » et interaction avec le milieu. Épistémologie et praxis* (21-22 juin 2011, Paris 3), à paraître dans Jean-Léo Léonard et Karla Janiré Avilés (dir.), *Méthodologie de la collecte des langues en danger. Épistémologie et praxis*.

Maillet, Antonine, *Rabelais et les traditions populaires en Acadie*, Sainte-Foy, Presses de l'Université Laval, 1980, 201 p.

Péronnet, Louise, « Les parlers acadiens », dans Robert Whalen et Henri-Dominique Paratte, *Langues et littératures au Nouveau-Brunswick*, Moncton, Éditions d'Acadie, 1986, p. 92.

Péronnet, Louise « Nouvelles variétés de français en Acadie du Nouveau-Brunswick », dans Lise Dubois, Annette Boudreau (dir.), *Les Acadiens et leur(s) langue(s) : quand le français est minoritaire*, Moncton, Université de Moncton, Centre de recherche en linguistique appliquée, 1996, p. 121-135.

Perrot, Marie-Ève, « Acadieman et l'Académie chiac : le chiac de l'oral à l'écrit », dans Michaël Abecassis et Gudrun Ledegen, *Les voix des français* vol. 2., *en parlant, en écrivant*, New York, Peter Lang, 2010, 471 p.

Perrot, Marie-Ève, « Les modalités du contact français / anglais dans un corpus chiac : métissage et alternance codique », dans Ambroise Queffélec (dir.), *Le français en Afrique : Francophonies, recueil d'études offert en hommage à Suzanne Lafage*, Paris, Didier Érudition n° 12,, 1998.

Poirier, Pascal, *Causerie memramcookienne*, Moncton, Université de Moncton / Chaire d'études acadiennes, 1990, 185 p.

Proteau, Lorenzo, *La parlure acadienne*, Boucherville, Les Éditions des amitiés franco-québécoises, 1996, 347 p.

Roos, Jeja-Pekka, *Elämäntapaa etsimässä*, Helsinki, Tutkijaliiton Julkaisusarja, 1985, p. 37-49.

UNESCO, *Atlas des langues en danger*, UNESCO; [en ligne] http://unesdoc.unesco.org/images/0019/001924/192416F.pdf, consulté le 15 mai 2011.

Wiesmath, Raphaële, *Le français acadien. Analyse syntaxique d'un corpus oral recueilli au Nouveau-Brunswick / Canada*, Paris, L'Harmattan, 2006, 278 p.

LA FRANCISATION DANS LES ÉCOLES DU NOUVEAU-BRUNSWICK : DÉFIS ET MOYENS[1]

Marianne Cormier
Université de Moncton
Anne Lowe[2]

L'école de la minorité linguistique canadienne a été conçue comme un espace francophone homogène. Dans le contexte planétaire de la puissante anglodominance du milieu socioéconomique et afin de contrebalancer cette force linguistique, l'école se veut un milieu où rayonnent la langue et la culture française[3]. Afin de protéger cet espace, les districts scolaires se dotent de politiques linguistiques dans lesquelles on précise le caractère français de l'institution[4]. Nonobstant cette vocation soutenue par des politiques diverses, l'école n'a jamais vraiment réussi à s'isoler

---

[1] Nous souhaitons remercier le Réseau d'appui à l'intégration des enfants des ayants-droit au système éducatif francophone qui a financé cette recherche.

[2] Anne Lowe, coauteure de ce texte, est décédée en février 2012 à la suite d'une courageuse lutte contre le cancer. Je souhaite lui rendre hommage et témoigner de son travail acharné pour faire avancer les connaissances en francisation. Anne était issue d'un couple exogame et ne parlait pas français lors de son inscription à l'école. Elle portait donc ce sujet de recherche avec beaucoup d'émotions.

[3] Rodrigue Landry et Serge Rousselle, *Éducation et droits collectifs. Au-delà de l'article 23 de la Charte*, Moncton, Éditions de la Francophonie, 2003, 210 p.

[4] Annette Boudreau et Marie-Ève Perrot, « Quel français enseigner en milieu minoritaire ? Minorités et contacts de langues : Le cas de l'Acadie », *Glottopol. Revue de sociolinguistique en ligne*, n° 6, juillet 2005, p. 7-21.

complètement de son milieu de langues en contact et à faire abstraction de l'anglais. Souvent, l'ambiance langagière dans la cour d'école et dans les corridors est plutôt anglaise que française[5]. Un phénomène en croissance vient s'ajouter à cette réalité déjà existante : de plus en plus, les familles éprouvent des difficultés à transmettre la langue et la culture de la minorité et certaines d'entre elles choisissent d'inscrire leurs enfants non locuteurs du français à l'école de langue française. Comment les écoles composent-elles avec des élèves qui ne parlent pas la langue véhiculaire de l'école mais qui sont locuteurs de la langue majoritaire ?

L'objectif de cette recherche est d'étudier comment des écoles du Nouveau-Brunswick gèrent leurs programmes de francisation. Nous étudions également les enjeux qui entourent l'offre de ces services. Pour ce faire, nous allons d'abord présenter différentes données qui montrent que la situation démographique des écoles de langue française en milieu minoritaire est inquiétante et que la minorité a avantage à vouloir attirer tous les élèves admissibles à fréquenter son école. Ensuite, nous présenterons les perspectives théoriques au sujet des modèles de francisation. Enfin, nous montrerons comment notre méthodologie vient nous aider à comprendre les divers modèles de gestion des services de francisation. Les résultats illustrent qu'il y a différents modèles de gestion, chacun comportant des forces et des limites.

1. L'école de langue française et ses élèves non locuteurs du français

L'article 23 de la *Charte canadienne des droits et libertés* précise qui sont les détenteurs du droit à l'école de la minorité. En fait, trois critères y sont bien articulés et spécifient, d'abord, que si la première langue apprise et encore comprise des *parents* est celle de la minorité, ces derniers peuvent se prévaloir du droit à l'éducation dans la langue de la minorité pour leurs enfants. Autrement, les deux autres critères élargissent les possibilités en stipulant que si le

---

[5] Rodrigue Landry, Réal Allard et Kenneth Deveau, *École et autonomie culturelle. Enquête pancanadienne en milieu scolaire francophone minoritaire*, Moncton, Institut canadien de recherche sur les minorités linguistiques, 2010.

parent a fréquenté l'école dans la langue de la minorité au primaire ou s'il a un autre enfant qui a fréquenté cette école, il est également en droit d'y inscrire ses enfants.

La particularité de l'article 23 se loge dans le fait que ses critères visent uniquement les parents, qui sont en effet les détenteurs du droit à l'école de la minorité pour leurs enfants. De ce fait, rien n'est mentionné au sujet de la langue parlée de leurs enfants. Si les parents peuvent bien correspondre aux critères de l'article 23, rien n'exige que la langue d'usage à la maison soit le français, ni que leurs enfants soient locuteurs du français pour leur permettre de les inscrire à l'école de la minorité francophone. C'est ainsi qu'il arrive régulièrement que des élèves non locuteurs du français soient inscrits à l'école de langue française. La tâche revient donc à l'école de franciser ces élèves, le plus rapidement possible, afin qu'ils puissent participer à la vie scolaire. La présence de ces élèves risque d'angliciser l'école et de menacer l'espace homogène francophone que l'on souhaite mettre en place pour contrebalancer l'anglodominance du milieu. Or, un regard sur la situation démographique de la minorité francophone canadienne fait constater que l'école a avantage à solliciter ces inscriptions et à accueillir ces élèves, malgré les enjeux qui en résultent.

1.1. La situation démographique

Une étude récente de Rodrigue Landry[6] montre que le nombre d'enfants admissibles à l'école de la minorité (selon les critères de l'article 23) est en baisse. Le nombre d'enfants admissibles à l'école de langue française, selon le premier critère de l'article 23, était de 285 205 en 1986, de 264 200 en 1991, de 250 930 en 1996, de 237 825 en 2001 et de 211 755 en 2006. Il s'agit d'une chute de 73 450 enfants en l'espace de vingt ans. Qui plus est, une autre étude montre que seulement 49 % de ces enfants admissibles sont inscrits à l'école de la minorité, les autres ayant choisi l'école anglophone[7].

---

[6] Rodrigue Landry, *Petite enfance et autonomie culturelle : là où le nombre le justifie… V*, Moncton, Institut canadien de recherche sur les minorités linguistiques, 2010, 102 p.

[7] Jean-Pierre Corbeil, Claude Grenier et Sylvie Lafrenière, *Les minorités prennent la parole. Résultats de l'enquête sur la vitalité des minorités de langues officielles*, Ottawa, Statistique Canada, 2007, 169 p.

L'étude de Landry[8] montre également qu'un pourcentage de plus en plus grand de ces enfants est issu de couples exogames. En 1986, 53 % des enfants admissibles à l'école de langue française étaient issus de couples exogames, alors qu'en 2006, ce pourcentage grimpe à 66 %. Alors que l'exogamie n'est pas une cause directe de l'assimilation (voir à cet effet l'étude de Rodrigue Landry et Réal Allard[9]), force est de constater que ces familles semblent éprouver plus de difficultés à favoriser la francité familioscolaire que leurs homologues endogames. L'étude de Landry révèle que, selon les données du recensement 2006, seulement un enfant sur deux qui est admissible à l'école de langue française a le français comme langue maternelle. Chez les familles endogames, 93 % des enfants ont le français comme langue maternelle, alors que chez les unions exogames, ce taux chute à 34 % si c'est la mère qui est francophone et à 15 % quand c'est le père qui est francophone.

En bref, les données sont frappantes. D'abord, le nombre d'enfants admissibles à l'école de la minorité est à la baisse et de plus, environ un enfant admissible sur deux n'y est pas inscrit. Toujours parmi les enfants admissibles, seulement un enfant sur deux a le français comme langue maternelle. L'illusion de l'école homogène française est loin de la réalité actuelle, et il semblerait que pour survivre, l'école doive s'adapter et savoir accueillir les élèves qui ne parlent pas français en leur offrant des services de francisation.

1.2. Les enjeux de la composition hétérogène

Cette composition hétérogène de la salle de classe n'est pas sans enjeux. Les enseignantes travaillent avec des élèves qui ont divers degrés de francité. Le mandat de l'école de langue française stipule qu'idéalement, les élèves s'identifieront positivement à la langue et à la culture françaises. Il s'agit de mettre en place des mesures de francisation pour assurer que les élèves puissent fonctionner en français le plus rapidement possible afin qu'ils puissent participer

---

[8] *Ibid.*
[9] Rodrigue Landry et Réal Allard, « L'exogamie et le maintien de deux langues et de deux cultures : le rôle de la francité familioscolaire », *Revue des sciences de l'éducation*, vol. 23, n° 3, 1997, p. 561-592.

pleinement aux activités éducatives de l'école. Le but de ces interventions est l'apprentissage du français, en assurant le progrès rapide de chaque enfant et le développement de son sens d'appartenance à son groupe et à son école, et ce, tout en respectant les besoins des enfants francophones. Il existe différents modèles d'intervention, chacun avec ses avantages et ses inconvénients[10]. La décision quant au modèle d'intervention le plus approprié dans un contexte donné revient généralement au personnel de l'école. Les études ont peu ou pas documenté l'implantation d'un modèle d'intervention en francisation dans un contexte donné, non plus que la perception de son efficacité par le personnel de l'école et par les parents. C'est ainsi que nous voulons décrire différents modèles de francisation mis en place dans des écoles du Nouveau-Brunswick et explorer la perception du personnel et des parents quant à leur efficacité.

2. Les modèles de gestion de la francisation, perspectives théoriques

Lors de l'établissement d'un programme de francisation dans une école, deux types de décisions s'imposent. D'abord, la question fondamentale concerne la gestion du programme de francisation. La deuxième question est de nature plutôt didactique et s'intéresse aux étapes et aux approches les plus pertinentes pour favoriser la francisation. Dans cette recherche, nous nous sommes surtout intéressées aux modèles d'intervention en francisation et à leur évaluation. Il nous semble pertinent que, dans une première étape, les modèles de gestion des programmes de francisation soient examinés. Une recherche subséquente pourrait et devrait étudier les approches particulières avec les élèves. Selon Colin Baker[11], le modèle de gestion est important et peut être qualifié de «fort» ou de «faible» selon ses objectifs et ses résultats, mais il ne faut pas oublier que l'interaction entre l'élève et l'enseignant est ce qui importe. Puisque nous

---

[10] Conseil des ministres de l'Éducation du Canada (CMEC), *La francisation : parcours de formation. Projet pancanadien de français langue première à l'intention du personnel enseignant de la maternelle à la 2ᵉ année*, Toronto, CMEC, 2003.

[11] Colin Baker, *Foundations of Bilingual Education and Bilingualism*, 5ᵉ éd., Bristol, Multlingual Matters, 2011, 512 p.

examinons seulement les modèles de gestion, il s'agit là d'une limite de notre étude.

2.1. Gestion de la francisation

En termes de gestion du programme de francisation, les districts scolaires au Nouveau-Brunswick embauchent des enseignantes[12] en francisation. Il s'agit d'enseignantes certifiées, des ressources additionnelles, qui sont affectées aux écoles pour offrir les services de francisation aux élèves qui en ont besoin et qui veillent à assurer leur cheminement langagier. Dans sa trousse de formation en francisation, le Conseil des ministres de l'Éducation du Canada[13] propose un continuum de cinq modèles de gestion des interventions en francisation. À un extrême (modèle un), l'enseignante de francisation sort quelques élèves de la classe régulière pour faire une intervention en francisation pendant laquelle des activités langagières ne sont pas nécessairement en lien avec ce qui est enseigné dans la classe régulière. À l'autre extrême (modèle cinq), tous les élèves travaillent en classe et l'enseignante de francisation est une ressource additionnelle pour tous les élèves peu importe s'ils démontrent ou non un besoin de francisation. Entre les deux, des variations sont possibles. Dans le modèle trois, par exemple, on peut parfois sortir les élèves en francisation et parfois travailler avec eux en classe.

Le ministère de l'Éducation de la Saskatchewan[14] promeut plutôt une intervention selon quatre phases, la première étant celle de l'évaluation de l'élève afin de cibler ses besoins de francisation. Cette évaluation est suivie d'une phase d'accueil, où les interventions en francisation sont intensives et à temps plein pour donner à l'enfant une base langagière suffisante à son fonctionnement dans la salle de classe. Quand ce fonctionnement est possible, on passe à la troisième phase, qui est celle des interventions partielles, c'est-à-dire un retrait régulier de la classe pour un travail ciblé.

---

[12] Toutes les enseignantes de francisation de notre étude étaient des femmes.
[13] *Ibid.*
[14] Ministère de l'Éducation de la Saskatchewan, *Francisation scolaire. Document d'orientation portant sur les mesures spéciales de francisation dans les écoles fransaskoises*, Regina, Ministère de l'Éducation de la Saskatchewan, 2000.

Éventuellement, l'élève pourra graduellement passer à une période d'intégration à la classe régulière avec des interventions ponctuelles au besoin.

3. Méthodologie
3.1. Approche méthodologique
L'objectif de cette recherche est de décrire les modèles de francisation mis en place dans neuf différentes écoles du Nouveau-Brunswick et d'examiner leur efficacité. Pour y répondre, nous avons choisi une méthodologie qualitative en souhaitant donner la parole au personnel des écoles et aux parents afin qu'ils puissent expliquer clairement la gestion de leur programme de francisation et exprimer librement leurs perceptions de son efficacité.

3.2. Participants
Nous avons choisi trois districts scolaires au Nouveau-Brunswick et pour chacun de ceux-ci, nous avons ciblé trois écoles primaires, pour un total de neuf écoles participantes. Les écoles choisies ont un grand pourcentage d'élèves qui commencent la maternelle avec peu de connaissances en français, et ces derniers ont donc besoin de francisation. Pour choisir les écoles, nous avons consulté les personnes-cadres des districts. Chaque district a sélectionné les écoles participantes selon des critères différents. Un des districts nous a simplement suggéré les écoles qui avaient le plus haut taux d'élèves ayant besoin de services de francisation. Le deuxième district nous a proposé une école qui, à ses yeux, avait un excellent programme de francisation, une autre qui fonctionnait moyennement et une troisième qui éprouvait des difficultés. Le troisième district, quant à lui, nous a proposé trois écoles qui avaient des modèles de francisation très différents l'un de l'autre. Nous avons alors invité chaque école suggérée par les districts à participer à l'étude, et les écoles ont accepté.

Dans chaque district participant à cette étude, de nombreux participants ont nourri nos réflexions et nos données. Nous avons sollicité le personnel de chaque école qui travaille avec des élèves de francisation. Les parents des élèves recevant des services de francisation ont également contribué à nos données. Puisque la francisation est plus intensive lors de la première année de scolarité, nous nous sommes attardées sur le programme de francisation en maternelle et avons limité la participation aux parents des élèves de la maternelle.

3.3. Collecte de données
3.3.1. Entrevues de groupe avec le personnel des écoles ciblées
Au début du projet de recherche, à l'automne 2008, nous avons fait une entrevue de groupe dans chacune des écoles participantes. Nous y avons invité tous les membres du personnel travaillant avec les élèves recevant des services de francisation. Ainsi, dans chacune des écoles, nous avons eu comme participants à ces entrevues l'enseignante de francisation de l'école et un membre de la direction. Pour deux de nos écoles, aucun autre membre du personnel ne s'est joint au groupe. Or, dans les sept autres écoles, les enseignantes de la maternelle, de la première année et de la deuxième année ont aussi participé à l'entrevue. Leur point de vue quant à la francisation est venu enrichir nos données. Nous avons profité de ces entrevues pour demander aux participants de nous décrire leur modèle de francisation, tout en nous donnant leurs impressions à propos de son efficacité. Nous avons aussi discuté avec les groupes des défis posés par le programme de francisation.

3.3.2. Entrevues individuelles avec les enseignantes de francisation
À la fin de l'année scolaire, nous avons effectué une entrevue avec les enseignantes de francisation des écoles participantes. Nous poursuivions trois objectifs. D'abord, nous voulions recueillir leurs impressions sur le déroulement de l'année et sur le fonctionnement du modèle de francisation. Nous voulions également recueillir des données sur la progression de leurs élèves en francisation. Comme troisième objectif, nous avons demandé aux enseignantes de valider notre analyse préliminaire des entrevues de groupe effectuées l'automne précédent et de nous fournir des informations supplémentaires au besoin.

3.3.3. Entrevues avec des parents d'enfants recevant des services de francisation

Cette recherche aurait été incomplète sans le point de vue des parents. Ainsi, à la fin de l'année scolaire (printemps 2009), nous avons effectué des entrevues téléphoniques avec quarante-trois parents exogames de chacune des écoles participantes. Nous avons interrogé, dans la mesure du possible, des parents francophones d'un couple exogame ainsi que des parents anglophones d'un couple exogame. Nous avons obtenu des entrevues avec dix-huit mères et six pères francophones, ainsi qu'avec treize mères et cinq pères anglophones. Nous avons également parlé avec une mère de langue maternelle espagnole mais qui parlait le français. Son conjoint était anglophone. Lors de ces entrevues, nous avons recueilli leurs observations concernant le cheminement langagier de leurs enfants et leurs perceptions de l'efficacité des services de francisation. Évidemment, ces entrevues avec les parents se faisaient dans la langue de choix du parent.

3.3.4. Analyse des données

Pour décrire et évaluer la perception d'efficacité des différents modèles de francisation, nous avons d'abord effectué une analyse thématique de chaque entrevue de groupe faite dans chaque école, dans le but de décrire les modèles de francisation mis en place. Ensuite, nous avons regroupé les écoles ayant un modèle semblable.

Une fois les écoles regroupées selon leur modèle de francisation, nous avons procédé à une analyse thématique des données qualitatives (entrevues de groupe avec le personnel de l'école, entrevues individuelles avec les enseignantes de francisation et entrevues effectuées avec les parents). Cela permet de comprendre les perceptions d'efficacité du modèle de francisation mis en place par les différents acteurs et de comprendre les aspects positifs et négatifs du modèle de francisation.

3.3.5. Limite de cette recherche

En raison d'un manque de ressources et de temps, nous n'avons pu faire qu'une seule entrevue de groupe dans les écoles ciblées et une seule entrevue de suivi avec l'enseignante de francisation.

Afin d'avoir un portrait plus juste du modèle de francisation mis en place, des observations de longue durée auraient été nécessaires.

3.4. Résultats

3.4.1. Modèles de francisation

Avant de procéder à la description des modèles de francisation en place, il est pertinent de rappeler que chaque école bénéficie des services d'une enseignante de francisation. Le temps accordé pour ces services varie d'une école à l'autre. Ainsi, dans certaines écoles, l'enseignante a une pleine charge de francisation (100 %), alors que dans d'autres écoles, ce temps est plus restreint (40 % d'une pleine charge, par exemple). Cette variation peut s'expliquer par le nombre d'élèves dans l'école qui bénéficient des services de francisation. Or, nous n'avons pas trouvé, lors de notre collecte de données, de réponse claire pour connaître exactement comment le district détermine le temps accordé à la francisation dans chaque école.

Nous avons constaté que le choix de modèle des écoles peut être influencé par la population étudiante de l'école, par le nombre et la proportion d'élèves ayant besoin de services de francisation dans l'école, ainsi que par le pourcentage de l'affectation au poste d'enseignante de francisation. Dans le tableau 1 ci-dessous, nous présentons un aperçu global des écoles participantes et du modèle choisi par chaque école[15].

---

[15] Nous décrivons chacun de ces modèles à la prochaine section.

Tableau 1 : Résumé de la situation particulière de chaque école participante

École	Effectif scolaire de l'école	Nombre de classes de maternelle	Nombre d'élèves de maternelle recevant des services de francisation	Temps d'enseignement accordé à la francisation (ETP)	Modèle de francisation choisi
A	148	2	16	100 %	D
B	538	5	23	100 %	B
C	515	6	23	100 %	B
D	507	3	9	40 %	A
E	321	2	5	40 %	A
F	225	1	6	30 %	A
G	406	4	14	100 %	C
H	76	1	8	50 %	C
I	213	2	5	50 %	A

Nous avons interrogé quatorze parents pour le modèle A (retrait partiel), huit parents pour le modèle B (retrait complet), onze parents pour le modèle C (intervention directe) et onze parents pour le modèle D (modèle intégré). Sans exception, tous sont très satisfaits du cheminement langagier de leurs enfants durant leur année à la maternelle.

3.4.2. *Modèle A : Retrait partiel des élèves de la classe pour faire une intervention*

a) Description

Nous avons constaté que dans quatre des neuf écoles, le modèle d'intervention favorisé était le retrait des élèves de la classe (écoles D, E, F et I). À intervalles réguliers, les enseignantes de francisation retirent les élèves, en petits groupes variant de deux à six élèves, selon les écoles, pour faire une clinique de francisation d'environ quarante minutes. Ces cliniques ont lieu trois fois par semaine[16]. En général, les élèves vivent des expériences langagières différentes de celles de leur salle de classe. Il est à noter que dans trois de ces écoles, un moniteur ou une monitrice de français (non certifié en enseignement) fait également des interventions en francisation.

---

[16] Ces modalités varient d'une école à l'autre.

b) Perception d'efficacité

À l'école F, toutes les enseignantes se disent satisfaites de leur modèle et sont fières de leurs accomplissements. À l'école I, le personnel affirme qu'il n'y a pas de modèle de francisation idéal, car selon les participants de cette école, c'est l'engagement qui compte plutôt que le modèle. En ce qui a trait aux deux autres écoles, les enseignants participant à l'étude ne se sont pas prononcés explicitement sur cette question.

Les enseignantes titulaires mentionnent toutes que la présence d'élèves recevant des services de francisation dans leur salle de classe fait en sorte que plusieurs élèves francodominants choisissent de leur parler en anglais, ce qui anglicise l'ambiance langagière dans la classe, tel que l'a exprimé cette enseignante de maternelle : « *Même qu'ils arrivent à nous autres, ils s'adressent en anglais, tu sais là. Puis les autres élèves leur parlent aussi en anglais* »... En contrepartie, elles constatent que le retrait des élèves les prive du temps de classe. Par ailleurs, les enseignantes titulaires mentionnent souvent que les élèves qui reçoivent les services de francisation ont tendance à socialiser entre eux et qu'ils ne s'intègrent donc pas suffisamment avec les autres élèves. Les enseignantes nous ont indiqué ne pas posséder de formation en francisation et semblent un peu dépassées par la situation, tel qu'on le constate dans cette citation : « *puis j'ai demandé, demandé et demandé, d'avoir de la formation* ». Elles nous ont souvent transmis leurs inquiétudes au sujet des manques de ressources humaines et matérielles. Elles nous ont également exprimé un besoin d'avoir des lignes directrices de la part du district pour les interventions en francisation.

Or, nous avons constaté que ce modèle semble convenir aux enseignantes titulaires. En effet, la gestion de ce modèle est simple, puisque le temps d'intervention est inscrit à l'horaire et que l'enseignante sait quand ses élèves iront travailler avec l'enseignante de francisation.

3.4.3. *Modèle B : retrait complet (ou presque) des élèves de francisation*

a) Description

Dans deux des neuf écoles (les écoles B et C), nous avons constaté que le modèle d'intervention préconisé était un retrait complet (ou presque) des élèves de francisation afin de les regrouper dans une classe homogène. Dans ces deux écoles, les interventions ne sont pas complètement semblables, mais nous leur avons trouvé suffisamment de ressemblances pour les regrouper dans un même modèle. Dans ces conditions, les élèves qui reçoivent des services de francisation se retrouvent dans la même classe pour la majeure partie de la journée.

Pour l'école C, puisque le nombre d'élèves ayant des besoins de francisation était suffisant (vingt-trois élèves), deux petites classes de francisation ont été créées. Ainsi, l'école a regroupé tous les élèves anglo-dominants dans ces deux classes (onze élèves dans l'une et douze dans l'autre). On a ainsi affecté une enseignante titulaire à l'un de ces groupes alors que l'enseignante affectée à la francisation a pris l'autre. Les élèves qui n'ont pas besoin de services de francisation se retrouvent alors dans les autres classes de maternelle de l'école. Pour cette école, il s'agit d'un retrait complet des élèves de francisation. Au départ, les enseignantes de ces classes ont accepté le fait que les élèves parlaient anglais. Elles nous ont indiqué que ces mesures sécurisent les élèves.

L'école B a recours au retrait partiel des élèves. Les quatorze élèves ayant les plus grands besoins de francisation sont intégrés dans la classe de francisation dès leur arrivée à l'école et ils y passent une grande partie de la matinée. Cette classe se veut temporaire, ce qui crée sa particularité. Ainsi, après quatre ou cinq mois, cette classe est dissoute et les élèves sont intégrés dans les autres classes de maternelle de l'école. Pour faciliter la transition entre la classe de francisation et la classe régulière, les quatorze élèves rejoignent les classes régulières en fin de matinée et y passent l'après-midi. Le personnel éducatif de cette école juge que le maximum d'élèves dans une classe de francisation devrait se limiter à quatorze. Par conséquent, tous les élèves ayant besoin de francisation ne se retrouvent pas dans la classe de francisation, car il y a plus d'élèves (vingt-trois) ayant des besoins qu'il y a de places offertes (quatorze) dans la classe de francisation. L'enseignante de francisation utilise les après-midis pour intervenir auprès des élèves qui ont de moins grands besoins que les quatorze membres de la classe de francisation.

Dans les deux écoles, les enseignantes des classes de francisation enseignent le même programme de maternelle qu'aux classes régulières. Étant donné que leurs élèves ont besoin de francisation, l'enseignement se fait à un rythme ralenti, avec beaucoup d'attention au développement du vocabulaire et à la compréhension orale du français. Ces enseignantes utilisent beaucoup le visuel et la gestuelle pour assurer la compréhension chez l'élève.

b) Perception d'efficacité

En ce qui a trait au modèle B, l'évaluation qu'en font les membres du personnel de chacune des écoles diverge.

De prime abord, à l'école C, les enseignantes des classes de francisation considèrent qu'elles emploient le modèle idéal. Elles appuient leur évaluation sur leur perception du cheminement langagier important des élèves à l'intérieur de ce modèle et sur leur appréciation des groupes homogènes. Elles jugent que ces groupes homogènes sont plus sécurisants pour les élèves puisqu'ils se retrouvent avec d'autres élèves ayant des besoins semblables. Selon elles, les élèves ont également un meilleur sentiment d'appartenance, car ils se font moins dévaloriser par les élèves des classes régulières et il y a donc moins de ségrégation. Enfin, ces enseignantes remarquent une meilleure continuité dans les apprentissages parce que les élèves restent constamment en classe avec l'enseignante.

À l'école B, l'enseignante de francisation n'est pas satisfaite du modèle et veut faire des changements. Plusieurs éléments contribuent à son insatisfaction. Premièrement, dans la classe de francisation, les élèves socialisent en anglais. Leur seul modèle francophone est l'enseignante. En raison de leur présence dans cette classe, ces élèves sont étiquetés « *anglophones* » et les élèves de la classe régulière leur parlent alors en anglais pendant les classes d'après-midi. Deuxièmement, tel que déjà mentionné, certains élèves ayant des besoins de francisation ne se retrouvent pas dans cette classe le matin. Pour compenser, l'enseignante de francisation profite de l'après-midi pour faire des interventions avec ces élèves. Or, elle remarque que ces derniers cheminent mieux sur le plan langagier que ceux qui se retrouvent avec elle le matin de façon intensive.

3.4.4. Modèle C: intervention directe en classe ET retrait partiel

a) Description

À deux des neuf écoles (écoles G et H), nous avons constaté un modèle mixte. En effet, l'enseignante de francisation fait des interventions directement dans la salle de classe en collaboration avec l'enseignante titulaire. Elle retire seulement les élèves lorsqu'elle veut évaluer leur cheminement langagier. De plus, une monitrice de langue travaille avec les élèves et les retire souvent en petits groupes pour faire des interventions directes avec eux. Ces deux écoles consolident leurs interventions en francisation en organisant des soirées familiales et en envoyant des bacs culturels à la maison.

L'école H est une petite école avec seulement une classe de maternelle. La monitrice de langue travaille directement dans la classe avec les élèves de francisation pendant une heure et demie chaque matin. Elle s'assoit près d'eux et s'assure qu'ils ont bien compris les questions ou les tâches à accomplir demandées par l'enseignante titulaire. Ensuite, elle retire les élèves à plus grands besoins pour faire des interventions plus directes. L'enseignante de francisation, l'enseignante de littératie et l'enseignante titulaire créent des groupes dans la classe régulière et travaillent à différents aspects du développement langagier avec leurs groupes respectifs. Elles travaillent avec des groupes homogènes et par la suite avec des groupes hétérogènes.

À l'école G, un scénario semblable se déroule. L'enseignante de francisation fait des interventions directement dans la salle de classe. La monitrice de langue, quant à elle, retire les élèves de la classe et fait des interventions avec ces derniers. Les élèves en francisation sont presque toujours dans la salle de classe régulière, sauf pour les moments d'intervention de la monitrice de langue. Ainsi, les interactions sont fréquentes entre ces élèves et les autres élèves, hormis le temps d'intervention.

b) Perception d'efficacité

Toutes les enseignantes aiment leur modèle d'intervention. Elles trouvent que les groupes hétérogènes dans la salle de classe fournissent des modèles langagiers aux élèves anglo-dominants. De plus, le rassemblement des élèves en groupe homogène leur permet de répondre à des besoins ciblés.

Par ailleurs, nous avons constaté une grande confiance dans le modèle à l'école G, au lieu de l'insécurité généralisée dans toutes les autres écoles de cette recherche : «*On y croit, c'est la chose importante*» (enseignante de francisation). À l'école G, l'engagement envers la francisation est fort et le directeur en fait sa priorité. Cette priorisation et cet engagement sont perçus par l'enseignante de francisation, qui se sent bien encadrée et qui constate qu'il y a un plan bien défini en place. Elle attribue le succès et l'efficacité de la francisation à l'organisation de l'école et à son leadership.

3.4.5. Modèle D : *Modèle intégré*

a) Description

À la neuvième école (école A), nous avons trouvé un modèle unique, que nous appelons le modèle intégré. Il s'agit d'un modèle réactif, décloisonné et flexible. Typiquement, dans cette école, on fait trois types d'intervention en francisation : les ateliers, les cliniques intensives et les interventions directes en salle de classe.

<u>Ateliers</u> : Le personnel de cette école constate que tout le personnel doit faire de la francisation avec tous les élèves, peu importe leur classification (élève de francisation ou autre). Alors, les deux enseignantes titulaires et l'enseignante de francisation combinent les deux classes de maternelle et les divisent en trois groupes d'environ treize et quatorze élèves (groupes hétérogènes), puis font trois activités (une par enseignante) en portant une attention particulière au développement du vocabulaire et à la communication orale (une activité en sciences, une en mathématique et une en littératie). Ces activités durent environ vingt minutes. Après, il y a rotation, jusqu'à ce que chaque groupe ait participé à chaque activité.

<u>Cliniques intensives</u> : L'enseignante de francisation retire

environ six élèves (groupes homogènes) pour travailler sur des difficultés ciblées. Les cliniques portent sur un thème étudié en classe et sont d'une durée d'environ trente minutes, à raison de deux à trois fois par semaine.

En plus, l'enseignante de francisation fait des interventions directes dans la salle de classe selon les besoins des enseignantes titulaires et des élèves.

À cette école, le personnel remet des certificats aux élèves lorsqu'ils parlent français et envoie des défis culturels à la maison (ce soir, on lit un livre en français ; ce soir, on regarde un film en français, par exemple). Les élèves en francisation sont presque toujours dans la salle de classe régulière sauf lors des cliniques intensives. Ainsi, les interactions sont fréquentes entre ces élèves et les autres élèves, hormis pour le temps accordé aux cliniques intensives.

b) Perception d'efficacité

À cette école, on aime beaucoup le modèle choisi. Le personnel affirme que les groupes hétérogènes permettent aux élèves de francisation de communiquer avec des élèves francodominants et d'avoir par conséquent des modèles langagiers plus nombreux.

Les enseignantes titulaires et l'enseignante de francisation sont contentes du travail en équipe et des innovations apportées dans les interventions en francisation. L'engagement en francisation dans cette école est notable. Est-ce parce qu'il s'agit d'une équipe de seulement trois personnes et que les liens et le sentiment d'appartenance sont plus faciles à construire ? À cette école, située dans un milieu de faible vitalité française, les limites langagières des élèves sont évidentes. Ainsi, toutes les enseignantes ont convenu que la francisation était un besoin pour tous les élèves. Elles ont donc décidé de travailler en équipe.

Le modèle est très holistique : les enseignantes profitent des possibilités offertes par ce modèle. En organisant des ateliers avec tous les élèves, l'enseignante de francisation connaît le cheminement langagier de chacun. Ainsi, elle peut regrouper les élèves pour des cliniques intensives selon leurs besoins. L'enseignante de francisation souligne que la direction de l'école lui fait confiance et lui permet d'essayer différentes approches.

Le personnel soulève tout de même quelques problèmes occasionnés par le phénomène de faible vitalité française. Il se demande si le temps consacré à la francisation ralentit l'atteinte des résultats d'apprentissage des programmes d'étude.

En général, le personnel souhaiterait créer plus de liens avec la communauté. Par ailleurs, on s'inquiète de savoir si les parents ont les ressources langagières pour accompagner leur enfant à l'école française.

3.5. Discussion

Nous ferons ici une comparaison des quatre modèles que nous avons documentés, en soulignant leurs avantages et leurs inconvénients.

3.5.1. *Analyse des modèles*

Selon les commentaires du personnel des écoles, de l'enseignante de francisation et de nos observations, nous avons remarqué que chacun des modèles mis en place présente des avantages et des inconvénients, que nous présentons dans le tableau 2 :

Tableau 2 : Avantages et inconvénients des différents modèles

Modèle	Avantages	Inconvénients
A : Retrait partiel	- ce modèle est facile à gérer - l'intervention en petits groupes est intensive et ciblée - la présence des élèves dans la classe régulière pour la majorité de la journée permet une meilleure intégration à l'école - les élèves de francisation côtoient divers locuteurs du français	- le fait de sortir les élèves occasionne une interruption dans la journée scolaire - les élèves manquent du temps de classe - le modèle ne favorise pas le travail d'équipe entre l'enseignante de francisation et l'enseignante titulaire - l'intervention est de courte durée (environ 30 minutes par jour)
B : Retrait complet	- ce modèle est facile à gérer - les groupes homogènes sont sécurisants pour les enfants, les parents et les enseignants - le modèle permet une progression graduelle - l'intervention est intensive et continuelle	- les élèves côtoient surtout des locuteurs de l'anglais (groupe homogène), ce qui pourrait limiter leur cheminement langagier et restreindre leur construction identitaire francophone - le modèle mobilise les ressources de francisation presque entièrement à la maternelle - les élèves de cette classe risquent d'être stigmatisés
C : Intervention directe en classe et retrait partiel	- L'intervention de l'enseignante de francisation en salle de classe favorise la participation des élèves de francisation aux activités de la classe - le modèle favorise le travail d'équipe : monitrice, enseignante titulaire et enseignante de francisation - les interventions sont nombreuses - la présence des élèves dans la classe régulière pour la majorité de la journée permet une meilleure intégration à l'école - les élèves de francisation côtoient divers locuteurs du français	- le modèle est complexe à gérer - le fait de sortir les élèves occasionne une interruption dans la journée scolaire - les élèves manquent du temps de classe

D : Intégré	- la présence des élèves dans la classe régulière pour la majorité de la journée permet une meilleure intégration à l'école - les élèves de francisation côtoient divers locuteurs du français - les interventions sont nombreuses et variées - ce modèle favorise un travail d'équipe constant - ce modèle est flexible et peut s'adapter aux besoins particuliers des élèves	- le modèle est complexe à gérer - le modèle exige beaucoup de flexibilité de la part du personnel de l'école

Tous les modèles offrent des avantages et présentent des inconvénients. Souvent, pour profiter d'un avantage, il faut en céder un autre, car certains sont inconciliables. En effet, nous remarquons que le modèle B est sécurisant pour tous les acteurs, car les groupes sont homogènes. Or, en formant des groupes homogènes, les élèves côtoient surtout des locuteurs de l'anglais. Ainsi, l'aspect sécurisant entraîne la perte d'occasions pour les anglodominants de travailler avec des élèves locuteurs du français. Toutefois, dans les autres modèles, qui offrent l'accès à ces locuteurs, l'élément de sécurité est absent. De même, les modèles qui sont faciles à gérer entraînent moins de coopération et de travail en équipe pour le personnel éducatif.

Selon nous, certains éléments non reliés au modèle de gestion du programme de francisation pourraient avoir un impact sur le cheminement langagier des élèves. Par exemple, là où la vitalité ethnolinguistique du milieu est très faible, il semblerait que la francisation soit plus complexe que si le contexte était de vitalité moyenne ou forte. Cet élément nous semble logique. En effet, le travail sera plus facile s'il n'y a qu'un élève à franciser plutôt que la moitié des élèves de la classe. Par ailleurs, l'influence de l'enseignante nous semble importante. A-t-elle reçu une formation en francisation ? Se sent-elle à l'aise avec cette tâche ? Possède-t-elle beaucoup d'expérience ? Enfin, le leadership et l'engagement envers la francisation de la direction de l'école constituent un troisième élément. Est-ce que la direction donne priorité à la francisation et fournit à son personnel les moyens nécessaires pour mettre en œuvre un programme complet? En fait-elle un projet d'école?

Par ailleurs, aucune école ne fonctionne en vase clos. Les élèves continueront leur francisation dans leur famille et dans leur communauté si des occasions leur sont offertes. À ce moment, la conscientisation et l'engagement du parent deviennent également des facteurs importants. L'école doit donc, peu importe le modèle choisi, intégrer les parents dans son projet de francisation. Ainsi, une école qui concrétise ses mesures d'accueil et d'accompagnement peut maximiser le cheminement langagier de ses élèves. Enfin, le type de modèle n'est pas relié aux interventions didactiques. Nos données ne nous permettent pas d'évaluer les interventions des enseignantes de francisation.

Étant donné la variabilité des éléments pouvant influencer le choix d'un modèle de francisation, il nous est impossible d'identifier un modèle à prescrire. Néanmoins, le cas particulier de l'école A attire notre attention. En effet, en examinant le contexte de cette école, nous nous apercevons que le contexte de vitalité ethnolinguistique n'était pas favorable et que plusieurs élèves de cette école provenaient de familles exogames. De plus, l'enseignante de francisation en était seulement à sa deuxième année d'enseignement sans avoir reçu de formation particulière en francisation. De façon anecdotique, ce qui nous a frappées le plus dans cette école était l'engagement de l'équipe envers la francisation et la culture particulière de l'école. L'enseignante de francisation nous a indiqué qu'elle appréciait beaucoup la direction de l'école, qui la soutient.

Conclusion

Les francophones minoritaires continuent de lutter pour obtenir leurs droits et occuper une place équitable dans la société néo-brunswickoise. Le droit à l'éducation en français est acquis depuis 1982 et inscrit dans la *Charte canadienne des droits et libertés*. Or, demeurent certains enjeux. Comme nous l'avons montré à l'aide de différentes données, il s'avère que les détenteurs de ce droit doivent l'exercer davantage pour assurer la pérennité des communautés francophones. Cette plus grande participation recherchée à l'école de langue française fixe l'enjeu de la francisation des anglo-dominants et la question complexe de la gestion des services de francisation. Après avoir lutté pour un espace francophone et l'avoir imaginé comme homogène, le groupe minoritaire constate qu'en raison des torts passés, la francité des élèves ne peut être tenue pour acquise. Notre analyse nous révèle que chaque modèle comporte ses avantages et ses inconvénients et que la mise en place d'un avantage engendre parfois également un inconvénient.

La crainte d'angliciser l'ambiance langagière est légitime et l'accueil des non-locuteurs du français peut paraître, intuitivement, comme une négation des droits acquis. En effet, dans un contexte à ce point anglo-dominant, l'école de langue française peut-elle faire une place aux anglo-dominants et rester fidèle à sa mission ? Peut-elle se permettre de ne pas les accueillir ? C'est ainsi que le phénomène grandissant de l'exogamie semble susciter des tensions : les écoles veulent s'ouvrir à la diversité et réparer les torts historiques, mais risquent de perdre l'identité francophone.

Nous reconnaissons que la francisation des élèves anglo-dominants crée des inquiétudes chez les enseignants, qui se sentent souvent peu outillés pour gérer cette réalité. Or, nos données nous indiquent que la francisation est un projet de réussite. En effet, tous les élèves côtoyés pendant le projet ont bien cheminé sur le plan langagier mais ils risquent de perdre leur identité francophone. Toutes les enseignantes de francisation et tous les parents interrogés, sans exception, sont satisfaits du progrès des élèves.

Les écoles qui doivent faire des choix quant au modèle de francisation à adopter pourront se fonder sur les descriptions des modèles de cette étude et effectuer le choix selon leur contexte particulier. Nous croyons toutefois que l'engagement global des écoles envers la francisation et, surtout, le leadership de leur direction produisent un impact non négligeable sur tout modèle de francisation.

Des études plus intensives au sujet des approches didactiques qui favorisent l'apprentissage d'une langue seconde et la construction identitaire pourraient nous donner de meilleures informations pour la francisation dans les écoles.

Bibliographie

Baker, Colin, *Foundations of Bilingual Education and Bilingualism*, 5ᵉ éd., Bristol, Multlingual Matters, 2011, 512 p.

Boudreau, Annette et Marie-Ève Perrot, « Quel français enseigner en milieu minoritaire ? Minorités et contacts de langues : Le cas de l'Acadie », *Glottopol. Revue de sociolinguistique en ligne,* n° 6, juillet 2005, p. 7 à 21.

Conseil des ministres de l'Éducation du Canada (CMEC), *La francisation : parcours de formation. Projet pancanadien de français langue première à l'intention du personnel enseignant de la maternelle à la 2ᵉ année*, Toronto, CMEC, 2003.

Corbeil, Jean-Pierre, Claude Grenier et Sylvie Lafrenière, *Les minorités prennent la parole. Résultats de l'enquête sur la vitalité des minorités de langues officielles*, Ottawa, Statistique Canada, 2007, 169 p.

Landry, Rodrigue, *Petite enfance et autonomie culturelle : Là où le nombre le justifie... V*, Moncton, Institut canadien de recherche sur les minorités linguistiques, 2010, 102 p.

Landry, Rodrigue et Réal Allard, « L'exogamie et le maintien de deux langues et de deux cultures : le rôle de la francité familioscolaire », *Revue des sciences de l'éducation*, vol. 23, n° 3, 1997, p. 561-592.

Landry, Rodrigue, Réal Allard et Kenneth Deveau, *École et autonomie culturelle. Enquête pancanadienne en milieu scolaire francophone minoritaire*, Moncton, Institut canadien de recherche sur les minorités linguistiques, 2010.

Landry, Rodrigue et Serge Rousselle, *Éducation et droits collectifs. Au-delà de l'article 23 de la Charte*, Moncton, Éditions de la Francophonie, 2003, 210 p.

Ministère de l'Éducation de la Saskatchewan, *Francisation scolaire. Document d'orientation portant sur les mesures spéciales de francisation dans les écoles fransaskoises*, Regina, Ministère de l'Éducation de la Saskatchewan, 2000.

L'IMMIGRATION FRANCOPHONE EN ACADIE DU NOUVEAU-BRUNSWICK : DU PAIN BÉNI POUR LES FRANCOPHONIES MINORITAIRES ?

Marie-Laure Tending
Université François-Rabelais et Université de Moncton

« Historiquement, la société francophone canadienne s'est définie à partir d'un idéal de repli et de fermeture afin de préserver un espace vital[1] ». Comment alors concilier, en Acadie du Nouveau-Brunswick, la lutte pour la préservation d'une identité linguistique fragilisée et l'inclusion de minorités socio-ethniques issues d'autres sphères de la francophonie (dont certaines constituent des francophonies également minoritaires en termes de locuteurs, mais où le français est dominant sur le plan symbolique) ? La politique « d'attraction et de rétention » de migrants d'expression française au sein des communautés en situation de francophonie minoritaire développée actuellement par les gouvernements fédéral et provinciaux, est considérée comme une « réponse au faible poids démographique de la population et [une] condition nécessaire au renouvellement

---

[1] Chedly Belkhodja (dir.), « Immigration et diversité au sein des communautés francophones en situation minoritaire », *Canadian Issues / Thèmes canadiens*, Montréal, AEC, 2008, p. 4.

des communautés »[2]. Mais elle pose notamment la question du type de francophones courtisés et attirés dans les provinces canadiennes hors Québec et, en ce qui concerne cette contribution, dans le sud-est de la province du Nouveau-Brunswick. Qui sont ces « francophones » sur qui semblent se fonder tant d'espoirs ? De quels contextes sociolinguistiques sont-ils issus et que représente la langue française pour eux ?

Le présent article propose, à partir de ce questionnement, une mise en regard de la situation de francophonie minoritaire de l'Acadie du Nouveau-Brunswick se posant comme communauté d'accueil pour les migrants et des positionnements identitaires que ces derniers sont susceptibles d'adopter dans ce cadre au vu de leurs histoires sociolangagières particulières. Il intègre un travail de recherche[3] plus large interrogeant la construction des identités linguistiques dans les trajectoires migratoires et le processus d'intégration de migrants africains dont les parcours de vie s'inscrivent dans les contextes francophones diversifiés que constituent l'Afrique noire francophone, la France hexagonale et l'Acadie du Nouveau-Brunswick. Ce travail de recherche se veut une lecture sociolinguistique de ces différents processus. Approche qui permet d'interpréter par la pratique du récit de vie et de la biographie langagière[4], les expériences mises en mots par les migrants ainsi que les possibles reconfigurations identitaires engendrées par la mobilité et l'installation dans un environnement sociolinguistique et socioculturel autre. C'est cette expérience migratoire – conçue comme une aventure linguistique et sociale – qui sera ici explorée, d'un point de vue qualitatif, à travers le regard situé de quelques

---

[2] Diane Farmer, « L'immigration francophone en contexte minoritaire : entre la démographie et l'identité », dans Joseph-Yvon Thériault, Anne Gilbert et Linda Cardinal (dir.), *L'espace francophone en milieu minoritaire. Nouveaux enjeux, nouvelles mobilisations*, Montréal, Fides, 2008, p. 122.

[3] Marie-Laure Tending, « Parcours migratoires et constructions identitaires en contextes francophones diversitaires. Une lecture sociolinguistique du processus d'intégration de migrants africains en France et en Acadie du Nouveau-Brunswick », thèse de doctorat en cotutelle sous la direction d'Annette Boudreau (Moncton) et Didier de Robillard (Tours).

[4] Voir William Thomas et Florian Znaniecki, *The Polish Peasant in Europe and America* (5 vol.), Chicago, University of Chicago Press, 1918-1920 ; Gaston Pineau et Jean-Louis Le Grand, *Les histoires de vie*, Paris, Presses universitaires de France, 1993 ; Daniel Bertaux, *L'enquête et ses méthodes. Le récit de vie*, Paris, Nathan, 1997.

migrants et la confrontation de ce regard à la volonté de la communauté minoritaire acadienne de peser un peu plus dans la balance des communautés de langues officielles grâce à l'accroissement de l'immigration francophone.

Ma réflexion s'inscrivant dans une perspective qualitative accordant une place particulière aux expériences des personnes et à l'historicité des processus et phénomènes sociaux participant de ces expériences[5], je m'attacherai tout d'abord à l'évocation de certains éléments sociohistoriques liés à l'introduction du français en Afrique noire et à son implantation au Canada[6]. Cette dimension sociohistorique constitue en effet, selon moi, une entrée pertinente et très intéressante d'un point de vue heuristique pour éclairer de façon contrastive la situation du français dans ces contrées. Elle favorisera par ricochet, à travers le fil d'Ariane des rapports aux langues en situation de pluralité linguistique inégalitaire et des constructions identitaires dans les processus migratoires, une lecture inédite des positionnements adoptés par les migrants africains vis-à-vis de la communauté francophone minoritaire acadienne au Nouveau-Brunswick.

1. Quelques éléments liminaires pour camper le décor...

Une des personnes[7] rencontrées dans le cadre de mes enquêtes de terrain en contexte acadien a fait état, au sujet de ses rapports spécifiques à la langue française, de son étonnement de se voir

---

[5] Charles Taylor, *La liberté des modernes*, Paris, Presses universitaires de France, 1997 ; Didier de Robillard, *Perspectives alterlinguistiques* (2 vol.), Paris, L'Harmattan, 2008 ; Didier de Robillard (dir.), *Réflexivité, herméneutique. Vers un paradigme de recherche ?*, Cahiers de sociolinguistique, n° 14, Rennes, Presses universitaires de Rennes, 2009.

[6] Je parle «d'introduction» du français pour l'Afrique et d'implantation pour le Canada, dans la mesure où dans un cas il s'agit d'une langue étrangère introduite au sein des communautés africaines parmi d'autres langues locales, et dans l'autre, d'une langue qui s'est implantée sur les terres d'Amérique du Nord en même temps que ceux qui la parlaient. Du point de vue respectif des communautés africaines et francophones canadiennes, l'introduction résulte de l'action extérieure d'une communauté imposant sa langue à une autre, tandis que l'implantation résulte de l'action d'une communauté voyageant et s'installant ailleurs avec sa langue.

[7] Jeune homme originaire du Sénégal, installé à Moncton depuis une dizaine d'années, marié à une anglophone et très impliqué dans les activités associatives communautaires acadiennes.

automatiquement identifiée comme francophone du fait qu'elle soit originaire d'un pays d'Afrique noire dite francophone :

> « Ah, t'es francophone ? » Je disais : « Non, je ne suis pas francophone ! » Je veux dire, j'ai une identité, je suis Sénégalais, ma mère est Wolof et mon père est Toucouleur. Le français n'est pas ma langue maternelle. Le français, je l'ai appris à l'école. Et puis là, je commençais à me poser des questions […] Est-ce que identitairement je peux me définir aussi en tant que francophone ? Pourquoi les gens me voient et ils m'identifient comme un francophone ? (Moussa)

Deux éléments importants sont à souligner dans cet extrait : la non-équation – du point de vue de Moussa – entre le fait d'être originaire d'un pays dit francophone, d'avoir appris le français et été scolarisé en français, de parler français, et le fait de s'identifier ou non comme francophone. Le second élément qui nous intéressera de façon plus immédiate, c'est cette interrogation quasi existentielle sur les raisons de son hétérodéfinition en tant que francophone et dont certains éléments de réponse, comme il les a lui-même identifiés, sont à chercher du côté de l'histoire. Cette Afrique noire francophone dont il est originaire et qui ferait que « les gens [le] voient et [l]'identifient comme un francophone » (même si de toute évidence, pour lui, cette association de cause à effet ne va pas forcément de soi), n'a certes pas toujours été « francophone » ; et l'Acadie du Nouveau-Brunswick, espace sociolinguistique au sein duquel prend place son questionnement identitaire, procède également de processus sociohistoriques particuliers. Le peuple français a en effet beaucoup voyagé *avec sa langue en poche*[8], et de ses déplacements par monts et vallées et par-delà les océans résulte l'expansion du français hors des frontières hexagonales, et le développement de cet espace sociolinguistique complexe et à dimensions variables que constitue la francophonie (avec un petit *f*). Cette entité, difficile à définir, a fait l'objet de diverses typologies dont celle de Jean-Marie Klinkenberg basée sur les

---

[8] Gilles Forlot, *Avec sa langue en poche : parcours de Français émigrés au Canada (1945-2000)*, Louvain-la-Neuve, Presses universitaires de Louvain, 2008.

rapports des usagers à la langue française et à ce titre très intéressante pour le sujet qui nous occupe. Il distingue en effet :

> 1 / Les usagers qui ont le français pour langue maternelle et ont la chance de pouvoir faire tout ou presque dans cette langue ; 2 / ceux qui l'ont pour langue maternelle mais doivent se battre pour qu'elle soit autre chose que la langue de la maison ; 3 / ceux qui l'ont momentanément choisie parce qu'elle est intéressante pour eux, mais qui pourraient s'en détacher si cet intérêt venait à baisser ou si le français devait devenir moins rentable ; 4 / ceux enfin à qui elle s'est imposée, et qui rêvent peut-être de s'en débarrasser[9].

Sans se lancer dans une analyse fine de cette typologie, on peut associer à la première catégorie les Français hexagonaux qui jouissent d'une situation opposée à celle des Acadiens, lesquels se retrouveraient plutôt dans la seconde. Par ailleurs, ce serait vis-à-vis des populations des pays d'Afrique noire francophone que la langue française représenterait à la fois, ou selon les cas, « ceux à qui elle s'est imposée », mais aussi « ceux qui l'ont momentanément choisie ». Le français y est en effet historiquement une langue étrangère importée par les anciens colonisateurs, mais y constitue également une langue de prestige et un des principaux vecteurs de promotion sociale. On constate ainsi « qu'une même langue peut être prise dans des situations bien différentes [...] Car le français peut être langue majoritaire ici, langue minoritaire là-bas ; langue d'une minorité, elle peut être ici l'apanage d'une minorité riche et influente[10] et là-bas stigmate d'une minorité dominée[11,12] ». Ce statut diversifié du français de part et d'autre de l'Atlantique et à travers le monde n'est autre que la résultante de processus sociohistoriques, culturels, géopolitiques, linguistiques, voire économiques, spécifiques à chaque situation et contribuant à former un contexte sociolinguistique particulier identifiable en tant que tel.

---

[9] Jean-Marie Klinkenberg, *La langue et le citoyen*, Paris, Presses universitaires de France, 2001, p. 75-76.
[10] C'est notamment le cas en Afrique noire francophone.
[11] Comme en Acadie, dans les régions des Maritimes, ainsi que dans d'autres niches francophones hors Québec.
[12] *Ibid.*, p. 76.

2. Le français, une langue « en partage » : ici, héritage colonial et langue minoritaire dominante ; là, héritage ancestral et langue minoritaire dominée

Le mouvement impérialiste et colonial de la France s'est accompagné de l'insertion de la langue et de la culture françaises dans les contrées annexées, et bien souvent de leur imposition aux populations autochtones, comme ce fut le cas en Afrique noire. L'expansionnisme français s'est également étendu outre-Atlantique, mais la France a eu maille à partir dans ses velléités colonisatrices avec la couronne britannique, non moins expansionniste, et de plus victorieuse avec le traité d'Utrecht de 1713 faisant suite à d'incessants conflits franco-britanniques pour la conquête du Nouveau Monde. Cette défaite française eut pour conséquence – déterminante dans l'histoire des Acadiens – leur déportation massive de 1755 à 1763[13]. Cet événement tragique connu sous le nom de « Grand Dérangement » est devenu, par une forme particulière de résilience, un mythe fondateur à travers certains récits du retour vers la terre promise[14] ou levant le voile sur la dramatique condition d'exilés des déportés acadiens[15], et constitue le ciment de l'identité collective acadienne. Seraient véritablement acadiennes les familles dont les ancêtres ont subi le Grand Dérangement. Cette histoire demeure jusqu'aujourd'hui très prégnante dans les consciences, car la référence à ce passé traumatique « sert en effet assez souvent de point de départ à toute explication de soi », comme le soulignent Annette Boudreau et Lise Dubois dans cet extrait :

> On ne peut nier les marques indélébiles des déportations non seulement sur l'évolution de l'Acadie, mais aussi sur l'imaginaire de toute une collectivité. En effet, dans les entretiens que nous avons réalisés, les déportations, dont le nom populaire en Acadie est le Grand Dérangement, servent souvent de point de départ à toute explication de soi et de son

---

[13] Pour un exposé plus détaillé de l'histoire des Acadiens, voir Yves Cazaux, *L'Acadie. Histoire des Acadiens*, Paris, Albin Michel, 1992 ; Nicholas Landry et Nicole Lang, *Histoire de l'Acadie*, Québec, Septentrion, 2001 ; Michel Roy, *L'Acadie des origines à nos jours. Essai de synthèse historique*, Montréal, Éditions Québec Amérique, 1981.

[14] Antonine Maillet, *Pélagie-la-Charrette*, Paris, Grasset, 1979.

[15] Henry Wadsworth Longfellow, *Évangéline*, traduction de 1870 par Pamphile LeMay, de *Evangeline, a Tale of Acadie*, Montréal, Boréal, 2005.

appartenance. L'événement tragique agit véritablement comme l'élément fédérateur qui traverse la quasi-totalité de l'ensemble discursif acadien[16].

L'un des facteurs sociohistoriques liés à la situation du français en Acadie, par ailleurs très important pour la suite de cette réflexion, réside dans le rôle fondateur des Anglais dans la construction de cet imaginaire collectif acadien à travers l'instauration de rapports de force socioéconomiques, géopolitiques et linguistiques inégalitaires et défavorables à la communauté acadienne dispersée durant la déportation puis disséminée sur les côtes maritimes à son retour. Dépossédés et chassés des terres fertiles qu'ils avaient apprivoisées[17], les Acadiens ont connu une période de cohabitation problématique avec les anglophones jouissant d'un statut politique, économique et social plus élevé que les francophones, puisqu'ils tenaient entre leurs mains les principales rênes du système politique et économique des colonies. Une importante production acadienne journalistique[18], littéraire[19], artistique[20] et documentaire[21] témoigne dans le temps de la situation de minorisation des francophones à travers la dévalorisation de leur langue et son éviction progressive de l'espace communicationnel publique. Plusieurs siècles après ces événements, la domination symbolique de l'anglais sur le français – partout au Canada et notamment en Acadie – perdure, même si la situation socioéconomique des francophones s'est largement améliorée. Monica Heller[22] soulignait encore récemment que l'«on considère souvent au Canada que c'est impoli de parler français devant un anglophone».

---

[16] Annette Boudreau et Lise Dubois, «Les espaces discursifs de l'Acadie des Maritimes», dans Monica Heller et Normand Labrie (dir.), *Discours et identités. La francité canadienne entre modernité et mondialisation*, Cortil-Wodon, EME, coll. «Proximités Sciences du Langage», 2004, p. 94.

[17] Daniel L. Robichaud, «CyberAcadien»; [en ligne] http://cyberacadie.com/index.php?/histoire/Le-deracinement-1755-a-1763.html, consulté le 5 mai 2011.

[18] *Le Moniteur acadien*, *L'Évangéline*, *L'Acadie Nouvelle*, etc.

[19] Antonine Maillet, *La Sagouine*, Montréal, Leméac Éditeur, 1971; Arsenault, Guy, *Acadie Rock*, Moncton, Éditions d'Acadie, 1973.

[20] Dano LeBlanc, *Acadieman*, Moncton, Les Éditions Court-Circuit, 2007.

[21] Michel Brault et Pierre Perrault, *L'Acadie, l'Acadie*, Office national du film, 1971; Michel Brault, *Éloge du chiac*, Office national du film, 1969.

[22] Monica Heller, *Éléments d'une sociolinguistique critique*, Paris, Didier, 2002, p. 28.

Un parallèle pourrait être fait, toutes proportions gardées, entre le passé traumatique des Acadiens et l'histoire des Africains ayant subi tour à tour, dans des temporalités différentes, la traite (arabe puis occidentale), l'impérialisme puis la colonisation des Européens. Cette mise en regard particulière est d'autant plus justifiée à mon sens que plusieurs personnes rencontrées dans le cadre de mes enquêtes ont verbalisé en cours d'entretien un certain sentiment de proximité, pour ne pas dire d'empathie, à l'égard de ce qu'ont vécu les Acadiens au moment de la déportation et également de ce qu'ils continuent à vivre au quotidien en tant que francophones minoritaires. C'est ce statut de francophones minoritaires, démographiquement parlant, mais surtout minorisés sur le plan symbolique qui va induire d'une certaine manière un sentiment de proximité existentielle, et impulser, pour partie, un choix conscientisé – ou non – d'intégration à la communauté francophone, comme nous le verrons plus bas.

L'Afrique noire francophone est constituée des anciennes colonies belges et françaises présentant des situations sociolinguistiques diverses mais ayant pour point commun la langue française imposée par les colons. Au lendemain des indépendances, la plupart de ces pays ont choisi le français – langue étrangère importée, mais héritage historique profondément ancré dans le paysage linguistique – comme langue officielle ou co-officielle, et le français constitue à ce titre la principale ou la seule langue de l'école, des médias, de la justice, de l'administration, etc. Manessy souligne pourtant que le français « n'y est pratiquement jamais l'idiome d'un groupe et n'y assume que fort inégalement le rôle de "lingua franca" entre communautés de langues maternelles différentes[23] ». Ce propos mérite certainement aujourd'hui d'être quelque peu nuancé, notamment en ce qui concerne les configurations sociolinguistiques en zones urbaines où le français, selon les pays et les situations sociolinguistiques qui les caractérisent, joue parfois le rôle de véhiculaire entre membres de communautés linguistiques

---

[23] Gabriel Manessy, *Le français en Afrique noire. Mythe, stratégies, pratiques*, Paris, L'Harmattan, 1994, p. 18.

différentes[24]. Mais la situation du français langue officielle ou co-officielle dans la presque totalité des anciennes colonies belges et françaises en Afrique noire constitue bel et bien « un héritage direct de la colonisation ». Et ce legs de la colonisation fait désormais partie intégrante du patrimoine linguistique et culturel de ces anciennes colonies. Il participe à ce titre pleinement à la construction des représentations et imaginaires linguistiques qui sont attachés à la langue française en Afrique et qui influencent les attitudes et positionnements identitaires de ses locuteurs, quotidiens ou occasionnels. Depuis l'époque coloniale et l'introduction du français en Afrique, beaucoup considèrent en effet que :

> [Q]uiconque ne parle pas français n'est bon à rien, les portefeuilles ministériels sont confiés aux titulaires de licences obtenues à Paris [...] ; en Afrique noire francophone (et cela de Bamako à Brazzaville, et de Bujumbura à Abidjan), dès qu'un Africain est nommé à un poste de grande responsabilité, les gens cherchent à voir si son nom n'est pas suivi du titre de « docteur » ou autre[25].

Aujourd'hui, bien des années après les indépendances, les marques de ce passé colonial transparaissent encore à travers la forte valeur symbolique attribuée au français et son statut particulier de vecteur essentiel de la réussite sociale[26], constituant ainsi l'apanage des

---

[24] La place du français et le symbole que représente son usage quotidien en situation non formelle diffère selon les pays et en fonction de la présence ou non de véhiculaires locaux importants, comme c'est le cas par exemple pour le wolof au Sénégal. Dans d'autres pays, comme en Côte d'Ivoire ou au Cameroun par exemple, caractérisés par une diversité linguistique beaucoup plus importante qu'au Sénégal ou au Mali (où l'on comptabilise, au plus, une vingtaine de langues contre plusieurs centaines pour les précédents), cette importante diversité linguistique n'étant par ailleurs pas sous-tendue par la présence de véhiculaires aussi importants que le wolof au Sénégal ou le bambara au Mali, le français (quel que soit son niveau d'appropriation par ses locuteurs) va de fait jouer, selon les zones géographiques considérées (plus spécifiquement en milieu urbain qu'en milieu rural) le rôle de langue de communication interethnique. Pour de plus amples informations sur les situations sociolinguistiques des pays évoqués, voir le site de Jacques Leclerc : *L'aménagement linguistique dans le monde*, http://www.tlfq.ulaval.ca/AXL/.
[25] Jean-Pierre Makouta-Mboukou, *Le français en Afrique noire*, Paris, Bordas, 1973, p. 22.
[26] En dépit de la nationalisation de nombreuses langues africaines, dont quelques-unes, comme le malgache, ont le statut de langue officielle mais continuent d'être symboliquement dominées par la haute valeur sociale conférée à la langue française, directement liée au statut de dominant de son principal locuteur légitime aux yeux de la plupart des Africains : le Blanc, qu'il soit Français, Belge, ou autre.

élites. Ce *statut*[27] privilégié du français face à l'ensemble des langues nationales vernaculaires ou véhiculaires a en effet bouleversé le paysage linguistique de l'Afrique noire, marqué en profondeur par le choc d'une rencontre entre une pluralité linguistique historique datant de plusieurs siècles et l'introduction d'une nouvelle langue qui s'est imposée et continue de s'imposer dans bien des cas en maître dominant par son pouvoir économique, politique et social. Les situations sociolinguistiques de ces sociétés sont de fait caractérisées par des contextes de pluralité linguistique inégalitaire, dans lesquels les langues locales sont engagées dans des rapports de type diglossique avec le français, comme l'illustre cet extrait d'entretien :

> Pour avoir un boulot, je veux dire s'accomplir, y faut parler français sinon on peut rien faire. Le wolof[28], tu le parles juste quand tu manges ou bien quand tu as tes amis. Mais tout ce qui est sérieux se faisait en français. (Moussa)

On voit bien ici comment s'actualisent les représentations et fonctionnements de types diglossiques théorisés par Boyer[29]. En associant à la langue française « tout ce qui est sérieux », et en rejetant du même coup toutes les interactions en wolof (langue maternelle de Moussa) du côté de ce qui ne serait donc pas sérieux, il verbalise une forme implicite de dévalorisation de sa propre langue. Ce type de représentations pousse même certains parents à élever leurs enfants uniquement dans la langue dominante, ne transmettant pas du coup leurs langues vernaculaires, pour optimiser les chances de réussite de leur progéniture à l'école puis dans la vie active, grâce à une meilleure maîtrise du code linguistique le

---

[27] Au sens développé par Robert Chaudenson désignant, en plus des caractéristiques classiques décrivant le statut d'une langue, les fonctions et les représentations qui lui sont attribuées (*Vers une révolution francophone?*, Paris, L'Harmattan, 1989).

[28] Langue vernaculaire de l'ethnie wolof, majoritaire sur le territoire (40 % de la population), et langue véhiculaire pratiquée par près de 90 % de la population sénégalaise, toutes ethnies confondues (chiffres du site de l'aménagement linguistique dans le monde de Jacques Leclerc ; [en ligne] http://www.tlfq.ulaval.ca/AXL/afrique/senegal.htm, consulté le 10 juin 2011).

[29] Henry Boyer, *Plurilinguisme : « contact » ou « conflit » de langues?*, Paris, L'Harmattan, 1997.

plus hautement valorisé dans la société. Choix que Hugues, jeune migrant originaire du Gabon et réalisant un doctorat en littérature africaine au moment de notre entretien, déplore fortement :

> C'est un peu l'aliénation, on va dire, quoi, que nous avons un peu subie en nous disant que voilà, il faut prendre tout ce qui est importé, tout ce qui est hein de l'ancienne colonie, etc., etc. [...] Dans la tête des gens, le français c'est la langue du futur : il fallait donc apprendre cette langue. (Hugues)

Hugues subit en effet les conséquences (dommageables de son point de vue) de ce type de fonctionnement adopté par ses parents et se traduisant par une incapacité, mal vécue, à pratiquer la langue de son ethnie d'origine, le fang, qu'il identifie comme sa véritable langue maternelle, bien qu'il ne la parle pas[30]. « Oppression d'un peuple par un autre à travers les avatars des langues parlées par ces peuples[31] », cette vision particulière de la colonisation dessinée par Calvet traduit ici la violence des rapports qui peut parfois être sous-jacente à certaines formes de contact de langues, plus subie par les membres de la communauté qu'acceptée, et encore moins souhaitée, bien que parfois intériorisée.

Les contextes sociolinguistiques d'Afrique noire francophone dans lesquels s'inscrivent les parcours de vie des migrants, qui les ont constitués en tant qu'individus-locuteurs et ont contribué à la construction de leur imaginaire et de leurs représentations linguistiques, présentent ainsi des points de convergence avec la situation acadienne. Nous pouvons en effet retenir deux éléments principaux synthétisant cette mise en regard. Nous avons, d'une part, une introduction du français sur les terres africaines et canadiennes par le biais de la colonisation, mais sous deux formes distinctes : une colonisation de peuplement au Canada français, et donc en Acadie, induisant le caractère ethnique et héréditaire du statut de

---

[30] On retrouve ici la problématique bien connue en sociolinguistique du lien entre langue et identité, mise en évidence par cet extrait de biographie langagière devenu célèbre : « Ma langue c'est l'arabe mais je la parle pas » (Jacqueline Billiez, « La langue comme marqueur d'identité », *Revue européenne des migrations internationales*, vol. 1, n° 2, 1985, p. 95-105).
[31] Louis-Jean Calvet, *Linguistique et colonialisme*, Paris, Payot, 2002, p. 21.

francophone acadien, par opposition à une colonisation d'exploitation ou à mission civilisatrice en Afrique noire, ne comportant pas *au départ* ce facteur identitaire et faisant donc du français une langue étrangère importée. D'autre part, la situation spécifique de contacts de langues vécue dans ces différents espaces sociolinguistiques positionne le français dans des rapports de force inversés : d'un côté langue minoritaire en nombre de locuteurs, mais dominante face aux langues africaines sur le plan des valeurs socialement conférées ; et de l'autre, langue minoritaire, à la fois d'un point de vue statistique, mais aussi minorée symboliquement face à l'anglais[32].

La question qui se pose à ce stade de la réflexion est la suivante : de quelle façon les migrants francophones, au vu des situations qui viennent d'être évoquées, vont-ils s'inscrire dans ce cadre d'intégration spécifique de francophonie minoritaire que représente l'Acadie du Nouveau-Brunswick et dans quelle mesure vont-ils construire, ou pas, un projet d'intégration au sein de la communauté acadienne et participer à son dynamisme ?

3. Des migrants francophones à la rescousse des francophonies minoritaires ?

Comme l'affirmait Perronet, « Tout au long de leur histoire, les Acadiens n'ont cessé de revendiquer le droit de vivre en français[33] ». « Vivre en français » : c'est en effet jusqu'à présent l'un des enjeux cruciaux de la lutte des Acadiens pour la survie de leur langue-identité et l'égalité des droits linguistiques et communautaires entre francophones et anglophones. Le gouvernement fédéral s'étant engagé, par l'adoption en 1988 de l'article 41 de la *Loi sur les langues officielles*, à favoriser l'épanouissement des communautés

---

[32] Il est important de retenir que le terme « français », utilisé de façon générique dans cet article par commodité, masque la variation existante. Le français minoré en Acadie n'est pas tout à fait le même que le français dominant en Afrique. Par ailleurs, le facteur identitaire évoqué pour les Acadiens concernera éventuellement plus le vernaculaire que ce qui est communément reconnu comme « standard ».

[33] Louise Péronnet, « La situation du français en Acadie : de la survivance à la lutte ouverte », dans Didier de Robillard et Michel Béniamino (dir.), *Le français dans l'espace francophone*, Paris, Champion, 1993, p. 106.

francophones en situation minoritaire[34], il a ainsi mis en place, comme nous l'avons vu au début de ce texte, une politique « d'attraction et de rétention » des migrants d'expression française dans ces communautés. Un des principaux atouts de cette politique d'attraction reposant sur la promotion du bilinguisme, se pose conséquemment la question de l'adéquation de l'« offre » ainsi publicisée et vantée auprès des potentiels candidats à la migration vers le Nouveau-Brunswick, et de la situation telle que constatée par les observateurs dans le contexte acadien et plus précisément dans le sud-est de la province[35]. De nombreuses recherches ont en effet relevé la problématique ambigüe que constitue la promotion du bilinguisme officiel dans la province. Nécessité institutionnelle reconnaissant l'égalité des communautés de langues officielles et devant à ce titre favoriser l'épanouissement des membres de la communauté francophone minoritaire, le bilinguisme tend paradoxalement à favoriser l'assimilation des francophones à l'anglais. Le sociologue Rodrigue Landry souligne régulièrement « les effets pervers » de ce bilinguisme, bannière agitée par les tenants du discours bon enfant sur l'égalité des deux langues officielles qu'il est en principe censé promouvoir, mais masquant dans les faits une asymétrie et une inégalité linguistique persistante entre les communautés[36] :

> Il y a un peu de naïveté sociale dans tout ça. C'est-à-dire que les gens qui ne réalisent pas que si tout le monde, en raison de leur bilinguisme, utilise

---

[34] Citoyenneté et Immigration Canada, *Plan stratégique pour favoriser l'immigration au sein des communautés francophones en situation minoritaire*, Ottawa, CIC, 2006.

[35] La région métropolitaine de Moncton constitue un terrain privilégié pour cette étude, d'un point de vue sociolinguistique tout d'abord, avec une situation complexe de contact de langues (anglais, français standard, français acadien, chiac), et de par son dynamisme économique plus important que dans le reste de la province, ainsi que la présence de l'Université de Moncton, entièrement francophone, accueillant de nombreux étudiants étrangers, notamment en provenance d'Afrique noire francophone : ce sont autant de facteurs favorisant l'accroissement de l'immigration dans cette région.

[36] Selon les chiffres de Statistique Canada de 2006, dans la région métropolitaine de Moncton, on compte 62,3 % d'anglophones pour 34,6 % de francophones ; mais 87,7 % de francophones déclarent être bilingues, contre 24 % d'anglophones qui déclareraient l'être (Matthieu LeBlanc, « Pratiques langagières et bilinguisme dans la fonction publique fédérale : le cas d'un milieu de travail bilingue en Acadie du Nouveau-Brunswick », thèse de doctorat, Moncton, Université de Moncton, 2008, p. 196).

seulement l'anglais, le français y est absolument pas nécessaire. C'est-à-dire que le français devient une langue de trop[37].

Ce point de vue illustre bien les enjeux que cristallise une situation de bilinguisme asymétrique et laisse transparaître en filigrane la question des imaginaires linguistiques et de l'intériorisation – souvent non conscientisée – de la situation de minorisation aboutissant, comme Rodrigue Landry le déplore, à l'utilisation automatisée de l'anglais par les francophones dans les services publics. Ce type de gestion de la pluralité linguistique basée sur le modèle de l'accommodation – qui pourrait à long terme tendre vers l'assimilation à la langue dominante – ne va pas sans effets sur les rapports que les migrants établiront à leur tour aux langues officielles, ayant tissé avec l'une d'entre elles des rapports particuliers liés à leurs histoires entrelacées.

4. Quand l'intégration en contexte francophone minoritaire se fait à l'épreuve des constructions identitaires…

Le questionnement principal constituant le nœud gordien de cette réflexion pourrait, dans cette perspective, se résumer ainsi : c'est quoi être francophone pour ces migrants, courtisés parce qu'ils ont dans leur besace socio-langagière la langue française ? Que représente exactement le français pour eux ?

> Quand on est en Afrique on considère le français seulement comme langue de travail, langue de scolarisation, ça se limite là. Quand on rentre dans la famille le soir après les activités, pouf! on retourne directement à nos langues ! (Mahete)

Le français : langue de travail, langue de scolarisation. Voici un premier élément de réponse sur lequel s'appuyer. Voyons voir jusqu'où il nous mène. Syllogisme : qui dit langue de travail, langue de scolarisation et pas autre chose, dit langue utilitaire ; et qui dit

---

[37] Propos tenus au cours d'une interview réalisée pour le compte du *Téléjournal Acadie* le 1er décembre 2008, dans le cadre du mouvement de réclamation d'un affichage bilingue dans la ville de Dieppe (une des trois villes constituant la région métropolitaine avec Moncton et Riverview), majoritairement francophone, mais où l'affichage public se faisait majoritairement en anglais.

langue utilitaire exclut la dimension identitaire. Donc le français, de ce point de vue, ne constituerait pas une langue identitaire, du moins pas pour Mahete[38]. Au-delà de cette rapide analyse en mode « CQFD[39] » (et par conséquent quelque peu tranchée) que je viens de poser, le constat final que Mahete établit n'en constitue pas moins une piste de lecture intéressante des positionnements identitaires adoptés par la suite dans le contexte acadien et au regard du prérequis de « francité » qui préside à la sélection des migrants recherchés pour favoriser le dynamisme de la communauté francophone minoritaire.

> Pour moi le français devenait non pas une deuxième langue, non pas une langue officielle, non pas une langue étrangère, mais j'ai commencé à me rendre compte que le français était ma langue maternelle malgré tout parce que je ne pouvais pas survivre dans ce pays, dans cette région, dans ce monde, et avec ce que j'avais comme aspirations, sans faire du français ma langue maternelle. (Mahete)

Du français langue seconde, voire étrangère, au français langue maternelle. Voilà un exemple de basculement des rapports construits aux langues qui peut survenir dans le cadre de parcours de vie s'inscrivant dans des contextes sociolinguistiques différents à travers la mobilité spatiale, mais aussi identitaire, linguistique et culturelle qui accompagne les processus migratoires. Cette reconfiguration à 180° des rapports au français chez Mahete, survenue dans la phase canadienne de son parcours de vie, se justifierait par un impératif de survie dans la société d'accueil au sein de laquelle il construit son projet d'intégration. L'intégration serait ainsi un besoin quasi vital, vue sous cet angle, dont une des conditions de réalisation ou du moins d'enclenchement du processus, résiderait dans cette révolution représentationnelle de ses rapports historicisés à la langue française (celle parmi les langues d'intégration à la société canadienne déjà présente dans son répertoire linguistique). L'élément clé autour duquel gravitent ces mouvements

---

[38] Originaire de la République démocratique du Congo, né dans les années 1950 et n'étant entré en contact avec le français qu'au moment de sa scolarisation vers l'âge de sept-huit ans.
[39] Ce qu'il fallait démontrer.

de reconversion survenant dans le cadre du processus d'intégration dans un contexte de francophonie minoritaire, c'est sans conteste le rapport identitaire à la langue française, présent ou *apparemment* absent selon les contextes sociolinguistiques traversés par les parcours de vie des migrants :

> Ça, être francophone, c'est rien. Être francophone au Congo ça veut dire que tu es intellectuel. Tu peux parler français, tu peux communiquer en français mais une identification francophone, non. C'est né ici parce qu'on a trouvé qu'il y avait deux peuples. Donc il fallait chercher quel côté t'identifier. Donc c'est là où on s'est identifié. (Germaine)[40]

On retrouve ainsi, dans l'évocation de la présence de deux peuples distincts et la nécessité de devoir choisir son camp, cet élément identitaire central dans la mise en regard effectuée plus haut entre la situation du français en Afrique noire francophone et celle de l'Acadie du Nouveau-Brunswick. Le français constitue dans un cas une langue coloniale importée et imposée par le colonisateur, venue se superposer en dominant les langues africaines et ne suscitant pas a priori de sentiment d'appartenance ou d'identification[41]. Dans l'autre cas, le français représente la langue des ancêtres, celle des premiers colons qui ont pu tant bien que mal, malgré leur domination par le peuple anglais et, à un moment donné de l'histoire, leur oppression par celui-ci, la maintenir et continuer de la transmettre de génération en génération. Cette nécessité de choisir son camp, dans certains cas, ne se limite pas au facteur linguistique consistant à se mettre du côté de la communauté avec qui les migrants ont une langue commune, le français. Comme indiqué *supra*, certains migrants africains expriment un certain sentiment de proximité vis-à-vis du peuple acadien, du fait *et* en dépit de sa situation de minorisation, mais également, et *surtout*, au regard du passé traumatique qui a marqué l'histoire des Acadiens et rappelle dans une certaine mesure celle des Africains.

---

[40] Également originaire de la République démocratique du Congo et ayant appris le français à l'école.
[41] Même dans le cas de locuteurs comme Hugues, dont le français représente la seule langue transmise par ses parents, au détriment de sa langue de référence ethnique, le fang.

Mon sentiment avec les Acadiens c'est d'abord parce que c'est une minorité, et puis c'est un peuple qui a subi un génocide, qui a subi un Grand Dérangement, c'est ça d'abord. Nous, dans nos différents pays africains, on a eu des grands dérangements aussi. [...] Et puis ils aiment ça des gens qui viennent de loin et qui parlent français parce que ça renforce leur francophonie, c'est des alliés pour eux. J'ai trouvé ça bien. [...] Donc c'est ce qui m'a poussé à rester ici. Je me suis impliqué au sein de la communauté étudiante internationale d'abord ; acadienne ensuite. J'ai eu des enfants... (Souley)[42]

Exemple parmi d'autres[43] de choix explicite de construction d'un projet d'intégration au sein de la communauté francophone minoritaire acadienne par « connivence historique » ou « expérientielle » si je puis formuler les choses ainsi, les propos de Souley soulignent bien cette mise en miroir qui peut être faite entre la domination historique du peuple acadien et celle des Africains. Cette mise en miroir peut se résumer du point de vue des contacts de langues inégalitaires par la formule suivante : l'anglais est au français en Acadie ce que le français est aux langues africaines en Afrique. Elle reflète ainsi (toutes proportions gardées) la complexité des situations francophones soulignée par Klinkenberg[44] dans sa typologie, mais fait des Africains, dans le cadre de leurs parcours migratoires, des « alliés », comme dit Souley, de ceux qui représentent, dans leur histoire, la figure du dominant.

5. *Réflexions conclusives*: « L'Acadie, terre d'accueil[45] ? »

Le regard sociolinguistique porté sur la problématique de l'immigration francophone dans les situations de francophonie

---

[42] D'origine guinéenne, et bien que fils d'un père qu'il décrit comme un « francophile nostalgique de la France et aimant Victor Hugo », il a fait partie de la jeunesse guinéenne qui a soutenu la politique « d'africanité » du Président Sékou Touré (premier président de la République de Guinée). Il considérait le français (qu'il a lui aussi appris à l'école) uniquement comme un outil, un médium de communication.

[43] Le cadre limité de cette publication ne me permet malheureusement pas de multiplier les exemples et de développer plus avant les réflexions induites par ce type particulier de positionnement.

[44] Jean-Marie Klinkenberg, *op. cit.*

[45] Titre d'un forum de discussion télévisé organisé par Martin Robert, présentateur du *Téléjournal Acadie*, et diffusé en mars 2010 sur Radio-Canada.

minoritaire a ceci d'intéressant qu'il permet de faire le lien entre la construction identitaire des individus et des groupes, et l'impact éventuel de cette immigration sur le dynamisme linguistique de ces communautés minoritaires. Nous avons vu que le processus d'intégration des migrants d'expression française en Acadie du Nouveau-Brunswick et donc leur inclusion au sein de la communauté francophone acadienne est tributaire pour partie de leurs positionnements identitaires vis-à-vis de la communauté, lesquels sont inextricablement liés à leur construction identitaire et aux contextes sociolinguistiques desquels ils sont issus. La question identitaire est donc bel et bien au cœur des enjeux de l'immigration en contexte francophone minoritaire, mais renvoie du coup à la problématique du potentiel inclusif ou non de ces communautés.

> Les milieux minoritaires sont construits comme des milieux qui se protègent. [...] La problématique de l'identité (qui sommes-nous?) et de son rapport à l'altérité (qu'est-ce qui nous distingue des autres?) s'avère nécessaire en contexte minoritaire. Par la même occasion, elle a l'effet de repousser ou de chasser une population qu'on cherche à attirer (une population différente du «nous» au départ et donc en dehors du «nous»)[46].

Être francophone, une des principales caractéristiques valorisées par la politique d'immigration dans les communautés francophones, ou plus précisément se dire francophone ne représente pas un trait identitaire spontanément reconnu comme tel par les migrants originaires d'Afrique noire francophone que j'ai rencontrés dans le cadre de ma recherche, mais constitue une caractéristique de leurs profils sociolangagiers héritée d'une histoire particulière et à ce titre potentiellement capitalisable pour leur processus d'intégration en Acadie.

> S'ils font une différence entre Acadiens et francophones, je m'exclus, je leur laisse le privilège de garder leur acadianité. Mais s'ils pensent qu'être francophone signifie que ce sont des Acadiens qui vivent, œuvrent dans

---

[46] Diane Farmer, *op. cit.*, p. 122.

cette terre acadienne, je le suis, ça dépend juste de la définition que eux y donneraient, à ça. (Germaine)

Ainsi, dans le jeu complexe des rapports aux langues et ici à la langue française – à la base de cet espace divers et hétérogène que constitue la francophonie –, si être Acadien c'est être francophone, la réciproque ne s'applique pas automatiquement. Quelles perspectives se dessinent alors pour les générations de migrants francophones à venir en Acadie du Nouveau-Brunswick et sur qui repose une partie de la stratégie gouvernementale de dynamisation de la communauté de langue officielle minoritaire? L'identité collective acadienne fondée sur un destin historique évoluera-t-elle au point qu'un Noir africain puisse se considérer et être considéré comme un Acadien aussi légitime que les descendants du Grand Dérangement?

Bibliographie

Arsenault, Guy, *Acadie Rock*, Moncton, Éditions d'Acadie, 1973.

Belkhodja, Chedly (dir.), «Immigration et diversité au sein des communautés francophones en situation minoritaire», *Canadian Issues / Thèmes canadiens*, Montréal, AEC, 2008.

Bertaux, Daniel, *L'enquête et ses méthodes. Le récit de vie*, Paris, Nathan, 1997.

Billiez, Jacqueline, «La langue comme marqueur d'identité», *Revue européenne des migrations internationales*, vol. 1, n° 2, 1985, p. 95-105.

Boudreau, Annette et Lise Dubois, «Les espaces discursifs de l'Acadie des Maritimes» dans Monica Heller et Normand Labrie (dir.), *Discours et identités. La francité canadienne entre modernité et mondialisation*, Cortil-Wodon, EME, coll. «Proximités sciences du langage», 2004, p. 89-113.

Boyer, Henry, *Plurilinguisme : « contact » ou « conflit » de langues ?*, Paris, L'Harmattan, 1997.

Brault, Michel et Pierre Perrault, *L'Acadie, l'Acadie*, Office national du film, 1971.

Brault, Michel, *Éloge du chiac*, Office national du film, 1969.

Calvet, Louis-Jean, *Linguistique et colonialisme*, Paris, Éditions Payot, 2002.

Cazaux, Yves, *L'Acadie. Histoire des Acadiens*, Paris, Albin Michel, 1992.

Chaudenson, Robert, *Vers une révolution francophone ?*, Paris, L'Harmattan, 1989.

Citoyenneté et Immigration Canada, *Plan stratégique pour favoriser l'immigration au sein des communautés francophones en situation minoritaire*, Ottawa, CIC, 2006.

Farmer, Diane, «L'immigration francophone en contexte minoritaire : entre la démographie et l'identité», dans Joseph-Yvon Thériault, Anne Gilbert et Linda Cardinal (dir.), *L'espace francophone en milieu minoritaire. Nouveaux enjeux, nouvelles mobilisations*, Montréal, Fides, 2008, p. 121-159.

Forlot, Gilles, *Avec sa langue en poche : parcours de Français émigrés au Canada (1945-2000)*, Louvain-la-Neuve, Presses Universitaires de Louvain, 2008.

Heller, Monica, *Éléments d'une sociolinguistique critique*, Paris, Didier, 2002.

Klinkenberg Jean-Marie, *La langue et le citoyen*, Paris, Presses universitaires de France, 2001.

Landry, Nicholas et Nicole Lang, *Histoire de l'Acadie*, Québec, Septentrion, 2001.

LeBlanc, Dano, *Acadieman*, Moncton, Les Éditions Court-Circuit, 2007.

LeBlanc, Matthieu, «Pratiques langagières et bilinguisme dans la fonction publique fédérale : le cas d'un milieu de travail bilingue en Acadie du Nouveau-Brunswick», thèse de doctorat, Moncton, Université de Moncton, 2008.

Longfellow, Henry Wadsworth, *Évangéline*, traduction de 1870 par Pamphile LeMay de *Evangeline, a Tale of Acadie*, Montréal. Boréal, 2005.

Maillet, Antonine, *Pélagie-la-Charrette*, Paris, Grasset, 1979.

Maillet, Antonine, *La Sagouine*, Montréal, Leméac Éditeur, 1971.

Makouta-Mboukou, Jean-Pierre, *Le français en Afrique noire*, Paris, Bordas, 1973.

Manessy, Gabriel, *Le français en Afrique noire. Mythe, stratégies, pratiques*, Paris, L'Harmattan, 1994.

Peronnet, Louise, «La situation du français en Acadie : de la survivance à la lutte ouverte», dans Didier de Robillard et Michel Béniamino (dir.), *Le français dans l'espace francophone*, Paris, Champion, 1993, p. 101-116.

Pineau, Gaston et Jean-Louis Le Grand, *Les histoires de vie*, Paris, Presses universitaires de France, 1993.

Robillard, Didier de (dir.), *Réflexivité, herméneutique. Vers un paradigme de recherche?*, Cahiers de sociolinguistique, n° 14, Rennes, Presses universitaires de Rennes, 2009.

Robillard, Didier de, *Perspectives alterlinguistiques* (2 vol.), Paris, L'Harmattan, 2008.

Roy, Michel, *L'Acadie des origines à nos jours. Essai de synthèse historique*, Montréal, Québec Amérique, 1981.

Taylor, Charles, *La liberté des modernes*, Paris, Presses universitaires de France, 1997.

Thomas, William et Florian Znaniecki, *The Polish Peasant in Europe and America* (5 vol.), Chicago, University of Chicago Press, 1918-1920.

L'ACADIE A DIT OU DES ATELIERS D'ÉCRITURE ENTRE MONTPELLIER ET MONCTON : L'EXPÉRIENCE D'UNE SOCIOLINGUISTIQUE TRANSNATIONALE IMPLIQUÉE

Claudine Moïse
Université Stendhal-Grenoble 3

1. L'histoire d'un projet

À l'automne 2008, Luc Braemer, le directeur du théâtre municipal Jean Vilar de Montpellier, me sollicitait pour mener un travail « de réflexion sur la langue ». Son théâtre, à la programmation contemporaine mais accessible, éclectique mais cohérente, profonde mais distanciée, attire un public diversifié, fidèle et curieux. Situé dans un quartier dit « de banlieue », le théâtre met en place, par l'intermédiaire de son service éducatif, des actions culturelles et artistiques en direction des établissements scolaires alentour. Il s'agit « d'accompagner les élèves dans une démarche de spectateur, d'aiguiser leur regard critique en leur proposant des spectacles de la programmation ; de coordonner et de soutenir des projets autour de la pratique théâtrale menés par des enseignants et des artistes dans les écoles, collèges et lycées ; de donner la possibilité aux enseignants et aux artistes de participer à des stages[1] ». Par ailleurs,

---

[1] Programme du théâtre Jean Vilar 2011-2012, p. 54.

le théâtre coordonne des rencontres scolaires des arts et de la scène, *La cour des Arts,* aboutissement d'un travail entre jeunes, artistes et enseignants, rassemblés autour de beaux projets théâtraux.

Ainsi, pour Luc Braemer et toute son équipe, l'accès au texte théâtral et le travail sur les diversités langagières, pour des élèves parfois dans des situations scolaires difficiles, sont au centre des préoccupations et réflexions artistiques et pédagogiques. Au cours de l'automne 2008, nous nous sommes rencontrés pour voir comment nous pourrions poursuivre, voire renouveler ou approfondir ces actions. Comme le théâtre Jean Vilar était invité en novembre 2008 par la Société Nationale de l'Acadie à la *Francofête*, festival de théâtre et de musique à Moncton[2], et que la plupart des élèves concernés par ces projets se trouvaient dans des situations familiales plurilingues, voire diglossiques, je proposai de croiser la réflexion avec la situation linguistique à Moncton.

J'organisai alors dans un premier temps, de janvier à juin 2009, des séminaires sociolinguistiques, qui présentaient à partir de textes théoriques et littéraires des situations de contacts de langues avec toutes les questions qui en découlent. Les cinq séminaires mensuels se sont donc déclinés selon ces thématiques: 1. *L'entre deux langues*, 2. *Variétés, plurilinguisme, diglossie et insécurité linguistique*, 3. *Idéologie de la langue française, normes et stigmatisations*, 4. *Parlers jeunes et chiac: description et valeurs*, 5. *Variétés et création théâtrale*. Des enseignants, des comédiens et des écrivains y ont participé.

Dans un second temps, de janvier à juin 2010, nous avons organisé des ateliers d'écriture avec une classe du quartier et un écrivain. «L'objectif est d'une part de sensibiliser les élèves à la variété linguistique et au plurilinguisme qu'ils connaissent de manière spécifique d'un bord à l'autre de l'Atlantique et d'autre part de reconnaître leurs compétences langagières particulières. Cette approche permet de mieux comprendre les usages en contexte et d'accéder au français standard, conçu alors comme une variété

---

[2] Ainsi, en novembre 2008, Luc Braemer, Jean-François Guiret (chargé de la programmation musicale) du théâtre Jean Vilar, Annie Estève de la maison de la poésie et moi-même sommes allés à Moncton pour la *Francofête*.

socialement nécessaire et non plus comme un élément d'opposition ; mais cela ne peut se faire que dans la compréhension et la reconnaissance des usages multiples des élèves[3]. » Le projet consistait aussi à mettre en place des ateliers semblables à Moncton, expérience qui s'est finalement réalisée de janvier à juin 2011, un an après celle de Montpellier. L'intention finale était de croiser les productions et les réflexions, autour notamment d'une pièce de théâtre construite par un écrivain avec les fragments réalisés de part et d'autre. « La valorisation des textes des élèves se fera par l'écriture d'une pièce de théâtre conjointe entre Moncton et Montpellier réalisée par les écrivains des ateliers. Elle sera présentée dans le cadre de la programmation du théâtre Jean Vilar et à Moncton[4]. » Cette dernière étape, pour des raisons financières et de temps, n'a pu aboutir.

2. Des intentions théoriques
2.1. Une sociolinguistique impliquée

Ce projet, au-delà de l'intérêt social et artistique qu'il suscitait, a été une façon aussi de mettre en œuvre une sociolinguistique impliquée dans le champ social et telle que je la revendique et l'expérimente à travers mes projets de recherche[5]. Cette sociolinguistique engage notre responsabilité comme chercheur et comme citoyen, façon de considérer que la science n'est pas déconnectée de la vie sociale mais qu'elle y participe et même la détermine. Mon engagement touche les minorités comme s'il fallait en revenir toujours à une sociolinguistique de la marge – qui traite de la marge et qui reste marginale –, avec ce sentiment d'un travail en chantier, d'un laborieux tricotage de ses convictions, à savoir que la science alimente le discours social et, évidemment, le construit, que la pensée est au service de l'équité et du mieux-être, en tout cas dans les représentations qui sont les miennes. Et ce n'est pas tâche aisée en sociolinguistique française : il faut retrousser l'idéologie

---

[3] Extrait du texte du projet, janvier 2009.
[4] Extrait du texte du projet, janvier 2009.
[5] Claudine Moïse, *Pour une sociolinguistique ethnographique. Sujet, discours et interactions dans un espace mondialisé*, habilitation à diriger des recherches, Tours, Université François Rabelais de Tours, 2009.

scientifique, l'histoire du savoir et la (re)connaissance publique de notre discipline, trop souvent à distance de l'application[6]. L'on essaie alors de « faire évoluer les représentations », de « changer les attitudes[7] », d'un côté sur les façons de « faire science » et d'un autre côté sur les langues et les pratiques langagières.

Dans le cadre d'une sociolinguistique impliquée, les actions ne sont pas des expérimentations de recherche construites avec des protocoles répondant à des hypothèses préalables mais des projets sociaux, souvent des commandes, qui vont questionner les chercheurs. La recherche se fait de façon inductive et interprétative, dans la mesure où le projet se construit dans des va-et-vient entre chercheurs et acteurs sociaux, et où l'action et la réflexion visent délibérément, à partir de théories et d'analyses, certains changements sociaux. Il s'agissait donc, dans le cadre du théâtre Jean Vilar, suite à une commande sociale et culturelle, de mettre en place un projet transnational et, au-delà des objectifs sociaux et pédagogiques, de questionner les mises en discours d'identités minoritaires et linguistiques et les phénomènes d'insécurité linguistique, à travers la pratique d'ateliers d'écriture. Le projet avait aussi pour ambition de sensibiliser des élèves à des situations linguistiques similaires dans la francophonie, pour les amener à se décentrer et à relativiser les situations de contact de langues. Ce genre de projet permet une prise de conscience des phénomènes de variation, dans une volonté de changement et de valorisation de soi. Si nous n'avons pu aller au bout du projet pour croiser les expériences d'un bord à l'autre de l'Atlantique, j'ai toutefois pu analyser ce qui s'était joué dans les ateliers d'écriture respectifs, ce que je vais exposer dans cet article.

---

[6] Si la sociolinguistique intervient régulièrement dans le champ de l'aménagement linguistique ou dans celui de l'éducation, elle a plus de mal à trouver sa place dans l'espace public médiatique, juridique, médical ou culturel par exemple, particulièrement en France, même si l'on voit de plus en plus des tentatives de recherche en ce sens. Les autres pays de la francophonie, touchés davantage par les rapports entre les langues à travers des situations de bilinguisme ou de plurilinguisme, sont beaucoup plus sensibles à ces questions, et la sociolinguistique est alors au cœur de la vie citoyenne.

[7] Jacqueline Billiez et Cyril Trimaille, «Plurilinguisme, variations, insertion scolaire et sociale», *Langage et Société*, n° 98, décembre 2001, p. 119.

2.2. Partir des ateliers d'écriture

Je pratique depuis longtemps les ateliers d'écriture pour y avoir participé, en avoir organisé, les avoir théorisés[8]. Il me semblait qu'au sein de ce projet, la pratique de l'atelier allait dans le sens de ce que l'on visait : manier et reconnaître ses propres variétés et variations linguistiques pour mieux aller vers le standard. L'atelier d'écriture donnait à mettre en exergue finalement bien des questionnements de mes recherches.

Des « *creative writing workshops* » américains à la pédagogie Freinet et aux approches plus formalistes ou basées sur le développement personnel, l'histoire des ateliers d'écriture montre finalement qu'il s'agit toujours de viser les mêmes buts à travers des démarches similaires[9]. (Se) mettre en récit permet une plus grande aisance avec l'écrit, par une meilleure compréhension de soi ou de ses usages langagiers et scripturaux. L'écriture est alors maïeutique, exutoire, exaltation. Cette traversée intérieure par les mots pousse à une nécessaire réflexivité de celui qui tente de (se) mettre en écriture ; elle exhorte à lâcher certains blocages scolaires ou académiques et à se retourner sur ses propres insécurités linguistiques pour devenir « sujet de son écriture et s'affirmer comme un individu pensant et agissant en assumant la position de sujet[10] ».

Ainsi, les ateliers d'écriture ne peuvent se défaire des théories de l'identité qui parcourent la sociolinguistique, identités à penser comme des processus complexes[11] et dynamiques[12], des

---

[8] Claudine Moïse, « Variation ou création ou d'inévitables rencontres interculturelles », *Arts du langage et publics migrants*, ELA n° 147, Paris, Klincksieck, 2007, p. 307-316 ; Noelle Mathis, « Construction identitaire d'apprenants FLE plurilingues en atelier d'écriture plurielle : approche sociolinguistique », thèse de doctorat en cours, dirigée en cotutelle par Claudine Moïse (Université Stendhal-Grenoble 3) et Danièle Moore (Université Simon Fraser).

[9] Claire Boniface, *Les ateliers d'écriture*, Paris, Retz, 1992 ; Anne Roche, Andrée Guiguet et Nicole Voltz, *L'atelier d'écriture. Éléments pour la rédaction du texte littéraire*, Paris, Nathan Université, 2005 ; Isabelle Rossignol, *L'invention des ateliers d'écriture en France : analyse comparative des sept courants clés*, Paris, L'Harmattan, 1996.

[10] Jacques Crinon et Michèle Guigue, « Être sujet de son écriture : une analyse de mémoires professionnels », *Spirale*, n° 29, 2002, p. 203.

[11] Carmel Camilleri, *Stratégies identitaires*, Paris, Presses universitaires de France, 1991.

[12] Fredrik Barth, « Introduction », dans Fredrik Barth (dir.), *Ethnic Groups and Boundaries. The Social Organization of Culture Difference*, Boston, Little, Brown and Co., 1969, p. 9-38.

mouvements d'individuation[13], des croisements entre la *subjectivité* (le *Moi*), l'individu (de l'*idem* à l'*alter*) et les *déterminismes sociaux* (le *Soi*[14] et l'*histoire*[15]), mais identités qui se révèlent dans les interactions et les discours. Cette élaboration de soi et de la pensée passe donc par une activité narrative constitutive de l'identité individuelle. La narration par l'écriture permet une certaine réflexivité et une transfiguration ou une mise en forme du passé[16]; les histoires individuelles s'organisent et s'imbriquent alors pour faire sens. Toutefois l'identité se construit aussi autour de l'agir. Par l'action et les décisions comme projection de l'à-venir, des vies s'orientent, rebondissent, et se construisent. Nous sommes permanence et mutation, à devoir nous accepter dans l'impression que « je » devient un autre tout en restant lui-même. Cette instabilité, inquiétante parfois (mais merveille des textes littéraires[17]), qui peut faire crise, est pourtant nécessaire à la subjectivation, c'est-à-dire à la mise en conscience de soi. Ce processus humain vital de va-et-vient identitaire s'articule donc entre le sentiment de soi subjectif et les événements de nos vies (le comprendre et l'agir), quand nous balançons entre fixité et mouvance, immobilité et changement, constance et transformation.

L'écriture est alors action et réflexion; elle nous met en

---

[13] Gilles Lipovetsky, *L'ère du vide. Essais sur l'individualisme contemporain*, Paris, Gallimard, 1993; Alain Ehrenberg, *La fatigue d'être soi. Dépression et société*, Paris, Odile Jacob, 1998; Anthony Giddens, *Les conséquences de la modernité*, Paris, L'Harmattan, 1994.

[14] Claude Dubar, *La crise des identités. L'interprétation d'une mutation*, Paris, Presses universitaires de France, 2000; Jean-Claude Kaufman, *L'invention de soi. Une théorie de l'identité*, Paris, Armand Colin, 2004.

[15] Norbert Elias, *La société des individus,* Paris, Fayard, 1991 [1987].

[16] Paul Ricœur, *Soi-même comme un autre,* Paris, Seuil, coll. « Points Essais », 1990; Boris Cyrulnik, *Un merveilleux malheur,* Paris, Odile Jacob, 1999; Roselyne Oraofiamma, « Le travail de la narration dans le récit de vie », dans Christophe Niewiadomski et Guy de Villers (dir.), *Souci et soin de soi, liens et frontières entre histoire de vie, psychothérapie et psychanalyse,* Paris, L'Harmattan, 2002, p. 163-191; Roselyne Oraofiamma, « Les figures du sujet dans le récit de vie », *Informations sociales*, n° 145, 2008, p. 68-81.

[17] L'âme humaine (« l'individuation ») bouleversée est au cœur des écrits poétiques et des textes de ceux qui m'accompagnent tels Bashevis Singer, Berberova, Dostoievski, Flaubert, Tchekhov, Woolf et tant d'autres... Je pense au fil de la plume à deux lectures récentes, le prix Goncourt 2008 d'Atiq Rahimi, *Syngué Sabour,* ou ce recueil de nouvelles de Kressman Taylor, *Ainsi mentent les hommes*, Paris, Autrement, 2004 (« C'est moi, songea-t-elle, et c'était vrai; mais c'était aussi quelqu'un d'autre, qu'elle ne pouvait jamais atteindre, jamais toucher », p. 76).

mouvement mais elle sert aussi la connaissance de soi et l'élaboration de sa propre pensée, elle permet de penser et de se penser. L'écriture en atelier d'écriture s'offre à une certaine complexité, elle sort des sentiers battus et use de figures d'imaginaire, d'analogies et de métaphores, métaphores nécessaires à cette élaboration qui, de glissements en évocations, aide à concevoir, à saisir et à élaborer du sens. Mais aussi, la métaphore tente de s'approcher, dans une forme de traduction ouverte, du plus proche de ce que l'on donne à comprendre.

2.3. Questionner la variation et l'insécurité linguistique

Dans les contextes montpelliérain et monctonnien, il s'agissait de questionner, à travers les ateliers d'écriture, les variations des élèves et leurs pratiques langagières plurilingues[18].

À Montpellier, la classe qui a suivi l'atelier se trouve dans un quartier dit de banlieue et les élèves sont pour la plupart en difficulté scolaire, en tout cas avec l'écrit. Ils sont tous confrontés à une représentation du français standard et de scolarisation dominant, celui de l'école, tandis qu'ils usent d'un français populaire[19] et qu'ils évoluent dans des familles où les langues en circulation sont pour la plupart, à côté du français, le marocain, l'algérien (darija) ou le berbère. À Moncton, les étudiants sont eux aussi confrontés à différentes variétés et langues, entre français standard, formes acadiennes, chiac et anglais.

De l'un et de l'autre côté de l'Atlantique, les élèves et étudiants sont donc non seulement dans des pratiques plurilingues (entre diverses langues ou entre les variétés d'une même langue) mais sont pris aussi par des formes d'insécurité linguistique[20], particulièrement

---

[18] Annette Boudreau et Marie-Ève Perrot, «Quel français enseigner en milieu minoritaire ? Minorités et contact de langues : le cas de l'Acadie», dans Sophie Babault et Fabienne Leconte (dir.), *Construction de compétences plurielles en situation de contacts de langues et de cultures. Glottopol. Revue de sociolinguistique en ligne*, n° 6, 2005, p. 7-21.

[19] Françoise Gadet, «"Français populaire" : un classificateur déclassant», *Marges linguistiques*, n° 6, 2003, p. 103-104.

[20] Annette Boudreau, «Langue, discours et identité», *Francophonies d'Amérique*, n° 12, 2001, p. 93-104 ; Annette Boudreau et Lise Dubois, «Sociolinguistique et enseignement du français», dans Sylvie Roy et Phyllis Dalley (dir.), *Francophonie, minorités et pédagogie*, Ottawa, Les Presses de l'Université d'Ottawa, 2008, p. 125-154.

d'ailleurs à Montpellier, comme l'ont montré les ateliers d'écriture. L'insécurité linguistique se manifeste par un certain mal-être dans son propre parler, par des difficultés à prendre la parole par exemple, mais elle est d'autant plus forte que le poids de la norme légitime (réelle ou fantasmée) contraint les représentations linguistiques et donc les propres pratiques langagières du sujet. L'idéologie du standard poursuit alors son œuvre de violence symbolique en France comme au Nouveau-Brunswick, processus que nous voulions déjouer dans le cadre des ateliers d'écriture.

Dans cette perspective, les tensions langagières que peuvent mettre en exergue les pratiques d'écriture se déploient hors des ateliers, même entre les acteurs du projet. Ainsi, comme je le présenterai, les luttes discursives et les idéologies linguistiques s'affirment dans une représentation linguistique homogène, vecteur d'une unité nationale universalisante, et dans des résistances face à des pratiques plurilingues dérangeantes.

3. L'analyse des données

La reconnaissance, l'acceptation et le maniement du standard par les élèves peuvent se faire, au-delà d'une représentation et d'un usage scolaire, parce que l'atelier d'écriture ne dissocie pas le travail sur soi et la compréhension / valorisation des variations en langues. Les exercices proposés, comme je vais l'exposer ici, sont donc allés dans ce sens et ont emporté l'adhésion des élèves.

3.1. L'ancrage identitaire et la valorisation de soi

À Montpellier, lors de certaines propositions d'écriture, les traces identitaires transparaissent dans les textes produits et permettent aux élèves de s'ancrer dans ce qu'ils sont et de reconnaître d'où ils viennent, signes de soi trop souvent tus dans les pratiques pédagogiques en classe. Il a été demandé par exemple de présenter son adresse, de dire où l'on habite, et, bien souvent, l'expression mêle à la fois l'ancrage dans l'espace et dans la langue.

Extrait Montpellier. Sur la tête de ma mère, j'ai rien vu rien entendu. Zehma! devant le commissaire, je jure sur la tête de ma mère, HLM au bord de la mer, moitié bleu, moitié vert, un pied dans le noir et l'autre dans le bleu. Tu terteres la tête de ta mère. Merliche! Ce son vient des quatre coins de la France. 91, 53, 34, 78 représentent.

Dans cet extrait est nommé le lieu habité, le HLM près de la mer, associé aux numéros de départements liés pour certains à la région parisienne, aux banlieues et à l'imaginaire urbain avec « le commissaire ». En même temps, cette évocation est ponctuée d'expressions dites *de parlers jeunes*, comme le juron « sur la tête de ma mère » ou des locutions devenues interjections (« Zehma! », « Merliche »), qui rythment l'écrit.

Extrait Montpellier. Wesh j'habite à Isane, rue Arioule au numéro 4.12.1994. Le rez-de-chaussée est bleu, le premier étage rose et violet et ma chambre est rouge.

On peut observer ici le même procédé avec notamment le mot valise « Arioule » formé sur « Arabe » et « Bougnoule » qui dit l'identité d'origine sous forme d'auto-dérision, tandis que le « wesh », interjection banalisée dans les parlers jeunes, ouvre, comme à l'oral, le récit.

Extrait Montpellier. J'résume. Médina 3, 4 et une Hawna 4, 6, 1 près d'un vendeur de fruits rouges et de légumes verts.

Là encore, l'évocation de l'origine est marquée par le mot « Médina » et le terme « Hawna », tandis que les fruits et légumes renvoient aux paysages méditerranéens.

Les traces identitaires s'expriment dans le cadre d'un autre exercice et autour de définitions inventées à partir du mot *Analgésie*. Il va se décliner, sous formes d'association imaginaires, entre des évocations médicales « désigne une personne qui est allergique à tout », « qui ne sait pas bouger » et des ancrages territoriaux, « signifie "Algérie" en grec », « nom d'une chaîne de télévision », significatifs de l'histoire des élèves.

Enfin, un autre exercice, l'écriture de tautogrammes[21], laisse transparaître, par les prénoms, les lieux ou les activités évoqués, là

---

[21] Texte où tous les mots commencent par la même lettre.

encore des traces de soi, «Amaria, amie assidue, arrive à Alger avec avion apte à altitude», «Aujourd'hui Afifa a aimé Amine, M'hamed mon mari monte merveilleusement ma maison marron marbrée», «Partir pour plaire par plaisir, par pauvreté, peu pleuré pour plonger, percé, parce que pépé peut pratiquer prudemment pour prier le pluralisme politique», «Les Libanais lisent leurs livres librement».

À Moncton, les consignes étaient différentes avec des étudiants plus âgés et plus avancés (entre 16 et 18 ans, pour 14 et 15 ans à Montpellier). Dans un premier temps, il était demandé à chaque participant de choisir un lieu de son choix dans le sud-est du Nouveau-Brunswick, façon là encore de dire le lieu, l'ancrage, voire l'origine, et de les décrire en français standard. Il a semblé évident que ces étudiants étaient bien plus sensibilisés à l'usage et au maniement des variétés que ceux de Montpellier, qui avaient l'air corseté par le français scolaire. À Moncton, les ateliers sont alors davantage apparus comme des mises en forme et en écrit de ce qui était explicité, voire théorisé dans les cours. Le but de ces exercices visait davantage un échange possible avec les élèves de Montpellier, comme le présente la consigne de l'exercice: «l'élève avait le droit d'utiliser le *Je* dans son texte et devait tenter de décrire son espace de façon à ce qu'un lecteur de Montpellier puisse réussir à s'en faire une représentation imagée».

Extrait Moncton[22]. *L'école Mathieu-Martin.* L'école Mathieu-Martin est une grande école. Nous sommes environ 1000 élèves donc il est très difficile de connaître tout le monde. Habituellement les gens sont bilingues. Ils parlent le français et l'anglais. Mais la langue qui nous est plus familière est le chiac!

Extrait Moncton. Le Parc Rotary. Parmi les arbres, il est possible de retrouver de nombreux sentiers, où l'on aperçoit des gens en vélo. Sur

---

[22] Les textes de Moncton sont des deux mêmes élèves, ce qui permet de bien juger de la capacité à passer du français standard au chiac, comme dans les extraits qui sont présentés plus loin. Le chiac, langue vernaculaire du sud-est du Nouveau-Brunswick, caractérisé par l'intégration et la transformation, dans une matrice française, de formes lexicales, syntaxiques, morphologiques et phoniques de l'anglais. Marie-Ève Perrot, «Quelques aspects du métissage dans le vernaculaire *chiac* de Moncton», *Plurilinguismes,* n°s 9 et 10 ("Les emprunts"), Paris, CERPL, 1995, p. 147-167.

l'étang, des canards attendent paisiblement pour qu'on leur lance des bouts de pain. Des jeunes s'amusent dans un espace de jeu alors que leurs parents causent un peu plus loin. L'hiver, la population de Dieppe se rencontre dans ce parc pour glisser, skier, patiner et faire de la raquette.

3.2. La rencontre transnationale

Même si le projet n'est pas allé à son terme, que les élèves de part et d'autre ne se sont pas rencontrés et qu'il n'a pas pu être créé de pièce commune à partir des textes produits, des évocations réciproques sur Montpellier et sur l'Acadie ont été demandées dans les ateliers d'écriture, de façon à faire émerger des représentations mutuelles.

À Montpellier, il a été proposé par l'écrivain en charge de l'atelier de réfléchir au terme «Acadie», mais en le travaillant comme un lexème, une entrée du dictionnaire pour se déplacer du côté de la langue normée.

> *Extrait Montpellier*. Écrivain. Alors + alors aujourd'hui on va: on va commencer par un alors **un petit jeu** donc + c'est bon vous êtes bien installés + vous êtes euh:: opérationnels ++ alors on va commencer par un jeu vous vous rappelez on avait déjà fait ce jeu + **c'est le jeu des définitions** + j'écris un mot que personne ne connaît + volontairement + et chacun écrit ++ **dans un style qui ressemble le plus au style du dictionnaire** + une définition + donc d'après vous que veut dire ce mot + c'est un mot < +
> E1. est-ce qu'il est: dans:: < +
> Écrivain. de six lettres < +
> E1. le dictionnaire
> Écrivain. oui il est dans le dictionnaire ++ **mais on en parlera après** ++ donc + alors on met pas + alors ceux qui connaissent + alors oui j'ai dit tout le mon- que personne connaissait le mot + ceux qui connaissent le mot ne sont pas dans l'obligation de donner la véritable définition + voilà + donc A CA DIE +++ (4s) et je vous laisse une minute une minute et demie + pas plus +++ (8s) et y a pas de questions + non c'est bon + donc on peut être **vous pouvez travailler hors sens** + d'accord ça peut être

Il est à noter à la fois la référence au jeu et à la recherche d'un sens imaginé tout en faisant référence au dictionnaire (extraits en gras) que les élèves pouvaient d'ailleurs consulter. Et ainsi ont été inventées les définitions suivantes: Acadie: «une petite académie»,

Acadie: « caddie de luxe de supermarché », Acadie : « ce mot désigne un insecte vivant au sud de l'Afrique », Acadie : (nom propre) « c'est le frère de Jack Adie », Acadie : « objet qui sert à transporter d'autres objets ».

Dans le même état d'esprit, entre imagination et contraintes linguistiques, les élèves ont dû conjuguer à toutes les personnes d'un temps choisi le verbe « Acadier » avec un complément d'objet direct. Plus tard, l'écrivain reviendra sur l'Acadie et son territoire pour expliquer le projet.

> *Extraits Montpellier.*
> J'acadie un bus
> Tu acadies un caddie
> Il acadie un peigne
> Nous acadions nos coffres
> Vous acadiez vos assiettes
> Ils acadient leurs poupées
>
> J'acadie au-dessus des fleurs
> Tu acadies sur une feuille
> Il acadie dans un tronc
> Nous acadions sur une pomme verte
> Vous acadiez sur un vêtement
> Ils acadient sur des arbres
>
> J'acadie un beau caddie
> Tu acadies un caddie en or
> Il acadie un caddie monstrueux
> Nous acadions un caddie bleu
> Vous acadiez un caddie de course
> Il acadient un caddie de rallye

Enfin, et sous forme de conclusion à l'atelier, il fallait raconter un voyage à partir d'une photographie. Et quand l'écrit se mêle à la pérégrination imaginaire, la rencontre s'incarne en mots et en déplacements intérieurs : « D'ores et déjà je décide de partir je ne parlerai plus à personne donc je ferai ma vie comme je le sens d'abord j'irai en Algérie et je finirai par aller en Amérique. J'acadirai ma vie. »

Du côté de Moncton, « La troisième partie était un exercice imaginatif basé sur les représentations culturelles et géographiques. L'élève devait imaginer de quoi son espace aurait l'air s'il était transporté à Montpellier. Dans un français standard, il devait alors écrire ce milieu fictif dans la narration de son choix. »

> *Extrait Moncton. L'école Mathieu-Martin.* À votre école, j'imagine que vous êtes nombreux aussi. Par contre, je ne crois pas que la majorité des élèves sont bilingues. Vous avez probablement un dialecte qui vous est propre aussi. C'est-à-dire, vous disez « parking » au lieu de terrain de stationnement. Votre école est très vieille car votre pays est très vieux et tout par là est des antiquités.

Cet extrait est intéressant dans la mesure où il montre ce fil tendu entre des situations linguistiques similaires à visiter, de l'Acadie à Montpellier. Qui est bilingue à Montpellier ? Avec quelles langues ? Quelles sont les formes d'emprunts ? Y a-t-il alors des éléments de modernité ?

> *Extrait Moncton. Le Parc Rotary.* À Montpellier, ce parc, il s'agit plutôt d'un square. Des hommes se pressent pour se rendre à leurs destinations des baguettes sous les bras et des bérets sur la tête. Assis sur un banc, un poète voit passer une femme et note le tout dans son carnet. Dans tout le square, on entend un air joué sur un accordéon et une odeur de pâtisseries enchante les passants.

Là encore, cet extrait permet d'interroger les représentations culturelles, voire les représentations linguistiques et, si cela avait été possible, de les confronter à une réalité *in situ*.

3.3. Le travail sur la variation

À Montpellier, le travail sur la variation a été tricoté à partir des consignes données et à travers les exercices sur les traces, repérages, ancrages entre Montpellier et Moncton. Si l'écrivain, meneur du jeu, dans l'atelier d'écriture, a toujours laissé filer, autorisé, favorisé l'usage des variantes, les élèves s'en sont emparés. Ils ont osé, pour une plus grande expressivité de leur texte, ponctuer leurs phrases d'interjections qu'ils utilisent à l'oral, entre eux bien souvent, notamment dans la description de leurs adresses :

> *Extrait Montpellier.* Allez zappe ! Sème sur le 34, bleu ciel sur la porte. Et marron foncé. Va donc ! pense à toquer pour entrer. Salem et passe à l'autre !

Dans les segments exclamatifs, le « zappe » conclusif ou le « salem » sous forme de salutation d'ouverture jouent sur l'expressivité de l'extrait. De la même manière le « toquer » du registre familier renforce l'aspect fragmentaire et dynamique de l'écriture.

> *Extrait Montpellier.* Hay caramba ! tu veux savoir où j'habite ? Putain, dans mon habitat, il n'y a pas 31 chambres mais 4. Tous les jours, à 13 heures, il y a des gars qui continuent à le peindre parce que c'est pas fini. Ils viennent toujours avec les mêmes couleurs : le bleu, le vert, le rouge et le blanc.

Là encore l'extrait est marqué par l'interjection « Hay caramba ! » mais aussi par le ponctuant désémantisé « putain », d'un usage très fréquent à l'oral et que l'élève se sent autorisé d'utiliser dans ce contexte d'écriture libre et enlevé. Le travail consiste ensuite à réfléchir à ces usages décalés, créateurs de ruptures et d'effets stylistiques ; il s'agit alors de les confronter à d'autres usages, plus scolaires mais à l'utilité sociale incontournable. Parce que finalement, l'enjeu des ateliers d'écriture est pour ces élèves d'accepter de rompre, au-delà du sentiment de domination et de marginalisation, avec un repli protecteur mais destructeur, pour une émancipation personnelle et sociale.

Du côté de Moncton, l'accès à la variation s'est fait délibérément et dans une certaine mise à distance d'une écriture travaillée. « L'élève devait construire un dialogue fictif dans la variété de français de son choix (souvent dans ce cas-ci le chiac). Le dialogue devait prendre place dans l'espace choisi dans l'exercice descriptif. »

> *Extrait. L'école Mathieu-Martin.*
> 1 – So j'ai comme right beaucoup de devoirs à faire en fin de semaine.
> 2 – Yea la madame a comme exagéré today. C'est too much !

1 – Comme je sais pas à cause que je vas faire j'ai pas le temps at all !
2 – How come qu'a get juste pas qu'on a une vie sociale nous autres itou ?

Comme à Montpellier, l'usage des formes anglaises dans le chiac donne toute l'expressivité au texte, d'ailleurs dans des emplois interactionnels d'amorce ou de conclusif.

> *Extrait Moncton. Le parc Rotary.*
> – Man, Marc, t'as almost wipé out dans cte trail là !
> – Ouaille, je sketche out à matin. Pis je feel right tired.
> – Yeah peut-être qu'on devrait slacker out pour une while.
> – Non non, je suis fine. C'est mines* ! Il m'faut yink d'autre air dedans mes tires.
> – Alright as long que tu face-plant pas comme last time.
> – Worry pas ta brain.
> – Allons rider d'autre trails cause j'baille à midi.
> – Veut tu faire la dynamite ?
> – Sure.
> – Bailles ça !

Cet extrait offre un usage ludique et maîtrisé du chiac, à la fois par les marques de l'anglais, et les formes vernaculaires du français oral (« cte », « pis », « yink » (pour *rien que*)) ou même plus typiquement du français acadien (bailler – pour donner).

3.4. L'accès au standard

L'accès au standard passe dans le cadre de ces ateliers d'écriture à Montpellier par des références au dictionnaire et à la construction syntaxique. Cette façon d'aborder la langue s'appuie sur des activités métalinguistiques maniées à des fins ludiques, donc délestées du poids normatif et contraint.

> *Extrait Montpellier.* Écrivain. […] + complément d'objet direct vous savez ce que c'est +
> E2. Et donc le : le c : c o 2…
> Écrivain. Le c o d.
> E2. Le c o d c'est pareil pour les deux ou chaque fois on change ?

Quand il faut expliquer la construction du verbe Acadier, des détours métalinguistiques sont nécessaires pour aborder la construction sujet + verbe + nom, particulièrement face à la remarque de l'élève qui confond le gaz carbonique avec le complément d'objet direct.

De la même façon, seront abordées les notions de complément du nom et de mot composé, notions assez difficiles.

> *Extrait Montpellier.* Écrivain. tout simplement + et alors je vais vous simplifier la tâche + un groupe nominal avec un complément du nom + avec ce qu'on appelle une préposition + ce qui permet de relier les deux noms + alors un exemple + je vous donne un exemple de groupe nominal avec complément du nom + alors les prépositions qu'on va utiliser c'est soit de + la voilà **la préposition d'accord + qui permet de faire la liaison entre les deux + noms** + cheval de course + donc on a bien un groupe nominal avec un complément du nom + donne un renseignement sur le nom + donc cheval de course + alors je vais vous demander d'en lister + le plus possible en deux minutes + alors on a dit qu'on pouvait utiliser la préposition de ou à + donnez-moi un exemple de groupe nominal avec comme préposition la préposition à entre les deux noms.

Il est intéressant de repérer que dans les propositions qui vont être faites, on trouve, à côté de « cheval à bascule », « chaussures à talons » ou « rat des champs », le mot « fille à problème », « armée de terre », « sport de combat », « ballon de foot », là encore comme si les questions de soi à soi pouvaient croiser les questions linguistiques.

Du côté de Moncton, plus que l'accès au standard qui était acquis, les exercices ont servi de façon délibérée une analyse distanciée vis-à-vis du chiac[23], non seulement dans ses caractéristiques linguistiques mais dans ses représentations. Il a été possible pour les étudiants de se questionner sur l'image (et la compréhension possible) de cette variété de l'autre côté de l'Atlantique (que donne-t-elle à voir et à comprendre?) comme sur les représentations de la ville et des habitants de Montpellier. « Le but de l'exercice était de faire réfléchir les

---

[23] En même temps, à Moncton, les élèves semblent avoir utilisé parfois de façon délibérée un chiac particulièrement anglicisé, qui dépasse tous les usages « réels » du vernaculaire, façon sans doute de marquer un style d'écriture.

jeunes sur leurs variétés de langues tout en utilisant des techniques de créations artistiques. Tout au long de l'écriture, les élèves avaient en tête que leurs textes seraient lus par des lecteurs de Montpellier. Or donc, la première partie de l'exercice était très importante car la description de l'espace devait permettre à un lecteur étranger d'être capable de bien s'imaginer l'endroit décrit. La deuxième partie de l'exercice était inspirée par le roman *Pas pire* de France Daigle, écrivaine acadienne. Dans ce roman, l'écrivaine utilise une narration en français standard mais une variété chiac lors des dialogues, ce qui permet au lecteur de mieux s'imaginer le contexte social du roman tout en étant capable de suivre la narration sans problème. Cette distinction fut expliquée aux jeunes durant l'atelier, et les dialogues chiac de leurs exercices d'écriture avaient donc pour but de donner une couleur locale et une représentation linguistique adéquate de leurs espaces choisis et décrit en français standard. Les élèves devaient en classe dire selon eux quels mots de leurs dialogues les lecteurs de Montpellier ne comprendraient sûrement pas, et dire en quoi ces usages de langues étaient des traits linguistiques propres à leurs variétés. Le troisième exercice avait pour but de pousser l'élève à explorer son monde imaginaire propre en travaillant sur les représentations culturelles et géographiques. Avant l'exercice, une discussion sur les clichés nationaux des pays s'est déroulée. Aucun élève ne connaissait la ville de Montpellier et n'avait le droit d'avoir recours à aucune documentation lors de l'écriture du texte. Le but était de faire une représentation totalement imaginative d'un espace fictif, en utilisant à sa guise clichés et imageries farfelus. Le 1ᵉʳ mars 2011, chaque élève recevait un petit document descriptif d'un lieu réel de Montpellier – son lieu choisi –, et voyait donc la différence entre son lieu imaginé écrit et le lieu réel[24] ».

Conclusion. Les luttes discursives

Ainsi, parce que les ateliers d'écriture se sont appuyés sur une réflexion sociolinguistique et une pratique artistique aguerrie, parce que les enjeux sociaux et pédagogiques étaient clairement identifiés, les

---

[24] Compte rendu de l'atelier d'écriture par Pascale Savoie-Brideau, qui a pris en charge l'activité.

productions ont rendu compte d'une liberté d'écriture constructive et stimulante. Ils ont montré combien la compréhension de ses propres pratiques linguistiques, liées à des histoires de vie, ainsi que la maîtrise des variétés des usages, étaient garantes d'une plus grande confiance en soi et d'un accès à l'écrit et au standard décomplexés, d'une ouverture possible vers une plus grande reconnaissance sociale. La dimension transnationale, si elle avait abouti dans sa complétude par une rencontre et une pièce de théâtre croisée, aurait sans doute produit encore davantage de décentration et, d'une certaine façon, de banalisation des pratiques. Banalisation qui aurait alors signifié une normalisation plurilingue déracinée des enjeux de pouvoir normatifs. Si seulement...

Malgré l'intérêt manifeste de ce genre de pratiques pour une plus grande conscientisation et un accès à une écriture plus libre dans ses usages, de l'imaginaire à la dimension scolaire, les luttes idéologiques et les tensions discursives sont allées bon train à Montpellier dans les séminaires préalables et les réunions de synthèse organisés pour les enseignants. Des écrivains plurilingues ont certes souligné la richesse de l'inventivité dans la transgression des codes, la forme originale des emprunts au français par certaines langues, notamment dans les pays d'Afrique (par exemple, au Togo, des mots ou segments de mots sont intégrés à la langue matrice, tout comme des syllabes sont inversées ou des sons transformés pour être prononçables dans la langue d'accueil). Toutefois, bien des enseignants se demandent encore et même après les ateliers: «En quoi la reconnaissance d'autres langages peut aider et à quoi?» Certains insistent sur l'importance pour les élèves d'avoir accès aux œuvres du passé et à une culture écrite même si c'est une langue que l'on peut considérer comme figée; d'autres ramènent le débat sur la question de la laïcité: le français normé est le vecteur de l'unité nationale mais est aussi porteur de la laïcité, d'où la difficulté à reconnaître d'autres langues. Accepter le plurilinguisme ne remettrait-il pas en cause les valeurs fondamentales de la République? Comme quoi...

BIBLIOGRAPHIE

Barth, Fredrik, « Introduction », dans Fredrik Barth (dir.), *Ethnic Groups and Boundaries. The Social Organization of Culture Difference*, Boston, Little, Brown and Co., 1969, p. 9-38.

Billiez, Jacqueline et Cyril Trimaille, « Plurilinguisme, variations, insertion scolaire et sociale », *Langage et Société*, n° 98, décembre 2001, p. 105-127.

Boniface, Claire, *Les ateliers d'écriture*, Paris, Retz, 1992.

Boudreau, Annette et Marie-Ève Perrot, « Quel français enseigner en milieu minoritaire ? Minorités et contact de langues : le cas de l'Acadie », dans Sophie Babault et Fabienne Leconte (dir.), *Construction de compétences plurielles en situation de contacts de langues et de cultures. Glottopol. Revue de sociolinguistique en ligne*, n° 6, 2005, p. 7-21.

Boudreau, Annette et Lise Dubois, « Sociolinguistique et enseignement du français », dans Sylvie Roy et Phyllis Dalley (dir.), *Francophonie, minorités et pédagogie*, Ottawa, Les Presses de l'Université d'Ottawa, 2008, p. 125-154.

Boudreau, Annette, « Langue, discours et identité », *Francophonies d'Amérique*, n° 12, 2001, p. 93-104.

Camilleri, Carmel, *Stratégies identitaires*, Paris, Presses universitaires de France, 1991.

Cyrulnik, Boris, *Un merveilleux malheur*, Paris, Odile Jacob, 1999.

Crinon, Jacques et Michèle Guigue, « Être sujet de son écriture : une analyse de mémoires professionnels », *Spirale*, n° 29, 2002, p. 201-219.

Dubar, Claude, *La crise des identités. L'interprétation d'une mutation*, Paris, Presses universitaires de France, 2000.

Ehrenberg, Alain, *La fatigue d'être soi. Dépression et société*, Paris, Odile Jacob, 1998.

Elias, Norbert, *La société des individus*, Paris, Fayard, 1991 [1987].

Gadet, Françoise, « "Français populaire" : un classificateur déclassant », *Marges linguistiques*, n° 6, 2003, p. 103-104.

Giddens, Anthony, *Les conséquences de la modernité*, Paris, L'Harmattan, 1994.

Kaufman, Jean-Claude, *L'invention de soi. Une théorie de l'identité*, Paris, Armand Colin, 2004.

Kressman, Taylor Kathrine, *Ainsi mentent les hommes*, Paris, Autrement, 2004.

Lipovetsky, Gilles, *L'Ère du vide. Essais sur l'individualisme contemporain*, Paris, Gallimard, 1993.

Mathis, Noelle, « Construction identitaire d'apprenants FLE plurilingues en atelier d'écriture plurielle, approche sociolinguistique », thèse de doctorat en cours, dirigée en cotutelle par Claudine Moïse (Université Stendhal-Grenoble 3) et Danièle Moore (Université Simon Fraser).

Moïse, Claudine, « Variation ou création ou d'inévitables rencontres interculturelles », *Arts du langage et publics migrants*, ELA n° 147, Paris, Klincksieck, 2007, p. 307-316.

Moïse, Claudine, *Pour une sociolinguistique ethnographique. Sujet, discours et interactions dans un espace mondialisé*, habilitation à diriger des recherches, Tours, Université François-Rabelais de Tours, 2009.

Oraofiamma, Roselyne, «Le travail de la narration dans le récit de vie», dans Christophe Niewiadomski, et Guy de Villers (dir.), *Souci et soin de soi, liens et frontières entre histoire de vie, psychothérapie et psychanalyse*, Paris, L'Harmattan, 2002, p. 163-191.

Oraofiamma, Roselyne, «Les figures du sujet dans le récit de vie», *Informations sociales*, n° 145, 2008, p. 68-81.

Perrot, Marie-Ève, «Quelques aspects du métissage dans le vernaculaire *chiac* de Moncton», *Plurilinguismes*, n°s 9 et 10 ("Les emprunts"), Paris, CERPL, 1995, p. 147-167.

Ricœur, Paul, *Soi-même comme un autre*, Paris, Seuil, coll. «Points Essais», 1990.

Roche, Anne, Andrée Guiguet et Nicole Voltz, *L'atelier d'écriture. Éléments pour la rédaction du texte littéraire*, Paris, Nathan Université, 2005.

Rossignol, Isabelle, *L'invention des ateliers d'écriture en France : analyse comparative des sept courants clés*, Paris, L'Harmattan, 1996.

LES REPRÉSENTATIONS CULTURELLES ET LINGUISTIQUES DE L'ACADIE SUR INTERNET : VERS UNE NOUVELLE FORME DE DISCOURS IDENTITAIRE ?

Adeline Vasquez-Parra
Université Libre de Bruxelles

Introduction

Internet s'impose à l'heure actuelle comme un espace privilégié de (re)connaissance des cultures minoritaires. Paradoxalement, ce nouvel espace contribue aussi à figer des réalités en leur octroyant un statut de vérité. Cette fixation de l'identité, définie ici comme « la façon dont l'être humain construit son rapport personnel avec l'environnement[1] », s'opère néanmoins au sein d'une dynamique nouvelle : celle des flux informatifs virtuels. En effet, l'identité de la culture minoritaire se diffuse et se partage aujourd'hui sur Internet, sortant ainsi du confinement auquel elle était auparavant souvent reléguée. La représentation culturelle entendue ici comme expression d'un « monde possible » propre au locuteur[2], et linguis-

---

[1] Louis-Jacques Dorais, « La construction de l'identité », dans Denise Deshaies et Diane Vincent (dir.), *Discours et constructions identitaires*, Sainte-Foy, Presses de l'Université Laval, 2004, p. 2.
[2] Patrick Charaudeau et Rodolphe Ghiglione (dir.), *Paroles en images, images de parole*, Paris, Didier Érudition, 1997, p. 124.

tique[3], s'offre donc à un nouvel espace dialogique en empruntant des supports ouverts tels que les réseaux sociaux ou les sites de partage vidéo. Internet est un espace d'autant plus important pour les minorités isolées ancrées dans une géographie rurale et enclavée qu'il en devient un mode d'existence relayé par la progression des outils technologiques autorisant son utilisation toujours plus accrue (iPhone, tablettes, etc.). De cette façon, la réception et plus généralement l'aspect participatif d'Internet viennent parfois défier l'aspect jugé immuable des « anciens » supports de la représentation culturelle et linguistique (comme la presse écrite). L'éloignement des frontières entre production, discours et réception a autorisé un discours de plus en plus perméable à la critique. La réception et la production deviennent plus démocratiques et globales: Internet nous relie au-delà des frontières territoriales, redessinant ainsi les contours de la géographie traditionnelle, redéfinissant les interactions entre individus et même les normes sociales.

1. Survol de l'Acadie du Web

La simple recherche de définitions du terme « Acadie » sur Google (Canada ou France) implique soixante-quinze pages Google, soit environ 750 sites mentionnant l'Acadie ou traitant de l'Acadie. En limitant la recherche à dix pages Google (soit environ 100 sites), il ressort cinq types de sites classés comme suit: les sites de type encyclopédiques, les sites touristiques, les sites généalogiques, les blogues, les réseaux sociaux et les sites mentionnant l'Acadie de façon connexe, c'est-à-dire la presse, les entreprises, les groupes scolaires, etc. Ces sites connexes arrivent en tête sur Google Canada (49 % des sites), alors que les sites touristiques sont majoritaires sur Google France (45 % des sites). Ces résultats s'expliquent notamment par une utilisation plus importante du terme « Acadie » au Canada dans divers secteurs économiques, alors qu'il est essentiellement touristique en France, répondant

---

[3] « ...une forme courante (et non savante) de connaissance, socialement partagée, qui contribue à une vision de la réalité commune à des ensembles sociaux et culturels [...] » (Nicole Gueunier, « Représentations linguistiques », dans Marie-Louise Moreau (dir.), *Sociolinguistique: concepts de base*, Bruxelles, Mardaga, 1997, p. 246).

à des réalités patrimoniales ou associatives existant sur le territoire français (ferme-musée d'Archigny, Associations des cousins acadiens du Poitou, Amitiés Acadiennes, etc.). Les sites de type encyclopédique ne sont pas les mêmes en fonction de la nationalité de Google, en dehors de Wikipédia (*Hérodote* ou *Universalis* pour la France, *Encyclopédie canadienne* pour le Canada), mais on remarque un plus grand nombre de ce type de sites sur Google Canada, et surtout une définition plus large en ce qu'elle admet une Acadie encore «vivante»: le site du gouvernement fédéral «Amérique française» fait par exemple mention du forum actuellement hors-ligne «Acadieurbaine[4]».

2. Méthodologie

Cette étude emprunte la perspective de la sociologie des nouveaux médias de la communication en contexte minoritaire[5]. Nous effectuerons une analyse descriptive basée sur la théorie des «régimes de représentation» définie ci-après[6]. Il s'agit ici d'isoler 100 sites selon des critères définis comme suit: 90% de contenu sur l'Acadie et une volonté manifeste de diffusion de l'information (les profils des réseaux sociaux, les «blagues» vidéos sur les réseaux de partage, et ce qui relève de la sphère privée en général sont écartés pour privilégier un traitement collectif de l'identité, ou un traitement individuel mais fondé sur le rapport au collectif[7]).

Dans son analyse sur les nouveaux médias de la communication en contexte minoritaire, la médiologue Eugenia Siapera propose une méthode de classification des représentations, qu'elle applique aux sites Internet. Cette classification, qu'elle nomme régimes de représentation, assure selon elle la convergence de certaines idées

---

[4] «Encyclopédie du patrimoine culturel de l'Amérique française», 2007; [en ligne] http://www.ameriquefrancaise.org/fr/article246/Acadie%20urbaine:%20nouvel%20espace%20virtuel%20du%20patrimoine%20acadien, consulté le 20 décembre 2012.

[5] Amorcée par Eugenia Siapera et Lisa Nakamura (Eugenia Siapera, *Cultural Diversity and the Global Media, the Mediation of Difference*, Londres, Wiley-Blackwell, 2008; Lisa Nakamura, *Cybertypes: Race, Ethnicity, and Identity on the Internet*, New York, Routledge, 2002.

[6] Eugenia Siapera, *Cultural Diversity and the Global Media. The Mediation of Difference*, Londres, Wiley-Blackwell, 2008, p. 32.

[7] Voir la webographie.

et certains discours avec des structures et des mécanismes de pouvoir (techno-administratifs, économiques, idéologiques) qui les maintiennent en tant que vérités[8]. La résurgence de certaines règles qui régissent les images, tropes et discours constitutifs de ces régimes de représentation supposent que des sites appartiennent à certains régimes plutôt qu'à d'autres[9]. En appliquant cette méthode à la classification des sites Internet traitant de l'Acadie et en fonction du type de représentation qu'ils transmettent, on remarque qu'un des régimes[10] fait régulièrement surface : le régime essentialisant (*essentializing regime*). Selon Siapera, ce dernier impose sa version d'une identité inchangée et en tire une conception rigide afin de contrôler les procédés de représentations, leur refusant tout dynamisme inhérent[11]. Les représentations se doivent donc, dans ce cas, de mobiliser des images familières reconnaissables par l'ensemble des membres du groupe dont les stéréotypes en sortent souvent renforcés. Les représentations opèrent ainsi sur une distinction binaire effectuée entre le « nous » et les « autres » qui produit souvent l'éloge d'une « authenticité » localisée dans la sphère intime et familiale. L'authenticité possède ici deux facettes : l'une vient légitimer le discours identitaire du locuteur (l'authenticité serait donc synonyme de vérité), l'autre consiste à établir un lien durable entre son être social et sa propre identité, son « être vrai » (et pose en cela l'existence d'un « être faux »). Remarquons d'emblée non pas tant l'absence de réflexion entourant ces vérités[12], mais l'absence d'interrogation des cadres qui autorisent, sur Internet, l'existence et la reproduction de ces vérités dans le temps. La théorie des régimes de représentation invite donc à retracer la façon dont ces vérités voient le jour et se déploient, questionnant

---

[8] Eugenia Siapera, *op. cit.*, 2008, p. 126.
[9] Siapera, *op. cit.*, p. 131.
[10] Siapera en isole cinq principaux dont le régime raciste ; domestique ; commodifiant et alternatif : le régime essentialiste se caractérisant surtout par sa forme, il peut emprunter dans son contenu aux quatre autres (Siapera, *op. cit.*, p. 76).
[11] Siapera, *op. cit.*, p. 122.
[12] Voir à ce sujet l'épisode d'Acadieman au Pays de la Sagouine ; [en ligne] http://www.ovguide.com/acadieman-9202a8c04000641f8000000000a3245c, consulté le 20 décembre 2012.

la surabondance et l'itération de certains discours et représentations de la culture acadienne.

3. L'Acadie déterritorialisée

Les cultures ont désormais cessé d'être rattachées à la géographie traditionnelle, mais en conservent-elles pour autant tout leur sens? Le sociologue Manuel Castells envisage la déterritorialisation d'Internet comme une société de flux où le perceptible n'a qu'une durée limitée et évanescente[13]. La présence dynamique de l'Acadie sur Internet ne va donc pas sans problème vis-à-vis de son existence objective et matérielle. En effet, la notion de territoire semble aujourd'hui disparaître au profit d'Acadies multiples, subjectives et bien sûr virtuelles. Internet dispose ainsi de la référence territoriale comme d'une commodité dans un monde où les sociétés minoritaires courent toutes le risque de virtualisation : tourisme et nouvelles technologies se prêtent d'ailleurs parfaitement à la production d'un discours identitaire entièrement immatériel. La prolifération de sites touristiques se proclamant « acadiens » posent d'ailleurs, de par leur rattachement identitaire indifférencié, la question de la territorialité patrimoniale : des lieux aussi différents que le Village Historique Acadien de Caraquet (Nouveau-Brunswick), la Ferme-Musée d'Archigny en France, l'Acadian Village de Lafayette (Louisiane) ou le Musée acadien de Miscouche (Île-du-Prince-Édouard) se réclament d'une même Acadie, alors qu'ils ne sont pas situés sur le même territoire géographique. Cette sur-présence des Acadies dans l'espace Internet est très problématique au regard de sa référence objective, et interroge : de quoi l'Acadie est-elle le nom ? Lorsqu'on connaît le rapport problématique qu'entretient l'Acadie du discours avec l'Acadie du territoire, cette virtualisation de l'Acadie géographique inquiète, comme le rappelle le sociologue Julien Massicotte : « Le cas acadien est fascinant justement par son rapport laborieux au territoire. Lorsque la communauté acadienne, par l'entremise de son élite, se constitue une référence

---

[13] Manuel Castells, *L'ère de l'information, tome 2 : Le pouvoir de l'identité*, Paris, Fayard, 1999, p. 135-142.

propre ou, selon le contexte ou l'époque, la modifie, quelle place y occupe le territoire[14] ? »

La représentation a déjà largement investi la mise en tourisme des territoires acadiens, notamment celui des provinces maritimes canadiennes, où il s'agit souvent de mettre en scène la culture et la langue acadiennes par le biais d'animations, d'événements festifs (festivals) et de promotion d'activités en général folkloriques (gastronomie, musique traditionnelle, danses, etc.). Le folklore étant entendu ici non pas dans son sens noble, c'est-à-dire en tant que « savoir et transmission de traditions vivantes[15] », mais plutôt comme une réappropriation et une réadaptation de ces traditions à des fins en général commodifiantes (ou mercantiles) pour ladite culture[16], où celle-ci est facilement « résumable » à quelques rites hors temps apprêtés pour la consommation de masse. Cette réappropriation de la culture acadienne par le folklore contribue à la placer dans des mécanismes de pouvoir plus vastes où désormais, selon les sociologues Annette Boudreau et Mourad Ali-Khodja, « les francophones minoritaires ont à se "produire" sur les marchés diversifiés de la nouvelle économie mondialisée[17] ».

4. De l'Acadie mythique à l'Acadie touristique : représenter l'Acadie atemporelle

Les sites de type touristique comme celui du Pays de la Sagouine (site d'animations et de spectacles situé à Bouctouche, au Nouveau-Brunswick), très actif sur le Web et les réseaux sociaux, arrivent en tête des sites appartenant au régime essentialisant sur le moteur de recherche Google. Les représentations qu'ils proposent, loin de faire l'unanimité au sein des communautés acadiennes, s'ajustent

---

[14] Julien Massicotte, « Le territoire acadien. Contexte et perceptions », dans Martin Pâquet et Stéphane Savard (dir.), *Balises et références. Acadies, francophonies*, Sainte-Foy, Presses de l'Université Laval, 2007, p. 79.

[15] Alan Dundes, *Interpreting Folklore*, Indianapolis, Indiana University Press, 1980, p. 74.

[16] Monica Heller, *Paths to Postnationalism: A Critical Ethnography of Language and Identity*, Oxford, Oxford University Press, 2011, p. 32.

[17] Annette Boudreau et Mourad Ali-Khodja, « Du concept de minorité à la pensée de l'exiguïté : pour une autre compréhension des phénomènes linguistiques », *Langage et Société*, n° 129, septembre 2009, p. 71.

aussi à une vision historique de l'identité comme le souligne l'historienne Caroline-Isabelle Caron :

> Au milieu du XXe siècle, deux descriptions opposées et également erronées ont été largement diffusées sur les Acadiens. La première, relativement positive, était romantique et pastorale, inspirée du poème *Evangeline* de Longfellow et diffusée surtout par l'industrie touristique de la Nouvelle-Écosse. La deuxième, la plus commune, en était une de déni et d'oubli[18].

Ainsi, la culture minoritaire, lorsque reconnue, n'existe plus pour elle-même mais en justification d'une activité économique, en l'occurrence ici le tourisme. Cette Acadie touristique d'Internet est aujourd'hui largement dominée par l'Acadie des « origines » : une Acadie mythique qui répond moins aux aspirations des Acadiens ou des individus susceptibles de s'intéresser à la culture acadienne, qu'aux désirs de consommateurs à la recherche d'« authenticité » :

> En Acadie, plus qu'ailleurs au Canada, l'authenticité est déployée pour répondre soit aux attentes du public, soit aux stratégies identitaires des producteurs. On retrouve la reproduction d'un discours essentialisant, mettant en scène l'accent régional, la gigue de violon et le costume d'époque, mais anticipant, pour mieux vendre, les stéréotypes que le touriste pourrait se faire de l'acadianité[19].

Cette Acadie rassurante est en phase avec un large panel de valeurs (d'ordre idéologique) et vient modifier le rapport du visiteur au territoire acadien. Ce dernier n'est plus seulement synonyme de voyage, il en devient également référent éthique. Ces valeurs d'authenticité sont exploitées à outrance sur la plupart des sites touristiques en ligne, qui s'appliquent tous à déployer la représentation d'une culture acadienne où les sexes ont une place assignée (la femme est rarement ailleurs qu'en cuisine), les relations familiales sont idéalisées et l'allégorie de la chaleur du foyer amène la vision d'une Acadie bucolique. Un exemple de ces sites est parfaitement

---

[18] Caroline-Isabelle Caron, « "Y'a jamais eu de Grand Dérangement" : Représentations acadiennes de la Déportation au XXe siècle », *Mens*, n° 11, janvier 2010, p. 78.
[19] Claudine Moïse *et al.*, « Le tourisme patrimonial : la commercialisation de l'identité franco-canadienne et ses enjeux langagiers », *Langage et Société*, n° 118, 2006, p. 99.

incarné par *acadievacances*[20] ; la culture acadienne n'y est que traditionnelle et même religieuse, et les icônes présentant la culture acadienne sont découpées ainsi : « contes » ; « pourquoi les loups ont la queue courte ? » ; « la danse traditionnelle en Acadie » ; « le costume » ; « la nourriture » ; « la cuisine traditionnelle » ; « la messe dominicale » ; « le cycle liturgique ».

Le site touristique interactif du Pays de la Sagouine[21] marque une volonté nette de mettre en scène la culture acadienne à travers la sphère domestique, grâce aux vidéos où sont présentés successivement la maison, le foyer, la cuisine, les objets domestiques, sans oublier la Sagouine elle-même, dame âgée gardienne de savoirs ancestraux. La plupart des sites touristiques allient ainsi l'art de la société traditionnelle à celui du foyer. Nous remarquons cependant que cette présentation d'une Acadie vieillie appelle à une réception intergénérationnelle, à l'instar du site du Village Historique Acadien, où les enfants sont souvent à l'honneur sur les nombreuses images du site et sur certaines de ses icônes (« hey les jeunes ![22] »). Ainsi, un ensemble de représentations culturelles enferment l'Acadie dans la sphère domestique, cette Acadie des souvenirs étant en lien avec l'immuabilité des valeurs familiales et traditionnelles qu'elle est censée transmettre. Sur *acadievivante*[23], les icônes présentant l'Acadie sont toutes en lien avec l'art du foyer et ses coutumes subséquentes : « alimentation », « textiles », « traditions folklore », « remèdes traditionnels », « fêtes et divertissement en Acadie traditionnelle ». Le repérage sémantique est lui-même révélateur puisque les termes « tradition » et « traditionnel » sont répétés à plusieurs reprises sur toutes les pages du site.

La domesticité s'opère sur ces sites jusque dans la langue puisque certains substantifs reviennent dans la présentation d'accueil. Parmi les sites appartenant au régime essentialisant, les occurrences les plus fréquentes sont les termes « cuisine » et « chaleur » (45 %), « langue » et « culture » (30 %), puis « fierté », « tradition » et

---

[20] http://www.acadievacances.com/fr/index.php, consulté le 12 mars 2011.
[21] http://sagouine.com/, consulté le 12 mars 2011.
[22] http://www.villagehistoriqueacadien.com/, consulté le 12 mars 2011.
[23] http://www.acadievivante.ca/, consulté le 12 mars 2011.

« famille » (15 %), et enfin « joie de vivre », « fête » ou « authenticité » (10 %). À ce titre, le français reste la langue principale de ces sites, mais beaucoup de sites utilisent également l'anglais (non bilingue), ce qui autorise l'ouverture de l'Acadie à d'autres cultures. Toutefois, ces sites ne réservent que très peu de place à l'évolution du français en Acadie : le site américain très visité *acadian-cajun.com* n'en fait pas même mention ; plus généralement, c'est également le cas des sites présentant l'Acadie « diasporique[24] ». Nous remarquons aussi la présence abondante de sites en langue allemande consacrés à l'Acadie, tandis que très peu de sites utilisent l'espagnol (pourtant langue en pleine expansion, surtout en Amérique du Nord ; or, la page Wikipédia en espagnol est à ce titre assez succincte[25]) ou d'autres langues.

Les caractéristiques traditionnelles aboutissent à un aspect très restrictif des représentations culturelles du régime essentialisant, également notables par la présence entièrement folklorique de la musique acadienne, notamment sur les sites de partage vidéos de type *YouTube*, *Dailymotion* ou *Myspace*, en utilisant les mots clefs : « musique acadienne », « chansons acadiennes », « Acadie » ou, en anglais, « *Acadian music* » et « *Acadian singers* » ; à ce titre, la plupart des groupes de musique acadiens arrivant en tête des plus visités jouissent rarement d'une forte popularité et proviennent souvent d'internautes.

Ainsi, l'omniprésence de l'Acadie touristique sur Internet a donné naissance à un monde domestique et folklorique construit autour de représentations culturelles figées dans l'espace (la maison) et hors temps, reléguant la culture acadienne à la sphère privée, lui niant son historicité en la privant de tout lien avec les sphères publique et sociétale (qui pourraient d'ailleurs être envisagées à travers des espaces muséaux, contrairement aux possibilités limitées des « parcs d'attractions », lesquels ont été privilégiés dans la mise en tourisme de la culture acadienne).

---

[24] Comme les sites généalogiques.
[25] « Acadia » ; [en ligne] http://es.wikipedia.org/wiki/Acadia, consulté le 12 mars 2011.

5. L'Acadie dans l'espace-temps : possibles et impossibles d'Internet

5.1. L'Acadie de l'histoire

Le discours sur l'histoire retracé au travers des sites touristiques et encyclopédiques opère la plupart du temps à partir d'un répertoire également fermé de signifiants « mythiques » (« bannissement » ; « retour[26] ») et d'expressions figées telles que « Grand Dérangement », « déportation » ou « exode[27] ». Les représentations historiques peuvent ainsi se diviser en trois grandes « étapes » de la mémoire acadienne[28] : la colonisation (qui retrace la vie des colons sous le régime français), le Grand Dérangement et la Grande Caravane (notons que cette expression n'est jamais utilisée alors qu'elle traduit le mythe du retour des Acadiens sur leurs terres), qui appellent à une lecture linéaire et téléologique de l'Histoire[29]. Cette lecture implique également une absence totale d'interactions avec d'autres communautés (ou dans des rapports de force), une interprétation souvent victimaire (donc mémorielle) et une plus grande perméabilité entre mythes et faits reléguant la pratique historique à une mise en récit proche de la fiction[30]. On remarque très clairement que les sites touristiques et encyclopédiques répondant au régime essentialisant ne remettent jamais en question ces trois grandes représentations historiques qui, par ailleurs, se succèdent en une trame narrative continue. Les sites généalogiques tiennent en général pour acquises ces trois représentations et ne les mentionnent que très peu, alors que les réseaux sociaux et blogues n'en font quasiment jamais état.

Certains sites historiques de type pédagogique, comme celui mis en place par l'Université de Moncton, sépare pourtant l'Histoire des

---

[26] « Acadian-home », 2001 ; [en ligne] http://www.lucie.acadian-home.org/frames.html, consulté le 20 décembre 2012.

[27] « Déportation des Acadiens », 2006 ; [en ligne] http://www.youtube.com/watch?v=j6TYGBcX4ow, consulté le 20 décembre 2012.

[28] Et non de l'histoire, voir Pierre Nora, *Les lieux de mémoire*, 3 vol., Paris, Gallimard, 1992, 1016 p.

[29] « Acadian-cajun », 2004 ; [en ligne] http://www.acadian-cajun.com/exma.htm, consulté le 20 décembre 2012.

[30] « Cyberacadie », 2002 ; [en ligne] http://cyberacadie.com/index.php?/histoire/Histoire-de-l-Acadie.html, consulté le 20 décembre 2012.

histoires (généralement réorganisées selon les traces mnémoniques[31] et non archivistiques de la communauté) afin de mieux séparer l'événement du symbole mythique qui le représente, les rubriques historiques s'organisant comme suit : « La genèse de l'Acadie – La neutralité des Acadiens – La décision – Les débuts de la déportation – La Résistance – De biens pénibles voyages – Les destinations – Retour et reconstruction – Une identité renforcée ». Les histoires sont, elles, organisées en : « Évangeline – Les commémorations – Les arts visuels – Les chansons[32] ». De même, le site franco-identitaire, de type encyclopédique, fait mention de la représentation historique dans le discours sur l'Histoire, et notamment de la place qu'occupe le Grand Dérangement, qu'il qualifie de mythe : « Comme dans d'autres sociétés, l'identité acadienne repose en grande partie sur la croyance en des origines et un héritage communs. Le Grand Dérangement constitue le mythe fondateur du peuple acadien[33]. »

5.2. Les représentations linguistiques : entre passé imaginaire et visibilité du présent

Les sites exclusivement consacrés à la langue parlée en Acadie peuvent se découper en deux classes : les sites de type gouvernemental (il faut ici également inclure certains sites académiques qui reçoivent un soutien affiché du gouvernement fédéral[34]) ou les sites personnels, c'est-à-dire publiés par des concepteurs qui affichent de manière autonome leur vécu ou leur savoir linguistique[35]. Les sites de type touristique qui font la promotion du fran-

---

[31] Expression de Tzvetan Todorov pour désigner l'ensemble des traces transmises par le discours mémoriel dans « La mémoire devant l'histoire », *Terrain*, n° 25 – *Des sports* (1995) ; [en ligne], consulté le 7 juin 2007 : http://terrain.revues.org/2854, consulté le 8 décembre 2012.

[32] « 1755 : l'Histoire et les histoires », 2007 ; [en ligne] http://www2.umoncton.ca/cfdocs/etudacad/1755/entree.cfm?lang=fr, consulté le 20 décembre 2012.

[33] « Francoidentitaire », 2006 ; [en ligne] http://www.francoidentitaire.ca/acadie/repr/reprcadr.html, consulté le 20 décembre 2012.

[34] Site du gouvernement du Canada « Nos langues », 2009 ; [en ligne] http://www.noslangues-ourlanguages.gc.ca/bien-well/fra-eng/vocabulaire-vocabulary/acadi-fra.html, consulté le 20 décembre 2012 ; et « Parler Chiac », 2008 ; [en ligne] http://www.francoidentitaire.ca/acadie/entreuve/entrcadr.htm, consulté le 20 décembre 2012.

[35] « Vidanges du diable : chroniques d'un Acadien curieux », 2009 ; [en ligne] http://vidangesdudiable.wordpress.com/2009/06/26/motche-perfect-le-chiac-en-poesie/, consulté le 20 décembre 2012.

çais acadien sont largement fondés sur l'«industrie linguistique[36]», à savoir la promotion d'une langue archaïque adaptée à des besoins économiques, prenant appui une nouvelle fois sur l'«authenticité» (synonyme ici de retour au terroir, lequel serait moins «corrompu» que le parler urbain «hybride[37]») que vient rechercher un potentiel touriste en visitant un site du patrimoine acadien.

À ce titre, les nouvelles technologies contribuent grandement à faciliter l'industrie linguistique puisqu'elles autorisent, en amont, la mise en relation directe du consommateur avec la langue du site à visiter au travers de vidéos, d'enregistrements et de mises en scène[38]. À ce titre, Internet devient le véhicule publicitaire par excellence d'«une» langue spécifiquement acadienne puisqu'il propose «un avant-goût» de représentations linguistiques particulières: «Pis j'avons la poutine, ben vois-tu ça?», déclare par exemple une employée du Pays de la Sagouine[39]. Soulignons qu'il s'agit ici de restituer non pas les représentations linguistiques des Acadiens eux-mêmes (ce qu'ils entendent par *langue des «anciens»*, par exemple), mais celles de consommateurs globaux dont on ne sait quelle connaissance ils possèdent de la culture acadienne ou de ses pratiques linguistiques. Il s'agit bien dans ce cas de montrer la langue acadienne telle qu'on s'imagine qu'elle se pratique et non pas telle qu'on la pratique ou qu'on l'a pratiquée.

Toutefois, l'appartenance au régime essentialisant ne joue pas toujours en défaveur de la promotion des représentations linguistiques de l'Acadie. En cela, l'essentialisme pose aujourd'hui un dilemme aux cultures minoritaires en général dans leur promotion culturelle sur Internet. En effet, comme le rappelle la sociologue Nathalie Heinich, Internet a mis en place une véritable économie de la visibilité fondée sur l'accumulation d'un «capital de visibilité» (en fonction de la présence d'un groupe ou d'un individu)

---

[36] Monica Heller, *op. cit.*, p. 27.
[37] Voir Rachid Amirou, *L'imaginaire touristique*, Paris, CNRS Éditions, 2012, 357 p.
[38] «Le Pays de la Sagouine»; [en ligne] http://www.sagouine.com/, consulté le 20 décembre 2012.
[39] «Le Pays de la Sagouine, Bouctouche», 2009; [en ligne] http://www.youtube.com/watch?v=RQUJRoVKajs, consulté le 20 décembre 2012.

qui a des répercussions directes dans la vie sociale[40]. Cette percée de l'Acadie dans l'économie de la visibilité ne peut donc que lui être positif, car même si ses représentations sont parfois figées, elles ont le mérite d'exister et de montrer (dans le sens de « faire voir ») une culture souvent rendue invisible par des mécanismes de pouvoir. Ainsi, le chiac se popularise et sort des frontières des provinces maritimes canadiennes grâce aux réseaux de partage vidéo qui montrent des artistes acadiens (à l'instar du groupe Radio Radio[41]) se produisant dans ce dialecte[42]. De plus, si le lieu où se produit le discours est parfois hostile, les réactions des récepteurs sur Internet sont directes, souvent frontales et violentes, mais le réseau autorise aussi une réception plus valorisante que dans d'autres espaces sociaux. En effet, Internet touche à un ensemble hétérogène (la planète entière), autorise une démocratisation extrêmement rapide de l'information[43] et connecte différents types de médias (presse, réseaux sociaux, partage vidéo). Ainsi, les représentations linguistiques de la communauté elle-même ont changé de façon à s'adapter à ce nouvel espace[44]. Elles sont aujourd'hui objet de fierté et non de « complexe », d'après les diverses formes de mise en valeur des dialectes acadiens que l'on retrouve sur Internet[45]. Cette valorisation a été rendue possible par l'identité virtuelle (ou cyber-identité, créé par un utilisateur humain, agissant comme interface entre une personne physique et une personne virtuelle

---

[40] Nathalie Heinich, *De la visibilité : excellence et singularité en régime médiatique*, Gallimard, Paris, 2012, 608 p.

[41] Radio-Radio ; [en ligne] http://www.myspace.com/laradioradio, consulté le 20 décembre 2012. « Radio, Radio, Guess What ? », 2011 ; [en ligne] http://www.youtube.com/watch?v=IqfSoDG1C3g, consulté le 20 décembre 2012.

[42] Cela ne va pas, non sans interrogations sur Internet, comme l'indique Mireille McLaughlin : « the value Chiac is gaining on the linguistic new media fueled global market is a matter of concern and comment » (Mireille McLaughlin, « L'Acadie post-nationale : Producing Franco-Canadian Identity in the Global Economy », thèse de doctorat, Toronto, University of Toronto, 2010, p. 2).

[43] Lisa Nakamura, *Cybertypes : Race, Ethnicity, and Identity on the Internet*, New York, Routledge, 2002, p. 43.

[44] Voir la séquence de l'école secondaire Mathieu-Martin de Moncton : « Le parler acadien », filmé sur iPhone 4, 2011 ; [en ligne] http://www.youtube.com/watch?v=AAkiNQqD1Ds, consulté le 20 décembre 2012.

[45] « Le parler acadien », 2010 ; [en ligne] http://pages.videotron.com/snoel/p_acadien.html, consulté le 20 décembre 2012.

que les autres utilisateurs peuvent «voir» sur les écrans d'ordinateurs[46]), qui nécessite une essence. À travers elle, le discours identitaire doit pouvoir se circonscrire derrière des caractéristiques qui lui sont inhérentes afin d'être facilement «reconnaissable» et de se différencier des autres, comme le déclare l'artiste Lisa LeBlanc sur son blogue: «Je suis une Acadienne qui roule les r[47].»

C'est à travers cette identité que la visibilité s'accroît ou au contraire diminue, mais plus l'identité accentue la différence, qu'elle soit linguistique ou culturelle, plus Internet la met en valeur. Les logiques de l'espace virtuel se situent donc à l'opposé de celles qui ont cours dans la vie sociale: là où il s'agissait d'infléchir la représentation à la norme (sociale, économique) en proposant une identité «attendue» (comme celle «authentique» de l'Acadie touristique), les flux informatifs d'Internet (qui prennent aujourd'hui une multitude de formes telles les réseaux de partage, les forums, les blogues, etc.) proposent au contraire de la transgresser en survalorisant la diversité, en particulier lorsque cette dernière est envisagée sous l'angle de la relation qui lie l'individu à «sa» communauté (comme l'ont montré des phénomènes comme Acadieman[48]). De surcroît, au contraire de l'identité telle que vécue dans le monde social et «réel», l'identité virtuelle ne cache pas qu'elle est une interface et ne prétend donc pas transmettre une vérité ou un savoir spécifique: elle est pure construction, en général artistique.

Comment réimplanter l'Acadie à l'heure où le ré-enracinement est parfois plus important que le déracinement ou l'enracinement? Internet constitue en cela un nouveau terrain d'observation où évoluent des identités qui renouvellent ou changent leurs formes, attirant ainsi un regard autrefois absent. Toutefois, afin d'éviter les excès de réappropriation tels la commodification touristique, certains sites proposent aujourd'hui l'ouverture à d'autres pistes de réflexion. Le blogue «*Critical Regionalism*», initié par les universitaires Neil Campbell et Caleb Bailey, suggère ainsi de promouvoir

---

[46] Lisa Nakamura, *op. cit.*, p. 32.
[47] «Lisa LeBlanc», 2011; [en ligne] http://www.bonsound.com/fr/artists/lisa-leblanc, consulté le 20 décembre 2012.
[48] «Acadieman», 2008; [en ligne] http://www.acadieman.com/, consulté le 20 décembre 2012.

le « régionalisme critique[49] », à savoir interroger les stéréotypes promus par certaines structures socioéconomiques, dont l'économie de marché dans la constitution des représentations culturelles et linguistiques d'identités dites « périphériques » ou « régionales ».

Conclusion

Rappelons que l'interconnexion des internautes et leur connaissance d'Internet changeront le type d'information qui circulera à l'avenir sur les identités minoritaires, que ces dernières appartiennent ou non au régime essentialisant[50]. En effet, les blogues et réseaux sociaux autorisent une version plus personnelle de l'identité acadienne[51] et interdisent souvent toute reprise par des mécanismes de pouvoir, qu'ils soient techno-administratifs ou économiques. Le renouvellement de ces savoirs, qui autorise à « suivre » à distance l'évolution de certaines sociétés minoritaires, dépend largement des internautes eux-mêmes et de leur volonté de diffusion. La place de cet Autre se doit donc d'être interrogée : tour à tour potentiel consommateur, visiteur, diffuseur, quelle est sa place et sa part de responsabilité (Ou y a-t-il absence de responsabilité ?) dans la culture minoritaire sur Internet ? Le monopole actuel des sites touristiques du régime essentialisant sur Internet peut aussi être l'occasion d'interroger l'univers de cet Autre, et la façon dont les Acadien(ne)s se le figurent : est-il réellement à la recherche d'une identité « authentique », « familiale » et « traditionnelle », suspendue dans le temps – en un mot, conservatrice ? Et si l'image que se construisait cet Autre, notamment grâce aux nouvelles technologies qui ouvrent l'internaute à l'actualité de la société acadienne, n'était simplement pas (plus) la bonne ?

---

[49] « Since regionalism is often seen as naive localism as opposed to a more fluid and postmodern cosmopolitanism, Critical Regionalism attempts a negotiation between these two poles to avoid the excesses or limitations of each », dans « Critical Regionalism » ; 2010 ; [en ligne] http://critical-regionalism.com/the-website/, consulté le 20 décembre 2012.
[50] Voir à ce sujet le réseau de partage « scoop it! l'Acadie », 2012 ; [en ligne] http://www.scoop.it/t/acadians/p/3183210112/, consulté le 20 décembre 2012.
[51] « Le 49 », 2007 ; [en ligne] http://www.le49.ca/, consulté le 20 décembre 2012 ; « Artistes Acadiens à Montréal » ; [en ligne] http://www.facebook.com/pages/Artistes-Acadiens-%C3%A0 Montr%C3%A9al/129082257108541, consulté le 20 décembre 2012.

Bibliographie

Amirou, Rachid, *L'imaginaire touristique*, Paris, CNRS Éditions, 2012, 357 p.

Boudreau, Annette et Mourad Ali-Khodja, « Du concept de minorité à la pensée de l'exiguïté : pour une autre compréhension des phénomènes linguistiques », *Langage et Société*, n° 129, septembre 2009, p. 69-80.

Caron, Caroline-Isabelle, « "Y'a jamais eu de Grand Dérangement" : Représentations acadiennes de la Déportation au XXe siècle », *Mens*, n° 11, janvier 2010, p. 77-93.

Castells, Manuel, *L'ère de l'information, tome 2 : Le pouvoir de l'identité*, Paris, Fayard, 1999, 538 p.

Charaudeau, Patrick et Rodolphe Ghiglione (dir.), *Paroles en images, images de parole*, Paris, Didier Érudition, 1997, 222 p.

Dorais, Louis-Jacques, « La construction de l'identité », dans Denise Deshaies et Diane Vincent (dir.), *Discours et constructions identitaires*, Sainte-Foy, Presses de l'Université Laval, 2004, p. 1-11.

Dundes, Alan, *Interpreting Folklore*, Indianapolis, Indiana University Press, 1980, 309 p.

Gueunier, Nicole, « Représentations linguistiques », dans Marie-Louise Moreau (dir.), *Sociolinguistique : concepts de base*, Bruxelles, Mardaga, 1997, p. 246-252.

Heinich, Nathalie, *De la visibilité : excellence et singularité en régime médiatique*, Paris, Gallimard, 2012, 608 p.

Heller, Monica, *Paths to Postnationalism : A Critical Ethnography of Language and Identity*, Oxford, Oxford University Press, 2011, 223 p.

Massicotte, Julien, « Le territoire acadien. Contexte et perceptions », dans Martin Pâquet et Stéphane Savard (dir.), *Balises et références. Acadies, francophonies*, Sainte-Foy, Presses de l'Université Laval, 2007, p. 79-100

McLaughlin, Mireille, « L'Acadie post-nationale : Producing Franco-Canadian Identity in the Global Economy », thèse de doctorat, Toronto, University of Toronto, 2010, 260 p.

Moïse, Claudine, Mireille McLaughlin, Sylvie Roy et Chantal White, « Le tourisme patrimonial : la commercialisation de l'identité franco-canadienne et ses enjeux langagiers » *Langage et Société*, n° 118, 2006, p. 85-108.

Nakamura, Lisa, *Cybertypes : Race, Ethnicity, and Identity on the Internet*, New York, Routledge, 2002, 146 p.

Nora, Pierre, *Les lieux de mémoire*, 3 vol., Paris, Gallimard, 1992, 1016 p.

Siapera, Eugenia, *Cultural Diversity and the Global Media, the Mediation of Difference*, Londres, Wiley-Blackwell, 2008, 210 p.

Todorov, Tzvetan, « La mémoire devant l'histoire », *Terrain*, n° 25, septembre 1995 ; [en ligne] http://terrain.revues.org/2854, consulté le 8 décembre 2012.

Webographie
Sites encyclopédiques
http://fr.wikipedia.org/wiki/Acadie
http://fr.wikipedia.org/wiki/Acadie_%28Nouvelle-France%29

http://fr.wiktionary.org/wiki/Acadie
http://www.herodote.net/histoire/evenement.php?jour=17550728
http://www.thecanadianencyclopedia.com/index.cfm?PgNm=ArchivedFeatures&Params=F292
http://www.thecanadianencyclopedia.com/index.cfm?PgNm=TCE&Params=f1ARTf0011510
http://www.larousse.fr/encyclopedie/autre-region/Acadie/103914
http://www.universalis.fr/encyclopedie/acadie/
http://www.ameriquefrancaise.org/fr/recherche.html?recherche=acadie&envoyer_recherche=
http://agora.qc.ca/dossiers/Acadie
http://www.blupete.com/Hist/NovaScotiaBk1/Part6/Ch15.htm
http://www.acadian-home.org/acadians-massachusetts.html
http://www2.umoncton.ca/cfdocs/etudacad/1755/index.cfm?id=010700000&overlay=doc&identifier=002000&bd=CEA&lang=en&style=G&admin=false&linking=
http://www.walpolelibrary.org/walpolenew/history/hpeopleacadians.htm
http://faculty.marianopolis.edu/c.belanger/quebechistory/encyclopedia/SevenYearsWar-AcadiansBibliography.htm
http://www.blupete.com/Hist/NovaScotiaBk2/Part1/Ch06.htm
http://www.publicbookshelf.com/public_html/The_Great_Republic_By_the_Master_Historians_Vol_I/expulsion_fa.html
http://odysseeacadien.usainteanne.ca/english/eexile/eexile.htm
http://www.law.ualberta.ca/centres/ccs/issues/legrandderangement.php
http://www.essortment.com/acadian-history-louisiana-21317.html

Sites touristiques

http://www.villagehistoriqueacadien.com/acadie.cfm
http://www.peninsuleacadienne.ca/
http://sagouine.com/
http://www.acadievivante.ca/
http://www.archigny.net/index.php?item=6
http://www.teleco.org/museeacadien
http://www.virtualmuseum.ca/Exhibitions/Acadie/000_f.html
http://www.espritdeslieux.ca/ref/06.htm :
http://www.tourismeilesdelamadeleine.com/magdalen-islands/atrim-909-les-origines.cfml
http://www.acadievacances.com/fr/histoire.php
http://www.museeacadien.ca/french/archives/articles/5.htm
http://www.mccord-museum.qc.ca/fr/collection/artefacts/83-7-2?Lang=2&accessnumber=83-7-2
http://www.canada-2004.org/maisonchamplain/index.php?langue=FR
http://festivalacadien.ca/
http://www.festivalsacadiens.com/
http://www.semaineacadienne.net/

Sites généalogiques
http://acadian-ancestral-home.blogspot.com/2011/01/acadian-diaspora-of-1755.html
http://www.poitou-acadie.com/
http://philippe.caillebeau.free.fr/acadiemenu.htm
http://brhaffre.free.fr/index.htm
http://froux.pagesperso-orange.fr/
http://www.genealogie.org/accueil.htm
http://www.genealogie-acadienne.com/
http://www.nosorigines.qc.ca/
http://www.genealogysearch.org/canada/acadian.html-
http://freepages.genealogy.rootsweb.ancestry.com/~leblanc/
http://histoire-de-bourgeois.blogspot.com/2011/12/newsletterbulletin dinformationdecembre.html
http://acanadianfamily.com/2009/08/30/speaker-lucie-leblanc-consentino-appearing-september-in-new-hampshire/
http://www.danielnpaul.com/AcadienExpulsion-1755.html
http://lucieslegacy.blogspot.com/2010/04/remembering-250th-commemoration-of.html
http://www.myacadianhistory.ca/Beaubassin.htm
http://bayougenealogy.com/shiplists.html
http://home.gwi.net/~frenchgen/acadians.htm
http://www.lawrencehistory.org/genealogy
http://www.acadiansingray.com/Appendices-Ships,%201755-58.htm
http://chiasson.chebucto.org/expulsion.html

Réseaux sociaux de partage
http://www.acadieurbaine.net
http://www.youtube.com/watch?v=8kILKyJ4IJs
http://twitter.com/apggenealogy
http://www.acadieman.com/
http://www.facebook.com/pages/Acadieman/110449475702792?sk=wall
http://www.youtube.com/watch?v=aGTcM4xKUUo
http://www.youtube.com/watch?v=tlkrEGSSEPE&feature=related
http://www.youtube.com/watch?v=7cRPH4lb8UI
http://www.youtube.com/watch?v=IqfSoDG1C3g
http://www.youtube.com/watch?v=tFSkCxNw_ew
http://www.youtube.com/watch?v=yDNsVTxo4gU
http://www.youtube.com/watch?v=tFSkCxNw_ew
http://www.acadie2012.com/lacadie-au-fil/la-delegation-2012/
http://www.cma2014.com/
http://www.snacadie.org/index.php/grands-dossiers-leftmenu-215/penitu-cma-leftmenu-194
http://www.dailymotion.com/video/xecge0_visit-acadiana-in-south-central-lou_travel?search_algo=1

http://www.dailymotion.com/video/
xqnzny_acadiana-louisiana_lifestyle?search_algo=1
http://www.facebook.com/pages/
Artistes-Acadiens-%C3%A0-Montr%C3%A9al/129082257108541
http://www.scoop.it/t/acadians/p/3183210112/

Blogues
http://vidangesdudiable.wordpress.com
http://histoireengagee.ca/category/acadie/
http://ahueetacadia.tumblr.com/
http://edojin.com/fr
http://alcoolpolitique.blogspot.com/
http://www.le49.ca/
http://acadianroots.blogspot.com/
http://madeinfrancoise2.skynetblogs.be/tag/acadiens
http://blog.jacadienouveaubrunswick.fr/
http://patrimoineacadien.com/
http://www.nouvelle-acadie.com/prog.htm
http://leparadies.unblog.fr/abandonner/les-acadien/comment-page-23/
http://www.myspace.com/laradioradio
http://www.laradioradio.com

Sites linguistiques
http://www.noslangues-ourlanguages.gc.ca/bien-well/fra-eng/vocabulaire-vocabulary/acadi-fra.html
http://www2.umoncton.ca/cfdocs/cea/livres/doc.cfm?ident=G0385&nform=T&retour=nul&index=1
http://pages.videotron.com/snoel/p_acadien.html
http://www.francoidentitaire.ca/acadie/entreuve/entrcadr.htm
http://www.youtube.com/watch?v=TKTGwzVmSJU
http://www.youtube.com/watch?v=AAkiNQqD1Ds
http://www.youtube.com/watch?v=w36ZLQ5H2so
http://www.youtube.com/watch?v=bqL9yAnWMNw
http://www.lexilogos.com/acadien.htm
http://cyberacadie.com/index.php?/coutumes/Le-francais-acadien-dialecte-Partie-1.html

DES REPRÉSENTATIONS AUX DÉNOMINATIONS ET DES DÉNOMINATIONS À L'HISTOIRE : LES ENJEUX DE LA GLOTTONYMIE DANS L'HISTORIOGRAPHIE DU FRANÇAIS D'ACADIE ET DE LOUISIANE

ÉMILIE URBAIN
UNIVERSITÉ DE MONCTON

Introduction

En milieu minoritaire, le discours érudit sur la langue a des répercussions non seulement au niveau médiatique ou dans les ouvrages de vulgarisation, mais également sur les démarches militantes d'aménagement linguistique. En tant qu'objet lui-même discursif, il est tributaire des normes sociales, ce que tend parfois à masquer la prétention à l'objectivité scientifique. Un métalangage n'est jamais neutre. Comme nous le verrons dans le corpus constitué pour cette recherche[1], les dénominations de la langue,

---

[1] Cet article présente la recherche menée pour mon mémoire de maîtrise. Mon corpus est composé de cinquante-six textes sur l'Acadie ou la Louisiane, rédigés depuis les années 1960. Ils ont en commun de présenter un point de vue nord-américain sur l'objet et de traiter de l'histoire de la langue française dans ces communautés, même si ce thème peut être subordonné à d'autres problématiques (historiques, sociologiques, linguistiques, etc.). La liste des textes du corpus est disponible à l'adresse suivante : http://orbi.ulg.ac.be/handle/2268/111973

souvent présentées comme consensuelles, sont profondément liées à des conceptions plus générales de la langue, de l'histoire et de l'identité et de certaines valeurs.

En envisageant différents textes portant sur l'histoire de la langue française en Acadie et en Louisiane, ma recherche s'intéresse à la façon dont les représentations linguistiques influencent la terminologie et comment, dans un même temps, les discours qui la mobilisent contribuent à construire, à déconstruire et à transformer les représentations collectives[2].

Dans ces contextes francophones minoritaires, le positionnement idéologique des francophones est double : vis-à-vis non seulement de l'Autre anglophone, mais aussi de l'Autre francophone. Dans les discours, la tension est manifeste entre la volonté d'affirmer des pratiques spécifiques (que ce soit aux plans phonétique, morphologique ou syntaxique, ou au plan du lexique) par rapport au centre français encore hégémonique et a la volonté de les minimiser afin d'intégrer la « francophonie internationale ». Cette ambivalence discursive se reflète dans les dénominations : le choix de nommer la langue *français*, *français acadien*, *acadien*, *acadien louisianais*, *cajun*, *cadien* ou *chiac* révèle des positionnements différents par rapport aux spécificités linguistiques, aux liens entre l'Acadie et la Louisiane et à l'idée d'une langue française commune et universelle, tout comme le fait de qualifier des pratiques linguistiques de *patois*, de *dialecte* ou de *langue* participe à la construction d'une certaine image, et d'une certaine « légitimité » de celles-ci. Au sein de la terminologie métalinguistique, je m'intéresse en particulier aux glottonymes et aux étiquettes métalinguistiques mobilisées pour le vernaculaire ou la variété de référence[3].

---

[2] Cet article se penche donc sur la façon dont le discours savant influe sur les représentations collectives. Je ne prétends pas pour autant que ce soit le seul facteur en jeu dans leur évolution, leur transformation ou leur diffusion. Ainsi, les rapports de pouvoir, l'évolution des pratiques elles-mêmes et les relations entre différents lieux de construction d'un discours métalinguistique d'autorité sont également à envisager (liens entre presse, discours savant, discours scientifique, sphère culturelle, éducative et politique, etc.). Cela dépasse néanmoins les ambitions de cet article.

[3] J'entends par *glottonyme* le nom spécifique donné à une langue (*français*, *anglais*, *acadien*, *cadien*, *franco-acadien*), et par *étiquette métalinguistique*, les différentes catégorisations par lesquelles les variétés peuvent être désignées : *langue*, *patois*, etc.

Dans ces deux communautés où la filiation historique (des Cadiens avec l'Acadie, des Acadiens avec une Acadie historique et mythique) détermine jusqu'aux ethnonymes, l'histoire occupe une place centrale[4]. L'histoire de la langue est au cœur des entreprises de légitimation ou de dévalorisation des pratiques langagières[5]. Cette mobilisation particulière de l'histoire dans le métadiscours linguistique mérite d'être mise en rapport avec la question de la dénomination.

1. Représentations linguistiques, glottonymie et discours identitaire en milieu minoritaire

La notion de *représentation linguistique*, devenue relativement centrale à certaines approches des pratiques langagières, est employée en sociolinguistique pour mettre l'accent sur les relations que les locuteurs entretiennent avec les langues. Ses différentes définitions ont pu être formulées en termes d'attitudes des locuteurs par rapport aux langues, d'images et d'imaginaire des langues ou d'imaginaire linguistique[6], ou encore en termes d'opinion, de stéréotypes, de sentiments ou de jugements des locuteurs[7]. La notion est loin de faire l'objet d'un consensus quant à sa définition. Cette confusion et ce flou quant aux délimitations de la notion s'expliquent par plusieurs facteurs, au premier rang desquels on peut voir le rôle des échanges interdisciplinaires qu'implique la mobilisation de la

---

[4] Voir notamment l'article de Marc David, « The Acadian Memorial As Civic Laboratory : Whiteness, History, and Governmentality in a Louisiana Commemorative Site », *Museum Anthropology Review*, vol. 4, n° 1, 2010, p. 1-47. L'auteur, en examinant les processus ayant mené à l'érection d'un site commémoratif de l'histoire cadienne en Louisiane, met de l'avant combien, pour certains groupes d'acteurs sociaux en milieu minoritaire, le rapport à l'histoire est conditionné par les effets politiques pertinents d'une certaine représentation historique. Il s'agit, par une certaine représentation de son histoire (et, dans le cas qui m'occupe, de l'histoire de la langue), de construire un discours identitaire construisant le groupe comme légitime à accéder à certaines sphères de pouvoir, à participer aux sphères publiques et décisionnelles. Et cette légitimation passe parfois, comme nous le verrons pour les pratiques linguistiques, par une reprise des critères présidant au discours dominant plutôt que par leur contestation.

[5] Voir Alexandre Duchêne, « Discours, changement social et idéologies langagières » dans Dorothée Aquino-Weber, Sara Cotelli et Andres Kristol (dir.), *Sociolinguistique historique du domaine gallo-roman. Enjeux et méthodologies*, Berlin, Peter Lang, 2009, p. 131-150.

[6] Anne-Marie Houdebine-Gravaud (dir.), *L'imaginaire linguistique*, Paris, L'Harmattan, 2002.

[7] Voir notamment Nicole Gueunier, « Représentations linguistiques », dans Marie-Louise Moreau (dir.), *Sociolinguistique. Concepts de base*, Liège, Mardaga, 1997, p. 246-252.

notion de représentation linguistique, héritière de celles de *représentation collective* (issue de la sociologie de Durkheim) et de celle de *représentation sociale* (de la psychologie sociale de Moscovici)[8]. En raison de l'histoire même de son intégration en sociolinguistique et de sa conceptualisation comme une ressource uniquement accessible par le biais des discours, la notion invite des approches intégrant d'emblée différents courants méthodologiques en sciences du langage, en particulier l'analyse de discours.

Avec Petitjean, il me semble important de ne pas perdre de vue certains points importants qui fondent la notion, puisque « affirmer qu'une représentation est une image de la réalité [...] contredit l'essence même de la notion de [représentation sociale], à savoir qu'une représentation est une organisation signifiante et non le reflet d'une réalité qui existerait ailleurs, indépendamment des acteurs[9] ». La définition adoptée dans cet article se fonde dès lors sur deux prémisses : les représentations linguistiques sont « des représentations sociales portant sur des objets sociaux spécifiques, les langues et les pratiques des locuteurs » et les représentations linguistiques « se construisent dans et par le discours des acteurs (donnant lieu à une approche à l'interface de la sociolinguistique et des analyses de discours)[10] ». La définition proposée par Petitjean, se réclamant de la sociolinguistique critique, conçoit dès lors les représentations comme :

> [...] un ensemble de connaissances socialement construites et partagées (soit des ressources sociocognitives) qui constituent des contextes pragmatiques (Pekarek Doehler, 1998) au sein desquels les acteurs parviennent à orienter leurs actions et à s'inscrire dans leurs relations aux

---

[8] Voir le débat extensif des différentes définitions et leurs enjeux proposé par Cécile Petitjean, « Effets et enjeux de l'interdisciplinarité en sociolinguistique. D'une approche discursive à une conception praxéologique des représentations linguistiques », *De la sociolinguistique dans les sciences du langage aux sciences du langage en sociolinguistique. Questions de transdisciplinarité. Revue Tranel (Travaux neuchâtelois de linguistique)*, n° 53, 2011, p. 147-171. Voir en particulier p. 147-148.
[9] *Ibid.*, p. 155.
[10] *Ibid.*, p. 158.

autres, dans une démarche d'élaboration d'une réalité sociale partagée, transcendant la complexité qui la caractérise[11].

Cette approche des représentations linguistiques me semble également pertinente, en raison de la façon dont elle articule ces postulats socioconstructivistes, à une réflexion sur les liens entre représentation sociale et discours. À l'inverse de nombreux travaux en sociolinguistique et en psychologie sociale, qui dissocient les deux niveaux, considérant par exemple le discours comme « un espace présentant les traces laissées par des processus représentationnels se situant à un niveau autre », les représentations étant dès lors envisagées « comme des entités existant ailleurs dans le cerveau des acteurs, qui sont autonomes et qui peuvent être approchées par les marques qu'elles laissent dans leurs discours[12] », l'approche que j'adopte ici estime en revanche que « le discours est le lieu de construction et de réélaboration des représentations[13] ». Selon cette approche discursive des représentations, j'envisage ainsi, avec Provenzano, le métadiscours comme « un appareil médiateur producteur de représentations potentiellement *valables* socialement. Un substrat sociohistorique empirique donné [...] se voit ainsi *diffracté* à travers plusieurs filtres médiateurs, puis *réfracté*, sous forme de représentation, dans un univers de croyances[14] ».

Dans les situations de contact entre langues, l'analyse des représentations linguistiques, mise en rapport avec celle du rôle de la langue dans l'affirmation identitaire, permet de saisir les interactions entre représentations et pratiques linguistiques. Les représentations linguistiques et les valeurs attribuées aux différentes variétés en présence « pèsent d'un poids très lourd sur l'évolution des situations linguistiques, sur leur gestion civile tout autant que sur

---

[11] *Ibid.*
[12] *Ibid.*, p. 156.
[13] *Ibid.* Je ne prétends pas, dans cet article, trancher la question épineuse de l'origine des représentations sociales et collectives. Il me semble néanmoins indispensable de rappeler que celles-ci sont indissociables des pratiques elles-mêmes.
[14] François Provenzano, *Francophonie et métalittérature. Deux histoires socio-discursives pour une épistémologie critique*, thèse de doctorat, Liège, Université de Liège, 2008, p. 87.

une éventuelle gestion institutionnelle[15] », puisqu'elles conditionnent certaines attitudes comme la stigmatisation, l'idéalisation ou la folklorisation des variétés vernaculaires. En somme, les représentations que les locuteurs se font de leur langue et de celle des autres ont un impact sur les phénomènes de légitimation ou, au contraire, « d'illégitimation » sociolinguistique des pratiques, dont « la *nomination / désignation* est bien un enjeu[16] ».

L'étude de la dénomination en milieu minoritaire permet de mieux saisir comment « [les] arguments linguistiques, politiques, idéologiques surdéterminent le sens d'un nom, le tirant, voire le déchirant, entre la prétendue précision d'une catégorie scientifique et l'imprécision émotionnelle de son invocation dans le discours politique ou idéologique[17] ». Loin d'être neutres et d'être un « toujours déjà là », les noms de langue sont le résultat d'un « processus constructiviste : c'est faire exister une réalité qui ne l'était pas auparavant, c'est homogénéiser, clôturer un ensemble de réseaux ou d'éléments à l'origine en relation les uns aux autres de manière hétérogène[18] ». Dans les milieux minoritaires où non seulement différentes langues sont en contact, mais également différentes variétés, la dénomination revêt, comme la langue, une très forte valeur identitaire, puisqu'elle prend place « dans le rapport à l'autre – ou à soi en fonction de l'autre – qui est en jeu sous des formes imaginaires, fantasmées ou idéologisées : le nom n'existe que pour s'opposer à d'autres noms ; c'est à l'autre qu'il s'adresse, c'est par rapport à l'autre qu'il se définit[19] ».

2. Glottonymie et étiquettes métalinguistiques en Acadie
2.1. Les variétés acadiennes : patois, langues ou parlers ?

Des termes comme *patois*, *langue* ou *parler* sont employés fréquemment dans le discours sur la langue, qu'il soit quotidien, médiatique ou scientifique. Il est très difficile de les mobiliser dans

---

[15] Henri Boyer, *De l'autre côté du discours. Recherches sur les représentations communautaires*, Paris, L'Harmattan, 2003, p. 46.
[16] *Ibid.*, p. 47.
[17] Andrée Tabouret-Keller (dir.), *Le nom des langues I. Les enjeux de la nomination des langues*, Louvain, Peeters, 1997, p. 18.
[18] Cécile Canut, « À la frontière des langues. Figures de la démarcation », *Cahiers d'études africaines*, n°s 163-164, 2001, p. 444.
[19] *Ibid.*, p. 444-445.

le métadiscours scientifique sans tenir compte des connotations qu'ils ont dans les autres sphères. Le choix d'une étiquette au détriment des autres relève ainsi d'un positionnement non seulement quant à la nature d'une variété, mais aussi quant aux représentations linguistiques en circulation dans une communauté donnée.

L'exemple de l'étiquette *patois* servira à illustrer ce propos. Elle est utilisée par certains auteurs pour qualifier les variétés acadiennes, notamment celles pratiquées par les premiers colons qui ont fondé la colonie. La dénomination est alors liée à toute une conception de l'histoire de la langue, puisqu'elle prend position sur la genèse des variétés acadiennes. Elle pose d'emblée que la variété était un *patois* – renvoyant alors aux différents «dialectes» de France (au sens de la linguistique française), ceux des provinces dont les colons étaient originaires, conformément à l'hypothèse du choc des patois[20] – et non une variété de français contemporaine.

Mais le plus souvent, l'étiquette *patois* est mise à distance car elle est perçue comme stigmatisante et discriminante. La valeur donnée au terme oscille ainsi entre un pôle évaluatif et normatif, où il est associé négativement à une variété dépréciée, et un pôle descriptiviste où il peut désigner soit une variété structurellement et fonctionnellement définie, qui résulte de l'évolution d'un stade ancien d'une langue et s'est développée indépendamment (le *dialecte* au sens de la linguistique française), soit les variétés d'une langue, définies d'un point de vue diatopique, diastratique, diaphasique ou diachronique (le *dialecte* au sens de la linguistique anglo-saxonne).

Le rejet de *patois* en raison de ses connotations péjoratives peut mener à préconiser le terme *langue*, considéré comme plus prestigieux. Le nom entend alors donner à la variété une nouvelle légitimité:

> Nous disons donc «langue» acadienne, et non «dialecte», ni «patois». Elle n'est pas un patois, puisqu'elle n'est pas le produit d'une décomposition linguistique[21].

---

[20] Voir Philippe Barbaud, *Le choc des patois en Nouvelle-France*, Sainte-Foy, Presses de l'Université Laval, 1984, xviii-204 p.

[21] Archélas Roy, «La savoureuse langue acadienne», *L'Action nationale*, vol. 50, n° 8, avril 1961, p. 794.

> [...] on a cru longtemps, et certaines gens peu renseignées sur l'origine de la langue française, croient encore que le parler acadien est un patois, une langue dégénérée. Les Acadiens eux-mêmes, dans certains cas, sont dupes de cette croyance, ce qui explique leur hésitation à parler leur langue devant des étrangers, car, disent-ils : « J'parlons pas le bon français », ou « j'parlons trop mal le français » [...] Le parler acadien du Cap-Breton, pas plus que celui du reste de l'Acadie, n'est ni un patois ni une langue dégénérée : c'est la langue que parlaient les Français du XVIIe siècle[22].

La légitimation de la variété acadienne passe ainsi par une qualification qui s'oppose aux représentations stigmatisantes et aux dénominations qui circulent aussi bien à l'intérieur qu'à l'extérieur de la communauté. Chez Anselme Chiasson, c'est l'étiquette *parler* qui vient s'opposer à *patois* :

> Le parler acadien n'est pas un patois. Il est ce qui a été le plus beau parler de France au XVIIe siècle, celui de la Touraine, du Berri, de l'Aunis, de l'Anjou, celui de la cour du roi Henri IV [...] l'Acadien a conservé fidèlement, sans le modifier sensiblement, le parler apporté par nos ancêtres venus de France au XVIIe siècle [...][23]

L'entreprise de légitimation qu'illustre le choix de l'étiquette *langue* est renforcée dans certains textes par une instrumentalisation de l'histoire de la langue, qui sert à valoriser des pratiques langagières stigmatisées, comme les archaïsmes. L'histoire mise au service d'une rhétorique de légitimation renvoie par là à un « mythe des origines » qui associe ancienneté, authenticité et vérité.

---

[22] Éphrem Boudreau, « Le parler acadien du sud du Cap-Breton », *Cahiers de la Société historique acadienne*, vol. 2, n° 5, 1967, p. 187-188.
[23] Anselme Chiasson, « Préface », dans Éphrem Boudreau, *Glossaire du vieux parler acadien : mots et expressions recueillis à Rivière-Bourgeois, Cap-Breton*, Montréal, Éditions du Fleuve, 1988, p. 9.

Motifs de légitimation de la langue / Extrait du corpus	Histoire	Littérature / variété prestigieuse	Beauté / douceur / pureté	Rapport à la France	Fidélité Authenticité Conservation
Belliveau, J. E., «The Acadian French and their language», *Canadian Geographical Journal*, novembre 1977, p. 46-55.					
As Maillet has explained, that language [la langue des Acadiens] is neither *joual*, Quebec French slang, nor le *chiac*, the French patois of New Brunswick, nor international French. It is the authentic 16th Century French spoken by the residents of the French provinces from which the original Acadians came [...] it [la langue de *la Sagouine*] is the peasant tongue of her forefathers, and its origins were in the literature, myths and fables of La Fontaine and Rabelais, in the poetry and songs of medieval France. (p. 49)	x	x		x	x
[...] the Acadian spoken tradition was itself a literary one. It derived directly from the great chroniclers, poets, troubadours and fabulists of the Loire valley, from great authors such as Rabelais, and the ecclesiastical canticles. (p. 51)		x		x	x
Boudreau, Éphrem, « Le Parler acadien du sud du Cap-Breton », *Cahiers de la Société historique acadienne*, vol. 2, n° 5, 1967, p. 187-200.					
Le français que leurs pères avaient apporté de France vers le milieu du XVIIe siècle, les Acadiens l'ont conservé de génération en génération, sans presque lui faire subir de modifications. (p. 189)	x			x	x
L'Acadie est peut-être à peu près le seul pays au monde où l'on continue de parler le français du XVIIe siècle. Et encore ne le parle-t-on pas dans toute l'Acadie. Au Nouveau-Brunswick, les progrès scolaires ont fait disparaître en partie l'aspect archaïque du langage. (p. 191)	x				x
[...] dans cette nouvelle Acadie [le Nouveau-Brunswick], le doux parler de France, qui "naquit aux lèvres des Gaulois", n'est pas près de s'éteindre [...] (p. 200)	x		x	x	
Bousquet, Jean, « Le parler acadien », *SEM*, vol. 1 n° 1, janvier-février 1975, p. 9-13.					
C'est le parler chantant, ensoleillé du Berry et de la Touraine d'où partirent les Français qui peuplèrent l'Acadie [...] En dépit des heures d'agonie, des années de déchirement et d'exil qui ont assombri leur destin, les Acadiens ont conservé la richesse musicale du plus beau parler de France, leur langue harmonieuse et douce comme le chant de la Loire. (p. 10)	x	x	x	x	x
Pour ma part, je ne saurais blâmer mes cousins d'Acadie de parler des *bounes chouses*, des *bounes persounes* et des *bounes pounes* quand je pense que l'auteur du *Pro Milone*, avec Ovide, Virgile et le bon Horace, *chousait* peut-être au temps d'Auguste et en sa présence [...] (p. 11)	x	x	x		

Comme l'illustrent les extraits présentés dans le tableau 1, la question de la filiation est centrale dans le discours de revalorisation de la langue. La légitimation ne passe cependant pas uniquement par la filiation à des variétés historiques perçues comme « authentiques ». Les auteurs multiplient également les références à la littérature française pour mettre de l'avant la richesse de vocabulaire d'une variété très idéalisée, la variété *traditionnelle* (souvent illustrée par le parler des personnages d'Antonine Maillet[24]), souvent opposée aux variétés modernes. Les textes peuvent aller jusqu'à faire allusion au latin (chez Jean Bousquet) ou au Gaulois (chez Éphrem Boudreau) pour légitimer certaines tournures ou expressions, ce qui n'est pas sans rappeler un semblable rapprochement – fantasmatique – assez récurrent dans l'historiographie de la langue française[25]. La légitimation passe également par un ensemble de motifs encensant la langue acadienne, qui rappellent l'idéologie universaliste de la langue française, bien vivace depuis Antoine Rivarol : sa beauté, sa logique, sa simplicité et sa clarté, etc. La valorisation de la variété passe ainsi par une fixation de l'image qui en est donnée. À côté des traits idéalisés, les emprunts à l'anglais sont critiqués et le discours insiste sur la dégénérescence de la langue, liée à l'abandon des modes de vie traditionnels et au progrès[26] :

> Les Acadiens cessèrent d'être exclusivement des pêcheurs, ils s'en allèrent plus nombreux travailler en ville, ils se mêlèrent de plus en plus à la population anglaise, se mirent à fréquenter davantage l'école ; puis l'anglicisme apparut, il introduisit dans le pur parler acadien les germes de la décomposition et défigura à jamais la belle langue de nos aïeux[27].

Ce parler, soustrait à l'influence de l'Académie française, est empreint d'une douceur et d'une logique que le parler moderne a fait disparaître

---

[24] L'amalgame entre la variété et sa représentation littéraire, dont les traits emblématiques sont choisis et exagérés, n'est pas sans poids sur la légitimation ou la dévalorisation des pratiques.
[25] Voir Bernard Cerquiglini, *Une langue orpheline*, Paris, Minuit, 2007, 240 p.
[26] Pour la récurrence de l'association entre discours sur la langue et discours sur les changements sociaux, voir Alexandre Duchêne, *op. cit.*
[27] Éphrem Boudreau, *op. cit.*, p. 199.

> [...] Maintenant que la masse des Acadiens a accès à l'éducation et que l'isolement n'existe plus, le parler moderne remplace rapidement le vieux dialecte de nos ancêtres. C'est la rançon du progrès[28].

Ainsi, pour valoriser la variété qu'ils décrivent, les auteurs défendent la description d'une variété *authentique* et *traditionnelle*, reprenant des motifs normatifs qu'ils décriaient lorsqu'ils étaient mobilisés pour dévaloriser les variétés acadiennes.

Les dénominations reflètent par ailleurs la tension entre l'affirmation d'une unité linguistique – derrière l'emploi de termes génériques comme *langue* ou *langage* – et la nécessité de se limiter à la description de spécificités localisées. Les textes d'Éphrem Boudreau sont significatifs : si l'auteur y défend une conception homogénéisante de la langue acadienne, ses titres, *Le parler acadien du sud du Cap-Breton* et *Glossaire du vieux parler acadien : mots et expressions recueillis à Rivière-Bourgeois, Cap-Breton*, contribuent à diffuser une image morcelée du domaine linguistique acadien, que ce soit par des spécifications diatopiques ou par la dénomination *vieux parler acadien*, qui pose d'emblée, par la qualification *vieux*, qu'il existe plus d'une variété acadienne. Les spécifications et les qualificatifs des étiquettes métalinguistiques sont donc ainsi aussi bien de nature diatopique que de nature diachronique, et participent le plus souvent à une entreprise de légitimation des pratiques linguistiques, en termes de « filiation », que ce soit avec certains traits rappelant l'histoire de la langue française ou ses origines, ou avec un renvoi au patrimoine (littéraire ou régional).

Cette tension entre différentes conceptions des variétés acadiennes explique également l'absence de consensus autour du nom de la langue lui-même. Si les glottonymes de mon corpus sont peu nombreux et récurrents (les plus fréquents étant *acadien*, *français*,

---

[28] Anselme Chiasson, *op. cit.*, p. 9.

français acadien et *franco-acadien*[29]), aucun texte n'emploie une dénomination unique. Le glottonyme *acadien* employé comme substantif seul est nettement marginal et n'est jamais la forme exclusive. La volonté d'insister sur les parallèles avec les variétés de France ou avec les variétés parlées ailleurs dans le monde implique et légitime plutôt l'usage de *français* ou de désignations métalinguistiques composées dans lesquelles la spécificité acadienne est implicitement incluse à un ensemble plus large. L'absence d'une norme endogène élaborée pourrait également expliquer les hésitations quant à l'utilisation exclusive d'un glottonyme, étant donné la diversité des pratiques langagières. Les désignations plus larges, telles que *français acadien* ou *langue acadienne*, tendraient alors à compenser la diversification en insistant plus sur ce qui rapproche les variétés que sur ce qui les différencie, alors que des désignations telles que *parlers acadiens* ou *parlure acadienne* diffuseraient une vision plus morcelée. Si les représentations justifient l'hésitation entre plusieurs dénominations, c'est ainsi le choix d'une étiquette qui est ensuite productrice de représentations.

2.2. La variété de référence : pluralité des termes et des référents

Les phénomènes de variation linguistique ont souvent été envisagés dans leur rapport avec une norme plus ou moins idéalisée. La notion de norme est néanmoins à mobiliser avec certaines précautions. Si elle peut être désignée par différents termes génériques, elle peut également avoir plusieurs sens et référer, en contexte, à différentes variétés, du français de France au français québécois, en passant par la revendication de l'emploi du vernaculaire dans certaines situations. En plus de mettre en évidence les relations de pouvoir en jeu autour de l'élaboration ou de l'imposition d'une

---

[29] La perspective historiographique adoptée dans cette étude m'a menée à laisser de côté certains textes sur une variété comme le chiac, par exemple, dont l'étude se serait également avérée intéressante du point de vue de la nomination : comme l'ont bien montré les travaux d'Annette Boudreau, la nomination des pratiques stigmatisées du chiac participe à leur légitimation et à la revendication d'une contre-norme dans certaines sphères sociales (notamment la sphère artistique). Voir notamment Annette Boudreau, « La nomination du français en Acadie : parcours et enjeux », dans Jean Morency, James de Finney et Hélène Destrempes (dir.), *L'Acadie des origines : mythes et figurations d'un parcours littéraire et historique*, Sudbury, Éditions Prise de parole, 2011, p. 73-96.

norme (quels acteurs ou groupes d'acteurs ont un rôle à jouer dans la définition des pratiques qui comptent comme légitimes, et qui peut être reconnu comme un locuteur légitime?), les différents textes du corpus mettent en évidence que la variété à l'aune de laquelle les pratiques régionales sont évaluées peut aussi bien être conçue en termes très concrets (l'usage parisien ou l'usage de certains groupes d'acteurs sociaux, bien que ceux-ci soient alors le plus souvent idéalisés) qu'en termes plus abstraits (le *standard*, le *bon français*, etc.[30]).

À la polysémie de la notion viennent s'ajouter les tensions liées à l'entreprise de légitimation du vernaculaire. L'affirmation des spécificités acadiennes passe souvent par la relativisation du poids et de la légitimité accordés à certaines variétés considérées comme les plus prestigieuses, dont l'usage parisien, comme dans le passage suivant :

> Nous voulons bien qu'il y ait une espèce de diapason international en matière linguistique, mais pourquoi faut-il que ce soit les Parisiens qui en décident toujours [...] ? Ce peuple inconstant se paie assez souvent le plaisir des révolutions politiques, il ne devrait au moins pas troubler la tranquillité du parler par ses éternelles pirouettes linguistiques[31].

À travers l'analyse du métadiscours linguistique, nous voyons donc que la glottonymie et les étiquettes métalinguistiques peuvent refléter des conceptions bien différentes de la nature de la langue et des vernaculaires, et qu'elles sont associées à des discours sur la langue (et sa légitimité) qui cachent le plus souvent des discours sur les locuteurs eux-mêmes (et sur leur légitimité[32]).

---

[30] Cela correspond bien aux différentes conceptions de la norme linguistique en circulation, notamment dans le discours scientifique. Voir notamment Pierre Swiggers, «Le français de référence : contours méthodologiques et historiques d'un concept», dans Michel Francard (dir.), *Le français de référence. Constructions et appropriations d'un concept. Cahiers de l'Institut Linguistique de Louvain*, vol. 26 (actes du colloque de Louvain-la-Neuve, novembre 1999), Louvain-la-Neuve, Université de Louvain-la-Neuve, 2000, p. 13-42.

[31] Archélas Roy, *op. cit.*, p. 803.

[32] Voir Pierre Bourdieu, *Ce que parler veut dire. L'économie des échanges linguistiques*, Paris, Fayard, 1982 ; et Pierre Bourdieu, *Langage et pouvoir symbolique*, Paris, Seuil, 2001.

3. Glottonymes et étiquettes métalinguistiques en Louisiane : une tripartition classique problématique

En Louisiane, la problématique de la dénomination linguistique est liée à la coexistence de différentes variétés apparentées formant un continuum linguistique. Si les traits propres du français cadien et du créole autorisent à les considérer comme variétés distinctes, ils ont en effet convergé l'un vers l'autre dans certaines parties de l'État. Par ailleurs, les liens étroits entretenus entre dénominations glottonymiques et ethnonymiques guident fréquemment l'autodénomination des locuteurs :

> [...] many white speakers of Creole refer to their speech as "Cajun", since this correponds to the ethnic label they typically use to identify themselves. By the same token, many black and mixed-race speakers of what could, from a structural point of view, be considered Cajun, call their language "Creole" because that is also how they identify themselves ethnically [...] Matters are further complicated by the fact that some white francophones of non-Acadian origin also refer to themselves as Creoles [...] and often use the same term to designate the language they speak [...][33]

On distingue traditionnellement en Louisiane trois variétés de français : le *français colonial*, le *français cadien* et le *créole*. Cette tripartition est fréquemment mobilisée dans mon corpus, soit telle quelle, soit pour remettre en cause le modèle. La complexité de démarcation des différentes variétés est amplifiée par la présence de termes qui peuvent renvoyer à des variétés différentes, alors que la tripartition est présentée comme classique et consensuelle. Le tableau 2 recense les différentes formes sous lesquelles la tripartition se présente dans le corpus, lorsqu'elle est évoquée comme une classification explicite.

---

[33] Thomas Klingler, *If I Could Turn My Tongue Like That: The Creole Language of Pointe Coupee Parish, Louisiana*, Bâton-Rouge, Louisiana State University Press, 2003, p. xxvii-xxviii.

Textes du corpus	français de plantation	français cadien	créole
Tisch, Joseph LeSage, *French in Louisiana...*	Creole French	Acadian French	patois nègre
Conwell, Marylin et Alphonse Juilland, *Louisiana French Grammar*	Colonial French	Acadian French, Louisiana French	Negro French
Phillips, Hosea, « Le parler acadien de la Louisiane »	français tout court	acadien, cadjin	français qu'on appelle le « créole »
Thomas, William, « Louisiana Creole French, Black or White ? »	Colonial French, Creole French, Standard Louisiana French	Acadian French	Black French, Creole French
Phillips, Hosea, « Le français de la Louisiane »	français louisianais	français acadien	créole
Phillips, Hosea, « The Spoken French of Louisiana »	(Standard) Louisiana French	Acadian French	Creole
Guidry, Richard et Amanda LaFleur, « Le français louisianais : un aperçu général »	français colonial, parler des Créoles blancs	français cadien	créole, parler « nègre »
Valdman, Albert, « Le français en Louisiane »	français colonial	français cadjin	créole louisianais
Rottet, Kevin, *Language Shift...*	Colonial French	Cajun French	Louisiana Creole
Klingler, Thomas, *If I Could Turn...*	Plantation Society French	Cajun French	Creole language
Picone, Michael et Albert Valdman, « La situation du français en Louisiane »	français de plantation	français cadien	créole louisianais

3.1. Le français de plantation[34]

La dénomination *français colonial* désigne traditionnellement la variété la plus proche du français de France, souvent définie comme la langue initiale parlée par les colons français, même s'il a été mis en évidence qu'elle correspond plutôt à la variété parlée par des vagues plus tardives d'immigrants français. Certains chercheurs lui préfèrent la dénomination alternative *Plantation Society French* :

> [...] I prefer the term Plantation Society French (which I borrow from Michael D. Picone 1998) because it more accurately reflects the time period and social context within which this variety developed. Indeed, it was in large part thanks to the wealth generated by the plantation economy, which did not reach maturity in Louisiana until the nineteenth century [...] that French-speaking immigrants continued to come to

---

[34] Nous favorisons l'emploi de dénominations admises dans les travaux récents en sociolinguistique (*français de plantation, français cadien, créole*), sans oublier que leur emploi est toujours sujet à discussion.

Louisiana and that some segments of its population maintained regular links with France and its cultural and linguistic developments [...] It was in the early nineteenth century, then, that something resembling emerging Standard French came to be widely spoken among Louisiana's elite. During the colonial period, in contrast, when most of Louisiana's francophone population was illiterate and had its origins in the peasantry and the lower urban classes, it is likely that French dialects and Popular French predominated[35].

Cette variété avait un statut plus légitime que les autres variétés, étant intrinsèquement liée au statut social de ses locuteurs.

En rapport avec l'ethnonyme *Créole,* cette variété est par ailleurs désignée *français créole* ou *des Créoles*, le lien étant ainsi marqué entre la variété et les locuteurs (les Créoles blancs de La Nouvelle-Orléans). Lorsque *créole* est utilisé pour désigner le français de plantation, les auteurs refusent le plus souvent le terme au créole louisianais, lui préférant un nom qui distingue les locuteurs sur la base de la couleur de la peau. En soutenant que la dénomination *créole* n'est légitime que pour désigner les Créoles blancs ou leur langue, certains auteurs, comme Joseph Tisch[36], contribuent à renforcer ce que l'historien Joseph Tregle a appelé le *mythe créole*[37], dépeignant les Créoles exclusivement comme des descendants de colons européens blancs et lettrés, tout en masquant la pluralité de référents du terme dans le contexte louisianais.

Les dénominations que donne Hosea Phillips à la variété montrent que la distinction peut également être d'ordre plus diastratique et diaphasique que d'ordre structural. Il considère que la variété correspond au « français soigné » louisianais, qui serait utilisé par certaines personnes âgées et par les locuteurs les plus éduqués – qui l'auraient apprise dans des écoles privées ou paroissiales – pour certains types d'usage plus formels et officiels. Il est intéressant de signaler qu'il

---

[35] Thomas Klingler, *op. cit.*, p. xxviii-xxix.
[36] Joseph LeSage Tisch, *French in Louisiana. A Study of the Historical Development of the French Language of Louisiana*, La Nouvelle-Orléans, A. F. Laborde and Sons, 1959, p. 43-46.
[37] Voir Joseph Tregle, « Creoles and Americans », dans Arnold R. Hirsch et Joseph Logsdon (dir.), *Creole New Orleans. Race and Americanization*, Bâton-Rouge, Louisiana State University Press, 1992, p. 131-185.

précise que dans l'Acadiana[38] les glottonymes des trois variétés sont utilisés comme synonymes, alors que ce n'est pas le cas dans la région de La Nouvelle-Orléans, où les Créoles blancs étaient historiquement établis. L'expression générique *français louisianais* peut chez Phillips désigner aussi bien le français cadien que le français de plantation, voire l'ensemble du continuum linguistique[39], illustrant bien que la dénomination de la variété de référence peut également s'avérer problématique, en particulier lorsqu'elle est similaire à celle d'un parler vernaculaire érigé en norme endogène[40].

Les différences de dénomination du français de plantation tiennent donc non seulement à la nature de la variété et à son histoire, qui n'est pas toujours clairement perçue (par les érudits eux-mêmes, comme en témoigne le débat sur *colonial* vs *de plantation* présenté plus haut), mais aussi aux différents niveaux (social, économique, racial) qui peuvent intervenir dans la distinction des variétés louisianaises et, plus encore, des différents groupes francophones.

---

[38] Acadiana est le nom donné aux paroisses du sud-est de l'État, où s'étaient historiquement établis les Acadiens réfugiés après le Grand Dérangement.

[39] Cette perspective a par ailleurs été récemment préconisée à nouveau, à mesure que certains linguistes ayant favorisé successivement les dénominations français acadien puis français cadien commencent à remettre en doute certains des découpages paradigmatiques qu'ils avaient eux-mêmes contribué à construire (voir Thomas Klingler, «How Much Acadian Is There in Cajun?», dans Ursula Mathis-Moser et Günter Bischof (dir.), *Acadians and Cajuns. The Politics and Culture of French Minorities in North America*, Innsbruck, Presses universitaires d'Innsbruck, 2009, p. 91-103 et Ingrid Neumann-Holzschuh, «La diaspora acadienne dans une perspective linguistique», dans Ursula Mathis-Moser et Günter Bischof (dir.), *op. cit.*, p. 107-122). Autour de la dénomination du vernaculaire, français cadien, se pose en effet de plus en plus la question des liens avec le français pratiqué en Acadie, et celle du poids des exilés acadiens dans la formation de cette variété par rapport aux autres groupes francophones. Cela amène ainsi certains à préconiser désormais plutôt l'emploi en linguistique de la dénomination français régional louisianais pour désigner l'ensemble du continuum des pratiques, tout en ayant également conscience des explicitations à apporter à une telle dénomination, qui a historiquement été mobilisée par certains acteurs pour désigner de façon plus circonscrite une des trois variétés «traditionnellement» distinguées. Voir notamment Albert Valdman et Kevin Rottet (dir.), *Dictionary of Louisiana French as Spoken in Cajun, Creole and American Indian Communities*, Jackson, Mississippi University Press, 2010.

[40] C'est ici toute la question de la pluralité des normes – sociale, communautaire et culturelle – qui est posée. Voir à ce sujet l'article de Becky Brown, «The Development of a Louisiana French Norm», dans Albert Valdman (dir.), *French and Creole in Louisiana*, New York, Plenum, coll. «Topics in Language and Linguistics», 1997, p. 215-236.

3.2. Le français cadien

Les deux glottonymes les plus fréquents dans mon corpus, *acadien* et *cadien*, alternent également avec des désignations composées qui insistent soit sur le caractère vernaculaire ou oral de la variété, soit sur ses délimitations géographiques, soit sur les liens avec l'Acadie.

Dans la majorité des textes, les deux types concurrents sont évoqués, mais *cadien / cajun* est favorisé[41]. La mention d'*acadien / acadian* sert ainsi souvent à justifier l'apparition de *cadien / cajun*, que ce soit en termes de *corruption*, de *réduction* ou encore de *prononciation* du mot. L'emploi du substantif autonome est marginal mais significatif : l'accent est alors mis sur l'autonomie ou la légitimité de cette variété, très souvent dépréciée, notamment en milieu scolaire. Il s'agit également de relativiser le poids de la variété de référence française, en démontrant que la variation diastratique existe également au sein des variétés louisianaises, et permet donc aux locuteurs de s'exprimer dans toutes les situations.

Jules Daigle s'oppose ainsi à la définition de la variété cadienne comme dialecte du français, comme l'illustre bien son sous-titre provocateur, « The So-Called Cajun Dialects : Myth or Misunderstanding ? » :

> [...] errors, either in vocabulary or in pronunciation, do not affect the language itself. They are simply misuse of the language and cannot be classified as a legitimate part of it : nor do these errors constitute separate dialects [...] Bad grammar does not constitute a dialect in any language [...] Many foreigners make the gratuitous assumption that because Cajun French does not follow the rules of so-called standard French and because it has a largely different vocabulary, therefore it must be bad or inferior French. And so they speak of foreign French as **le bon français** (good French), implying that Cajun is "bad French" [...] Cajun is not bad French, nor is it a dialect of foreign French. Cajun is a separate and distinct language in its own right [...][42]

---

[41] Dans mon corpus, cette tendance semble refléter une évolution chronologique, les textes antérieurs aux mouvements cadiens de revitalisation linguistique et culturelle mobilisant surtout la forme *acadian / acadien*.

[42] Jules Daigle, *A Dictionary of the Cajun Language*, Ann Arbor, Edwards Brothers Malloy, 1984, p. xiii-xvii.

S'il s'oppose aux conceptions normatives de la langue qui considèrent les spécificités cadiennes comme des erreurs, c'est néanmoins en se fondant sur ces conceptions que Daigle choisit de décrire le « *correct Cajun French* » en écartant de la nomenclature de son dictionnaire les emplois qu'il considère comme des fautes, construisant ainsi une représentation monolithique et statique de la langue. Paradoxalement, c'est dans une section intitulée « *Is Cajun bad French or just different French?* » qu'il défend l'autonomie de la variété comme langue distincte et soutient qu'elle n'est en rien « *a dialect of foreign French* ». Cette contradiction manifeste bien toute la tension liée à l'émergence et l'affirmation d'une norme endogène en Louisiane : d'une part, volonté de défendre le vernaculaire par l'affirmation de sa valeur intrinsèque et la mise en cause de la légitimité accordée à la variété de référence, mais, d'autre part, mise en place d'une image idéalisée de la variété, valorisant les spécificités sur la base de leur similarité ou fidélité à la *langue-mère*[43].

La dénomination de type *cajun* / *cadien* peut être prise dans un discours qui construit des images très différentes de la variété, d'un français cadien « correct » à un français cadien érigé en norme communautaire, en « contre-norme locale[44] ».

Dans les années 1970 à 1990, un débat autour des formes graphiques françaises proposées comme alternative à la forme anglaise de l'ethnonyme *cajun* a agité la francophonie louisianaise. Un comité, composé de membres du Codofil et de militants, fut chargé de débattre de la question. À l'issue des discussions, la forme écrite *cadien* fut adoptée, avec la variante *cadjin*. Les arguments en faveur de la graphie <cadien> insistaient en particulier sur la nécessité de ne pas instaurer de rupture avec le reste de la francophonie et d'adopter l'orthographe traditionnelle française, depuis longtemps distincte de la prononciation, prenant directement le contre-pied des partisans de <cadjin>, qui souhaitaient

---

[43] Il est par ailleurs intéressant de signaler que c'était également la stratégie de légitimation adoptée par les érudits pour la défense du français acadien.
[44] Albert Valdman, « Le français en Louisiane », dans Didier de Robillard et Michel Beniamino (dir.), *Le français dans l'espace francophone*, Paris, L'Harmattan, 1996, p. 638.

marquer à l'écrit la prononciation palatalisée. Cette première opposition, qui ne concernait que la graphie (il ne s'agissait pas de préconiser une nouvelle prononciation de l'ethnonyme sans palatalisation), reflétait plus largement les différentes alternatives proposées pour la retranscription à l'écrit de la variété. Un second argument, lié au premier, en faveur de <cadien> était d'insister sur la dissociation entre communication orale et écrite.

Un autre point de divergence était la question de la filiation à l'Acadie[45], vue comme trop présente graphiquement dans la forme <cadien> par les défenseurs d'une graphie qui mettrait moins l'accent sur les Acadiens, accommodant mieux la diversité ethnique de la communauté. De l'autre côté, les partisans de <cadien> voyaient d'un bon œil le fait de ne pas se dissocier des origines linguistiques et historiques de la communauté, et de se rattacher à une forme utilisée pour désigner d'autres communautés diasporiques d'origine acadienne (les petites Cadie du Québec et du nord des États-Unis).

Dans les deux cas, ce dont témoigne le rejet unanime de la forme anglaise *cajun*, c'est du positionnement explicite de la communauté cadienne au sein de la francophonie et, comme l'indiquait Bourdieu, de la volonté de « réappropriation collective de ce

---

[45] La question de la filiation avec l'Acadie est de plus en plus interrogée, notamment en ce qui concerne la parenté linguistique. Voir Ursula Mathis-Moser et Günter Bischof (dir.) *Acadians and Cajuns. The Politics and Culture of French Minorities in North America / Acadiens et Cajuns. Politique et culture de minorités francophones en Amérique du Nord*, Innsbruck, Presses de l'Université d'Innsbruck, 2009. Ainsi, la dénomination *cadien* se voit de nouveau concurrencée par celle de *français louisianais* (ou *français régional louisianais*) et ce sont bien ici les liens avec l'histoire de la langue et les ethnonymes qui sont au cœur de ces nouveaux débats. Voir Émilie Urbain, « Des ethnonymes aux glottonymes : enjeux de la nomination des pratiques linguistiques en Louisiane francophone », dans Jean-Michel Eloy (dir.), *Le nom des langues romanes*, à paraître.

pouvoir sur les principes de construction et d'évaluation de sa propre identité[46] ».

3.3. Le créole

Selon les points de vue adoptés dans notre corpus, le glottonyme *créole* peut renvoyer essentiellement à deux variétés distinctes : d'une part celle que j'ai appelée *français de plantation*, d'autre part la langue appelée *créole louisianais*, dont la formation est historiquement liée aux descendants des esclaves d'origine africaine, et identifiée structurellement en tant que langue créole. C'est notamment les liens avec l'ethnonyme polysémique *créole* qui justifient dans les textes les plus anciens le rejet de la dénomination pour désigner le *créole louisianais*. Ce rejet, profondément lié à la problématique raciale, est néanmoins plus ancien, puisqu'il était déjà présent chez les premiers commentateurs du créole louisianais au XIXe siècle, à l'époque où se mettaient en place tous les éléments nécessaires à la diffusion du mythe créole déjà évoqué. Ce sont dès lors des dénominations qui fondent la distinction entre variétés sur la couleur de la peau qui sont favorisées : des expressions comme *patois nèg(re)*, *Nigger* ou *Negro French*. Si elles tendent la plupart du temps à être révoquées ou mises à distance, de telles dénominations sont toujours présentes dans le corpus, et à quelques reprises assorties de représentations et de connotations racistes, comme dans les travaux de Joseph Tisch ou Jules Daigle :

---

[46] Pierre Bourdieu, « L'identité et la représentation », *Actes de la recherche en sciences sociales*, n° 35, 1980, p. 69. Les rapports de pouvoir en jeu dans l'entreprise de légitimation des pratiques vernaculaires, dans les mouvements de revitalisation et d'élaboration d'une norme endogène sont centraux à toutes ces démarches. Si nous ne le faisons pas dans le cadre restreint de cet article, il est capital de se pencher sur les acteurs, les rapports de force, les enjeux et les ressources (matérielles et symboliques) mobilisées dans ces entreprises. Ce sont ces différentes pistes de recherche qui nous ont intéressées à la suite du travail de maîtrise que présente cet article. Voir Émilie Urbain, « Pratiques langagières, race(s) et identité(s) dans la presse des Créoles de couleur pendant la Reconstruction : une analyse du discours métalinguistique et identitaire de l'Union et la Tribune de la Nouvelle-Orléans », dans Nathalie Dessens et Jean-Pierre Le Glaunec (dir.), *La Louisiane au carrefour des cultures*, Sainte-Foy, Presses de l'Université Laval, à paraître, et Émilie Urbain, « Guerre de Sécession et "racialisation" des discours : nomination et discours métalinguistique dans la presse francophone louisianaise de la fin du XIXe siècle », *Revue du Nouvel-Ontario*, n° 38, 2013, p. 173-208.

> Nègre is very definitely not Creole, but rather a corruption of Creole. The slaves, fresh from Africa, *could not* pronounce some of the complex sounds of French. When their Creole masters tried to teach them *such basic* words as moi, toi, tu, il, venir, courir, etc., *all* that the slaves *could manage* was mo, to, te, li, vini, couri, etc. [...] It should be noted here that Nègre or Negro French has *no connection* with the Cajun language [...][47]

Dans ces deux extraits, le discours sur la langue est l'occasion de tenir un discours raciste lié à des conceptions essentialistes : capacités et intelligence liées au sang, aptitudes et capacité inférieure des Noirs. La volonté de distinguer nettement les variétés de langue tient ici à celle, plus globale, d'insister sur les frontières ethniques et raciales des différentes communautés francophones[48].

Ces discours racistes sont cependant marginaux dans mon corpus, les dénominations liées à une distinction raciale étant le plus souvent mises à distance ou rapportées aux dénominations moins conventionnelles, essentiellement mobilisées par les locuteurs eux-mêmes, telles que *gumbo*, *courivini*, etc. Ainsi, dans la majorité des textes, les distinctions ne se fondent plus sur une hiérarchisation raciale, mais soulignent les différences socioéconomiques qui peuvent en partie expliquer certaines différenciations linguistiques.

Plus encore qu'au sujet de la variété cadienne, les textes font fréquemment allusion à la variation intralectale du créole, ce qui se reflète dans des dénominations qui spécifient la région dans laquelle est pratiquée la variété à l'étude. Dans tous les cas, pour justifier cette forte variation, c'est le caractère oral de la variété qui est mis de l'avant, de même que l'absence de toute pression normative et que l'isolement relatif de chaque communauté : autant de facteurs évoqués également dans le cas de la variété cadienne. Il

---

[47] Jules Daigle, *op. cit.*, p. xv, je souligne.
[48] Pour un historique des enjeux de l'ethnonyme créole, voir notamment Virginia Dominguez, *White by Definition : Social Classification in Creole Louisiana*, New Brunswick (NJ), Rutgers University Press, 1986. Voir aussi Émilie Urbain, « Des ethnonymes aux glottonymes : enjeux de la nomination des pratiques linguistiques en Louisiane francophone », *op. cit.*, et Émilie Urbain, « Pratiques langagières, race(s) et identité(s) dans la presse des Créoles de couleur pendant la Reconstruction [...] », *op. cit.*

est à noter que ces remarques sur la nature orale des deux variétés, et leur forte hétérogénéité, déconstruisent parfois les représentations statiques et homogénéisantes des variétés et de la situation linguistique générale qu'avaient mises en place les dénominations.

Conclusion

L'étude de la dénomination des variétés de langue, que ce soit les glottonymes ou les étiquettes métalinguistiques, est révélatrice : elle permet de mettre de l'avant les conceptions sous-jacentes sur la nature des variétés et sur ce qu'est une langue que des dénominations courantes et considérées comme consensuelles[49] véhiculent implicitement.

Nous avons pu voir également que si les représentations linguistiques d'une communauté donnée motivent les modalités de dénomination des locuteurs, les dénominations construisent à leur tour de nouvelles représentations, en fonction des ensembles qu'elles délimitent[50] et des traits spécifiques qui leur sont associés[51].

L'étude des dénominations permet ainsi de mettre au jour les constructions métadiscursives, en envisageant le réseau dans lequel chaque désignation s'insère, se positionnant par opposition à d'autres désignations concurrentes ou par analogie avec elles. Mais elle permet également, par les hésitations et les contradictions qu'elle relève, de mieux cerner les inadéquations d'une terminologie avec la réalité qu'elle construit, si elle n'est pas à chaque instant

---

[49] Si les textes des érudits envisagés dans cette recherche nourrissent une réflexion explicite sur la nomination, témoignant de leur conscience de certains enjeux importants des noms des langues, la fréquente absence d'explicitation des définitions attachées aux termes (ou la brièveté des gloses, souvent péremptoires) montre néanmoins que dans certains cas, le propos s'attache plutôt à contrer ou à dénoncer des pratiques dénominatives qu'à relever ou à analyser la polysémie ou la complexité des dénominations. C'est en particulier le cas lorsque les auteurs s'opposent virulemment à *patois* ou *dialecte*.

[50] Comme dans le cas, déjà évoqué, de dénominations particularisantes, sur les plans diatopique ou diachronique (par exemple lorsque le *parler acadien* est qualifié de *traditionnel* ou encore lorsqu'il est délimité géographiquement : le *parler acadien du Cap-Breton*).

[51] À cet égard, par exemple, il est intéressant de réfléchir aux traits et pratiques sélectionnés dans les (souvent brèves) descriptions associées aux dénominations : que fait-on des pratiques linguistiques influencées par l'anglais (qu'il s'agisse d'emprunts intégrés ou non, ou d'alternance codique) ou s'écartant du standard à l'aune duquel la variété est souvent évaluée ? Ces différents choix vont ainsi donner une image bien différente de la variété décrite.

explicitée. Dans le cas d'une situation linguistique minoritaire, la terminologie métalinguistique semble d'autant plus complexe et confuse qu'elle doit rendre compte de rapports pluriels entre le vernaculaire et les variétés de prestige concurrentes. Tributaire des représentations et des idéologies linguistiques de la communauté linguistique, le métadiscours construit de nouvelles représentations ou renforce celles sur lesquelles il se fonde. Et il conviendrait de s'interroger non seulement sur qui nomme (et est légitime de nommer), mais aussi sur quand, comment, pourquoi et avec quelles conséquences nomme-t-on les pratiques comme on choisit de les nommer[52].

---

[52] Ces différentes questions renvoient à celles que propose de se poser la sociolinguistique critique développée à la suite de Monica Heller, *Pour une sociolinguistique critique*, Paris, Didier, 2002. Le premier tour d'horizon du discours sur la langue le plus largement disponible (le discours savant ou de vulgarisation) que je propose dans cet article, issu de mon mémoire de maîtrise, m'a en effet depuis lors amenée à recentrer ma recherche sur les rapports de pouvoir en jeu lorsqu'il est question de langue, sur les acteurs sociaux et les conditions de production des discours.

Bibliographie

Barbaud, Philippe, *Le choc des patois en Nouvelle-France*, Sainte-Foy, Presses de l'Université Laval, 1984, xviii-204 p.

Belliveau, J. E., « The Acadian French and Their Language », *Canadian Geographical Journal*, novembre 1977, p. 46-55.

Boudreau, Annette, « La nomination du français en Acadie : parcours et enjeux », dans Jean Morency, James de Finney et Hélène Destrempes (dir.), *L'Acadie des origines : mythes et figurations d'un parcours littéraire et historique*, Sudbury, Éditions Prise de parole, 2011, p. 73-96.

Boudreau, Éphrem, « Le parler acadien du sud du Cap-Breton », *Cahiers de la Société historique acadienne*, vol. 2, n° 5, 1967, p. 187-200.

Bourdieu, Pierre, « L'identité et la représentation », *Actes de la recherche en sciences sociales*, n° 35, 1980, p. 63-72.

Bourdieu, Pierre, *Ce que parler veut dire. L'économie des échanges linguistiques*, Paris, Fayard, 1982.

Bourdieu, Pierre, *Langage et pouvoir symbolique*, Paris, Seuil, 2001.

Bousquet, Jean, « Le parler acadien », *SEM*, vol. 1, n° 1, janvier-février 1975, p. 9-13.

Boyer, Henri, *De l'autre côté du discours. Recherches sur les représentations communautaires*, Paris, L'Harmattan, 2003, 124 p.

Brown, Becky, « The Development of a Louisiana French Norm », dans Albert Valdman (dir.), *French and Creole in Louisiana*, New York, Plenum, coll. « Topics in Language and Linguistics », 1997, p. 215-236

Canut, Cécile, « À la frontière des langues. Figures de la démarcation », *Cahiers d'études africaines*, n°ˢ 163-164, 2001, p. 443-463.

Cerquiglini, Bernard, *Une langue orpheline*, Paris, Minuit, 2007, 240 p.

Chiasson, Anselme, « Préface », dans Éphrem Boudreau, *Glossaire du vieux parler acadien : mots et expressions recueillis à Rivière-Bourgeois, Cap-Breton*, Montréal, Éditions du Fleuve, 1988, p. 8-9.

Conwell, Marylin et Alphonse Juilland, *Louisiana French Grammar I*, La Haye, Mouton, 1963, 208 p.

Daigle, Jules, *A Dictionary of the Cajun Language*, Ann Arbor, Edwards Brothers Malloy, 1984, xxxvii-594 p.

David, Marc, « The Acadian Memorial As Civic Laboratory : Whiteness, History, and Governmentality in a Louisiana Commemorative Site », *Museum Anthropology Review*, vol. 4, n° 1, 2010, p. 1-47.

Dominguez, Virginia, *White by Definition : Social Classification in Creole Louisiana*, New Brunswick (NJ), Rutgers University Press, 1986.

Duchêne, Alexandre, « Discours, changement social et idéologies langagières », dans Dorothée Aquino-Weber, Sara Cotelli et Andres Kristol (dir.), *Sociolinguistique historique du domaine gallo-roman. Enjeux et méthodologies*, Berlin, Peter Lang, 2009, p. 131-150.

Gueunier, Nicole, « Représentations linguistiques », dans Marie-Louise Moreau (dir.), *Sociolinguistique. Concepts de base*, Liège, Mardaga, 1997, p. 246-252.

Guidry, Richard et Amanda LaFleur, « Le français louisianais : un aperçu général », *Francophonies d'Amérique*, n° 4, 1994, p. 129-135.

Heller, Monica, *Pour une sociolinguistique critique*, Paris, Didier, 2002.

Houdebine-Gravaud, Anne-Marie (dir.), *L'imaginaire linguistique*, Paris, L'Harmattan, 2002.

Klingler, Thomas, *If I Could Turn My Tongue Like That : The Creole Language of Pointe Coupee Parish, Louisiana*, Bâton Rouge, Louisiana State University Press, 2003, xxv-627 p.

Klingler, Thomas, « How Much Acadian Is There in Cajun ? », dans Ursula Mathis-Moser et Günter Bischof (dir.), *Acadians and Cajuns. The Politics and Culture of French Minorities in North America*, Innsbruck, Presses de l'Université d'Innsbruck, 2009, p. 91-103.

Mathis-Moser, Ursula et Günter Bischof (dir.), *Acadians and Cajuns. The Politics and Culture of French Minorities in North America / Acadiens et Cajuns. Politique et culture de minorités francophones en Amérique du Nord*, Innsbruck, Presses de l'Université d'Innsbruck, 2009, 203 p.

Neumann-Holzschuh, Ingrid, « La diaspora acadienne dans une perspective linguistique », dans Ursula Mathis-Moser et Günter Bischof (dir.), *Acadians and Cajuns. The Politics and Culture of French Minorities in North America*, Innsbruck, Presses de l'Université d'Innsbruck, 2009, p. 107-122.

Petitjean, Cécile, « Effets et enjeux de l'interdisciplinarité en sociolinguistique. D'une approche discursive à une conception praxéologique des représentations linguistiques », *De la sociololinguistique dans les sciences du langage aux sciences du langage en sociolinguistique. Questions de transdisciplinarité. Revue Tranel (Travaux neuchâtelois de linguistique)*, n° 53, 2011, p. 147-171.

Phillips, Hosea, « Le français de la Louisiane », dans Albert Valdman (dir.), *Le français hors de France*, Paris, Champion, coll. « Créoles et français régionaux », 1979, p. 93-110.

Phillips, Hosea, « The Spoken French of Louisiana », dans Glenn Conrad (dir.), *The Cajuns : Essays on Their History and Culture*, Lafayette, University of Southwestern Louisiana, Center for Louisiana Studies, coll. « U.S.L. History series », n° 11, 1983, p. 133-155.

Picone, Michael et Albert Valdman, « La situation du français en Louisiane », dans Albert Valdman, Julie Auger et Deborah Piston-Hatlen (dir.), *Le français en Amérique du Nord. État présent*, Sainte-Foy, Presses de l'Université Laval, coll. « Langue française en Amérique du Nord », 2005, p. 143-168.

Provenzano, François, « Francophonie et métalittérature. Deux histoires sociodiscursives pour une épistémologie critique », thèse de doctorat, Liège, Université de Liège, 2008.

Rottet, Kevin, *Language Shift in the Coastal Marshes of Louisiana*, New York, Peter Lang, coll. « Studies in Ethnolinguistics », 2001, xiv-302 p.

Roy, Archélas, « La savoureuse langue acadienne », *L'Action nationale*, vol. 50, n° 8, avril 1961, p. 793-804.

Swiggers, Pierre « Le français de référence : contours méthodologiques et historiques d'un concept », dans Michel Francard (dir.), *Le français de référence. Constructions et appropriations d'un concept. Cahiers de l'Institut linguistique de Louvain*, vol. 26

(actes du colloque de Louvain-la-Neuve, du 3 au 5 novembre 1999), Louvain-la-Neuve, 2000.

Tabouret-Keller, Andrée (dir.), *Le nom des langues I. Les enjeux de la nomination des langues*, Louvain, Peeters, 1997, 274 p.

Thomas, William, «Louisiana Creole French, Black or White?», *Wichita Bulletin University Studies. Black Language in America*, n° 95, 1973, p. 15-25.

Tisch, Joseph LeSage, *French in Louisiana. A Study of the Historical Development of the French Language of Louisiana*, La Nouvelle-Orléans, A. F. Laborde and Sons, 1959, 68 p.

Tregle, Joseph, «Creoles and Americans», dans Arnold R. Hirsch et Joseph Logsdon (dir.), *Creole New Orleans. Race and Americanization*, Bâton-Rouge, Louisiana State University Press, 1992, p. 131-185.

Urbain, Émilie, «Des ethnonymes aux glottonymes: enjeux de la nomination des pratiques linguistiques en Louisiane francophone», dans Jean-Michel Eloy (dir.), *Le nom des langues romanes*, à paraître.

Urbain, Émilie, «Pratiques langagières, race(s) et identité(s) dans la presse des Créoles de couleur pendant la Reconstruction: une analyse du discours métalinguistique et identitaire de l'Union et la Tribune de la Nouvelle-Orléans», dans Nathalie Dessens et Jean-Pierre Le Glaunec (dir.), *La Louisiane au carrefour des cultures*, Sainte-Foy, Presses de l'Université Laval, à paraître.

Urbain, Émilie, «Guerre de Sécession et "racialisation" des discours: nomination et discours métalinguistique dans la presse francophone louisianaise de la fin du XIXe siècle», *Revue du Nouvel-Ontario*, n° 38, 2013, p. 173-208.

Valdman, Albert, «Le français en Louisiane», dans Didier de Robillard et Michel Beniamino (dir.), *Le français dans l'espace francophone*, Paris, L'Harmattan, 1996, p. 633- 650.

Valdman, Albert et Kevin J. Rottet (dir.), *Dictionary of Louisiana French As Spoken in Cajun, Creole and American Indian Communities*, Jackson, Mississippi University Press, 2010.

DISCOURS RÉFLEXIFS DE LEXICOGRAPHES ACADIENS : ENTRE DESCRIPTION ET JUSTIFICATION DE L'ŒUVRE

Laurence Arrighi et Karine Gauvin
Université de Moncton

Introduction

À l'heure actuelle, pour le français acadien des provinces maritimes, on possède globalement trois œuvres aptes à servir d'ouvrages de référence d'un point de vue lexicographique. L'approximation même de l'énoncé précédent est au cœur de notre propos, cette imprécision tenant pour une bonne part à la difficulté de caractériser la production lexicographique en Acadie sous l'appellatif *dictionnaire*. Ce problème est d'ailleurs posé explicitement par Farina[1] en introduction de son ouvrage consacré aux dictionnaires de langue française au Canada[2]. Eu égard au contexte

---

[1] Annick Farina, *Dictionnaires de langue française du Canada. Lexicographie et société au Québec*, Paris, Champion, 2001, 445 p.
[2] Ce travail porte aussi une attention particulière aux objectifs sous-jacents poursuivis par les «faiseurs de dictionnaires», tout comme il nous invite à réfléchir «sur le travail fondamental des lexicographes […] et sur l'équilibre fragile entre l'œuvre, les désirs de l'auteur et les moyens dont il dispose, et aussi entre l'œuvre et les besoins et exigences des utilisateurs» (Éric Poirier, compte rendu d'Annick Farina, *Dictionnaires de langue française du Canada. Lexicographie et société au Québec* [2001], *Meta: journal des traducteurs / Meta: Translators' Journal*, vol. 48, n° 3, 2003, p. 457). C'est cette réflexion que nous avons voulu poursuivre dans la présente contribution.

politique et social dans lequel a évolué le français au Canada, elle propose de considérer sous ce terme « tout ouvrage qui recueillait des mots accompagnés d'une "explication"[3] ». Si la proposition de Farina est au passé pour ce qui a trait au français au Québec – où une tradition lexicographique à présent bien ancrée, des équipes de recherche bien outillées et un soutien institutionnel désormais bien assuré ont su assoir une production lexicographique de taille et aux ambitions variées –, en Acadie, nous sommes loin de conditions aussi avantageuses.

Si l'on tient compte de « tout ouvrage qui recueill[e] des mots accompagnés d'une "explication" » dévolu au français en Acadie des Maritimes[4] et présentant aussi un minimum d'unité, une certaine systématicité et l'allure « physique » d'un dictionnaire[5], on peut en premier lieu citer le *Glossaire acadien* de Pascal Poirier. Ce relevé est, pour l'Acadie, la première entreprise lexicographique d'envergure. Elle est vouée, selon les mots de son auteur, à la réhabilitation de son peuple et à la conservation du « vieux » parler acadien. Le *Glossaire* semble aussi avoir donné le ton à toute une production subséquente[6], bien plus récente, soit les ouvrages d'Éphrem Boudreau et d'Yves Cormier (publiés dans les dernières décennies du XXe siècle). La situation sociolinguistique du français en Acadie permet de comprendre en partie pourquoi les ouvrages lexicographiques acadiens ne peuvent avoir l'ambition de servir de dictionnaire de langue général aux Acadiens. Cela étant, et en dépit des

---

[3] Annick Farina, *op. cit.*, p. 19.

[4] Nous excluons de ce fait les ouvrages consacrés au lexique ne traitant que secondairement du français des provinces maritimes, qu'ils soient prioritairement voués à la description du français laurentien (ainsi Dunn 1880, Dionne 1909, Clapin 1894) ou qu'ils mettent l'accent sur un français acadien hors des Maritimes (tels Naud 1999 ou Brasseur 2001). Nous écartons aussi les lexiques spécialisés (ainsi Péronnet *et al.*, 1998).

[5] Ces derniers critères sont de notre fait.

[6] Klinkenberg, dans une réflexion sur sa propre pratique de descripteurs d'une variété de français, signale ce « syndrome du lexicographe » qui, « [é]bloui par les travaux de ses prédécesseurs, [...] a tendance à les canoniser, et à s'inspirer inlassablement des nomenclatures déjà existantes. La conséquence est que ces listes tendent à s'alourdir d'archaïsmes » (Jean-Marie Klinkenberg, « À propos du traitement lexicographique des belgicismes », dans Claudine Bavoux (dir.), *Le français des dictionnaires. L'autre versant de la lexicographie française*, Bruxelles, De Boeck, 2008, p. 82).

succès éditoriaux[7] dont bénéficient les éditions et rééditions des ouvrages de Pascal Poirier, d'Éphrem Boudreau et d'Yves Cormier[8] (qui font la preuve du «besoin» de dictionnaire dans la communauté acadienne), ce qui empêche le plus ces ouvrages de servir de dictionnaire – y compris de véritable dictionnaire différentiel –, c'est qu'ils mettent tous de l'avant le «vocabulaire patrimonial» bien plus qu'ils n'illustrent les pratiques contemporaines. C'est ce que nous allons établir dans l'analyse de ces trois ouvrages. Nous proposons de regarder comment le *Glossaire acadien* de Pascal Poirier, le *Glossaire du vieux parler acadien* d'Éphrem Boudreau et le *Dictionnaire du français acadien* d'Yves Cormier se donnent à lire en faisant une étude de leur péritexte. Nous verrons qu'ils se proposent des ambitions différentes alors même que leur nomenclature fait apparaître une grande homogénéité quant aux vocables présentés. Nous montrerons essentiellement comment ces ouvrages offrent du français acadien des représentations marquées par les propres représentations de leurs auteurs. Le vernaculaire y est appréhendé quasi exclusivement par le biais du conservatisme et, ce faisant, est mise de l'avant une certaine fixité de la *langue acadienne* qui lui assure une relation directe avec ses origines métropolitaines.

1. Le *Glossaire acadien* de Pascal Poirier (1927)[9]

À la croisée des XIXe et XXe siècles, Pascal Poirier, politicien et homme de lettres (considéré souvent comme le premier linguiste acadien), s'est livré à un travail de défense et d'illustration du

---

[7] Ainsi Cormier, dans l'auto-analyse de la réception de son ouvrage, mentionne-t-il que «[l]e *Dictionnaire du français acadien* fut chaleureusement accueilli par la communauté acadienne, ce qui fit de lui, dès sa parution, l'ouvrage à thématique acadienne le plus vendu en Acadie» (Yves Cormier, «À quoi bon un dictionnaire différentiel pour la communauté acadienne?», dans Claudine Bavoux (dir.), *Le français des dictionnaires. L'autre versant de la lexicographie française*, Bruxelles, De Boeck, 2008, p. 142).

[8] Ces deux derniers ouvrages, édités respectivement en 1988 et 1999, ont été réédités en 2009. Pour citer Boudreau, nous utilisons ici la réédition de 2009.

[9] Le manuscrit date de 1927. Les fascicules, pour leur part, ont été publiés de 1953 à 1977. Une édition critique réalisée par Pierre M. Gérin a été publiée en 1993 ; c'est cette édition que nous avons étudiée. Il conviendra de garder en mémoire le fait que la facture finale du *Glossaire* n'est pas l'œuvre de Poirier, mais le résultat d'un travail de compilation résultant de la sélection de textes ayant paru dans des sources différentes.

parler d'ici. L'édition de 1993 fait précéder le *Glossaire* proprement dit d'une lettre de l'auteur parue originellement en guise d'introduction à l'édition journalistique. L'objectif premier de cette lettre est de justifier l'entreprise du glossaire. Poirier y exprime ses principales opinions sur le français en Acadie, toutes corrélées les unes aux autres. Il débute en soulignant l'attachement des anciens Acadiens pour la langue française, attachement tel que les Acadiens ont conservé *intact* cet héritage :

> Notre premier titre à l'honneur est d'avoir conservé, en dépit de la conquête, et notre religion et notre langue ; car les termes du traité d'Utrecht, qui nous a livrés à « l'Anglais » (1713), ne garantissaient que dérisoirement la première, et en aucune façon la seconde[10].

Poirier met en avant le conservatisme – et au-delà, l'immobilisme – de la variété :

> Cette langue que nous avons conservée, est celle-là même que parlaient nos aïeux, au milieu du XVIIe siècle, le siècle de Louis XIV, qui a vu la gloire de Bossuet, de Corneille, de Racine, de Pascal, de Molière, de Bourdaloue. [/] Notre langage a ceci de particulier qu'il n'a pas changé, qu'il n'a pas même varié, depuis Razilly et d'Aulnay ; et ceci encore, que le parler dialectal des Tourangeaux et des Berrichons, d'où le nôtre est sorti, est réputé le meilleur de toute la France[11].

Il s'agit là d'une idée qu'il a martelée tout au long de sa vie[12]. Ce motif discursif saura faire florès, comme nous le verrons plus loin. En dépit de ce « conservatisme » supposé, censé lui apporter bien du crédit, cette langue est l'objet d'un mépris injuste : « Des ignorants, des sots, ont prétendu que c'est un *patois* que nous parlons[13]. »

Chantal Bouchard, dans son ouvrage *La langue et le nombril*[14], a su montrer l'impact de l'appellation *patois* utilisée à partir du

---

[10] Pascal Poirier, *Le glossaire acadien*, éd. critique établie par P. M. Gérin, Moncton, Éditions d'Acadie / Centre d'études acadiennes, 1993, p. 1.
[11] *Ibid.*, p. 1.
[12] Voir « La langue acadienne », *Nouvelles soirées canadiennes*, vol. 5, mai 1884, p. 63 et « La langue que nous parlons », *L'Assomption*, vol. 6, n° 2, février 1915, p. 1-2.
[13] Pascal Poirier, *op. cit.*, p. 1 (nous soulignons).
[14] Chantal Bouchard, *La langue et le nombril*, Montréal, Fides, 1998, 289 p.

milieu du XIXe siècle pour qualifier la langue des Canadiens français[15]. Selon cette auteure – qui s'est livrée à une étude en diachronie des discours sur la langue au Québec –, tout a commencé par l'expression, jugée « assassine », de *French Canadian Patois*. Elle aurait fait boule de neige dans l'affect des Canadiens français de l'époque, contribuant à hausser leur insécurité linguistique et identitaire. Au Bas-Canada, les réactions des francophones à l'entreprise de discrédit du français orchestrée dans la foulée du rapport Durham sont bien documentées; pour l'Acadie, cela reste largement à faire. L'entreprise de Poirier s'inscrit-elle, entre autres, dans ce cadre? Poirier met surtout de l'avant dans son introduction le fait que le « mépris » dont le parler est l'objet risque de faire disparaître ce parler et d'entraîner la perte irrévocable de nombre de mots familiers. En faisant cette remarque, Poirier se montre fin sociolinguiste avant la lettre. Après lui, bien des sociolinguistes s'attelleront en effet à démontrer comment les représentations peuvent agir sur les pratiques. Poirier énonce aussi, en avance sur son temps, que le maintien ou la revitalisation d'un idiome ne peut être qu'une œuvre collective. Aussi, il se propose, en faisant appel à l'aide de tous les Acadiens, de sauver ces mots en perdition; relevons au passage (nous y reviendrons) qu'il est fort intéressant qu'il dise qu'à son époque, beaucoup de mots proposés sont déjà en pleine obsolescence. Regardons pour l'instant l'argument quasi unique mis de l'avant par notre auteur pour justifier cette entreprise de conservation, c'est-à-dire l'authenticité du parler : « Tous ces vocables [...] appartiennent, par droit de naissance, à la langue française. Ils sont de *hairage* [« race, lignage »], comme nous disons. Le Dictionnaire de l'Académie [*sic*] ne les a pas reconnus : tant pis pour l'Académie[16] ! »

Nous verrons que peu importe l'auteur, Poirier, Boudreau ou Cormier, la démonstration est invariablement sous-tendue par un système de valeurs identique, prêtant toutes les qualités à l'ancienneté. Dans cette tâche de « prouver » l'authenticité, Poirier s'avère

---

[15] Dans l'optique du commentaire de Bouchard, cette appellation renvoie aux habitants du Québec.
[16] Pascal Poirier, *op. cit.*, p. 1 (l'auteur souligne).

un virtuose. Le *Glossaire* se présente en effet comme un relevé, où quasiment chaque entrée est documentée par plusieurs attestations dans les textes littéraires français, comme on peut le voir dans la notice de l'article *mirouer*:

> **Mirouer** (Prononcé *miroué*). Miroir. [/] Voici un mot qui nous vient de France, si jamais il y en eut. On le trouve dans la plupart des anciens auteurs: «*Ivoirin miroer*». (*Roman de la Rose*, v. 9274); «*Le mirouer du mariage.*» (Deschamps, Préface); «*C'est le mirouer qui esclaire voz cueurs*». (Marguerrite [de Valois], Reine] de Navarre, *Dernières poésies*); «*Le miroué de l'ame*». (Gerson); «*Cestoit un beau mirouer*». ([D']Aubigné, [*Les tragiques*], «*Misères*»); «*Et le mirouer d'une âme bien parfaite*». (Ronsard, *Les Mascarades*, [*combats et cartels*]).

L'œuvre de Poirier est un bon reflet des préoccupations du temps, et ce, tant au niveau sociopolitique qu'au niveau linguistique. C'est en effet avec la *Renaissance acadienne*[17] que la communauté s'affirme, s'organise, et que les études sur le français acadien commencent; elles s'attachent alors principalement au lexique.

Enfin, la façon très personnelle et très érudite dont Pascal Poirier traite de son sujet s'inscrit elle aussi dans son époque. Dans la typologie des dictionnaires de langue française du Canada établie par Farina en 2001, cette dernière classe l'œuvre de cet auteur parmi celles qui sont «à la recherche d'un savoir: les dictionnaires de curieux». Si l'on suit Farina dans son analyse, faire des dictionnaires dans la francophonie canadienne, c'est être à la recherche soit «d'un savoir», soit «d'une pureté», soit «d'une nationalité». Cette typologie est reliée à une périodisation où, logiquement, des époques différentes engendrent des œuvres différentes. Sans être stricte, la périodisation de Farina établit le fait que les

---

[17] On entend communément par *Renaissance acadienne* la période qui débute avec la tenue des premières conventions nationales acadiennes (1867) jusqu'à l'élection de Louis J. Robichaud (1960). Le début de cette période marque la montée du «nationalisme» acadien à laquelle participe notre auteur. Que l'émancipation nationale d'un peuple s'accompagne, comme ici, d'une volonté de valorisation de sa langue maternelle, ne surprend pas. Ce lien langue-communauté-nation est au cœur même du nationalisme occidental moderne (voir notamment Marc Crépon, *Le malin génie des langues. Nietzsche, Heidegger, Rosenzweig*, Paris, Vrin, 2000, 224 p.).

« dictionnaires de curieux » correspondent bien, avec des exceptions, à la pratique lexicographique de la fin du XIXe siècle et du début du XXe siècle. Poirier est avant tout à la recherche d'un savoir et, effectivement, il ne fait ni œuvre d'enseignant plus ou moins puriste, ni œuvre de lexicographe recherchant peu ou prou une norme. Il cherche des « trésors », et la langue acadienne lui fournit matière pour un riche « cabinet de curiosités ». Ceci étant, il faut bien comprendre que notre auteur n'entend pas – seulement – offrir en pâture aux curieux le terrain acadien comme un réservoir permettant de pratiquer l'archéologie linguistique. Rappelons que l'objectif avoué de Poirier est de défendre le parler acadien, qu'il considère comme un puissant facteur d'affirmation et d'unification de l'identité[18]. Cette « mission » de notre auteur permet de dire que le *Glossaire* est « un texte politiquement engagé plus que tous les autres glossaires [au Canada français][19] ». Cette mission, Poirier s'y applique en mobilisant l'argument du conservatisme et cette publication, comme toutes celles de notre auteur, témoigne d'un souci constant de prouver la filiation entre le parler acadien et *l'authentique langue française* telle qu'elle se parlait autrefois et, par ce biais, d'apporter une justification, une légitimation aux particularités linguistiques.

Il n'est pas outrancier de dire que cette œuvre, et surtout les prises de position qu'elle reflète, à la fois sont issues d'une certaine vision du français acadien et ont servi à l'alimenter : c'est une variété immuable[20]. Cet argument, que Poirier a utilisé tout au long de sa vie, fera fortune : il est le fondement d'une conception de la langue acadienne qui transparaît, encore de nos jours, dans toute l'œuvre de Maillet par exemple, dans les propos

---

[18] On a reproché aussi à Poirier un certain manque de rigueur, mais outre le fait que Poirier est un autodidacte en la matière, il est évident que chez lui, l'illustration et la réhabilitation de la langue priment sur la « technique ».

[19] Annick Farina, *op. cit.*, p. 57.

[20] En fait, dans d'autres écrits, notamment journalistiques, Poirier fera état de positions plus nuancées, mettant de l'avant le « dynamisme » du français de ses compatriotes (Annette Boudreau, communication personnelle).

épilinguistiques des individus, dans les journaux[21], mais aussi dans la pratique lexicographique contemporaine, comme nous allons le voir maintenant.

2. Le *Glossaire du vieux parler acadien* d'Éphrem Boudreau (1988) et le *Dictionnaire du français acadien* d'Yves Cormier (1999). Autre époque, mêmes propos ?

L'auteur du *Glossaire du vieux parler acadien* se dit être l'héritier de Poirier. Nous avons ici un exemple concret de l'importance du *Glossaire acadien* pour la lexicographie acadienne. Notons aussi qu'un petit essai sur « L'œuvre philologique de Pascal Poirier » se trouve en introduction du travail de Boudreau, après deux autres notices de l'auteur, c'est-à-dire un avertissement et un bref essai sur le parler acadien. Comme nous l'avons fait pour l'œuvre de Poirier, c'est ce péritexte que nous allons commenter.

Bien que plusieurs décennies séparent cet ouvrage de l'œuvre précédente, on note une perspective très proche : même argumentation, même valorisation du vernaculaire dont est souligné le conservatisme exceptionnel et l'immutabilité, gages de la fidélité sans faille des Acadiens à leur langue :

> Ineffable beauté de la langue acadienne, douceur incomparable de cet idiome qui « naquit aux lèvres des Gaulois », qui résonne encore, et avec quel charme prenant, partout où cette langue s'est transmise avec une fidélité qui ne s'est jamais démentie au cours des générations d'Acadiens qui se sont succédées [*sic*] depuis l'arrivée en Amérique des premiers colons[22] !

Le contexte a fortement changé, la langue aussi. Si déjà Poirier considérait bien des mots qu'il donne comme des mots en perdition, Boudreau en a pleinement conscience. Encore plus qu'à

---

[21] Voir notamment ces deux articles d'Annette Boudreau, « Le français parlé en Acadie : idéologies, représentations et pratiques », dans Gisèle Delage (dir.), *La langue française dans sa diversité*, Québec, Gouvernement du Québec, 2008, p. 59-73 et « La construction des représentations linguistiques : le cas de l'Acadie », *Revue canadienne de linguistique / Canadian Journal of Linguistics*, vol. 54, n° 3, novembre 2009, p. 439-459.

[22] Éphrem Boudreau, *Glossaire du vieux parler acadien. Mots et expressions recueillis à Rivière-Bourgeois (Cap-Breton)*, Montréal, Éditions du Fleuve, 2009 [1988], p. 7.

l'époque de Poirier, il devient urgent d'illustrer le *vieux parler acadien* et, sur les traces de son prédécesseur, Boudreau produit à son tour un ouvrage qui aspire à conserver « le souvenir d'un dialecte défunt, à la manière de la pierre qui sauve d'un oubli éternel et définitif la mémoire d'une personne disparue[23] ». En intitulant son recueil *Glossaire du vieux parler acadien*, Boudreau dit bien ce que son travail propose. Traitant de sa « méthodologie » et de ses motivations[24], il souhaite que le fruit de ces « glanures » qu'il met en recueil « servent à perpétuer la mémoire d'un groupe ethnique […], le pittoresque parler des générations que j'ai connues et avec lesquelles je suis toujours demeuré en relations, [et qui] résonne encore doucement à mon oreille[25] ». L'auteur du *Glossaire du vieux parler acadien* indique par ailleurs qu'il a noté dans son ouvrage « les vieux mots, les vocables et tournures archaïques, les expressions désuètes de ma langue maternelle […] [les] expressions et termes anciens et vénérables[26] ». Il se rattache aussi à ce mouvement de regain d'intérêt pour les particularismes linguistiques des français « périphériques » qui s'amorce au début des années 1970.

Le dernier ouvrage que nous évoquerons, publié au cours des années 1990, s'inscrit bien dans ce second mouvement, comme le mentionne justement son auteur, Yves Cormier, dès son introduction :

> Depuis les années 1970, les variétés du français dans le monde ont fait l'objet de nombreuses publications traduisant les aspirations des communautés qui les parlent et une volonté de la communauté francophone internationale de se doter d'outils permettant d'avoir une meilleure connaissance de l'usage du français dans le monde[27].

Ceci étant, si les dialectologues anciens et leurs « héritiers[28] » de

---

[23] *Ibid.*, p. 22.
[24] *Ibid.*, p. 21-22.
[25] *Ibid.*, p. 21.
[26] *Ibid.*, p. 21-22.
[27] Yves Cormier, *Dictionnaire du français acadien*, Montréal, Fides, 1999, p. 17.
[28] C'est précisément Farina qui propose cet appellatif pour désigner ceux qui, peu importe l'époque, visent à décrire le « vieil idiome » des francophones du Canada (voir Annick Farina, *op. cit.*, p. 58-63).

toutes époques assument un intérêt déclaré pour les parlers ruraux les plus « authentiques » et la réalisation d'un travail visant à recueillir les « derniers vestiges » d'un vocabulaire en perdition, en bien des points de la francophonie, la perspective change en ce dernier tiers du XXe siècle. C'est une actualisation des connaissances sur la langue des communautés que l'on vise, ainsi qu'une entreprise plus générale d'affirmation de ces communautés. La réalisation de ces buts – illustration des usages contemporains et valorisation des communautés minoritaires – passe notamment par une meilleure connaissance des usages linguistiques actuels des communautés. Yves Cormier, auteur du *Dictionnaire du français acadien*, déclare très explicitement ces ambitions :

> Cette entreprise de valorisation commence par la connaissance de cette langue dont on sait peu de choses à l'extérieur de l'Acadie et qui est souvent dévalorisée par les Acadiens eux-mêmes en l'absence de sources de renseignements fiables sur leur variété de français[29].

La remarque est très juste et met bien le doigt sur l'importance des descriptions et des outils de langue (dont les dictionnaires) dans les communautés linguistiques minoritaires, d'où la nécessité d'*actualiser les connaissances et d'illustrer les usages contemporains* :

> Les lexiques et répertoires acadiens ne sont plus à jour depuis longtemps ; ceux qui existent [...] ont une valeur historique ou ethnologique [...] L'important a été pour nous de donner une image contemporaine du lexique français d'Acadie, c'est-à-dire qui soit appuyée sur des relevés récents [...][30].

Se révèle alors une certaine contradiction entre l'objectif déclaré par l'ouvrage et ce que l'on trouve dans celui-ci. À l'instar de bien des dictionnaires de variétés de français régional, le *Dictionnaire du français acadien*, en dépit d'un titre compréhensif, englobant, se limite en fait au recensement de « particularités » de la variante de français qu'il décrit. Nous avons donc bien entre les mains un

---

[29] Yves Cormier, *op. cit.*, p. 16.
[30] *Ibid.*, p. 17-18.

dictionnaire différentiel – une étude des entrées le démontrerait, mais au-delà, c'est explicite dans le péritexte. Si, dans un premier mouvement, l'auteur déclare présenter «le français qui est parlé dans les provinces de l'est du Canada[31]», plus loin, il explicite sa perspective différentielle :

> Cet ouvrage contient plus de 1100 entrées et plus de 2000 acadianismes. Ce terme «acadianisme» [*sic*] recouvre non seulement des formes ou des expressions mais aussi des sens qui sont, ou ont été, en usage en Acadie et qui ne font pas partie du français tel qu'on le trouve décrit dans les dictionnaires généraux (comme le Robert ou le Larousse) qui correspond en général au français de France[32].

On comprend bien que l'objectif de proposer un dictionnaire s'inscrivant dans une approche globale est une visée d'une telle ampleur qu'elle ne peut que dépasser ce qu'il est possible à un seul individu d'entreprendre. Peu de périphéries linguistiques sont en mesure de s'offrir un tel outil. Pour prendre comme comparant l'une des francophonies les plus volontaristes à ce niveau, le Québec, où il y a non seulement beaucoup de travaux et de recherches dans ce domaine mais aussi une politique du dictionnaire portée par l'État, l'ambition rencontre nombre d'écueils[33]. Ce n'est donc pas cette tension-là que nous voulons commenter, mais plutôt nous désirons revenir sur cette ambition déclarée de proposer un relevé du vocabulaire *encore d'actualité*. En plus du passage déjà cité, la contemporanéité des vocables proposés est posée plus loin dans l'introduction générale : «Les acadianismes retenus sont connus et utilisés par les Acadiens des régions où les mots ont été relevés[34]». Le lexicographe modalise toutefois son propos en ajoutant : «Certains emplois attestés ne sont utilisés que par des per-

---

[31] *Ibid.*, p. 12.
[32] *Ibid.*, p. 24.
[33] Voir à ce propos les textes de Claude Poirier («*Le Dictionnaire du français plus* (1988) : une occasion qu'il fallait saisir», dans Claudine Bavoux (dir.), *Le français des dictionnaires. L'autre versant de la lexicographie française*, Bruxelles, De Boeck, 2008, p. 111-125) et de Louis Mercier («Travailler depuis le Québec à l'émancipation de la lexicographie du français», dans Claudine Bavoux (dir.), *Le français des dictionnaires. L'autre versant de la lexicographie française*, Bruxelles, De Boeck, 2008, p. 289-306).
[34] Yves Cormier, *op. cit.*, p. 25.

sonnes âgées [...] ils sont tout de même intégrés au dictionnaire pour rendre compte de la richesse du vocabulaire acadien passé et présent[35]. »

Finalement, en avançant dans la lecture du péritexte, on peut se rendre compte que notre auteur ne cherche pas à illustrer le français parlé en Acadie à l'heure actuelle, mais que, comme il l'avance explicitement par ailleurs, il est à la recherche du patrimoine linguistique acadien, quitte à « aller le dénicher dans certaines régions isolées [notamment la Louisiane], derniers bastions d'une partie du patrimoine lexical acadien[36] ». L'étude de la nomenclature de l'ouvrage, l'index par champs conceptuels, les commentaires que Cormier fournit dans sa section « Éléments de synthèse[37] » nous permettent d'étayer cette catégorisation de l'ouvrage.

Pourtant, remarquons qu'à la différence des autres, l'ouvrage s'intitule *dictionnaire*; qui plus est, il se veut un dictionnaire du *français acadien* et non plus du *parler acadien*. Plus largement, le péritexte de l'œuvre comprend un certain nombre d'énoncés déclarant les ambitions d'un dictionnaire de langue, c'est-à-dire un ouvrage à même de jouer un rôle sur la question de la norme ainsi qu'à remplir des fonctions pédagogiques.

> Pour l'enseignement du français, les maîtres ne peuvent compter sur aucun outil lexicographique qui permettrait de tenir compte de la variété locale actuelle dans l'apprentissage de la langue. C'est pour répondre à ce besoin que nous avons préparé ce dictionnaire [...][38].

> [...] les Acadiens n'ont pas été en mesure de travailler de façon efficace à la définition d'une norme du français qui prendrait en compte les usages qui leurs sont propres [...] Notre dictionnaire constitue cependant une contribution utile, croyons-nous, à la discussion de cette question[39].

Face à ces larges ambitions et en raison des tensions que nous avons relevées dans le péritexte, nous avons opéré une étude sommaire de

---

[35] *Ibid.*, p. 25-26.
[36] *Ibid.*, p. 29.
[37] *Ibid.*, p. 26-33.
[38] *Ibid.*, p. 18.
[39] *Ibid.*, p. 18.

la nomenclature pour voir à quoi nous avions réellement affaire. À l'examen de la nomenclature (et tout en reconnaissant que cet examen est somme toute restreint), on remarque (comme d'ailleurs Yves Cormier le souligne lui-même, p. 26 *et sqq.*) que certains domaines du vocabulaire sont particulièrement bien représentés. Une place de premier ordre est ainsi accordée au vocabulaire qui décrit les réalités géographiques et naturelles du Nouveau Monde, en somme les *realias* qui forment ici comme ailleurs le gros du bataillon des régionalismes «de bon aloi». Les termes renvoyant aux activités rurales et aux pratiques traditionnelles, soit «le vocabulaire de la pêche et nombre de termes agricoles[40]» sont également nombreux. Ce choix de mettre de l'avant un vocabulaire de champs conceptuels ancrés dans la ruralité et les activités traditionnelles fait qu'une partie de la nomenclature proposée ne peut être à l'heure actuelle qu'en pleine obsolescence.

D'ailleurs Cormier le reconnaît, au moins partiellement, en disant que ces «termes [...] attestés jusqu'au milieu du XXe siècle, [sont] de nos jours moins connus[41]». Le parti pris adopté a-t-il comme corollaire une plus modeste représentation d'un vocabulaire plus actuel? Quoi qu'il en soit, la «sélection» de Cormier et le traitement étymologique qu'il fait de sa moisson d'acadianismes lui permettent ensuite de dire que «sur l'ensemble des emplois traités, 90% semblent découler des parlers gallo-romans [définis comme "comprenant les parlers de France et le parler de l'Île-de-France"][42]», et l'on rejoint ici l'un des motifs récurrents de l'idéologie du vernaculaire pour les français d'Amérique: *nos mots sont d'authentiques mots français* (pour paraphraser Poirier); dans le même élan, seuls 6% des mots proposés sont d'origine anglaise[43]. De fait, ce sont surtout les termes d'origine étrangère «qui posent problème» dans l'idéologie du standard particulièrement active dans les communautés minoritaires. Ce faisant, cet ouvrage,

---

[40] *Ibid.*, p. 27.
[41] *Ibid.*, p. 27.
[42] *Ibid.*, p. 30.
[43] *Ibid.*, p. 30.

traversé par une volonté légitime de « défense » du parler d'ici, peine à illustrer la langue que nous parlons *ici* et *maintenant*.

Notre lexicographe est par ailleurs l'auteur d'un discours « réflexif » sur son ouvrage et sa réception manquée. Une dizaine d'années après la publication du *Dictionnaire du français acadien* (1999), Yves Cormier revient sur ce qu'il considère comme un « échec ». Le revers ne fut pas commercial, loin s'en faut (voir note 7), mais il n'en demeure pas moins que le *Dictionnaire* a raté la cible, c'est-à-dire l'objectif que son rédacteur s'était fixé : produire un ouvrage à même de jouer un rôle sur la question de la norme, ainsi qu'à remplir des fonctions pédagogiques. Les extraits de Cormier cités ci-dessus appuient bien le fait que ce dernier, avec son ouvrage, entendait jouer un rôle dans la définition d'une norme endogène. Or,

> [c]omme auteur de ce dictionnaire, et avec quelques années de recul […], nous devons toutefois admettre que le dictionnaire a peu alimenté la réflexion sur la question du choix langagier dans un éventuel plan d'aménagement linguistique. La communauté acadienne aurait pu tirer profit d'un ouvrage qui délimite clairement, pour une première fois dans son histoire, ses particularités langagières. L'ouvrage aurait pu lui faire prendre conscience que ses particularités langagières représentent aujourd'hui une de ses seules composantes distinctives par rapport aux autres communautés francophones ; elle aurait pu chercher à proclamer cette distinction en examinant l'éventuelle normalisation de certaines expressions, certains mots, sachant bien qu'ils reflètent une étoffe typiquement acadienne. Mais la communauté n'en fit rien[44].

Si le constat d'échec posé par Cormier est en lui-même très juste, ce qui l'est moins, c'est l'auto-analyse de cet échec, qui s'avère au contraire discutable et qui nous renvoie à cette tension entre les objectifs déclarés de l'ouvrage et son contenu effectif. Selon Cormier, l'échec de son ouvrage tient au fait que la société acadienne n'est pas prête à envisager la possibilité de se doter de

---

[44] Yves Cormier, « À quoi bon un dictionnaire différentiel pour la communauté acadienne ? », dans Claudine Bavoux (dir.), *Le français des dictionnaires. L'autre versant de la lexicographie française*, Bruxelles, De Boeck, 2008, p. 142-143.

ses propres normes linguistiques. Cormier propose ensuite aux Acadiens de prendre modèle sur le travail des Québécois quant à l'élaboration d'un standard local. Un standard local s'élabore selon Cormier « d'abord en conformité à la langue standard pour ensuite terminer avec les particularités régionales soigneusement identifiées[45] ». Son *Dictionnaire du français acadien* se proposait de fournir ces « particularités régionales soigneusement identifiées[46] ». Cela étant, comment espérer que dans la recension qu'il propose, les Acadiens, à l'orée du XXIe siècle, y voient autre chose que l'illustration de leur patrimoine linguistique? Ainsi, cet ouvrage, qui du point de vue strictement lexicographique est d'excellente facture[47], soulève la difficile question de la réflexion sur des normes endogènes dans la francophonie.

Dans l'éventualité de la mise en place de normes endogènes, mais aussi tout simplement dans tous travaux de description, se pose la question de la « représentativité ». Quels faits linguistiques ou quelles pratiques linguistiques mettre de l'avant? Force est de constater que pour le français acadien, on donne souvent, selon le mot de Marie-Louise Moreau, « priorité à la tradition[48] ». Notre collègue, Louise Péronnet – en l'hommage de qui, rappelons-le, ce présent volume est constitué – s'est attelée un temps à la recherche d'une norme endogène, d'un bon usage acadien, qui répondrait aux exigences de la modernité et se dessinerait dans les pratiques observables en situation formelle des couches les plus instruites des

---

[45] *Ibid.*, p. 149.

[46] *Ibid.*, p. 150.

[47] Les méthodes de travail d'Yves Cormier sont inspirées du *Dictionnaire historique du français québécois*, et une partie de la documentation qu'il a utilisée provient du volumineux fichier lexical du Trésor de la langue française au Québec. En plus d'une description lexicale (vedette, prononciation, catégorie grammaticale, marque(s) d'usage, définition(s), exemples, citations pleinement référencées, éventuels dérivés et renvois sémantiques), Yves Cormier note la répartition géographique du mot et commente ses origines. Les articles sont également accompagnés de notes bibliographiques, ainsi que d'éventuelles remarques sur l'usage, l'étymologie, etc.

[48] Marie-Louise Moreau, dans la notice qu'elle consacre à la question des différents types de normes, indique l'existence au sein de bien des communautés d'une sensibilité « au mythe de l'âge d'or ». Les « communautés localisent [alors] le bon langage dans le passé et le lient à la tradition constitutive du groupe » (Marie-Louise Moreau (dir.), *Sociolinguistique. Concepts de base*, Bruxelles, Mardaga, 1997, p. 220).

nouvelles générations d'Acadiens[49]. Si son travail n'a pas été mené à son terme, nous croyons qu'une réflexion sur les outils lexicographiques, telle que nous l'avons proposée ici, et plus largement sur les travaux en linguistique acadienne, permettra de rendre justice à nos prédécesseurs et d'animer le débat toujours ouvert et fécond de la question de la langue en Acadie, à laquelle Louise Péronnet a consacré sa carrière de chercheure.

Conclusion

Pour terminer, nous rappellerons tout d'abord que nos trois ouvrages, en dépit de leurs contextes de production fort différents et de leurs ambitions déclarées, elles aussi fort différenciées, proposent un travail qui reste somme toute unitaire : l'illustration d'un parler patrimonial qui fait la part belle aux origines françaises et offrent aux lecteurs l'image d'un parler acadien presque révolu. Pour les deux ouvrages récents, Boudreau l'assume pleinement, c'est même son ambition ; mais pourquoi Cormier intitule-t-il son ouvrage *Dictionnaire du français acadien* s'il sait que la variété qu'il représente est largement obsolète ? Est-ce parce qu'il considère que le français qui se parle en Acadie aujourd'hui ne peut pas être nommé *français acadien*, tel qu'il le conçoit dans la perspective du français acadien traditionnel, et que la langue en Acadie, telle qu'elle a continué d'évoluer, ne peut plus s'y rattacher ?

Nous insisterons aussi sur le fait qu'en plus des travaux académiques dont elles peuvent être l'objet, les langues minoritaires sont souvent recensées dans des ouvrages qui mêlent défense de la langue et défense de la culture. Cette visée de type « défense et illustration » est présente dans ces recueils et fort légitime. Il est toutefois dommage que le seul argument de défense soit le

---

[49] En cela, Louise Péronnet suit très exactement la voie ouverte par ceux qui, face à la question de la pluralité des français et surtout de l'éventuelle pluralité des standards, ont élaboré la notion de norme endogène.

conservatisme à la fois réel et fantasmé du parler[50]. Axés tous trois sur le conservatisme et la part d'héritage du français acadien, ces ouvrages proposent une vision des choses qui sert certainement d'hier à aujourd'hui à valoriser le peuple acadien et à documenter une partie de ses usages (essentiellement passés), mais qui présente néanmoins l'inconvénient de nier tout changement ou du moins de ne pas l'illustrer. Conséquemment, et comme nous le proposions dès l'introduction, ils s'inscrivent dans cette valorisation du vernaculaire dont parle Coupland[51], à l'œuvre en bien des milieux minoritaires, valorisant le conservatisme linguistique et l'héritage tenu des origines. Ce mouvement est patent en Acadie pour d'autres sources discursives[52]. Non seulement ces ouvrages reprennent-ils les motifs de cette idéologie, mais ils participent aussi à l'élaboration et même à la diffusion de celle-ci[53].

Enfin, indiquons que ce que nous avons cherché à faire à travers cette exploration de certains outils lexicographiques acadiens, c'est aussi entreprendre une tranche de l'historiographie de la linguistique acadienne. Cette dernière a maintenant plus d'un siècle, elle est riche de travaux nombreux, et il peut sans doute être fécond de les interroger pour voir en quoi ces écrits « savants » ont pu contribuer aux représentations qui circulent sur le français d'Acadie.

---

[50] Flikeid, notamment, a bien montré que le français acadien, à l'instar de tout parler, comprend une part de conservatisme et une part de dynamisme (Karin Flikeid, « Structural aspects and current sociolinguistic situation of Acadian French », dans Albert Valdman, *French and Creole in Louisiana*, New York, Plenum, 1997, p. 255-286 ; voir en outre Laurence Arrighi, *Étude morphosyntaxique du français parlé en Acadie. Une approche de la variation et du changement linguistique en français*, thèse de doctorat, Avignon, Université d'Avignon, 2005, 466 p. et Raphaële Wiesmath, *Le français acadien. Analyse syntaxique d'un corpus oral recueilli au Nouveau-Brunswick / Canada*, Paris, L'Harmattan, 2006, 278 p.).

[51] Nikolas Coupland, *Style: Language Variation and Identity*, Cambridge, Cambridge University Press, 2007, p. 43.

[52] Pour la presse, voir Annette Boudreau, « La construction des représentations linguistiques : le cas de l'Acadie », *Revue canadienne de linguistique / Canadian Journal of Linguistics*, vol. 54, n° 3, p. 439-459.

[53] Si l'on cherche sur le Web comment est présenté le français acadien, en excluant les articles savants pour consulter les sites grands publics, on se rend compte que les articles et notices « populaires » consacrés au français acadien se fondent souvent sur les travaux que nous avons étudiés.

Bibliographie

Arrighi, Laurence, *Étude morphosyntaxique du français parlé en Acadie. Une approche de la variation et du changement linguistique en français*, thèse de doctorat, Avignon, Université d'Avignon, 2005, 466 p.

Bavoux, Claudine (dir.), *Le français des dictionnaires. L'autre versant de la lexicographie française*, Bruxelles, De Boeck, 2008, 360 p.

Bouchard, Chantal, *La langue et le nombril*, Montréal, Fides, 1998, 289 p.

Boudreau, Annette, « Construction identitaire et espace urbain : le cas des Acadiens de Moncton », dans Thierry Bulot et Leila Messaoudi (dir.), *Sociolinguistique urbaine : frontières et territoires*, Fernelmont, Éditions Modulaires Européennes (EME), 2003, p. 171-204.

Boudreau, Annette, « La construction des représentations linguistiques : le cas de l'Acadie », *Revue canadienne de linguistique / Canadian Journal of Linguistics*, vol. 54, n° 3, p. 439-459.

Boudreau, Éphrem, *Glossaire du vieux parler acadien. Mots et expressions recueillis à Rivière-Bourgeois (Cap-Breton)*, Montréal, Éditions du Fleuve, 2009 [1988], 245 p.

Brasseur, Patrice, *Dictionnaire des régionalismes du français de Terre-Neuve* (*Canadiana Romanica*, vol. 15), Tübingen, Niemeyer, 2001, 495 p.

Clapin, Sylva, *Dictionnaire canadien-français ou Lexique-glossaire des mots, expressions et locutions ne se trouvant pas dans les dictionnaires courants et dont l'usage appartient surtout aux Canadiens-français*, Sainte-Foy, Presses de l'Université Laval, 1974 [Montréal, C. O. Beauchemin & Fils / Boston, Sylva Clapin, 1894], xlvi-389 p.

Cormier, Yves, *Dictionnaire du français acadien*, Montréal, Fides, 1999, 440 p.

Cormier, Yves, « À quoi bon un dictionnaire différentiel pour la communauté acadienne ? », dans Claudine Bavoux (dir.), *Le français des dictionnaires. L'autre versant de la lexicographie française*, Bruxelles, De Boeck, 2008, p. 141-152.

Crépon, Marc, *Le malin génie des langues. Nietzsche, Heidegger, Rosenzweig*, Paris, Vrin, 2000, 224 p.

Delage, Gisèle (dir.), *La langue française dans sa diversité*, Québec, Gouvernement du Québec, 2008, p. 59-73.

Dionne, Narcisse-Eutrope, *Le parler populaire des Canadiens français ou Lexique des canadianismes, acadianismes, anglicismes, américanismes, mots anglais les plus en usage au sein des familles canadiennes et acadiennes françaises, comprenant environ 15 000 mots et expressions avec de nombreux exemples pour mieux faire comprendre la portée de chaque mot ou expression*, Sainte-Foy, Presses de l'université Laval, 1974 [Québec, Laflamme & Proulx imprimeurs, 1909], xxiv-671 p.

Dunn, Oscar, *Glossaire franco-canadien et vocabulaire de locutions vicieuses usitées au Canada*, Sainte-Foy, Presses de l'Université Laval, 1976 [Québec, Imprimerie A. Côté et Cie, 1880], xxvi-199 p.

Farina, Annick, *Dictionnaires de langue française du Canada. Lexicographie et société au Québec*, Paris, Champion, 2001, 445 p.

Flikeid, Karin, « Les parlers acadiens de la Nouvelle-Écosse (Canada) : diversification ou origines diverses ? », dans Brigitte Horiot, *Français du Canada – Français de*

France, actes du 2ᵉ colloque international de Cognac (septembre 1988), Tübingen, Niemeyer, 1991, p. 195-214.

Flikeid, Karin, «Structural aspects and current sociolinguistic situation of Acadian French», dans Albert Valdman (dir.), *French and Creole in Louisiana*, New York, Plenum, 1997, p. 255-286.

Klinkenberg, Jean-Marie, «À propos du traitement lexicographique des belgicismes», dans Claudine Bavoux (dir.), *Le français des dictionnaires. L'autre versant de la lexicographie française*, Bruxelles, De Boeck, 2008, p. 141-152.

Mercier, Louis, «Travailler depuis le Québec à l'émancipation de la lexicographie du français», dans Claudine Bavoux (dir.), *Le français des dictionnaires. L'autre versant de la lexicographie française*, Bruxelles, De Boeck, 2008, p. 289-306.

Moreau, Marie-Louise (dir.), *Sociolinguistique. Concepts de base*, Bruxelles, Mardaga, 1997, 312 p.

Naud, Chantal, *Dictionnaire des régionalismes du français parlé des îles de la Madeleine*, L'Étang-du-Nord, Les Éditions Vignaud, 1999, 311 p.

Péronnet, Louise et Sylvia Kasparian, «Le français standard acadien: proposition d'une norme régionale pour le français parlé en Acadie», dans Annette Boudreau et Lise Dubois (dir.), *Le français langue maternelle, dans les collèges et les universités en milieu minoritaire*, Moncton, Éditions d'Acadie / Centre de recherche en linguistique appliquée (CRLA), 1998, p. 89-105.

Péronnet, Louise *et al.*, *Atlas linguistique du vocabulaire maritime acadien*, Sainte-Foy, Presses de l'Université Laval, coll. «Langue française en Amérique du Nord», n° 1, 1998, xi-667 p.

Poirier, Claude, «Le *Dictionnaire du français plus* (1988): une occasion qu'il fallait saisir», dans Claudine Bavoux (dir.), *Le français des dictionnaires. L'autre versant de la lexicographie française*, Bruxelles, De Boeck, 2008, p. 111-125.

Poirier, Éric, compte rendu d'Annick Farina, *Dictionnaires de langue française du Canada. Lexicographie et société au Québec* [2001], *Meta: journal des traducteurs / Meta: Translators' Journal*, vol. 48, n° 3, 2003, p. 456-458.

Poirier, Pascal, «La langue acadienne», *Nouvelles soirées canadiennes*, Montréal, [s.é.], 1884, [s.p.].

Poirier, Pascal, *Le parler franco-acadien et ses origines*, Québec, Imprimerie franciscaine missionnaire, 1928, 339 p.

Poirier, Pascal, *Le glossaire acadien*, éd. critique établie par Pierre M. Gérin, Moncton, Éditions d'Acadie / Centre d'études acadiennes, 1993, lxiii-443 p.

Wiesmath, Raphaële, *Le français acadien. Analyse syntaxique d'un corpus oral recueilli au Nouveau-Brunswick / Canada*, Paris, L'Harmattan, 2006, 278 p.

BIBLIOGRAPHIE DE LOUISE PÉRONNET : APPROCHES DU FRANÇAIS ACADIEN

Laurence Arrighi
Université de Moncton

Les références bibliographiques aux ouvrages, thèses, articles de périodiques, articles ou chapitres d'œuvres collectives, ou tomes d'ouvrages de Louise Péronnet, professeure émérite de l'Université de Moncton, ont été établies selon les principes suivants :

Ouvrage : (année) *Titre*, ville, éditeur, coll. «Titre».

Article de périodique : (année) «Titre de l'article», *Titre du périodique*, volume, numéro, pages.

Travaux universitaires : (année) «Titre», mémoire de maîtrise / thèse de doctorat, ville, université.

Article ou chapitre dans un collectif : (année) «Titre» dans Prénom Nom (dir.), *Titre*, ville, éditeur, pages.

Tome d'un ouvrage : (année) dans Prénom Nom (dir.), *Titre*, t. I, *Titre*, ville, éditeur, «collection», pages.

Cette compilation des contributions à la recherche de Louise Péronnet ne comprend pas les références aux nombreuses conférences, communications, allocutions de cette dernière, l'auteure de la présente recension s'étant limitée à l'œuvre publiée.

La présentation des références est strictement chronologique.

Les prénoms et noms des coauteures et coauteurs apparaissent, le cas échéant, après la date.

(1974) « Le parler de La Sagouine », *Revue de l'Université de Moncton*, n° 1, p. 69-73.

(1975) « Modalités nominales et verbales du parler acadien de la région du sud-est du Nouveau-Brunswick », mémoire de maîtrise, Moncton, Université de Moncton.

(1977) « Le parler acadien », *Mémoires de la Société Royale du Canada*, 4ᵉ série, t. XV, p. 215-228.

(1978) « Les modalités nominales et verbales dans le parler franco-acadien de la région du sud-est du Nouveau-Brunswick », *Si que*, n° 3, p. 151-156.

(1979) Compte rendu de : Huguette Légaré (1976), *Le ciel végétal*, Paris, coll. « La pensée universelle », *Si que*, n° 4, p. 202-205.

(1980) et Catherine Phlipponneau, « Ce qu'on dit d'Antonine Maillet : *Pélagie-la-Charette* et le Goncourt », *Le Voilier*, rubriques parues le 2 avril 1980, p. 24 ; le 9 avril 1980, p. 13, 28, 30 ; le 7 mai 1980, 18B, 24B.

(1982) et Catherine Phlipponneau (dir.), *Si que*, n° 5, direction du numéro.

(1982) « La langue acadienne », *Revue d'histoire littéraire du Québec et du Canada français*, n° 3, p. 136-138.

(1982) « Les prépositions dans le parler acadien du sud-est du Nouveau-Brunswick », *Si que*, n° 5, p. 57-81.

(1982) « Notes sur la langue acadienne », *Revue d'histoire littéraire du Québec et du Canada français*, n° 3, Montréal, Bellarmin, p. 136-138.

(1985) « Le substrat gallo-roman du parler acadien (sud-est du Nouveau-Brunswick, Canada) », thèse de doctorat de 3ᵉ cycle, Grenoble, Université de Grenoble 3.

(1985) « Acadian Forms of Speech », dans Reavley Gair (dir.), *A Literary and Linguistic History of New Brunswick*, Fredericton, Fiddlehead Poetry / Goose Lane Editions, p. 45-58.

(1986) « Le parler acadien », dans Reavley Gair (dir.), *Langues et littératures au Nouveau-Brunswick*, Moncton, Éditions d'Acadie, p. 67-94.

(1986) Compte rendu d'une conférence sur la Louisiane, *Ven'd'est*, avril, cahier B, p. 1.

(1987) et Hector Cormier (dir.), *L'école contribue-t-elle à maintenir la vitalité d'une langue minoritaire ? Journées d'étude des 3 et 4 avril 1987*, Moncton, Université de Moncton / Centre de recherche en linguistique appliquée.

(1988) (dir., réd. Marie-Claire Dugas), *Tout ce que vous avez toujours voulu savoir sur les langues officielles*, Moncton, Université de Moncton / Centre de recherche en linguistique appliquée.

(1988) « Projet d'intégration de la variation linguistique en classe de français », *Vie française*, vol. 40, n° 2, p. 23-30.

(1989) *Le parler acadien du sud-est du Nouveau-Brunswick. Éléments grammaticaux et lexicaux*, New York, Peter Lang, coll. « American University Studies ».

(1989) « Les opinions d'un groupe d'enseignants de français sur les parlers régionaux », *Actes du 15ᵉ colloque international de linguistique fonctionnelle*, Moncton, Université de Moncton / Centre de recherche en linguistique appliquée, p. 99-102.

(1989) et Lorne Laforge (dir.), « Bilinguisme et diglossie », *Revue québécoise de linguistique théorique et appliquée*, vol. 8, n° 2.

(1989) « La question du genre dans le parler acadien du sud-est du Nouveau-Brunswick », dans Raymond Mougeon et Édouard Béniak (dir.), *Le français canadien parlé hors Québec. Aperçu sociolinguistique*, Sainte-Foy, Presses de l'Université Laval, p. 113-225.

(1989) « Analyse des emprunts dans un corpus acadien », *Revue québécoise de linguistique théorique et appliquée*, vol. 8, n° 2, p. 229-251.

(1989) et Paul-André Arsenault, « Linguistic Atlas of French Maritime Terminology: Computerized Maps », *Journal of English Linguistics*, vol. 22, n° 1, p. 25-29.

(1989) et Michel Francard, « La transcription de corpus oraux dans une perspective comparative. La démarche du projet PLURAL », *Recherche en linguistique appliquée à l'informatique*, Québec, CIRB, p. 295-307.

(1989) et Karin Flikeid, « N'est-ce pas vrai qu'il faut dire : *j'avons été* ? Divergences régionales en acadien », *Le français moderne*, vol. 57, nᵒˢ 3 et 4, p. 219-242.

(1990) (dir., réd. Louise Bosi et Lise Dubois), *Rapport-synthèse du* Symposium en aménagement linguistique en Acadie du Nouveau-Brunswick, Moncton, Université de Moncton / Centre de recherche en linguistique appliquée.

(1990) « Aménagement linguistique en Acadie », *Revue québécoise de linguistique théorique et appliquée*, vol. 9, n° 3, p. 223-257.

(1990) « Système des conjugaisons verbales dans le parler acadien du sud-est du Nouveau-Brunswick », *Journal of the Atlantic Provinces Linguistic Association / Revue de l'Association de linguistique des Provinces Atlantiques*, n° 12, p. 81-115.

(1990) et Samuel Arseneault, Compte rendu de (collectif : Groupe de recherche en géolinguistique, Centre international de recherche sur le bilinguisme, Département de géographie de l'Université Laval) : *L'Atlas de la francophonie : le monde francophone*, Sainte-Foy, Éditions La Liberté / Paris, Édition Frison-Roche / Québec, Publications du Québec, 1989, *Revue de l'Université de Moncton*, vol. 21, n° 2, p. 115-117.

(1990) « La qualité du français oral et écrit dans *Nouvelles* », *AEFNB*, rubrique sur la langue parlée, p. 9-10.

(1990) « Question de langue ou de littérature », *Ven'd'est*, avril, rubrique Opinion, p. 6.

(1991)   « Système des modalités verbales dans le parler acadien du sud-est du Nouveau-Brunswick », *Journal of the Atlantic Provinces Linguistic Association / Revue de l'Association de linguistique des Provinces atlantiques* n° 13, p. 85-98.

(1991)   « Atlas linguistique des côtes francophones de l'Atlantique », dans Brigitte Horiot (dir.), *Français du Canada, français de France. Actes du 2ᵉ colloque international de Cognac (septembre 1988)*, Tübingen, Niemeyer, p. 29-46.

(1992)   « Pour un aménagement de la langue en Acadie du Nouveau-Brunswick », *Présence francophone*, n° 40, p. 9-54.

(1992)   « Pour une grammaire de la variation », *Revue de l'Association canadienne de linguistique appliquée. Actes du 23ᵉ colloque annuel tenu à l'Université de Moncton*, vol. 14, n° 2, p. 131-142.

(1992)   « La langue acadienne et la mer », dans Melvin Gallant (dir.), *Mer et littérature*, Moncton, Éditions d'Acadie, p. 223-238.

(1992)   et Rose Mary Babitch, « Atlas linguistique des côtes francophones de l'Atlantique (notes de recherche) », *Revue de l'Université de Moncton*, vol. 25, nᵒˢ 1-2, p. 271-284.

(1992)   avec Wladyslaw Cichocki et Rose Mary Babitch, « Geographical Variation in the Acadian French Maritime Lexicon », *Revue de l'ACLA* (Association canadienne de linguistique appliquée), vol. 14, n° 2, p. 43-55.

(1993)   « La situation du français en Acadie : l'éclairage de la linguistique », dans Jean Daigle (dir.), *L'Acadie des Maritimes*, Moncton, Université de Moncton / Chaire d'études acadiennes, p. 467-503.

(1993)   « La situation du français en Acadie : de la survivance à la lutte ouverte », dans Didier de Robillard et Michel Beniamino (dir.), *Le français dans l'espace francophone*, Paris, Champion, t. 1, p. 102-116.

(1993)   et Patrice Brasseur, « L'Atlas linguistique des côtes francophones », dans Hans-Josef Niederehe et Lothar Wolf (dir.), *Français du Canada, français de France. Actes du 3ᵉ colloque international à Augsburg*, Tübingen, Niemeyer, p. 57-71.

(1993)   avec Wladyslaw Cichocki et Rose Mary Babitch, « Progression par étapes dans l'analyse dialectométrique », *Actes du 15ᵉ Congrès international des linguistes*, Sainte-Foy, Presses de l'Université Laval, p. 101-116.

(1994)   avec Wladyslaw Cichocki et Rose Mary Babitch, « Étude du vocabulaire maritime acadien au moyen de l'analyse dialectométrique », dans Catherine Phlipponneau (dir.), *Sociolinguistic Studies and Language Planning. Proceedings of the 16ᵗʰ Annual Meeting of the Atlantic Provinces Linguistic Association*, Moncton, Université de Moncton / Centre de recherche en linguistique appliquée, p. 255-270.

(1994)   avec Wladyslaw Cichocki et Rose Mary Babitch, « Towards a Characterisation of the Acadian-French Maritime Lexicon », dans Wolfgang Viereck (dir.), *Verhandlungen des Internationalen Dialektologen Kongresses Bamberg 1990*, vol. 3, Stuttgart, Franz Steiner, p. 3-16.

(1994)   « Le changement linguistique en Acadie : étude lexicale », *Francophonies d'Amérique*, n° 4, p. 45-55.

(1994)   « L'immersion comme mesure d'aménagement linguistique », dans Pierre Martel et Jacques Maurais (dir.), *Langues et sociétés en contact*, Tübingen, Niemeyer, p. 107-112.

(1994)   Compte rendu de : Robert Chaudenson, Raymond Mougeon et Édouard Beniak (dir.), *Vers une approche panlectale de la variation du français*, Paris, Didier Érudition, 1993, 139 p., *Linguistica Atlantica*, n° 16, p. 152-155.

(1995)   « Le français acadien », dans Pierre Gauthier et Thomas Lavoie (dir.), *Français de France et français du Canada : les parlers de l'ouest de la France, du Québec et de l'Acadie*, Lyon, Université Lyon III, Jean Moulin, Centre d'études linguistiques Jacques Goudet, série dialectologie, n° 3, p. 399-439.

(1995)   « L'apport de la tradition orale à la description linguistique », *Francophonies d'Amérique*, n° 5, p. 37-44.

(1995)   « The Situation of the French language in Acadia : A Linguistic Perspective », dans Jean Daigle (dir.), *Acadia of the Maritimes*, Moncton, Université de Moncton / Chaire d'études acadiennes, p. 451-484.

(1995)   et Sylvia Kasparian, *Corpus Péronnet-Kasparian* [Corpus d'entrevues de type formel auprès de cadres francophones (25-30 ans), dans les trois grandes régions de langue française du Nouveau-Brunswick (sud-est, nord-est, nord-ouest)], Moncton, Université de Moncton.

(1995)   et Sylvia Kasparian, « Français parlé en situation formelle : analyse des trois grandes régions du Nouveau-Brunswick (Moncton, Bathurst et Edmundston) », Moncton, Université de Moncton.

(1995)   Compte rendu de : Robert Chaudenson, Raymond Mougeon et Édouard Beniak (dir.), *Vers une approche panlectale de la variation du français*, Paris, Didier Érudition, 1993, 139 p., *LINX*, vol. 33, p. 157-160.

(1995)   « Une langue qui vit est une langue qui bouge », *Hebdo-Campus*, rubrique Nuances.

(1996)   « Nouvelles variétés de français parlé en Acadie du Nouveau-Brunswick », dans Annette Boudreau et Lise Dubois (dir.), *Les Acadiens et leur(s) langue(s) : quand le français est minoritaire*, Moncton, Éditions d'Acadie / Centre de recherche en linguistique appliquée, p. 121-135.

(1996)   « Temps forts de la lexicologie acadienne », dans Thomas Lavoie (dir.), *Français du Canada, français de France. Actes du 4ᵉ colloque international de Chicoutimi*, Tübingen, Niemeyer, p. 287-293.

(1996)   « Enquêtes linguistiques sur le français parlé en Acadie (Canada) », *Revue française de linguistique appliquée*, vol. 1, n° 2, p. 98-99.

(1996)   « Quelle langue pour quelle littérature ? », dans Raoul Boudreau, Anne-Marie Robichaud, Zénon Chiasson et Pierre M. Gérin (dir.), *Mélanges Marguerite Maillet*, Moncton, Éditions d'Acadie / Chaire d'études acadiennes, p. 441-449.

(1996)   « Qu'est-ce qui distingue le parler français acadien des autres parlers français (de France, du Québec?) », dans *Le Congrès mondial acadien. L'Acadie en 2004. Actes des conférences et des tables rondes*, Moncton, Éditions d'Acadie, p. 197-205.

(1996)   Compte rendu de (collectif: Association bourguignonne de Dialectologie onomasiologique): *Dialectologie et littérature du domaine d'oïl occidental: Lexique des plantes et morphologie*, Dijon, 1995, A.B.D.O., *Dialectologia et Geolinguistica*, p. 116-119.

(1996)   « Sauver de l'argent, sauver du temps », *Hebdo-Campus*, vol. 26, n° 24, rubrique Nuances.

(1996)   « Le néologisme *retrouver* et autres *r-*, *re-* », *Hebdo-Campus*, vol. 26, n° 30, rubrique Nuances.

(1997)   « Proposition d'un modèle pour une grammaire de la variation », *Revue des sciences de l'éducation*, vol. XXIII, n° 3, p. 545-560.

(1997)   avec Wladyslaw Cichocki et Rose Mary Babitch, « Atlas linguistique du vocabulaire maritime acadien: a final report », dans Alan R. Thomas (dir.), *Issues and Methods in Dialectology*, Bangor, University of Wales Press, p. 34-55.

(1998)   « Place de la description dans la représentation d'une langue et dans la légitimité linguistique: l'exemple de l'*Atlas linguistique du vocabulaire maritime acadien* », *Revue québécoise de linguistique*, vol. 26, n° 2, p. 69-80.

(1998)   avec Rose Mary Babitch, Wladyslaw Cichocki et Patrice Brasseur, *Atlas linguistique du vocabulaire maritime acadien*, Sainte-Foy, Presses de l'Université Laval.

(1998)   et Sylvia Kasparian, « Vers une description du français standard acadien: Analyse des traits morphosyntaxiques », dans Patrice Brasseur (dir.), *Français d'Amérique. Variation, créolisation, normalisation*, Avignon, Université d'Avignon / Centre de recherches canadiennes d'Avignon et du Vaucluse (CECAV), p. 249-259.

(1998)   et Sylvia Kasparian, « Le français standard acadien: proposition d'une norme régionale pour le français parlé en Acadie », dans Annette Boudreau et Lise Dubois (dir.), *Le français, langue maternelle, dans les collèges et les universités en milieu minoritaire*, Moncton, Éditions d'Acadie / Centre de recherche en linguistique appliquée, p. 89-105.

(2000)   « Les emprunts de nature hybride (français / anglais) dans l'*Atlas linguistique du vocabulaire maritime acadien* de Péronnet *et al.* », dans Marie-Rose Simoni-Aurembou (dir.), *Français de France, français du Canada*, Tübingen, Niemeyer, p. 251-262.

(2001)   « Description du processus de standardisation d'une variété de langue régionale: le cas de la préposition "de" dans le français acadien du Nouveau-Brunswick », *Actes du 24ᵉ colloque de l'Association de linguistique des provinces atlantiques*, Moncton, Université de Moncton, p. 109-118.

(2001) avec Liliane Jagueneau, « Pour une nouvelle lecture du régionalisme dans la littérature », *Le français aujourd'hui*, n° 132, p. 23-28.

(2002) « Grammaire de l'oral et enseignement des langues : une question d'écologie linguistique », dans Annette Boudreau, Lise Dubois, Jacques Maurais et Grant McConnel (dir.), *L'écologie des langues : mélanges William Mackey / Ecology of Languages : Homage to William Mackey*, Paris, L'Harmattan, p. 125-146.

(2002) « Quelle compréhension du poitevin-saintongeais les Acadiens ont-ils aujourd'hui ? », dans Pierre Gauthier et Liliane Jagueneau (dir.), *Écrire et parler poitevin-saintongeais du XVIe siècle à nos jours*, Bignoux, Parlanjhe Vivant / La Crèche, Geste éditions, p. 145-161.

(2002) et Sylvia Kasparian, « Description du processus de standardisation d'une langue régionale : le cas de la préposition "de" dans le français standard acadien », *Actes du 25e colloque de l'Association de linguistique des provinces atlantiques*, Halifax, Université Dalhousie, p. 109-118.

(2003) « L'enseignement du français au niveau universitaire en milieu minoritaire francophone : le cas de l'Université de Moncton », dans Réal Allard (dir.), *Actes du colloque pancanadien sur la recherche en éducation en milieu francophone minoritaire : bilan et prospectives*, Moncton, ACELF, p. 179-185.

(2003) et Liliane Jagueneau, « Lexique acadien et lexique poitevin-saintongeais : étude synchronique d'une "parenté" », dans André Magord (dir.), avec la collaboration de Maurice Basque et Amélie Giroux, *L'Acadie plurielle : dynamiques identitaires collectives et développement au sein des réalités acadiennes*, Moncton, Centre d'études acadiennes / Poitier, Institut d'études acadiennes et québécoises de l'Université de Poitiers, p. 189-228.

(2004) « Les particularités du français acadien », *Lettres et cultures de langue française : Nouveau-Brunswick, exemple de bilinguisme*, n° 27, p. 59-66.

(2004) avec Rose Mary Babitch et Wladyslaw Cichocki, « La périphrase comme stratégie lexicale dans l'*Atlas linguistique du vocabulaire maritime acadien* », dans Louis Mercier (dir.) avec la collaboration d'Hélène Cajolet-Laganière, *Français du Canada, français de France VI. Actes du 6e colloque international d'Orford*, Tübingen, Niemeyer, p. 165-172.

(2004) et Sylvia Kasparian, « Variation dans la langue standard : le cas du français acadien, l'exemple de la préposition "à" », *Langue et Société*, n° 42, p. 75-88.

(2005) « Quelle image les jeunes Acadiens se font-ils de leur français régional aujourd'hui ? », dans Liliane Jagueneau (dir.), *Images et dynamique de la langue : poitevin-saintongeais, français et autres langues en situation de contact*, Paris, L'Harmattan, p. 211-218.

(2005)   « *J'[e] fatigué* en français acadien : *j'ai fatigué* ou *j'es fatigué*? », dans Patrice Brasseur et Anika Falkert (dir.), *Français d'Amérique : approches morphosyntaxiques*, Paris, L'Harmattan, p. 95-102.

(2006)   « Les oiseaux de mer, leurs noms en Acadie », dans Claude Lachet et Guy Lavorel (dir.), *Les oiseaux de la réalité à l'imaginaire. Actes du colloque international (juin 2005)*, Lyon, Université Lyon III Jean Moulin, CEDIC, p. 225-232.

(2007)   Compte rendu de : Liliane Rodriguez, *La langue française au Manitoba (Canada) : histoire et évolution lexicométrique*, Tübingen, Niemeyer, 2006, 519 p., *Cahiers franco-canadiens de l'Ouest*, vol. 18, n° 1, p. 106-110.

(2008)   « Français classique et français acadien », dans Brigitte Horiot et Chiara Bignamini-Verhoeven (dir.), *Le français, ailleurs et toujours : place et fonctions du français dans les autres langues*, Lyon, Université Lyon III Jean Moulin, Centre d'études linguistiques Jacques Goudet, p. 137-147.

(2008)   et Sylvia Kasparian, « Le français standard acadien (à l'oral). Analyse des prépositions : procédés de variation », dans Brigitte Horiot et Chiara Bignamini-Verhoeven (dir.), *Français du Canada, français de France VII. Actes du 7ᵉ colloque international de Lyon*, Berlin, de Gruyter / New York, Niemeyer, p. 199-208.

(2009)   « Le parler acadien », dans Mourad Ali-Khodja et Annette Boudreau (dir.), *Lectures de l'Acadie. Une anthologie de textes en sciences humaines et sociales, 1960-1994*, Montréal, Fides, p. 189-204.

(2012)   Compte rendu de : Yves Cormier, *Dictionnaire du français acadien*, Montréal, Fides, 1999, 442 p., dans Janine Gallant et Maurice Raymond (dir.), *Dictionnaire des œuvres littéraires de l'Acadie des maritimes*, Sudbury, Prise de parole.

(2012)   et Laurence Arrighi, « Le Glossaire franco-acadien (Pascal Poirier) », dans Janine Gallant et Maurice Raymond (dir.), *Dictionnaire des œuvres littéraires de l'Acadie des Maritimes*, Sudbury, Prise de parole.

TABLES DES MATIÈRES

Hommage à Louise Péronnet 5
    Annette Boudreau

Introduction 13
    Laurence Arrighi et *Matthieu LeBlanc*

Les droits linguistiques, la démocratie et la judiciarisation 23
    Michel Doucet

Les limites de l'aménagement linguistique actuel du Nouveau-Brunswick :
Quelles incidences pour les travailleuses et les travailleurs
des entreprises du secteur privé ? 43
    Luc Léger

Quelques réflexions sur la notion de *variété*, en référence à l'acadien 61
    Françoise Gadet

La forme pronominale en québécois (se + *être*) et en acadien (se + *avoir*) 81
    Pierre-Don Giancarli

Les particules *voir* et *-ti* dans le français acadien et louisianais :
Deux particules à cheval entre lexique et syntaxe 107
    Julia Hennemann et *Ingrid Neumann-Holzschuh*

Lorsque la reformulation joue sur deux langues : L'exemple du discours
d'une radio communautaire de la Nouvelle-Écosse 135
    Cristina Petraș

La politesse et les variations culturelles : Description des termes d'adresse
dans les parlers acadiens du sud-est du Nouveau-Brunswick 163
    Sylvia Kasparian et *Pierre Gérin*

Représentations du chiac dans *L'Acadie Nouvelle* contemporaine (2000-2010) :
Définition, désignation, évaluation 183
    Marie-Ève Perrot

Des langues d'oïl à l'acadien : Projet d'enquêtes sociolinguistiques parallèles ... 205
    Lilianne Jagueneau

La francisation dans les écoles du Nouveau-Brunswick : Défis et moyens 223
    Marianne Cormier et Anne Lowe

L'immigration francophone en Acadie du Nouveau-Brunswick :
Du pain béni pour les francophonies minoritaires ? 247
    Marie-Laure Tending

L'Acadie a dit ou des ateliers d'écriture entre Montpellier et Moncton :
L'expérience d'une sociolinguistique transnationale impliquée 269
    Claudine Moïse

Les représentations culturelles et linguistiques de l'Acadie sur Internet :
Vers une nouvelle forme de discours identitaire ? 289
    Adeline Vasquez-Parra

Des représentations aux dénominations et des dénominations à l'histoire :
Les enjeux de la glottonymie dans l'historiographie
du français d'Acadie et de Louisiane 309
    Émilie Urbain

Discours réflexifs de lexicographes acadiens : Entre description
et justification de l'œuvre 337
    Laurence Arrighi et Karine Gauvin

Bibliographie de Louise Péronnet : Approches du français acadien 357
    Laurence Arrighi

www.ingramcontent.com/pod-product-compliance
Lightning Source LLC
Chambersburg PA
CBHW070749230426
43665CB00017B/2297